我们想要的国家，安全而自由，
且不必为获得自由受罚。
我们想要的国家，属于我，也属于你……
假如我们还没有这样的国家，
我们就赢一个回来，我和你一起。

湖岸
Hu'an publications®

冬季堡垒

THE WINTER FORTRESS

The Epic Mission to Sabotage Hitler's Atomic Bomb

一场摧毁纳粹原子弹计划的秘密行动

[美] 尼尔・巴斯科姆 Neal Bascomb —— 著

王甜甜 —— 译

中信出版集团 | 北京

图书在版编目（CIP）数据

冬季堡垒：一场摧毁纳粹原子弹计划的秘密行动 / (美) 尼尔 · 巴斯科姆著；王甜甜译. -- 北京：中信出版社，2021.1

书名原文：The Winter Fortress: The Epic Mission to Sabotage Hitler's Atomic Bomb

ISBN 978-7-5217-2028-0

Ⅰ. ①冬… Ⅱ. ①尼… ②王… Ⅲ. ①第二次世界大战—历史—通俗读物 Ⅳ. ①K152-49

中国版本图书馆CIP数据核字(2020)第126996号

冬季堡垒——一场摧毁纳粹原子弹计划的秘密行动

著　　者：[美] 尼尔 · 巴斯科姆
译　　者：王甜甜
出版发行：中信出版集团股份有限公司
（北京市朝阳区惠新东街甲4号富盛大厦2座　邮编　100029）
承 印 者：北京华联印刷有限公司

开　　本：880mm × 1230mm　1/32　　印　　张：14.75　　插　　页：16　　字　　数：283千字
版　　次：2021年1月第1版　　印　　次：2021年1月第1次印刷
京权图字：01-2020-6185
书　　号：ISBN 978-7-5217-2028-0
定　　价：78.00元

献给那些勇敢抗争的人

CONTENTS

目录

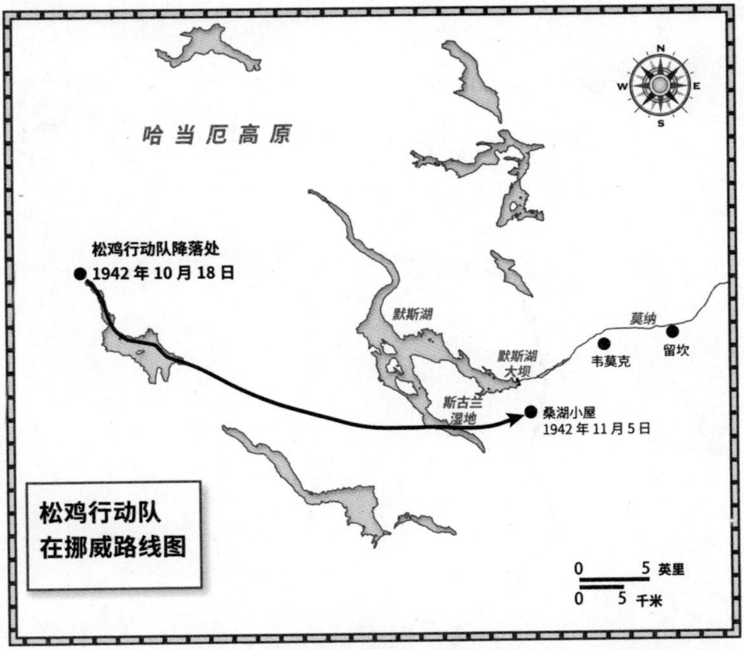
哈当厄高原
松鸡行动队降落处
1942 年 10 月 18 日
默斯湖
莫纳
韦莫克
留坎
默斯湖
大坝
斯古兰
湿地
桑湖小屋
1942 年 11 月 5 日
松鸡行动队
在挪威路线图
0 5 英里
0 5 千米
N
W
E
S

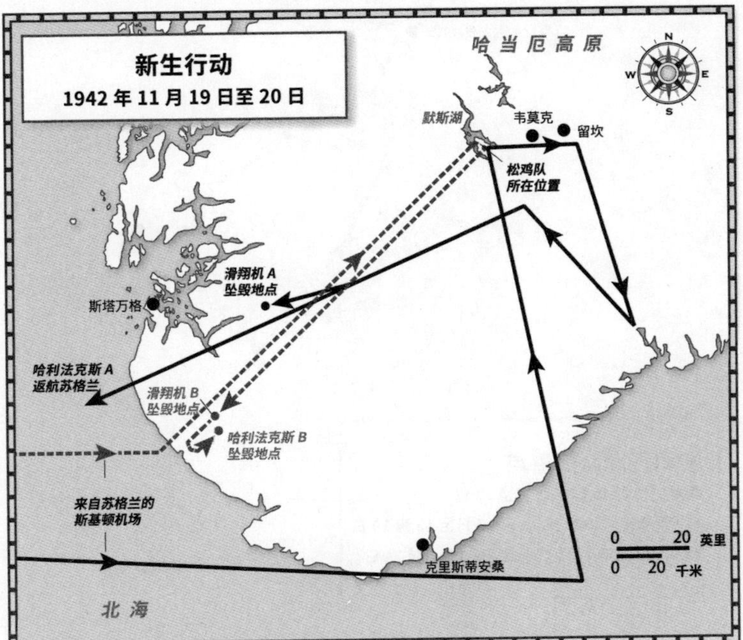
新生行动
1942 年 11 月 19 日至 20 日
哈当厄高原
默斯湖
韦莫克
留坎
松鸡队
所在位置
滑翔机 A
坠毁地点
斯塔万格
哈利法克斯 A
返航苏格兰
滑翔机 B
坠毁地点
哈利法克斯 B
坠毁地点
来自苏格兰的
斯基顿机场
克里斯蒂安桑
北海
0 20 英里
0 20 千米
N
W
E
S

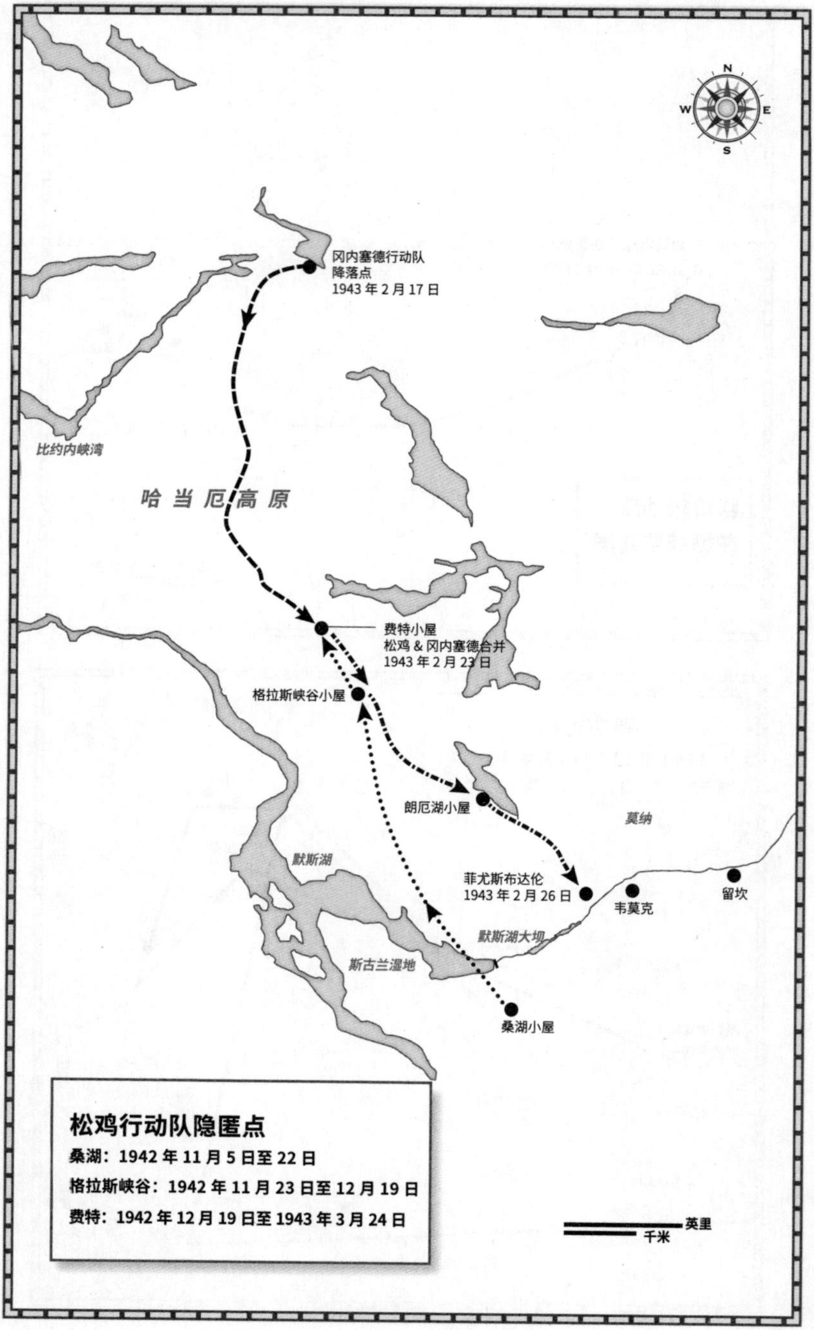
N
W
E
S
冈内塞德行动队
降落点
1943 年 2 月 17 日
比约内峡湾
哈当厄高原
费特小屋
松鸡 & 冈内塞德合并
1943 年 2 月 23 日
格拉斯峡谷小屋
朗厄湖小屋
莫纳
默斯湖
菲尤斯布达伦
1943 年 2 月 26 日
韦莫克
留坎
默斯湖大坝
斯古兰湿地
桑湖小屋
松鸡行动队隐匿点
桑湖：1942 年 11 月 5 日至 22 日
格拉斯峡谷：1942 年 11 月 23 日至 12 月 19 日
费特：1942 年 12 月 19 日至 1943 年 3 月 24 日
英里
千米

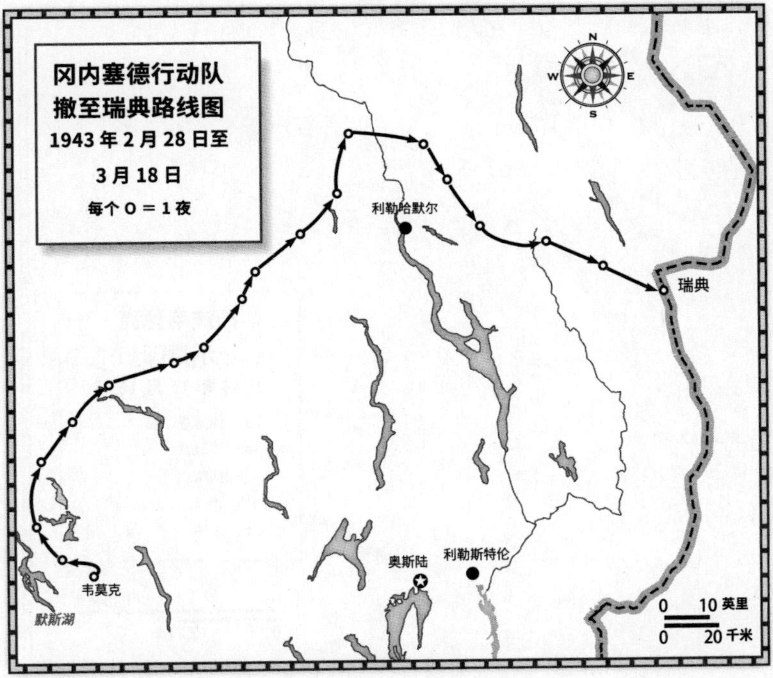
冈内塞德行动队
撤至瑞典路线图
1943 年 2 月 28 日至
3 月 18 日
每个 O = 1 夜
N
W
E
S
利勒哈默尔
瑞典
奥斯陆
利勒斯特伦
韦莫克
默斯湖
0 10 英里
0 20 千米

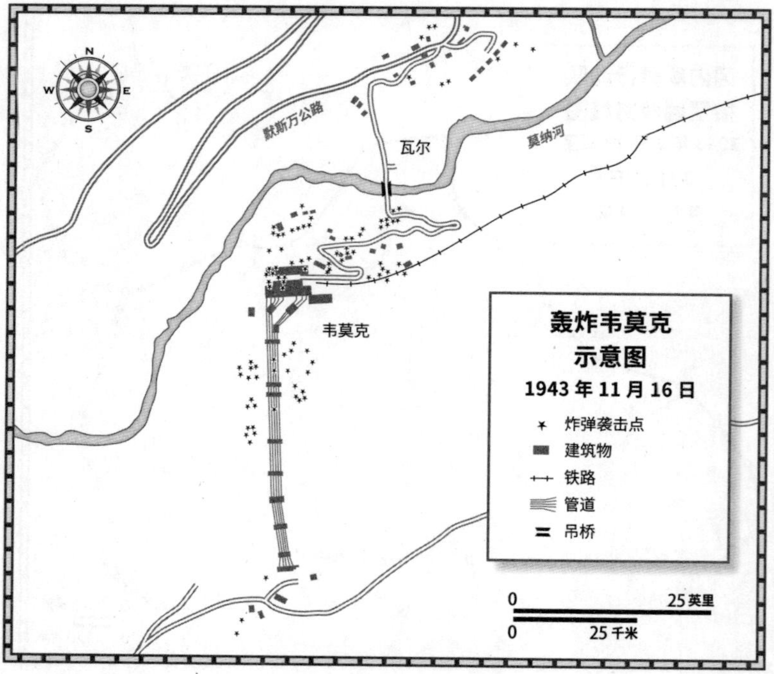
默斯万公路
瓦尔
莫纳河
韦莫克
N
E
S
W
轰炸韦莫克
示意图
1943 年 11 月 16 日
炸弹袭击点
建筑物
铁路
管道
吊桥
0
25 英里
0
25 千米

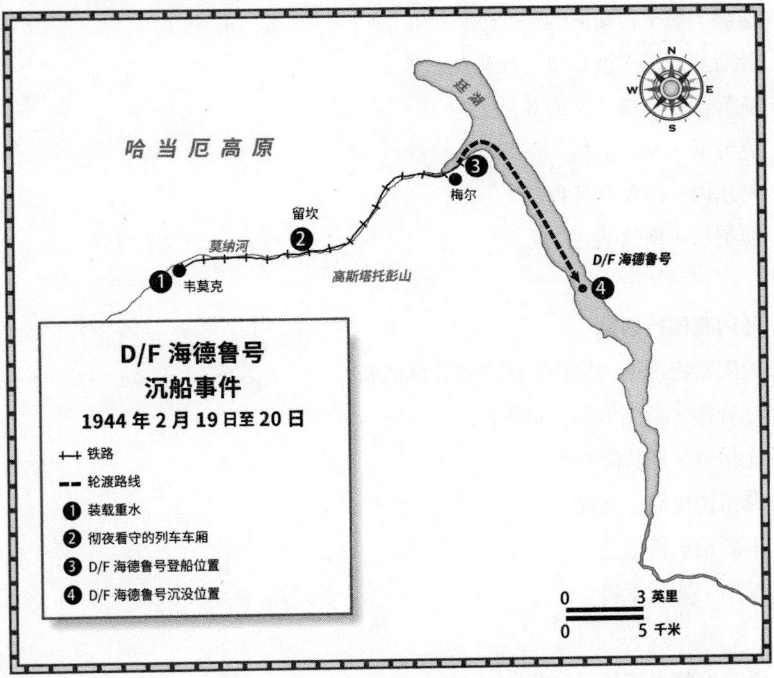
D/F 海德鲁号
沉船事件
1944 年 2 月 19 日至 20 日
铁路
轮渡路线
1 装载重水
2 彻夜看守的列车车厢
3 D/F 海德鲁号登船位置
4 D/F 海德鲁号沉没位置
哈当厄高原
廷湖
N
W
E
S
留坎
莫纳河
韦莫克
高斯塔托彭山
梅尔
D/F 海德鲁号
0
3 英里
0
5 千米

参与者名单

松鸡 / 燕子行动队

延斯－安东·波尔松，松鸡队队长

克努特·豪格兰，话务员

克劳斯·赫尔伯格

阿尔内·谢尔斯特鲁普

埃纳尔·斯钦纳兰

冈内塞德行动队

约阿希姆·伦内贝格，冈内塞德队队长

克努特·豪克里德，副队长

比格尔·斯特隆赫姆

弗雷德里克·凯泽

卡斯珀·伊德兰

汉斯·斯托豪格

D/F 海德鲁沉船行动队

阿尔夫·拉森，韦莫克工程师

克努特·利尔－汉森，米洛格抵抗组织战士

居纳尔·西维斯塔，韦莫克实验室助理

罗尔夫·索利，韦莫克的建造工程师

谢尔·尼尔森，韦莫克交通经理

迪特列·迪赛斯，挪威海德鲁公司退休员工

挪威人

莱夫·特龙斯塔，科学家、林厄公司负责人

乔马·布伦，韦莫克首席工程师

托尔施泰因·斯钦纳兰，埃纳尔的兄弟

奥拉夫·斯科根，留坎当地米洛格抵抗组织领袖

莉莲·西维斯塔，埃纳尔·斯钦纳兰的情报员

哈马伦、霍夫登及斯钦达伦三个家庭，帮助过斯钦纳兰的农夫

盟军

温斯顿·丘吉尔，英国首相

富兰克林·D. 罗斯福，美国总统

埃里克·韦尔什，英国秘密情报局（SIS）挪威分部负责人

约翰·威尔逊，英国特别行动处（SOE）挪威分部负责人

华莱士·埃克斯，管合金董事会主管

马克·亨尼克，新生行动指挥官

欧文·罗恩，美国空军飞行员

纳粹及其挪威境内傀儡

约瑟夫·特博文，驻挪威的帝国辖区（总督区）专员

尼古劳斯·冯·法尔肯霍斯特将军，挪威境内德军指挥官

海因里希·费利斯中校，挪威境内盖世太保及安全部队指挥官

西格弗里德·费默上尉，奥斯陆盖世太保队长

穆根塔勒少尉，费利斯派驻留坎的党卫军军官

维德孔·吉斯林，挪威法西斯政党国家统一党党首

德国科学家

库尔特·迪布纳

维尔纳·海森堡

保罗·哈特克

亚伯拉罕·埃绍

瓦尔特·革拉赫

为了你的自由，为了和平，你必须战斗。为了保住它们，你必须日复一日地战斗。它就好比玻璃船，易碎，也容易失去。

—— 约阿希姆·伦内贝格，冈内塞德行动队队长

序

纳粹占领下的挪威，1943 年 2 月 27 日

九名破坏者交错滑下山坡。[1] 月光昏暗，年轻人凭着直觉穿梭于茂密的松林之中，翻越布满雪窟窿和雪堆的凹凸林地。白色迷彩服罩住了他们身上的英国空军制服，使他们看上去如林中游荡的鬼魅。行动队如幽灵般静默前行，除了滑雪板的摩擦声和雪杆偶尔撞上不曾察觉的树枝发出的击打声，四周一片静谧。来自韦斯特峡谷的暖风徐徐吹来，不大的风声恰好掩盖了这些动静。他们希望这风能一直吹下去，最终为他们吹出一条前进的道路。

离开总部小屋后，刚走 1 英里[A]，山上的树便越来越密，加之山势渐陡，队员们不得不放弃代步工具徒步前进。这些年轻的挪威人解开滑雪板，将它们系在肩后。即便如此，前进依旧艰难。他们背上的帆布包里装着 35 磅[B]重的装备，此外，每人还随身配备了冲锋枪、手榴弹、手枪、炸药及刺刀，行走在厚实且潮湿的雪地上，无论是迈步、滑行或攀爬，每走一步都格外吃力。沉重的装备时不时就会把他们压入齐腰深的积雪之中。低云掩月，夜幕渐深，前进变得难上加难。

终于，树林消失了。突击队员们站在韦斯特峡谷北部一条东西向的公路上，这条路向西直达默斯湖，向东走上几英里就是留坎镇。道路的正南方，一只鹰俯冲而下，掠过陡峭的莫纳河谷，飞向他们此行的目的地韦莫克。

尽管隔着河谷且风声不绝于耳，但突击队员们还是能听到从河谷那边的水电站传来的低沉嗡鸣声。[2] 位于厂房之前的发电站

A　1 英里约等于 1.6 千米。

B　1 磅约等于 0.45 千克。

和八层楼高的氢气站坐落在河谷一侧的悬崖峭壁之上。莫纳河蜿蜒流过其下方的山谷，两者间的垂直距离高达600英尺[A]。因为山谷太深，阳光鲜能照射到谷底。

如果希特勒没有入侵挪威，如果德国人没有占领发电站，此时的韦莫克一定灯火通明，亮如灯塔。然而此刻，为了防止盟军轰炸机夜袭，整个厂区一片漆黑。厂里伸出的三组电缆在河谷上方蔓延开来，结成一张网，试图以此阻止白天的低空突袭。

黑暗中，悬崖上的水电站只显出一个黑色轮廓，犹如一座矗立于冰雪峭壁之上的堡垒。单车道的吊桥是工人和车辆进出电厂的唯一通道，桥上戒备森严。厂区周边的山坡上散布着不少矿洞。巡逻队在厂区内频繁穿梭。探照灯、警笛、机枪工事以及营房里的部队随时待命。

现在，突击队员们要做的正是冲破这层层防线。

站在路边，初次见到韦莫克的突击队员们有种不真实的感觉。[3]即使是在没有光的夜晚，他们也清楚地知道韦莫克的防卫部署点。来此之前，他们曾反复研究过大量侦察照片和情报，对这里的建筑结构了然于心，并且在模拟建筑里练习过数十次如何在预定地点准确设置并引爆炸药。发电站里的每一条路，每一个走廊和楼梯间的位置都被他们牢牢地记在脑海中。

他们不是第一支试图炸毁韦莫克的突袭行动队。许多人已为此牺牲。战火已经席卷整个欧洲和苏联，并蔓延至北非和太平洋，坦克部队、轰炸机、潜水艇和驱逐舰纷纷登场，不计其数的士兵在阵地上浴血奋战。然而，盟军领导人相信，决定这场全球战争胜负的却是这座深藏于挪威偏远山区里的小水电站。

A　1英尺约等于30.48厘米。

虽然已对韦莫克了如指掌，但这九名突击队员并不了解这项任务为何会如此重要。他们被告知这座水电站生产一种名为重水的东西，只要有了这种神秘物质，纳粹就能“将大半个伦敦夷为平地”[4]。他们以为这不过是上级的一种夸张，目的就是确保他们能竭力完成任务。

他们也的确竭尽全力，甚至不惜牺牲生命。从一开始，他们就知道此次任务凶多吉少。他们也许能顺利潜入水电站完成任务，但能否安全撤退则是未知数。如果有机会，他们一定会想办法撤离，但成功逃脱的概率微乎其微。他们都铁了心不愿做俘虏，所以每个人都带了一颗包裹着橡胶的氰化物药丸，藏在衣领或皮带头上。

参加这项行动固然需要勇气，但他们更加相信这是命运使然。在过去的几个月里，他们远离家人，紧张地训练、策划、准备。现在，行动的时刻终于到来了。如果他们牺牲，像之前参加行动的同伴一样“去见了上帝”[5]，那也没什么。至少他们还有过战斗的机会。身处于这场战争之中的大多数人都知道自己迟早会死去。

在英国，此次行动的策划者莱夫·特龙斯塔正在等待来自行动队的消息。[6]行动队出发前，他曾向队员们保证，此次壮举定会让他们名垂青史。可是，他们参加行动不是为了载入史册。如果问得再深入些，你会发现他们这么做不是为了重水，也不是为了伦敦。他们只是目睹了自己的国家被德军侵略，看到自己的朋友或被杀或被羞辱，看到了家人挨饿和自己的权利被践踏。他们参与这次行动是为了挪威，为了让挪威摆脱纳粹的统治，为了让挪威人重获自由。

这一刻终于到了，破坏者们再次绑好滑雪板，走下公路，冲进黑暗之中。

PART.01 第一部分

1. 水

3 1940 年 2 月 14 日，西装革履的中年银行家雅克·阿利耶急匆匆地走进位于佩鲁斯大街上的马杰斯缇克大酒店。[1] 这座位于凯旋门附近的酒店自开业以来便宾客盈门，从 1919 年参加凡尔赛和谈的外交官，到此后十年中不断涌入巴黎让这座城市大放异彩的艺术家们，皆下榻于此。现在，整个法国都在为德国的入侵做准备，德军可能会经由比利时进入法国境内，巴黎因此接连发生了几次大规模的撤离，这座城市早已只剩一副空壳。此刻，战争再次成为酒店里唯一的话题。阿利耶穿过大堂。他此行不是为了银行公事，事实上，他是法国国际情报机构第二局的一名特工。军备部长拉乌尔·多特里和物理学家弗雷德里克·约里奥－居里正在等他，他们要讨论如何发动一场不一样的战争。

约里奥－居里与夫人伊雷娜一起发现可通过人工或诱导方式使稳定元素产生放射性，他俩也因此获得了诺贝尔奖。他告诉阿利耶，他正在设计一台可以开发原子内部能量的机器。如果成功了，它就能为潜艇提供动力，此外，这台潜力无穷的机器也许还能制造出一种无与伦比的炸药。他需要阿利耶的帮助。几个月前，约里奥－居里就曾向多特里提过此事，他曾暗示只需普通餐桌体积大小的这种能量，他就能引爆整个地球。阿利耶表示他会尽其所能帮助这位科学家。

4 约里奥－居里说他的实验需要一种特殊原料——重水，全世界只有一家公司可以按客户要求提供不同容积的该物质：挪威海德鲁公司。巴黎荷兰银行拥有相当大比例的挪威投资股权，要想以最快的速度直接取得挪威海德鲁公司下属的韦莫克水电站的产品信息，阿利耶作为该银行的管理者，自然是最理想的人选。法国总理爱德华·达拉第已签署并下达了该任务。

阿利耶说，任务出现了问题。就在一个月前，挪威海德鲁公司的首席代表律师比亚内・埃里克森来办公室找他。据埃里克森所言，德国人也对韦莫克的产品很感兴趣。他们已经下了多份订单，并且暗示在不远的将来，他们还需要更多的重水，数量可达2吨之多。面对如此大批量的订单，挪威海德鲁公司十分诧异。[2]尽管德国人拒绝透露关于该物质的使用信息，但按照订单，他们必须向德国人交付超过25千克的重水。

阿利耶的汇报让多特里和约里奥－居里忧心忡忡——德国人一定也在做相同的研究。阿利耶必须马上行动，而且一定要快，才能赶在德国人之前弄到库存的重水。如果在将其转移出挪威的过程中出现了问题，他就必须破坏这批重水，使其无法用于实验。

两周后，阿利耶走进巴黎北站，登上一列开往阿姆斯特丹的火车。买票时，他用的是母亲的婚前姓，弗雷斯。他的手提箱里藏有两份文件：一份是金额高达150万挪威克朗的信用证，用于购买重水；另一份则是给他的授权书，使他可以机动调遣任何法国特工，将重水偷运回法国。阿利耶觉得自己俨然就是他爱看的间谍小说里的英雄，只不过他没有粘假胡子。[3]

抵达阿姆斯特丹后，他先乘飞机前往瑞典的马尔默，再坐火车到达斯德哥尔摩。在那里，他与三名法国情报人员碰面，并要求他们几天后在奥斯陆与他会合。3月4日一早，阿利耶就乘火车抵达了奥斯陆中央火车东站。在法国使馆，他获悉自己的身份已暴露。法方拦截并破译了一份发自柏林情报机构阿勃维尔的情报：“不惜任何代价，必须阻止一个名叫弗雷斯的旅客。”[4]

阿利耶没有就此罢手。离开使馆后，他在公共电话亭内致电
海德鲁公司。不到一小时，他就走进了该公司位于索利街7号的 5
总部大楼。此处距离哈康七世国王的皇室官邸不远。在与阿克塞尔・奥贝特博士的会谈中，阿利耶提出要购买其公司库存的全部

重水，并表示鉴于无法完全信赖奥贝特，所以他不能透露购买用途。这位资历颇深的公司负责人一脸严肃，说起话来也硬邦邦的，他的态度很明确：他支持法国，并且已经拒绝了德国人的大批量购买要求，他愿意按照阿利耶的需求为其提供重水。

第二天，阿利耶乘汽车前往距奥斯陆100英里的韦莫克。奥贝特紧随其后。两人都没就此次到访提前通知过任何人。

哈当厄高原位于奥斯陆西部的泰勒马克郡，数千年来，高原荒野上的河流水量充沛，奔流不息。[5]大部分河水自高原倾流而下，注入默斯湖这个天然的蓄水池之中。随后，莫纳河载着这股水流一路淌过狭长幽深的韦斯特峡谷，汇入18英里外的廷湖。

1906年，迅猛发展的工业大鳄挪威海德鲁公司在默斯湖湖口建了一座水坝，改变了湖水的流向。[6]湖水经由建于地下岩石之中的隧道，流入位于3英里之外的韦莫克水电站。在这里，湖水通过11根垂直的钢铁管道直降920英尺，流入涡轮发动机，制造出14.5万千瓦的电能。韦莫克水电站是当时世界上最大的水力发电站。

另一部分湖水则被引入了水电站旁，距离悬崖仅30英尺的世界上最大的氢气站。这部分湖水的流量约为16吨/时。在氢气站里，湖水流入成千上万个钢铁电解池，水电站产生的绝大部分电能也都被输送于此处。电流从电解池中流过，使水分子中的两个氢原子与一个氧原子分离。分离出来的气体泵出后被输送至位于峡谷底部的留坎化工厂。作为该公司的生活区，留坎镇共有7 000名居民，他们大多为挪威海德鲁公司的员工。氢气主要被用来制造肥料——一种拥有巨大市场的产品。

由高原流入默斯湖，再经由隧道和水管引流且电解池处理过

的这部分水，最终如瀑布般被倾倒进位于韦莫克地下室的一组特制电解池中。经过反复浓缩，这些水最终缓缓由电解池滴出，它 6
们看上去与漏水的水管里滴下的一颗颗水珠无异，但事实上，这种水不仅特别而且弥足珍贵。它就是重水。

1931 年，美国化学家哈罗德·尤里发现了重水并因此而获得了诺贝尔奖。[7] 大多数氢原子内仅有一个电子绕唯一的质子运动，而尤里发现了一个氢元素的变体，即同位素，这种氢原子的原子核内还含有一个中子。他将这种同位素称为氘，因为它的原子量（一个原子内中子和质子的质量总和）是 2，比原子量为 1 的氢大，所以又称为重氢。氢的这种同位素在自然界十分罕见（只占所有氢的 0.015%），4 100 万分子的普通水（H_2O）中才含有 1 分子重水（D_2O）。

根据尤里的研究成果，几名科学家发现电解是制造重水的最佳方法。向水中注入电流后，重水不会像普通水那样轻易分解，所以当电解池中的氢气被抽走后，剩下的就是浓度较高的重水。不过，生产这种物质，哪怕数量极少也需要大量的水作为原料。一名科学家发现，制造 1 千克重水，“需要耗费 50 吨普通水，32 万千瓦（的电），且历时长达 1 年，而最终得到的产品纯度最高不超过 10%”[8]。相对于其耗费的电能，最终氘的产出质量及其纯度实在是太低。

莱夫·特龙斯塔是一名年轻的挪威教授，在学术界颇有名望。他的大学同学乔马·布伦是韦莫克氢气站的管理者。1933 年[9]，他俩一起向挪威海德鲁公司提出了建立重水工厂的想法，他们不确定该物质有什么用途，不过，正如特龙斯塔常对学生们说的：“技术先行，工业和应用紧随其后！”[10] 他们只知道，凭借其得天独厚的资源和条件——用之不竭的廉价电能及取之不尽的水资源——韦莫克是建立该工厂最理想的地点。

特龙斯塔和布伦依据水电站的资源优势，想出了一套极富创意的设计方案，将早期重水厂的生产工艺分为六个步骤。[11] 你可以将它想象成一个由多组金属容器堆砌成的金字塔，之后，试想将金字塔上下颠倒，仅有一个容器的塔尖就变成了塔底。按照特龙斯塔和布伦的设计，水首先流入顶层容器——1824 个电解池，水（混有钾碱液作为导体）在池中经电流分解，一部分水被分解
7 成氢气和氧气，变成气泡脱离电解池，剩下重水含量升高的液体经倾倒进入下一层容器（570 个电解池），经过相同的电解程序后再依次进入金字塔的第三层（228 个电解池）、第四层（20 个电解池）和第五层（3 个电解池）。不过，在耗费了大量时间和电能之后，第五层容器中剩下的仍是含氘量仅 10% 的水。

这部分水经倾倒后流入金字塔底部的那一个容器里。该工序的第六步，即最后环节，被称为高浓缩工艺。氢气站的地下室形如洞穴却灯光明亮，被安置在此的这个容器实际由七个排成一排的特制钢铁电解池组成。这些特制电解池被串联而成，水每流过一个池子都会被加以浓缩，从而提高重水含量。此外，这些池子还能回收气体氘，使之重新溶于水，而此前五个步骤中的氘气都被浪费掉了。如此一来，水每流过一个池子，其中的重水浓度就会大大提高。当水流经第七个电解池，即高浓缩工艺的最后一个池子后，缓缓滴出的水珠就是纯度高达 99.5% 的重水。

自韦莫克按照此工艺开始生产重水之后，尽管彼时全世界的科学家们尚不确定重水有何用途，但他们都纷纷表示这绝对是技术上的一大突破。由于重水在 4 摄氏度时就会结冰，所以有人曾笑言它最大的用途就是能延长溜冰场的使用时间。作为挪威海德鲁公司的顾问，特龙斯塔在重水厂建成后就离开工厂，将它留给

布伦打理，但他对重水的巨大潜力坚信不疑。他热情洋溢地谈论它在蓬勃发展的原子物理学领域的应用，并且很肯定重水一定能对化学和生物医学研究推波助澜。研究者们发现，在给老鼠进食微量重水后，它们的生长进程会有所减缓，种子可以在稀释了的重水中缓缓发芽——纯重水中则不能。[12] 还有人认为重水最终能成为癌症的克星。

1935 年 1 月，韦莫克的第一批重水出厂[13]，法国、挪威、英国、德国、美国、斯堪的纳维亚及日本实验室纷纷下单，订购量从 10 克到 100 克不等，最多不过数百克，生意称不上火爆。1936 年，韦莫克全年仅售出 40 千克的重水。两年后，销售量增加到 80 千克，但区区 4 万美元的收入着实有些微不足道。公司还在工业杂志上刊登了广告，依旧收效甚微：需求量实在太少。

1939 年 6 月，来自海德鲁公司的一份关于这项副业的审计报
告表明该项目失败了。[14] 没有人需要重水，至少它的需求量还没 8
大到值得继续投资的程度，于是，公司宣布放弃该项目。

然而，就在布伦关闭地下室的照明灯，高浓缩室的特制电解池渐渐落上了灰尘之后，不到几个月的工夫，随着原子物理学领域的巨大变化，一切都变了——而且变得相当快。

古希腊人用“原子与虚空”[15] 来描述宇宙的组成。在过去的几十年里，科学家们一直在探索“原子与虚空”的奥秘。实验者们在漆黑的房间里用次原子粒子轰击各种元素。理论家们在黑板上写下精彩的推论。皮埃尔·居里和玛丽·居里、马克斯·普朗克、阿尔伯特·爱因斯坦、恩里科·费米、尼尔斯·玻尔及其他科学家们纷纷发现原子世界里充满惊人的能量和各种可能性。

英国物理学家欧内斯特·卢瑟福发现，质量大的不稳定元素，

例如铀，会自然分解成质量小的元素，例如氩。在计算了分解过程中所释放出的能量之后，他立刻意识到这是个极其危险的过程。"只要能找到合适的雷管，"他对他实验室的成员说，"原子衰变波就能穿透物质，让这个旧世界彻底灰飞烟灭……实验室里的一些傻瓜会在不知不觉中把地球炸个粉碎。"[16]

1932 年，另一名英国科学家詹姆斯 · 查德威克发现了合适的雷管：中子。[17] 中子有质量，但不同于带电的质子和电子——它们分别带有正电荷和负电荷——中子不带电，故其运动不受电量干扰。这一特性使它成为轰击原子核的理想粒子。有时，中子会被原子核吸收，有时它会撞出一个质子，使其原化学元素的属性发生改变。如此一来，物理学家们就发现了控制这个世界的基本结构的方法，有了这项能力，他们便能更深入地探究微粒的各项属性——甚至创造出一些新微粒。

科学家们开始以氡或铍作为中子原料，用产生的中子撞击各种原子，改变其元素的自然属性。在意大利人费米的引导下，他们发现让中子穿越某种能降低其速度的"减速剂"可以大大提高撞击过程的有效性。实验证明，固体石蜡和淡水是早期最好的减
9 速剂。这二者中含有大量氢元素，当氢原子与中子（其质量与氢原子相同）发生碰撞时，前者会吸收后者的速度，使其减慢，其情形类似于台球桌上两粒台球相撞。科学家们以这种方式用中子撞击铀，得到的结果出乎所有人的意料，这其中包括一些意外出现的、质量轻得多的元素。

1938 年 12 月，具有开创精神的德国化学家奥托 · 哈恩和他年轻的助手弗里茨 · 斯特拉斯曼证明，中子与铀原子相撞后，其作用的结果不仅仅是有物质脱离原子核或中子被原子核吸收。[18] 铀核会因此而一分为二——这一过程被称为核裂变。1939 年 1 月

初，他们的这一发现迅速传播开来，在原子研究领域引发了强烈反响：铀核为何会分裂？它是如何分裂的，以及这种分裂会产生什么影响？

以丹麦理论家尼尔斯·玻尔的观察结果为跳板，物理学家们意识到铀原子的原子核就像是一个装满了水快要溢出来的水球。[19]铀原子核内挤满了大量质子和中子，其“外壳”因此而被抻得很薄，当一颗中子由外部射入原子核后，整个原子核就会变成一个哑铃：两头大，中间细。随着外壳承受的张力越来越大，它最终会崩裂开，两侧的球体——两个质量较轻的原子——由中部断裂开来，同时释放出巨大的能量，其大小与断裂前将核粒子凝聚成原子核的能量（结合能）相当。研究者们很快就计算出了这一数值：2 亿电子伏足以弹起 1 颗沙粒。仅 1 克铀就含有大约 2.5×10^{21} 个原子，所以哪怕是极少量的铀，它在裂变时释放的能量也大得惊人。一位物理学家计算后得出，1 立方米的铀矿石产的能量足以将 10 亿吨水送上 27 千米高的空中。[20]

之后，科学家们又发现铀核裂变时会释放出 2~3 个高速运行的中子，正好可当作雷管，如此一来，原子蕴含巨大的潜能就成了不争的事实。一个原子里的中子分裂后数量会翻一番，分裂出来的中子还会继续分裂，2 个变 4 个，4 个变 8 个，8 个变 16 个。随着这些高速运行的中子的数量不断增加，它们在原子内跳跃、撞击，原子将会以指数倍的速率不断分裂，科学家们由此就能创造出一种被他们称为链式反应的过程，同时生成大得难以想象的能量。

随之而来的是一个显而易见的问题：这种反应有何用？有人
设想用释放出来的能量为工厂和家庭供电，另一些人则将注意力 10
转向——或害怕——用它来制作炸药。就在哈恩公布其发现之后，短短一周之内，美国物理学家J. 罗伯特·奥本海默就在他的黑板上粗略推算出了制造炸药的方程式。

此时的费米已移民美国，想到研究可能带来的后果，他心惊不已。站在哥伦比亚大学办公室的窗前，他凝视着窗外拥挤的街道和人行道上追逐嬉闹的学生们。随后，他转身望着办公室里的同事，用双手在胸前比画着，就好像手里捧着一个足球，他的耳边再次响起卢瑟福的话。"只要一个这么点大的炸弹，"他庄严地说道，说完就将目光投向窗外，"这一切都将消失。"[21] 联想到德国纳粹于1939年夏末开始的侵略行为，如果真能制造出这种炸弹，对眼下这个已处于战争边缘的世界而言，它绝对会成为抢手物资。战争双方都会迫不及待地想得到它。

阿道夫·希特勒不费一兵一卒就吞并了奥地利并占领捷克斯洛伐克，1939年9月1日凌晨4点45分，其麾下的103炮兵团（103rd Artillery Regiment）向波兰伸出"铁爪"。[22] 装甲坦克越过边境，轰炸机一路向东飞行，沿途抛下炸弹。德国人的"闪电战"由此拉开序幕，希特勒宣称，抵抗只会招来更残酷的镇压。

英国和法国随即对其宣战。9月3日，时任英国海军大臣的丘吉尔在下议院发言时说："这已不仅仅是保卫但泽或者波兰的问题，我们战斗还是为了将整个世界从纳粹暴政的瘟疫中解救出来，是为了反抗那些令人民胆寒的暴行。"[23]

短短数日之后，9月16日，德国科学家库尔特·迪布纳出现在位于柏林哈登贝格大街10号的柏林军备研究部总部的办公室里，等待8名德国物理学家向其汇报各自的工作进展。此前，他曾向他们下达了工作任务。"汇报的主题是炸弹。"[24] 他如是告诉起草出席该会议人员名单的新兵。

34 岁的迪布纳相貌平平，发际线略有后退，是一名忠实的纳粹党员。[25] 他身材瘦小，紧紧绷在身上的西服使他看起来愈发显得矮小，架在鼻梁上的黑框大眼镜不断地往下滑，仿佛随时都会掉下来。他在会议中的发言显得犹疑和不确定。不过，尽管他其貌不扬，言辞也不甚激烈，却是一个野心勃勃，渴望成功的人。

迪布纳出生于工业城市瑙姆堡城外的一个工人家庭，他凭借 11
聪明的头脑和勤奋的学习成为一名大学生，先是就读于因斯布鲁克，后又去了哈雷，主攻物理学。和当时一些喜欢在外就餐，关注西服裁剪的同学不同，学生时代的他生活清贫，衣着简陋。被物理学实验所吸引的迪布纳为了能在大学谋得讲师一职，也为了能得到不菲的薪水和随之而来的名望，一头钻进实验室，夜以继日地做实验。在哈雷大学学习时，迪布纳参加了一个小有名气的击剑俱乐部，那段经历在他的脸上留下了好几道伤疤，却也让他的社会地位大幅提升。

1931 年，迪布纳拿到原子物理学博士学位。1934 年，希特勒成为德国元首，同年，他也加入军备研究部，在那里，他的工作任务是研制中空爆炸物。此后，他一直敦促上司允许他创建一个原子研究中心，却被屡次告知这种没有实际用途的研究根本就是“假大空”[26]。然而，一转眼到了 1939 年，随着该领域日新月异的发展，事实清楚地摆在眼前，原子物理绝非假大空。迪布纳终于拿到授权，着手组建自己的研究团队。

9 月中旬的那天，当德国科学界的精英们提着手提箱走进位于哈登贝格大街上的那栋办公大楼时，他们根本不知道自己将被派往何方。[27] 当他们看到迎接自己的是迪布纳时，这些科学家们立刻热情地上前和他握手，因为他们知道至少自己不会被送上前线了。他们聚集在一间会议室里，被告知德国间谍发现美国、法国和英国正在进行核裂变实验。对于这一点，与会者们均早有耳闻。近年来，国际期刊中关于这一专题的文章势如井喷，他们都曾读过或写过相关文章。不过，随着各国相继宣战，该领域的科学研究也由之前的公开状态转为秘密进行。迪布纳告诉他们，将他们召集在一起就是为了讨论是否有可能利用原子能来制造武器或发电。

其实，在迪布纳发言之前，会议室里有一个人早就决定要致力于研制原子能武器了。4 月时，汉堡大学的物理化学家保罗·哈特克就曾致信德意志战争部，解释当前核物理的各项发展成果。他在信中写道，据他估算，他们完全“有可能创造出爆炸威力比现有炸弹强 100 万倍的炸药……相比于其他国家，率先使用（该
12 炸药）的国家将拥有无可比拟且无法赶超的优势”。[28] 哈特克认为会议室里的科学家们应该不遗余力地让德国具备这一优势。

眼看着自己的科学发现即将转变成致命武器，奥托·哈恩不禁心烦意乱。[29] 每当有人表示利用该发现研制炸药或设计发电机器需要面对诸多技术挑战时，他都会极力打压、泼冷水，希望能够以此浇灭人们对该领域的研究热情。

在最近的研究中，哈恩发现最易发生裂变的是铀的一种极其罕见的同位素铀 235（其原子量为 235：内含 92 个质子，143 个中子）。与此同时，铀的另一种更常见的同位素铀 238（内含 92 个质子，146 个中子）则往往会吸收轰击其原子核的中子，湮灭其发生链式反应的可能性。除非能以合适的方式使从分裂的原子中释放出来的快速移动的中子减速，铀 235 发生裂变的可能性其实并不大。自然界中，每 1 000 份铀 238 中仅含有 7 份铀 235，而且至今尚未找到分离这两种同位素的方法。此外，人们还需找到一种对铀 235 有效的减速剂。鉴于此，加之其他尚未发现的挑战，哈恩相信试图利用原子能为当下的战争服务无异于痴人说梦。

科学家们讨论了数小时之久，终于达成一致："只要有一线希望，我们就必须为之努力。"[30]

10天后，即9月26日，迪布纳再次召集"铀俱乐部"开会。[31]这一次，维尔纳·海森堡也参加了会议。海森堡被认为是德国理论物理学界的领头人，尤其是随着希特勒的崛起，爱因斯坦和其他犹太物理学家被迫纷纷逃往他国之后。起初，迪布纳本想将海森堡排除在与会名单之外，因为他想找的是实验者，而非理论家，况且海森堡还曾评论迪布纳的学术研究是"门外汉所为"。然而，受迪布纳相邀参会的科学家们敦促他考虑一个事实：海森堡年仅31岁就获得了诺贝尔奖，他的聪明才智实在不容忽视。

事实证明海森堡的加入的确对俱乐部大有裨益。那次会议结束后，与会者们都接到了各自的任务：包括哈特克在内的一些人负责研究如何从自然铀元素中提炼出足够的铀235；另一些人——诸如海森堡之类的理论家——专攻链式反应理论，探究如何才能将其应用于制造炸药及发电；剩下的科学家们负责通过实验找出 13
最佳减速剂。

海森堡的理论工作进展神速。[32]10月下旬，他已着手撰写一组具有突破性发现的论文。只要能够分离同位素铀235，并将足够多的铀235压缩成一个球，快速移动的中子就能立刻引发链式反应，从而带来"比现有威力最大的炸弹爆炸力还要强十倍"[33]的爆炸。海森堡宣布，分离同位素是"制造炸药的唯一途径"，且分离过程中遭遇的挑战众多。不过，建造一台"机器"，用它来利用铀及减速剂产生频率稳定的电，这倒是一个可实现的目标。当这台机器进入临界点时，链式反应的数量将趋于稳定，这时它就能够自给自足。这其中，铀235的数量仍然是关键：他们需要大量的被净化过的天然铀——铀的氧化物——来生成足量的可裂变的罕见铀。

在减速剂这个问题上，海森堡排除了淡水这一选项。水中的氢原子的确能够减缓中子的运行速度，促成铀 235 发生裂变，但这些氢原子也会捕捉高速运行的中子。[34] 因此，能用于减速剂的就只剩下两种物质：晶体碳石墨以及重水。如果用石墨，发挥减速作用的是碳原子；如果用重水，氘就是减速剂。这两者都已被证明不仅能有效地减缓中子运行速度，还能保证被吸收的中子数量降到最低。

海森堡由此得出结论，一旦他们拥有足够的铀和有效的减速剂，剩下的就是一些相对简单的计算问题：机器的最高能效（铀和减速剂的数量）、安置（如何混合或分层）以及形状（采用圆柱体还是球体）。其最初计算出来的数据显示，一个装有至少 1 吨铀和 1 吨分层设置的减速剂的球体应该是最理想的选择。这个装置很大但能用。

海森堡为迪布纳的工作指明了方向，其头上的诺贝尔桂冠也说服了其他人追随他。分离铀 235 的实验仍在继续，但更多的人力物力被投入到了建造铀机器上。如果成功，他们就能证明原子物理的重要性及其实用性。之后，制造炸弹就会被提上日程。

14 铀俱乐部的工作很快得到上级认可，迪布纳被任命为威廉皇帝物理研究所负责人，研究所位于柏林，是德国最先进同时也是最负盛名的实验室。[35] 让迪布纳这样一位名不见经传的物理学家来接管如此神圣威严的研究所，此举招来了诸多非议，为了平慰那些不服气的科学家，海森堡随即被任命为实验室的科学顾问。

到了年底，迪布纳手下已有数十名来自德国各地的科学家，他们一起完善铀机器理论，实现第一批实验设想。[36] 与此同时，在装备实验室、采购铀的氧化物和其他关键物质上，他们也取得了一些进步。

尽管该项目还需要深入研究，但科学家们的计算表明，重水是现有物质中最理想的减速剂。铀俱乐部需要找到一个能持续稳定提供这一珍贵液体的供应商。不幸的是，世界上仅有的一家重水生产商——挪威海德鲁公司下属的韦莫克水电站——远在遥不可及的挪威深山之中，加之挪威的中立国立场，韦莫克水电站根本不可能与他们建立长期的合作关系。况且该水电站直到 1939 年 11 月才重新开始生产重水，每个月的产量也只有区区 10 千克。迪布纳考虑在德国境内建造一座大规模的重水生产厂，哪怕这意味着每生产 1 吨重水就要耗费上千万马克[A]和数千万吨的煤。不过，在进一步行动前，他和海森堡都认为首先需要确定用重水作为减速剂是切实可行的。做这种实验，25 千克重水应该足够了。鉴于德国 IG 法本公司拥有 25% 挪威海德鲁公司股权，迪布纳让该公司代表向海德鲁公司提交了订单，掩盖重水其实是为军备部所用的事实。

1940 年 1 月，随着团队中需要重水的科学家越来越多，铀俱乐部的订单数量猛增到了每月 100 千克，而且月月如此。[37] 挪威海德鲁公司想了解如此大批量订单的用途，然而此时使用重水进行的实验已成为军方的高度机密，代号 SH-200，所以面对海德鲁公司的疑问，IG 法本公司的代表只能沉默以对。

不久后，挪威人就通过雅克·阿利耶得知了德方的意图：研制原子弹。

A 德国的货币单位，现已停止流通，由欧元替代。1 欧元等于 1.95583 德国马克。

1940年3月5日，当阿利耶到达韦莫克时，他假装是巴黎银行的一名员工。阿克塞尔·奥贝特主持了他与水电站总工程师乔马·布伦的会议。[38] 以水电站现有的产量，加上之前未售出的库
15 存，站内共有185千克重水。奥贝特告诉布伦，这185千克重水需要秘密装车，运往奥斯陆。就在年初，奥贝特曾悄悄让布伦研究如何让重水产量提高至原有的5倍，达到每月50吨。布伦追问原因，却没得到任何回答。这一次，他再次问其原因，然而，和上次一样，奥贝特依旧不予置答，还指示他不得将这个特殊的订单信息告知任何人。

之后，阿利耶前往留坎镇，找到一名焊工，订制了26个刚好能放入手提箱的不锈钢烧瓶，随后他回到了奥斯陆，结束与奥贝特的商谈，为将烧瓶偷运出挪威做准备。[39] 这位挪威海德鲁公司的总负责人愿意免费将重水借调给法国，他还告诉阿利耶，海德鲁公司今后生产的重水都将优先供应法国。对方的慷慨令阿利耶动容，满心欢喜的他向奥贝特透露了弗雷德里克·约里奥－居里及其团队对重水的使用计划。

3月9日，两辆卡车沿着结冰的道路驶出了韦莫克。[40] 布伦坐在第一辆卡车上。在奥斯陆一栋不起眼的房子前，他们卸下26个烧瓶，将它们交到阿利耶手中。这栋房子归法国政府所有，距离阿勃维尔的一个安全屋仅一步之遥，不过有时候最危险的地方就是最安全的地方。

为了将重水偷运回国，阿利耶曾计划让一艘潜艇偷偷驶入奥斯陆峡湾，然后将它们悄悄运走，不过他最终还是选择了古老的“诱导调包”法，他在斯德哥尔摩招募的三名法国间谍将配合他完成这一计划。[41] 他们首先通过不同的票务代理，以不同的姓名预订了3月12日两架几乎同时由奥斯陆福尼布机场起飞的航班机票。

其中一架飞往阿姆斯特丹，另一架飞往苏格兰的珀斯。为防止出现意外，他们还同时预订了这两架航班此后两天的机票。

3 月 12 日的清晨寒意料峭，天空无云，阿利耶和一个名叫费尔南德·莫斯的特工在距城中心以南 3 英里处叫了一辆出租车前往福尼布机场。他们二人乔装成商人模样，故意当着机场门卫的面高声谈论接下来的阿姆斯特丹之行，并随手将好几个又大又沉的行李箱递给旁边的行李员。紧接着，他们便穿过停机坪走向执行本次航班的容克 Ju-52 飞机。这架飞机旁停着一架一模一样的容克 Ju-52 飞机，只不过那架飞机的目的地是珀斯。

当他们确定自己的行李被送上飞往阿姆斯特丹的航班，飞
机的推进器也开始旋转之后，他们就准备登机了。就在这时，一 16
辆出租车驶入停机坪。车上乘坐的正是阿利耶手下的另一名特工让·克纳尔-德马尔，他恳求门卫让他开车进去，不然他可能就要错过前往阿姆斯特丹的那架航班了。这名特工让出租车停在两架容克客机之间，庞大的机身恰好挡住了福尼布机场的航站楼。他从后备厢里搬下好几个行李箱，这里面总共装有 13 个盛满重水的烧瓶。这些行李箱立刻就被送上了前往苏格兰的飞机，而此时阿利耶和莫斯早已坐在了这架飞机上——而不是他们声称的飞往阿姆斯特丹的航班。克纳尔-德马尔乘出租车离开了停机坪，当车驶过大门时，坐在后排的他小心翼翼地将自己藏了起来。

几分钟后，飞往阿姆斯特丹的航班在跑道上滑行了一段距离后就冲上了天空。它一路向南，飞行至挪威与丹麦之间的斯卡格拉克海峡上空时，两架德军战斗机将其包围，命令飞行员改变航程前往汉堡。飞机在德国降落后，阿勃维尔的特工立刻冲上去，打开行李舱。他们仔细地搜查了每一件行李，最终翻出几个特别沉的行李箱。行李箱里有什么？几块碎的花岗岩。

与此同时，阿利耶和莫斯带着他们的秘密行李已安全抵达苏格兰。第二天，克纳尔－德马尔带着剩下的13个重水烧瓶也赶到了苏格兰。

3月18日，26个装满重水的烧瓶安然无恙地被送进了巴黎法兰西公学院的石头地窖之中。夺取重水的第一仗胜利了。然而，接下来的战役却快得让人始料不及。

2. 教授

17 1940年4月9日清晨，夜色尚未褪去，德军希佩尔号巡洋舰以25节的航速冲入尚被黑暗笼罩的挪威峡湾，直指特隆赫姆。[1]强劲的北风夹着雪花扫过钢铁甲板，扑向紧随其后的四艘驱逐舰。舰队前方是三座军事堡垒，它们昂然立于风雪之中，默默守卫着古维京王国的首都。所有船员都已做好战斗准备。

一支挪威巡逻队发出信号，命令闯入的舰队表明身份。希佩尔号的船长用英语回答，他们是复仇号战列舰，奉英国政府之令，“前往特隆赫姆。无敌意”。[2]巡逻队打开聚光灯想一探究竟，却被希佩尔号上刺眼的探照灯晃得一无所获。就在这时，希佩尔号突然提速，全速冲向港口，同时喷出浓烟掩盖自己的行踪。一时间，信号灯闪烁，警告火箭划破天际。挪威堡垒内警笛大作，士兵接到开火指令，待准备就绪即刻攻击。

15分钟后，堡垒的炮台内，挪威士兵们手忙脚乱地给大炮装好弹药后却发现电子打火装置出了故障。待毫无战斗经验的挪威士兵准备就绪，希佩尔号已经驶过第一道堡垒。第二道堡垒上负责警戒的号兵因为酣睡而延误了战机。待到准备开火反击的时候，挪威人发现探照灯出现了故障，根本看不见敌人在哪儿。

凌晨 4 点 25 分，舰队在特隆赫姆的港口抛锚，两个步兵连坐
渡船登岸。德国士兵登陆后悄悄潜入这座沉睡中的城市，消失在 18
毫无防卫的街道之中。纳粹开始入侵挪威。

在距离特隆赫姆港仅 20 分钟路程的挪威理工学院的一座礼堂[3]内，学生、教师和其他一些社区居民聚集于此。天还没亮，莱夫·特龙斯塔就已获悉德军入侵的消息。家中的孩子尚在熟睡，他就已经赶到校园。据他从别人那儿打听到的一点消息，他得知挪威全境都遭到了攻击。和特隆赫姆一起沦陷的还有卑尔根、斯塔万格、克里斯蒂安桑及纳尔维克，据说奥斯陆仍在苦苦支撑。惊慌失措的人们围在一起，商量该怎么办。一个名叫克努特·豪克里德的人认为他们应该拿起任何能找到的武器，与德国人决战到底。[4]这个豪克里德并非本地人，他来这儿原是为了探望朋友。在场的其他人听了他的话后，纷纷表示还是谨慎为好。他们的祖国并不强大且军事力量有限，面对强大的德国，贸然反抗无异于以卵击石。

当特龙斯塔一开口，他的话就立刻引起了所有人的注意。今年 37 岁的他是学院里最年轻的教授，也是课堂上最受欢迎的老师。他中等身材，一双湛蓝色的眼睛下挺着一只瘦削的鼻梁，银灰色的头发被他整齐地梳向一侧。

特龙斯塔告诉人们，他是陆军军械部队的一名预备军官，他收到的任务指令是，一旦战争爆发就必须立刻前往奥斯陆。[5]他建议人群中参过军的人和他一同前往首都。至于其他人，他说，每个人在行动前都应该问问自己内心的道德和良知，他还提醒人们现在正是国家需要他们的时候。说罢，他便离开了。

其实，特龙斯塔一直都很担心——“沉睡的挪威政府”[6]疏

于军防，面对外敌入侵，根本无力还击。自从七个月前希特勒进犯波兰后，特龙斯塔就知道挪威根本不可能再像第一次世界大战时那样，继续保持中立国立场。盟军与纳粹在欧洲大陆上展开拉锯战，双方盘踞在挪威周边已长达数月，他们一直在等待，只要有机会就会出击，将挪威占为己用。

盟军和纳粹之所以都对挪威如此感兴趣，无非是因为他们都想利用其境内漫长的海岸线，建立海军基地，从而控制北海海域。一直以来，挪威政府都希望审慎的外交能为其免去战火之灾。几天前，德国大使库尔特·布罗埃尔举办宴会，邀请了 200 名挪威
19 政要及军方宾客。[7] 宴会进行到一半时，灯光渐暗，主办方播放了《战火的洗礼》这部电影。在理查德·瓦格纳的配乐声中，轰炸机将华沙夷为平地，这时，话外音解释说，这就是和英法交朋友的后果。电影结束时，出现在大屏幕上的是一张燃烧中的英国地图，熊熊火焰之中，纳粹的十字标志格外刺眼。

特龙斯塔心急火燎地往家赶，他发现德国士兵已经迅速占领了这座城市。士兵们排成队，在街道上巡逻，还在桥上和城中的重要关卡处搭好了机枪工事和迫击炮，不断用德语警告人们不得反抗。对此，特龙斯塔不加理会。最后，他终于回到了位于林荫之下的那栋两层楼小屋。他告诉妻子巴莎，特隆赫姆已经不安全了。他会把她和孩子们送到南部康斯沃尔的山间小屋，那里距特隆赫姆有 100 英里，之后他就前往奥斯陆参军。

他们一起叫醒了 7 岁的女儿西塞尔和 2 岁的儿子小莱夫，帮他们穿好衣服，收拾妥当。15 分钟后，他们一家人就已经钻进了家里那辆由德国制造的豪华轿车欧宝超级六。当他们一路向南，驶过尼德河大桥时，两架灰色的战斗机从他们头顶呼啸而过。

"那是什么飞机？"西塞尔问。[8]

“德国飞机。”特龙斯塔回答道，接着又补充了一句，似乎是想解释为什么要匆忙离家，“恐怕我们国家也要打仗了。”

他们到达奥普达尔小镇时已是中午，入冬后公路到这里就断了。在这里，他们听到了一个不好的消息。备战动员的号召已传遍全国，事实证明，奥斯陆周边的“铁圈”防守只不过是虚设，德国人已控制首都。哈康七世国王，那个1905年登上皇位，面容严肃的男人已经逃离首都，在他之前，挪威政府也早已撤离。广播里，挪威法西斯政党国家统一党党首维德孔·吉斯林宣布他是挪威最高领导人。特龙斯塔知道此时再去奥斯陆已毫无意义。把家人送到康斯沃尔的山间小屋后，第二天一早，他就离开小屋，前往当地军队指挥部。

德军入侵的第二天，沉睡的挪威政府终于从梦中惊醒。[9] 布劳尔向哈康国王宣读了德方要求。国王将这些要求转告挪威首相约翰·尼高斯沃尔及其部长大臣们，并表示他个人绝不接受吉斯林的领导，也不会投降，但他毕竟只是一名立宪君主，没有权利决定这一切。不过，如果政府选择与入侵者讲和，他将立刻退位。 20
政府明确表明他们与国王立场相同，于是，国王通过广播号召自己的人民：他们应该奋战到底，直至将侵略者驱逐出境。

反抗的星星之火随之蔓延至全国，并很快得到了英国和法国的支持。[10] 挪威人力保两处战略要地：海军要塞纳尔维克，以及奥斯陆与特隆赫姆之间两条长长的山谷。这两条山谷是连接奥斯陆和挪威北境的南北走廊，假如该地区落入德军之手，那就意味着德国人把挪威的心脏都捏在了手心里。

这里也正是特龙斯塔战斗的地方。德军派出了装甲兵团，辅以空军支援，以重兵从奥斯陆向北推进。特龙斯塔的任务就是阻止德军突破挪威防线。[11] 他以康斯沃尔的山间小屋作为指挥部，迅速建立起一个情报网，及时汇报敌人动向，并组织人们在周围湖泊的积雪上挖出一道道足有一码深的沟壑，以防止德军运输机在此着陆。

在接下来的三个星期里，他们获得的援助主要来自英国，毫无作战经验的挪威人在这两条山谷里，与火力远超自己的德军展开了殊死战斗，却依然无法阻止德军前进的脚步，只能一步步退向特隆赫姆。4 月底，英方眼见挪威毫无获胜希望，开始撤离。5 月 1 日，特龙斯塔所在的战区接到了投降的命令，他和其他几个战友将 81 箱弹药藏在深山之中，希望能在今后的战斗中派上用场。[12] 就在当天下午，一支奉命侦察山区的德国骑兵小分队来到了特龙斯塔一家居住的康斯沃尔山间小屋前。此时，他却不在家。

当时正下着瓢泼大雨，满身泥水的士兵走上台阶。队长命令巴莎·特龙斯塔将谷仓清理好，以供他的手下和马匹休息。“我们的谷仓里养着牛，”[13] 她用流利的德语回答，“如果把它们赶走，我们就没牛奶喝了。”巴莎的断然拒绝令这名军官很惊讶，而且说的还是他的母语。于是，他又说他们可以去小屋里休息。

“只要他们先把自己弄干净就行。”她回答。

离开前，军官威胁巴莎说：“如果你敢泄露我们的行踪，我会一枪崩了你。”

21 特龙斯塔回到小屋后，接走了妻子和孩子，一家人又回到特隆赫姆。纳尔维克的战斗依旧打得如火如荼，但这种状态不会持续太久。哈康国王和挪威政府官员已乘船逃往英国。现在，德国人成了挪威的统治者。他们的出现摧毁了特龙斯塔所珍视的一切，德国人不仅占领了挪威，也让白手起家的他多年来努力构建的幸福生活化为泡影。

莱夫·特龙斯塔出生前三个月，父亲汉斯·拉森就因心脏病病发去世了。[14] 他的母亲约瑟芬经营着一间小卖部，有时也会去富人在奥斯陆城外举办的私人宴会当临时服务员挣点外快。就这样，母亲一个人好不容易拉扯大了他们四兄弟。长大后的莱夫一直过着半工半读的生活。中学毕业后，他进了一家电力公司当工人。几年后，他重返校园，进入克里斯蒂安尼亚工业学校，学习化学。从他在国家赛事中取得的名次来看，他还辅修了体育专业。然而，即便是在继续工作的同时参与体育竞赛的情况下，特龙斯塔依旧以最优异的成绩从工业学校毕业。1924 年，随着经济条件的改善，他在服完兵役后考入了挪威理工学院继续学习。

在特隆赫姆，特龙斯塔终于能全力以赴地专攻科学，也因此取得了更加骄人的成绩。只要醒着，他的手里始终攥着一本书。"这些天，我像奴隶一样发奋学习，"[15] 他在入学第一年给母亲的信中写道，"不用给我寄钱。我生活简朴，就像斯巴达人。只要有面包和最便宜的黄油，我就不会饿肚子。"毕业时，他荣获了学院的最高荣誉奖，并因此获得了哈康国王的接见。为了感谢母亲多年来辛勤的付出，他继承了母亲的姓氏，如今的莱夫·特龙斯塔已是科学界一颗冉冉升起的新星。

特龙斯塔有一位青梅竹马的爱人，她叫爱德拉，乳名巴莎，比他小几岁；两人都出生在奥斯陆以西数英里之外的桑维卡山区之中，在这座能俯瞰奥斯陆峡湾的大山上度过了他们快乐的童年时光。长大后，两人因学业而分离，但特龙斯塔一直坚持给他的"小天使"[16] 和"美丽的宝贝"写情书。有一天，他向巴莎承诺："我们会永远陪伴彼此，成为普天之下最幸福的人。"圣诞节时，因为无法"忍受相思之苦，不想继续等待"，[17] 他向她求婚了。

两人于 1928 年结婚。婚后不久，这对新婚夫妇就搬到了柏林。

在那里，特龙斯塔成为威廉皇帝化学研究所的一名研究员，而这也是他在挪威理工学院为期三年的博士学习计划中的一部分。喜
22 欢学习语言的巴莎成了他的秘书兼翻译。在柏林，他们俩初次体会到了纳粹主义的疯狂。希特勒的特写照片随处可见，大街小巷里贴满了号召人们报复《凡尔赛和约》的海报。[18]

此后不久，他们回到了特隆赫姆，特龙斯塔继续做研究，发表了许多关于原子化学的演讲，并凭借他在钢、铁的氧化表面的测量中所取得的骄人成绩获得了博士学位。之后，他前往英国剑桥大学的卡文迪什实验室，继续他在电气化学领域的研究。在此期间，他结识了许多颇有声望的科学家，其中就包括欧内斯特·卢瑟福。

1932 年夏，特龙斯塔回到挪威，不久后，他的女儿西塞尔出生。他在日记中写道："难忘的一天……上帝啊，她太美了！"[19]

特龙斯塔不仅在实验室中表现出众，他的理论研究也同样令人瞩目，他发现许多机会已经向他敞开了大门。[20] 从学生时代开始，他就一直在思考自己究竟是该投身于工业，还是专注于学术研究。前者能带来丰厚的报酬，对于节衣缩食的他而言，这的确很诱人。相比之下，学术研究的经济回报就要小得多，但教授的身份使他能有机会传授科学，继续纯粹的科学研究，其报酬虽不高但足以让他不再被贫穷所奴役。最后，他告诉巴莎，虽然他自己想成为一名教授，但一切都由她决定。"只要你想，我可以挣到很多很多钱。"[21] 他说。巴莎表示她支持他的决定。很快，特龙斯塔成了挪威理工学院的一名教授，发表了大量的论文，他用一根羽毛轻轻一碰就让化合物猛烈燃烧的课堂实验也让学生们叹为观止。[22] 他在学校附近买了一栋不错的房子和一辆车，这样他就能随时带家人去山林小屋滑雪、远足。他教会了女儿滑冰，1937 年

8 月，他的儿子小莱夫出生了，这个小家伙最喜欢坐在独轮车里在后院转圈玩耍。

战争爆发前，特龙斯塔担任了好几家挪威公司的技术顾问，为这些生产钢铁、橡胶、氮和铝的公司提供咨询服务，生产重水的挪威海德鲁公司就是其中之一。

1940 年 11 月 11 日，德军入侵挪威七个月后，特龙斯塔受乔马 · 布伦的邀请，前往韦莫克水电站。[23] 布伦是特龙斯塔的同学，他长着一张椭圆形的脸，面容柔和，窄窄的脸庞上架着一副圆圆的眼镜，看着倒也相称。他告诉特龙斯塔他想提高重水的产量，所以需要他的帮助。此外，布伦也想弄清楚为何德国人会对重水 23
如此感兴趣，而他到底该怎么应对。

留坎镇被占领后不久，一位德国将军就来到韦莫克下令加快生产进度，并将所有产品全部运往柏林，但对重水的用途只字不提。[24] 此前，布伦已将高浓缩电解池的数量从 7 个增加到了 9 个。在此基础上，特龙斯塔在他为期两天的参观中也提出了不少改进意见，其中包括在电解池中加入包有镍片的阳极，这样不仅能防止生锈还能增强电流。[25] 改进后，重水厂产量已经提升至以前的五倍，每天都能为德军提供 1.5 千克重水。

在重水厂的工作之外，私下里，特龙斯塔和布伦也一直在探讨德国人为何需要这么多重水。[26] 通过其读过的大量科学期刊，特龙斯塔知道，在核裂变这一新兴研究领域，大家都对能充当减速剂的物质很感兴趣。此外，1935 年，他还曾与欧内斯特 · 卢瑟福合作，试图在韦莫克制造氚（另一种更加罕见的氢的同位素）。虽然最后失败了，但特龙斯塔很清楚卢瑟福的理论：氘和氚能被用于引发核聚变反应，该反应会释放出大量的能量。不过即便如此，特龙斯塔始终没有将重水与军工联系在一起。他和布伦推测德国人可能是想用氘来研制某种毒气，不过他们都对该应用是否能成功表示怀疑。最终，特龙斯塔决定，不管什么原因，既然纳粹对重水感兴趣，他也绝不能放过这一研究对象。

至于布伦，他们俩都认为他应该继续留在厂里，并想尽一切办法保住这份工作，其中包括通过改进工艺提高重水产量。[27] 只有这样，他才能随时了解事情的进展，一旦有事发生，他就能立刻向特龙斯塔发出警告。

探访过留坎镇后，特龙斯塔回到特隆赫姆，继续他在挪威理工学院的研究和教学工作。不过，这一次他几乎将全副精力都献给了地下抵抗组织，与公然反抗德军统治的大学生团体并肩作战。
24 这些学生团体有的印制抗德报纸，有的甚至与外国情报机构，英国秘密情报局有联系。他们以云雀 B 为代号，在城外树林里通过加密的无线电与伦敦取得联系，汇报德军动向及海军行动。

特龙斯塔以邮差为代号，为他们提供技术支持和各种情报。他以工业顾问的身份为掩护，收集挪威各大公司及其为德国人效力的信息。挪威海德鲁公司自然成了他关注的焦点。抵抗组织就好比一张岌岌可危的网，不知何时就会被敌人撕碎，即便如此，他仍愿做一只勤劳的蜘蛛，不断吐丝，将网织得更密些。

1941 年 3 月，特龙斯塔通过布伦得知，德国军官再次前往了韦莫克，此次同行的还有科学家。[28] 他们想在高浓缩环节前增加一次九级倾倒，这意味着要增加数千个电解池。他们还要求韦莫克每年向德方提供 1 500 千克重水，让布伦“务必确保重水厂能平稳运行，否则他就要承担全部责任”[29]。很快，化学系的一名学生，同时也是云雀 B 成员之一的阿尔夫 · 洛肯，找到了特龙斯塔，并告知他英国秘密情报局想知道所有关于韦莫克重水的信息。[30] 特龙斯塔毫无保留地将信息告诉了洛肯。他们将情报通过无线电汇报给了伦敦。

那年夏天，特龙斯塔一家在山间小屋住了几个星期。自打德军入侵以来，特龙斯塔一直竭力不让家人受到战争的影响，但是他自己始终绷着一根弦。盖世太保已经侦察到了云雀 B 在城外的发报点，并抓住了一名参与发报的学生。该名学生耐不住严刑拷打，供出了同伴，许多学生因此被捕，其中就有洛肯。云雀 B 的其他成员纷纷逃跑。就在这时，布伦找到特龙斯塔，还带来了一个紧急情报：德国人要求重水厂将产量提高到每年 5 000 千克，保罗·哈特克正在前往韦莫克的途中，他会带来一种能实现这一目标的新生产工艺。[31] 特龙斯塔与保罗·哈特克相识于剑桥。他意识到必须马上将这一消息告知英国人，可云雀 B 已经被毁，特龙斯塔只能另寻他法。[32] 他找到一个计划下周乘船逃往苏格兰的线人，把韦莫克的一切情报都告诉了他，包括工厂每个月的生产数量。此人将详情都写在了一张烟纸上。

此时，特隆赫姆的地下抵抗组织已几乎被盖世太保摧毁。9 月 9 日早晨，一名学生找到特龙斯塔，询问他如何才能保全云雀的发报设备。[33] 当天下午，那名学生就被捕了。一个星期后，特龙斯塔的线人在码头附近被抓，幸好他在被抓前及时吞下了那张烟纸。 25
9 月 20 日，一名被捕的云雀成员担心自己最终会耐不住拷打而招供，便想尽一切办法，从盖世太保监狱的铁窗里向外面的朋友传递了一条信息：“邮差必须消失。”[34]

特龙斯塔早就警告过巴莎他们可能要逃离此地。两天后，当他得知又有一名学生被捕时，他直接找到她。那天恰好是他们结婚 13 周年纪念日。“我们必须马上走。”[35] 他说。带着匆忙收拾好的行李箱，他们一家人赶到火车站。晚上 7 点 15 分，恰好有一趟开往奥斯陆的火车。巴莎和孩子们首先上车。特龙斯塔担心盖世太保可能会埋伏在站台上，四下张望一番后才上了车。在卧铺车厢里坐定之后，他掏出那本一直带在身边的黑色小日记本，写下了第一篇日记："为了挪威，我们不得不放弃家庭、房子和所有世俗财物。"[36]

第二天早晨 10 点 15 分，他们到达奥斯陆，并立刻搭乘另一列火车前往桑维卡。[37] 火车爬上高山，缓缓驶过特龙斯塔母亲曾经工作过的小卖部，再往前就是巴莎童年时的家。他告诉巴莎，如果有人问起，就说他在留坎。说完，两人紧紧拥抱在一起。"我什么都不怕。"他轻声对巴莎说。[38]"所以我才害怕。"她答道。

站在屋外，山下峡湾的美景一览无余。特龙斯塔蹲下来，对 9 岁的西塞尔说道："好好照顾弟弟。"说完，他扭过头对只有 4 岁的小莱夫说："爸爸不在家的时候，你一定要听妈妈的话。"他还答应姐弟俩，回来时一定会给他们带礼物。西塞尔想要一块手表，莱夫想要一只电动玩具猫。"你们俩要和睦相处。"说完，特龙斯塔努力克制住内心澎湃的情感，转身急匆匆地向山下走去。没走几步，他就听到小莱夫在后面大声地问："你要去哪儿啊？"

特龙斯塔回过头："诺托登。"

"那你得快一点了。"小莱夫指着山下缓缓驶入桑维卡车站的火车说道。特龙斯塔一路跑下山，可实际上他要坐的并不是这趟车。他在站台上静静地等着，直到反方向驶来的列车进入车站。

回到奥斯陆后，他设法弄到了假的身份证件，第二天一早他借了一辆自行车，一路向北，骑到了距离奥斯陆 20 英里的桑敦根。[39] 巴莎的哥哥是这里的一名守林人。整整一天的时间里，特龙斯塔眼看着一棵又一棵大树被锯倒，他突然冒出一个想法：也许他可以像

“隐士”那样躲进森林，直到战争结束。不过，他立刻就放弃了这 26
个念头。当晚，他给巴莎写了一封信，落款时故意写的他们离开特隆赫姆那晚的日期。在信中，他说他在学校已无立足之地，因为大学里亲近盖世太保的人都得到了“特殊对待”[40]，还有人恶意诽谤他。信中继续写道，现在他已在瑞典。他从没做过，今后也不会做任何“欺诈或违法”的事情。他写这封信是为了万一盖世太保质问巴莎时，她能有所托词。

第二天一早，9月26日，两名抵抗组织成员开着卡车来接他。他们将一起乘车前往100英里外的中立国瑞典。一小时后，三个人下车，开始步行穿越树林。下午5点，他们终于进入瑞典境内。几个小时后，一个瑞典哨卡拦下了特龙斯塔，出于对抵抗组织的理解和同情，他们给了他牛排、啤酒和咖啡。

一个月后，特龙斯塔即将前往英国，他希望他能在那里继续为解放挪威而战斗。从斯德哥尔摩出境时，他的护照上盖的是“单次入境有效”[41]的签章。他坐在一架由轰炸机改装而成的运输机的机舱里，带着氧气面罩，从北海上空飞过。[42]飞机一路逆风而行，在黑暗中飞行了7个小时后，最终在苏格兰着陆。

10月21日，特龙斯塔抵达伦敦国王十字火车站。英国秘密情报局[43]已经在圣尔敏酒店为他订好了房间。圣尔敏酒店坐落在威斯敏斯特的中心地带，距离情报机构总部很近。从学生时期起，特龙斯塔就对伦敦十分熟悉，现在，这里已经成为战区。[44]街上到处都是士兵，一大片灰色的阻塞气球飘浮在城市上空，以防德军空袭，城中的光线也因此变得有些黯淡。

在斯德哥尔摩，特龙斯塔从报纸上看到了不少关于德军闪电战的新闻。从去年9月7日起，希特勒便不断地派飞机空袭伦敦的心脏地带，以此打击英国人的斗志。燃烧弹从天而降，落在屋顶上，成片的房屋瞬间被火焰吞噬。炸弹落下之处，各种房屋和建筑物尽毁。成千上万的平民在空袭中丧生，伤者无数，人们流离失所。但是，从报纸上看到的空袭新闻和亲眼看见遭遇空袭后的伦敦完全是两回事。尽管德军的空袭频率自 1941 年 3 月后已大幅降低，但街道上依旧满目疮痍。爆炸留下的碎砖破瓦随处可见，人们从他身边走过，虽神情坚毅却看不到半点笑容。

当特龙斯塔正准备上床休息时，英军巡逻的战斗机恰好从酒
27 店上空飞过，只听得一阵轰隆声。虽然外面一片喧闹，但舟车劳顿的他很快就睡着了。

圣尔敏酒店是一座呈 U 形的维多利亚式建筑，酒店里四通八达，通道和角落繁多，加之一楼的大堂宽敞、豪华且喧闹，使这里成为举行秘密会谈的理想地点。就在特龙斯塔到达伦敦后的第一个星期天[45]，他见到了英国秘密情报局挪威分部的负责人埃里克·韦尔什。他是云雀 B 的幕后负责人，也是特龙斯塔此次伦敦之行的策划者。

韦尔什长得又矮又胖，一个硕大的圆脑袋卡在肩膀之上。[46]他穿得有些邋遢，而且烟不离手，衬衣前襟上也粘了烟灰。也许，他看起来的确不太像个英雄，但在第一次世界大战中，这位扫雷兵曾凭借自己的勇猛赢得了多枚勋章。战后，他成了海军情报机构的一名官员，专注于科学家及其研究成果，之后，他被调往英国秘密情报局。他的妻子是个挪威人，挪威作曲家爱德华·格里格是她的亲戚。因为懂挪威语，他在一家挪威装饰公司谋得了一份差事，该公司与挪威许多工业公司都有业务往来。特龙斯塔很快就发现，韦尔什掌握了许多有关乔马·布伦和韦莫克的信息。[47]事实上，重水厂高浓缩室里的防腐蚀瓷砖就是他卖给水电站的。

韦尔什知道很多事，其中不少情报都来自一个潜伏在德国，代号为格里芬的特工。此人就是科学家保罗·罗斯鲍德。作为施普林格科技出版社的顾问，他与哈恩、海森堡以及许多德国知名物理学家的关系都十分密切。最初，他汇报了大量关于纳粹原子项目的情报，不过自从军备研究部接手该项目后，收集情报就变得不那么容易了。韦尔什也一直在跟踪了解英国原子弹的研制进程，该项目最初由铀引爆军事应用委员会督导，后转至管合金董事会。

韦尔什说起话来东拉西扯的，还常常混淆词意，所以他在介绍自己掌握的情报时，特龙斯塔常感到不知所云。不过，韦尔什来找他可不是为了向他透露这些情报，特龙斯塔带来的新情报才是他此行的真正目的。[48] 于是，特龙斯塔开门见山地告诉他，现在韦莫克每天能够为德国人提供 4 千克重水——而且这一数量还会继续增加。他俩谈了整整一上午，重水并非他们唯一的话题。特龙斯塔通过其他渠道了解到，德国人已经在挪威境内找到了铀的氧化物。而他在奥斯陆、柏林、剑桥及斯德哥尔摩还有一些认 28
识的学生和同事，通过他们，他也许能获得更多更详细的情报。韦尔什表示，他希望特龙斯塔能发挥自己的专业所长为战争助力。虽然没有确定下一步的具体行动，但特龙斯塔也明确表示他渴望为战争效力。

如他所愿，特龙斯塔渐渐深入到了这场战争之中。一天他见到了一个逃到伦敦的云雀成员，还去了茅草屋俱乐部，这是一个绅士俱乐部，同时也是英国情报特工的大本营。[49] 他和即将前往挪威参加特别行动的特工们共进晚餐，享受了美味的生蚝和鸽子。第二天，他又来到位于特拉法加广场旁的流亡者大本营“挪威之家”。在这里，他经介绍认识许多政府高层——“名人们”，他在日记中不屑一顾地写道。此后，他还和军事联盟组织米洛格的领导人见了面。在特隆赫姆时，他也曾是该组织的成员之一。米洛格组织正积极推动挪威国防部将其正式收编。之后，他约见了挪威情报机构 E-Office，以及国防部长和王储。自始至终，特龙斯塔都在寻找为国效力的机会。

在他刚到伦敦的那六个星期里，特龙斯塔多次受邀参加了由管合金董事会发起的英国科学界会议，引荐他的正是韦尔什。韦尔什告诉人们，特龙斯塔“十分了解某个你们都很感兴趣的特殊课题”[50]。与会的科学家中，有些他在剑桥时就已经相识，还有一些他并不认识。经介绍，他认识了受美国项目组派遣来伦敦考察的，氘的发现者哈罗德·尤里。[51]他解答了特龙斯塔关于重水的疑问——德国人要用它来进行原子能研究很有可能是为了制造炸弹。现在，他们唯一不知道的就是，在这场科学竞赛中，德国人究竟已走到了哪一步。

在这段时间里[52]，特龙斯塔还参加了好几次有关如何切断韦莫克重水供应的战略会议。管合金董事会负责人华莱士·埃克斯是一名特龙斯塔非常熟悉的化学家，他带特龙斯塔参加了英国空军部召开的计划炸毁重水厂的讨论会。另一个代号为“千里眼”的计划是，派出六支破坏小分队，接连炸毁包括韦莫克在内的挪威南部的六座水电站。特龙斯塔对这两个计划都表示反对。一来夜间轰炸很难命中目标，二来千里眼计划的野心太大，难以实现。相反，他建议由挪威特工来执行破坏任务，或是从内部破坏水电站。

29 特龙斯塔不确定英国人是否会采纳他的建议，也不知道即使采纳了他们又会如何执行，毕竟作为局外人，他人微言轻。但他似乎可以确定，这些会议的成效寥寥，而且随着英国国内形势吃紧，英方对韦莫克采取行动的可能性越来越小。12 月底，特龙斯塔在苏格兰完成了为期六周的挪威军训课程，直到这时他仍在努力寻找为解放祖国而效力的机会。许多人要他专注于科研，用科学为战争服务，可是他更想用切实有效的行动去战斗。正如他某天夜里在日记中写道的：“我想离那些为解放挪威在前线浴血奋战的将士们更近些。”[53]

3. 邦佐

1941 年 12 月 2 日，破晓时分，克努特·豪克里德被房外的 30
狗叫声惊醒。[1] 空气中透着寒意，窗户上贴满了大朵大朵的霜花，窗外是一片葱翠的林地。此处是位于伦敦西南 50 英里处的斯铎汉姆公园。豪克里德飞快地穿好新的英国制服，浆洗好的衣领硬邦邦的，比它更硬的是那双标配军靴。

他走出房间，外面已经站了 20 多个挪威人。为了祖国，这些人自愿来此参加特别行动集训。他们生活背景各异——有穷人，有富人，也有家境普通的人；他们中有的来自城市，有的是从小镇里出来的，还有的来自边远乡村；有些人从没摸过枪，但有的已是神枪手。他们大多 20 出头，个别年纪略小，尚不满 18 岁，还有几个年纪大的——就像豪克里德这样，30 多岁。战争爆发前，他们是学生、渔夫、警察、银行家以及工人，这其中，有人迷失了自我，正努力地在这个世界上寻找自己的位置——豪克里德就是如此。

乍看之下，他和其他人并无二致。[2] 尽管他的孪生妹妹西格丽德是个好莱坞电影明星，被人称作是“峡湾塞壬”[3]，他却是相貌平平，和英俊扯不上关系。他有一头金发，一双蓝眼睛，不胖不瘦，略微有些含胸。他身高 5 英尺 10 英寸，比大多数普通人略高一点。然而，他那张脸足以让人过目不忘，上一秒还满脸堆笑的他下一秒就能变得一脸坚毅严肃。

他们的教官中有一名头发灰白的爱尔兰中士，大家都在背地里管他叫汤姆·米克斯——那是个美国西部电影明星。在这位教
31 官眼中，豪克里德和其他所有人都一样：他们必须学会各种杀人及破坏方法，并想尽一切办法让自己活下来。他只给他们定了一条规则："绝不要给敌人半点可乘之机。"[4] 这倒是很对豪克里德的胃口。毕竟，他从小就反感别人给他定规则。[5]

清晨 6 点，这只新兵小分队开始了一天的训练，米克斯称之为"硬化双脚"：以急行军的方式穿越广袤的林地。一个小时的训练结束后，士兵们的脚没有变硬，却长满了水泡。简短的早餐后是武器课程。"这是你们的朋友，"[6] 米克斯说道，边说边用手指勾着手枪转圈，"你们唯一能够信赖的朋友。只要用对了，它就能保住你们的小命。"接着，他带他们来到林中的一片果园里，教他们如何站立——双膝微曲，双手紧握手枪——如何开枪：快速射击且连开两枪，务必要置敌人于死地。如果情况允许，"瞄准下面，朝肚子开枪，这能让德国佬临死前至少疼上大半天"。[7] 豪克里德从小就会打猎，但这和打猎不一样。

两个小时的射击训练结束后，紧接着的是两个小时的体能课程：前空翻、后空翻，跳跃障碍物，前滚翻后迅速站起来，击打沙包，摔跤以及学习如何赤手空拳地击倒敌人并解除他们的武器。米克斯的腰间始终别着一把长长的匕首，他给他们讲他在第一次世界大战中如何与敌人搏斗，还有他在远东执勤时的各种见闻和经历。这样的故事其他教官也经常讲，有个教官说："被我们杀死的德国人多得堆成山，我们只有踮起脚尖才能看得到周围。"[8]

体能训练结束后，他们可以喝杯咖啡，稍事休息，然后是信号课程：学习用摩斯代码传递情报。之后便是午餐时间。下午的第一堂课是简单的爆破。“弄炸药的时候绝对不能抽烟。”[9] 米克斯说道，他嘴里却叼着一根点燃的香烟，似乎是在暗示学员们：规矩存在的意义就是为了被打破。他们将枕木炸得粉碎，把石头送上了天。[10] 耳朵里爆炸的嗡鸣声尚未散去，野外定向课程就已经开始，目标是学习用地图和指南针在林地里寻找方位。之后是野战训练，在密林中练习跟踪目标和侦察路线。傍晚 5 点至 8 点是休息时间，晚饭后继续夜间集训，学习的内容依旧是武器、爆破和搏击，只不过这一次，所有的训练都是在黑暗中进行。

训练日复一日，他的靴子和衣领在摸爬滚打中渐渐变软，豪克里德也锤炼成一名坚强的战士。[11] 尽管他的身板本来就很结实，32
但此时的他变得更加健硕。有时，他会被叫进一个房间，坐在里面的官员或心理医生会问他是否觉得眼下的训练让人吃不消，他是否想放弃。他们说，并非所有人都能承受如此高强度的训练。他可以。快速地连发两枪已经变成他的一种条件反射，而且他每次射击都能命中纸靶的要害。他知道什么时候扔出手榴弹最合适（米克斯说：“有人能赶在它爆炸前从这儿跑到伦敦。”[12]），既炸不到自己还能最大程度地发挥其威力。此时的他已是一名空手搏击高手，懂得如何巧妙地利用匕首杀死敌人。爆破技能娴熟的他能够稳稳地手持火种点燃一根 10 秒引线。

三个星期后，豪克里德被告知这些——所有课程——不过是些基础训练。教官对他的评价是：“他是一名冷静而审慎的战士，我们有充分的理由相信他在紧要关头一定能表现出色……无所畏惧。”[13] 在野外作战、武器运用、爆破和识读地图考核中，豪克里德的得分都是“很好”。信号考核略逊色，但也是“好”。

12 月 20 日，豪克里德登上了一列开往苏格兰的火车，他将在那里继续接受训练。就在 13 天前，日军偷袭珍珠港，美国对日宣战。豪克里德出生于美国，在他出发前往英国之前，他的母亲让他发誓与盖世太保势不两立，而他必须信守这份承诺。

1905 年，新挪威政府在脱离与瑞典的联合体之后，开始致力于建立一个君主立宪制国家。民主选举产生的议会是国家最高权力机关，国王只是国家的象征性代表。丹麦的卡尔王子是挪威国王的后裔，被认为是当时国王的最佳候选人，不过他表示只有人民投票选举他为国王，他才会接受王位。于是，选举如期举行，卡尔登基，成为哈康七世国王。

就在同一年，比约戈夫·豪克里德移民美国。[14] 他的父亲在留坎镇以西 50 英里的豪克里塞特有一间供徒步者和滑雪者落脚的山间小旅馆，他一直希望豪克里德能子承父业，然而，他却选择了离开，将那所地处偏僻的小旅馆抛在身后，在布鲁克林的弗拉特布什定居。当时的纽约正大兴土木修地铁，急需像他这样的工程师。后来，比约戈夫娶了从奥斯陆移民至此的护士小姐西格丽德·居里为妻。1911 年 5 月 17 日，在挪威国庆节这天，他们生下了一对双胞胎：克努特和西格丽德。小克努特无论走到哪儿，怀里总是抱着一只名叫邦佐的小泰迪熊，除了妹妹，它是他最亲密的伙伴。

33 第二年 4 月，他们一家人乘船回到挪威。克努特的父母十分想念家乡，他们想让孩子在挪威长大成人。近年来，挪威工业蓬勃发展，此时正是回国的最好时机。

在大西洋上，他们乘坐的轮船收到了泰坦尼克号发出的求救信号。轮船立刻偏离航线前去救援，然而因为相距太远，当他们赶到时为时已晚。

在奥斯陆，比约戈夫成功地创办了一家工程公司，并买了房子养育子女。克努特生来就是个小捣蛋。他天生好动，再加上阅读障碍，所以他从小就不喜欢上学。一整天坐在硬板凳上，一动都不能动，还得忍受如念经般枯燥的讲课，这对他而言无异于一种折磨。他天生有一点口吃，在课堂上发言只会令他更加紧张，词不达意。于是，在学校里，他每天就靠着恶作剧打发时间。有一次，他在课堂上偷偷放出一条蛇，结果被学校开除。不过，被开除过多次的他并不在乎。他喜欢去野外玩，可是他生活在城市，这样的机会并不多。他妈妈不想他把衣服弄脏，就找了个大布口袋剪了个洞，每次他去后院玩，她都会给他套上这个布袋。他们家的规矩和限制很多。他的孪生妹妹一直想当一名画家，去巴黎生活，为此，她也一直在和父母抗争。

这个世界上只有一个地方能让克努特尽情地玩耍和奔跑，那就是豪克里塞特的山间旅馆。每逢周末和暑假，他都会和祖父老克努特一起进山，在泰勒马克的大小湖泊边滑雪、钓鱼、露营和打猎。祖父还会给他讲关于洞穴巨人如何在这里定居以及如何守卫挪威的古老故事，他对这些故事深信不疑。他相信巨人真的存在，所以他一直觉得自己深爱的这片山林拥有某种不为人知的魔法。

最终，生性爱冒险的他因为羞于过 18 岁生日而离开挪威，前往美国。与此同时，他妹妹也离开家去了巴黎。他成为马萨诸塞州立大学的一名大学生，却未能毕业。之后，痴迷于约翰·斯坦贝克和欧内斯特·海明威的他开始流浪。他在中西部的一家农场找了份工作。他喜欢这份工作和开阔的草原，但农场主一家清教徒式的生活方式令他反感。吃饭时，他必须听农场主念完长长的祷词才能开始吃饭。一天晚上，轮到豪克里德做饭前祷告。他匆匆唱完一首简短的挪威歌曲——和上帝没有任何关系的歌曲——就立刻狼吞虎咽地吃了起来，好像饿了几个星期似的。

几年后，他回到挪威。他父亲给他在奥斯陆最大的银行找了一份待遇不错的工作，却被他一口拒绝。他告诉父亲，钓鱼也能挣大
34 钱，说完就去找了份钓鱼的工作。钓了几个月的鱼之后，他再次离开挪威——这一次，他去了柏林。在那里，除了机械工程，他还学了德语，并开始思考未来。1936 年，他目睹了希特勒在奥运会上的政治游行。一天晚上，一个喝醉了的纳粹党员拦住他，口没遮拦地大放厥词，豪克里德毫不犹豫地给了他一拳，让他闭嘴。[15]

最后，他还是回到了奥斯陆。[16] 他妹妹在巴黎被塞缪尔·高德温发掘，开始和加里·库珀一起拍电影。这一次，他顺从了父亲的意愿，找了份正经职业踏实生活。他在父亲的公司谋了份差事，负责从美国进口工程设备。常年的户外探险使他的后背伤痕累累，治疗过程中，他爱上了年轻的理疗师博迪尔。

1940 年 4 月上旬 [17]，豪克里德刚刚结束在纳尔维克的防波堤工程。他打算先休息几天，去钓鳕鱼，然后前往特隆赫姆。当他来到特隆赫姆时，纳粹入侵了。听完特龙斯塔教授在挪威理工学院说的那番话，豪克里德和一些学生立刻征用了一辆货运火车，赶往奥斯陆，行至半路却发现铁道已封闭。弃车后，他们乘坐大巴赶到离利勒哈默尔最近的征兵点，但那里的武器已经派完。在征兵点，他们得知纳粹已占领奥斯陆，包括豪克里德在内的学生们听到这一消息后都哭了。他们获悉德军要求国王退位，政府让权。当这一要求遭到哈康国王的拒绝后，德国派出轰炸机，试图在国王撤离的路上将其炸死。豪克里德坚信自己曾看到过那些前去刺杀国王的飞机，就在那一瞬间，他找到了前进的方向，也找到了人生目标。那一刻，他泪流满面。

费尽周折后，他终于找到了一支正在和德军作战的兵团。他从军团指挥官——一名陆军上校——那儿领了一把克拉格步枪和30发子弹，就冲上了战场。在接下来的三个星期里，没有任何作战经验的豪克里德始终战斗在前线。他所在的军团用几枚燃烧弹和一门大炮，成功地在山口伏击了一支德国坦克小分队。然而，这也是他们取得的唯一一次胜利，更多的时候，吃了败仗的他们只能选择后退。

他所在的兵团很快投降了，豪克里德想赶往奥斯陆和特隆赫姆之间的山谷，继续战斗，但那里的挪威士兵已经开始撤退。他只得先回奥斯陆，去教堂大街74号的公寓找他的父母。他的父亲不在家，迎接他的只有母亲。克努特走进那间存有他个人物品的 35
卧室，关上门。“你在做什么？”[18] 他的母亲推开门，走了进来。

“拿些东西。”豪克里德对她说。

“你得离开这儿，去战斗。”她对他说。

他正计划如此。豪克里德从衣柜里翻出靴子和滑雪板。他打算和好朋友斯韦勒·米茨考一起前往北方军事重镇纳尔维克。谁知半路上，豪克里德却病倒了，大口大口地吐血。等到他的胃病康复，纳尔维克的战斗也已结束。挪威投降后，最高指挥官在被送往德军战俘集中营之前，曾恳请所有挪威人“保持忠诚，并做好准备”，[19] 迎接未来的战斗。

豪克里德带着博迪尔躲进了大山里，尽可能地远离德军占领者，但他心里始终牢记着那位将军的话。整个夏天，他们都在钓鱼，然后换钱，为接下来的斗争和生活储备资金。就在这时，有人传话来[20]，米茨考在奥斯陆，想见他。豪克里德立刻动身，前往首都。原来米茨考去了英国，在那里学会用无线电发报后又乘坐英军潜艇回到了挪威。其他和他一同回来的人继续北上去了特隆赫姆，执行云雀 B 计划，米茨考的任务是在奥斯陆地区实施云雀 A 计划，所以他需要豪克里德的帮助。

在接下来的几个月里，他们辗转于奥斯陆城外的森林小屋之间，不断向英国方面发送无线电信号，却始终没收到任何回复。通过在城中的关系网，他们收集到了奥斯陆所有德军指挥官的情报，从代表希特勒的帝国辖区专员约瑟夫·特博文到德军驻挪威最高将领尼古劳斯·冯·法尔肯霍斯特，以及负责安保的党卫军中校海因里希·费利斯。因为迟迟无法与英国方面取得联系，米茨考乘坐渔船前往英国传递情报，并带回了新设备，然而在空投时，电台受损且无法修复。尽管如此，他们依旧没有放弃，甚至还策划绑架吉斯林。豪克里德和他的朋友十分勇敢，但因为缺乏专业训练，他们的效率也极低。

1941 年初，盖世太保逮捕了米茨考和团队中的另一名成员马克斯·马努斯。两人最终成功逃脱。不久后，豪克里德也被拘留，
36 但挪威警察放了他。尽管遭遇了种种挫败，但他们从未停止情报工作。

辖区专员特博文是个精瘦的男人，戴着一副眼镜，他原是银行里的一个办事员，因为从很早开始就一直追随希特勒，所以在纳粹党内晋升得很快。[21] 他裁撤了许多不忠于“新秩序”的挪威要员：法官、牧师、行政官员、记者、公司领导、警察、当地政府官员以及老师等等。挪威议会被关闭，议员被解散。此时，矗立在奥斯陆市中心的议会大厦上飘扬的是纳粹军旗，特博文下属的行政官员们就在这里面办公。距此不远就是一幢名为维多利亚露台的政府大楼，现在是党卫军驻挪威总部。

纳粹早已将铁爪伸到了奥斯陆以外的地区。任何人都不得在宵禁后出行，某些地区必须持有相关证件或通行证才能进入。无

线电台被禁用。任何违反规定者都将被送入监狱——不过既然执法者是纳粹，而非警察，他们当然可以随心所欲地处置犯人。挪威境内任何出版物都必须加盖审查员公章方可印刷。在纳粹印制的新教科书上，希特勒被美化成了挪威的救世主。严苛的限量供给造成煤、燃气、食物、牛奶和布料短缺，很多挪威家庭只能勉强度日。人们不得不用鱼皮来做鞋，用旧报纸来裁衣服。无论什么，小至一块肉，大到工厂里的产品，甚至是城中最好的房子，只要被德国人看中，一律没收充公。

有些挪威人支持“新秩序”，有些为求安稳只得听从德国人吩咐，但还有一些挪威人仍在反抗纳粹统治，他们或拒绝在电车上给德国士兵让座，或组织各种反抗活动，以暴制暴。豪克里德想参加这种暴力反抗活动，却不知去哪儿参加，如何参加。

转眼到了 1941 年 9 月，奥斯陆的工人举行大罢工，反对牛奶的限量配给制。[22] 德军自入侵苏联以来，战争进程趋缓，许多城市久攻不下，希特勒随之开始对占领区实施铁腕政策以稳固其统治。迫于压力，特博文不得不有所行动。与此同时，党卫军将军莱茵哈德 · 海德里希正好也在奥斯陆，面对这位德国警察及保安部队的统帅，身为辖区专员的特博文自然不敢有丝毫松懈。他签署了戒严令，宣称他会让任何可能威胁其统治的人“跪下求饶”[23]。数百人遭到逮捕，安保司令费利斯下令枪决了两名罢工 37
领导者。

与此同时，盖世太保也在特隆赫姆加紧搜捕地下抵抗组织成员，试图彻底摧毁云雀 B。[24] 纳粹很快就顺藤摸瓜追查到了奥斯陆。米茨考和其他几名抵抗者遭到围捕。在逃往瑞典前，豪克里德和爱人博迪尔草草完婚，连婚礼都没举行。[25]

几天后，盖世太保上尉西格弗里德 · 费默走进豪克里德父母位于教堂大街74号的那所公寓。这位曾经当过律师的上尉是调查奥斯陆地下抵抗组织的总负责人，他此次前来是为了寻找新的线索。[26]和其他同僚不同的是，他很少穿党卫军那身僵硬的灰色制服，也不戴黑色的遮檐帽，审讯犯人和告密者时，他的脸上总是挂着一副迷人的微笑，使对方放松警惕。他被费利斯训练成了一名忠实的猎犬，并带到挪威。他和挪威女人上床，学挪威语，借此来融入当地生活，更好地替主子效力。一头金发的他身高6英尺，精明能干且记忆力超群，抵抗组织成员都叫他“政委”。[27]

在公寓里，费默只见到了豪克里德的母亲西格丽德和初为人妻的博迪尔。他将两名女士带下楼，上车时他警告她们，她们将会被送进默勒伽塔19号——盖世太保的监狱。在路上，费默问西格丽德是否知道她儿子的下落，西格丽德狠狠地甩了这个德国人一记耳光。费默又问了一遍，得到的是又一记耳光。“他在山里。”[28]西格丽德最后说道。同时她感到庆幸，多亏她赶在盖世太保到来前撕毁了儿子的美国护照。

“不，”费默说，“他在英国。我们在瑞典的人说，已经有人带他渡过了北海。你觉得他在那里做什么？”

“等他回来，你就知道了！”她硬生生地答道。

费默把她和博迪尔关在默勒伽塔，审问了多次，却一无所获，最后只得将她们释放。

其实，豪克里德并没有去英国，身在斯德哥尔摩的他收到了母亲和妻子被捕的消息。[29]他回到了奥斯陆，然而在戒严令下，抵抗组织根本无法开展任何行动，他只得再次穿越边境，最终坐上了前往英国的飞机。在伦敦，他首先见到了他的上级埃里克·韦尔什，后者想要他立刻返回挪威，刺探情报，可豪克里德另有打算。他想接受军事训练，想去前线战斗。在他看来，唯有战斗能解放自己的祖国。韦尔什便将他送到了“挪威之家”。

在一间能俯瞰整个特拉法加广场的阁楼小屋里，豪克里德见到了马丁·林厄。[30] 这位身穿灰绿色制服的挪威陆军上尉微笑着迎接了他。握手时，豪克里德感受到了对方的坚毅和力量。和他招募的其他新兵一样，豪克里德被他的率真所打动。林厄曾经是一名演员，1940 年 4 月，他遇到了一支在特隆赫姆附近登陆的英国小分队，成了其中的一员。

林厄首先谈到了挪威的现状，又聊了些他们都知道的地方。很明显，他正在试图解读豪克里德：他想要什么，这个愿望的源头是什么以及他是否有能力实现这一目标。他说，如果豪克里德有心想实现这一目标，他们需要做的还有很多。他将会进入一家小公司，这家公司大约有几百名员工，表面上归英国所有，但实际上公司里全都是挪威人。从军经历有助于工作，但并非必需，因为他将参与一场非传统意义上的战争，他的战场远离前线。在这场战争中，每个人的作用都举足轻重。训练会很艰苦，甚至很残酷，但现实更加残忍。他们并没有谈具体的工作内容，但豪克里德真的很想加入。

“你结婚了吗？”[31] 林厄问道。

豪克里德说是的。大多数新兵都是单身，林厄听到他们的回答后往往会半开玩笑半认真地说：“这很好，万一你牺牲了，我们就不用给你妻子送花了，这倒省事。”从豪克里德身上，林厄看到了一些他很喜欢也很欣赏的东西，他欢迎他加入挪威第一独立公司。几天后，豪克里德就领到了自己的靴子和英军制服。

在火车上度过了一段漫长的旅程后，豪克里德上了一艘渡船，跨过莫勒湖，来到大风凛冽天气阴冷的苏格兰西海岸，他将在这里完成第二阶段的训练。在一间名为梅布尔的有些老旧的狩猎人小屋里，他们见到几名挪威教官，他们都曾是这里的学员，现在成了教官，需要时他们还会充当英军指挥官的翻译。

在这里，斯铎汉姆公园早晨的急行军训练升级成了快速穿越茂密的灌木丛，蹚过冰冷刺骨的小河，在峭壁旁进行绳索下降，或者穿越峡谷。[32] 他们使用各种英式和外国武器，反复练习直觉射击（蒙眼射击）并掌握了近距离射击的诀窍。在阴森的松树林
39 中，他们追踪目标，击倒突然出现的靶子。他们还在模拟建筑中进行实战演习，以最快的速度清除房间里所有敌人。在爆破课程中，他们已经能够利用炸药成功摧毁铁轨、火车和工厂，还能娴熟地制作各种规格的爆破及燃烧装置。豪克里德惊讶地发现，只要找准时机选对方位，一次看似不起眼的爆破竟能产生如此强大的威力：阻断军队前进，让兵工厂变成一堆废铁。

他们用摩斯代码接收和发送情报的速度越来越快。通过反复练习如何用匕首悄无声息地置人于死地，他们已经可以确保每次出击，刀刃都能准确避开骨头，深深扎进敌人的血肉之中。在这里，他们学会了开保险柜，知道如何使用毒药，以及如何用氯仿使人瘫痪。他们能够不用地图和指南针，仅凭记忆就找到通向目标地点的路。他们还学到了如何在野外伪装自己，如何在沼泽中匍匐前进，神不知鬼不觉地接近敌人然后干掉他们——甚至都不需要武器。

“这是战争，不是体育比赛，”[33] 教官提醒他们，“所以请忘了公平竞争的原则，也别去想这样做是‘犯规’……这些方法能帮你更快地杀死敌人。”豪克里德发现哪怕仅仅用手也能让对方瘫痪、骨折，甚至死亡。他很清楚人体的弱点在哪里：脖子后方，就在脊柱偏左或偏右一点的位置；喉结与鼻梁之间；太阳穴；腰部。他在

人体模型上一遍又一遍地练习，直到他的手打得快要散架。

偶尔不训练的夜晚，例如圣诞节或新年前夜，他们也同样面临考验。教官们会带豪克里德和他的同伴们去酒吧，让他们畅饮大麦酒或威士忌。起初，大家都玩得很开心，但很快他们就发现，自己的一举一动都会被记录在案：谁喝多了，谁耍酒疯出了丑，或者比这些更糟的，谁会口没遮拦胡说八道，又有谁能时刻保持警惕。

所有课程最终都将通过一场突击行动来考核，行动时间可能在白天，也可能是夜晚。在梅布尔，这就是教官们常说的“策划”。学员们会接到不同的目标——一段铁轨、部队营房、机场或工厂。他们得策划进攻方案：确定路线，分派任务——谁把风，谁侦察，谁掩护以及谁实施攻击。之后就是带上真正的武器和所需装备，执行方案。如果情况允许，他们还会进行实弹爆破。有的行动会持续数小时，有的甚至需要他们离开梅布尔数日。教官和部分学员会扮 40
演盖世太保，尽其所能地破坏他们的行动计划，毫不留情。

训练机制粗暴而残忍。[34] 和之前一样，定期会有人询问豪克里德是否想放弃训练，但每次都被他断然拒绝。他们接受的并非传统意义上的战争训练，学的也不是固定阵线（fixed lines）和侧翼包围（flanking maneuvers）这种传统战术，而是大卫如何才能战胜哥利亚[A]。豪克里德明白，他们需要的正是“恶棍学校”（他们知道这是德国人给梅布尔这种训练学校起的别名）式的训练。梅布尔的负责人认为豪克里德和他想的一样，他向伦敦的上级汇报称，豪克里德是“一个健硕的男人，足智多谋。他表现出众，又无所畏惧。又一个几乎能完成所有特殊任务的学员”。[35]

A　大卫与哥利亚之战源自圣经；纳粹研制的无人爆破战车也名为哥利亚。——译者注在离开梅布尔之前，豪克里德发现那家挪威公司并不简单。它其实是英国特别行动处的挪威分部。英国特别行动处分布范围极广，在欧洲及其以外的许多国家都设有工作机构。

温斯顿·丘吉尔被选为首相后不久就成立了该组织，它的建立方针就是，以各种反对纳粹的特别行动“点燃整个欧洲”。时任战争经济部部长的休·道尔顿成为该组织的第一任处长，并确定了它的成立宗旨。“我们必须在敌占区开展活动，其效果应当像爱尔兰的斯芬党运动，像中国的游击队对日本的反抗行动，像西班牙非正规军在惠灵顿战役中发挥的显著作用一样……我们必须采用各种方式：进行工业和军事毁坏，鼓励闹工甚至罢工，持之以恒地宣传，并针对叛徒和德军将领进行恐怖行动，进行联合抵制乃至发动暴乱。”[36] 于是，在圣尔敏酒店的三个房间里，英国特别行动处开始紧锣密鼓地从英国秘密情报局破坏部和军队里的情报处挑选人才，甄选行动方案。[37] 策划者们常戏称他们来自非绅士战争部。

1942 年 1 月 14 日，豪克里德来到特别训练学校（STS，Special Training School）26，该学校位于苏格兰高地，在阿维莫尔附近。[38] 挪威第一独立公司的总部也设于此。他恨不能立刻参加行动。在苏格兰高地，峻峭的山峰随处可见，被松林覆盖的幽深峡谷绵延不绝，除此以外还有那一望无际的荒野。三座林间小屋（格伦莫尔、森林小木屋和德鲁明托）就坐落在这山峰、峡谷与荒野之间，约有 150 个挪威人生活在这里。[39] 这个被他们称为 26 的地方常常
41 会让豪克里德想起他的故乡，而这也意味着这里是为执行任务做准备的理想地点。不过，他很快就意识到，行动任务并没像他期望的那样，来得那么快。

就在豪克里德在梅布尔训练的同时，英国结合海、陆、空三

方力量，发起了两次突击行动：其一是针对挪威北部的罗弗敦群岛，另一个是攻占位于挪威西部的两个海边小镇莫吕和沃格岛。[40] 两个行动同时进行，其目的就是削弱德军对沿海地区的控制，同时切断当地的鱼油生产——鱼油是制造 TNT [A] 的原料之一。1941 年 12 月 27 日，英军驱逐舰开始轰炸莫吕，一举摧毁了它的沿海炮台，并将德军营房夷为平地。皇家空军抛下了大量的烟幕弹，迷惑德军，掩护抢滩登岸的 600 名英军士兵。林厄上尉带着他手下的 20 名学员也参加了这次行动。战斗打响没多久，莫吕的德军就投降了。沃格岛的战斗也进展得十分顺利。不幸的是，林厄在冲向德军指挥部的时候被狙击手击中，牺牲了。

在罗弗敦，挪威独立公司的 77 名士兵和英军登陆部队彼此配合，很快就取得了战斗的主动权。日落时分，他们已经抓住了不少德军守卫将领和纳粹官员。当岛上的居民得知英国人将会驻守在这里后，他们纷纷走出家门，支持他们的行动，帮助他们完成此次进攻。第二天，恼羞成怒的德国人从空中和海面同时展开反攻，浩大的攻势震慑住了英军指挥官，他立刻命令英军撤退。当包括挪威士兵在内的盟军撤出海岛时，岛上的居民纷纷向他们吐口水，因为他们知道等待自己的必然是纳粹的残酷报复。

当豪克里德初次来到 STS 26 的时候，他看到的是一个意志消沉的团体。罗弗敦撤军事件后，挪威人很快就发现，英军甚至没将此次行动告知流亡的挪威政府，这不禁令他们义愤填膺。[41] 林厄上尉的死更是让他们伤透了心。许多人威胁说，如果执行任务的目标与挪威首脑定的不一致，他们宁愿去参加正规军上阵杀敌。

A 三硝基甲苯，一种威力很强又较为安全的炸药，在战争期间被广泛运用。——译者注

有人偷偷议论说，流亡的挪威政府认为他们不过是“虚有其表”，是一群“半路出家的土匪”，成事不足败事有余。还有十几个人[42]公开闹事，最终都受到了惩戒并被遣返。

豪克里德什么也做不了，只能静观其变。不过，他是愉快的，
42 至少他能和志同道合的人一起生活。这些人和他一样，冒险逃到英国，接受训练，就是为了有朝一日能为国战斗。和豪克里德不同的是，他们大都是坐着被称为“设得兰大巴”的挪威渔船，穿越风暴肆虐、天气变幻无常的北海来到设得兰群岛。其中有一个人甚至是独自一人划着小船而来。还有些人，像延斯－安东·波尔松[43]花了半年多的时间，几乎绕了大半个地球——从挪威出发，辗转瑞典、芬兰、苏联、土耳其、埃及、印度、南非和加拿大——才好不容易踏上了英国的海岸线。延斯－安东·波尔松来自留坎，瘦瘦高高，今年 23 岁，嘴里总是叼着烟斗。

在接下来的两周内，豪克里德和这些新同伴们一起训练，一起在白雪茫茫的荒野上游荡。[44]STS 26 的食物从来都不够吃，虽然理论上学校禁止他们打猎，但能猎回一只雄鹿让大家改善伙食也不错，所以校方对此既不鼓励也不阻止。豪克里德享受的却是打猎的过程，他还给自己起了个绰号叫邦佐——他童年时最爱的那只泰迪熊的名字。

然而，笼罩在大伙心头的阴云并未散去。1 月 31 日，几名来自伦敦的访客乘坐夜班火车来到此地。学员们向他们展示了自己的射击和攻击技能，并在其中一间小屋里举办晚会欢迎这些远道而来的客人。[45]流亡的挪威国防部部长奥斯卡·托普和英国特别行动处副处长科林·格宾斯少将参加了这次晚会。托普发表了一番鼓舞人心的演讲，他向学员们保证，流亡的挪威政府与英国之间的合作已迈入更辉煌的新时代。他们为挪威设定了双重目标：

长期的目标是建立米洛格抵抗组织，现在，米洛格受军队指挥，将来，它会加入盟军解放挪威的战斗中；短期目标是执行各种破坏行动并协助盟军完成突袭，以此削弱德国的军事及经济实力。挪威独立公司就是执行此类任务的首选，而且所有行动都将首先得到挪威方面的许可。他话音刚落，学员们立刻激动地敲打桌子，欢呼起来。

接着，托普和格宾斯向他们介绍了两名指挥官，其一是陆军中校约翰·威尔逊，英国特别行动处挪威分部的新任负责人。威尔逊告诉他们，他的血管里也流着“维京人的血液”，只不过这份血缘在代代相传之后渐渐被冲淡，就像他的头发逐渐斑白一样。[46]他个子不高但身姿挺拔，语气平和而坚定，话语中透着果敢。战争爆发前，他曾是世界童子军运动的领导人，之后他协助策划并参与了英国特别行动处训练学校的管理工作。[47]站在他身边的是穿着军服的莱夫·特龙斯塔。在德军入侵的那个令人难忘的早晨，43
豪克里德曾与他有过一面之缘。特龙斯塔上尉将会协助威尔逊督导学校训练，并密切关注行动任务的策划和执行。

第二天，来宾们参观了营地，和学员们碰面。当天晚上，托普主持了林厄上尉的追悼会。他们一起唱悼歌，读《圣经》，一名挪威牧师还背诵了一首写于 1895 年的诗歌，那时的挪威尚未脱离瑞典宣布独立：

我们想要的国家，安全而自由，
且不必为获得自由受罚。
我们想要的国家，属于我，也属于你……
假如我们还没有这样的国家，
我们就赢一个回来，我和你一起。[48]

后来，为了纪念受众人称颂的创建者，挪威人私下里给公司起了个新名字：林厄公司。现在，莱夫·特龙斯塔将带领这群挪威士兵继续为了自由而战斗。

4. 守坝人的儿子

44 1942 年 3 月 12 日星期四，在挪威南部的港口小城克里斯蒂安桑，埃纳尔·斯钦纳兰正坐在一家医院的手术台上。[1] 医生坚持先打麻醉再给他的左腿动手术。一个星期前，他摔了一跤，膝盖骨脱臼。他硬生生将它按了回去，但膝盖后却鼓起一个危险的瘀血肿块。斯钦纳兰说，不要麻醉。他马上就要离开克里斯蒂安桑，担心麻药会延长康复的时间。医生再次警告他，手术非常非常疼。“不要麻药。”他坚持道。医生摇摇头，觉得这个病人一定是疯了。

斯钦纳兰躺在手术台上，护士开始固定他的腿。医生用手术刀切开患处。这个长着一头红发，膀大腰圆，肌肉壮硕的汉子拼尽全力固定自己。平日里，他脸上总是堆满灿烂的笑容，一脸轻松，此刻，他的脸却仿佛凝固了一般。他咬紧牙，原本细长的眼睛几乎眯成了一条线。医生在他的血肉之间进行检查和治疗，整个过程，斯钦纳兰顶多低声呻吟了两声。将膝盖骨后的血液和体液吸干后，医生确定骨头已经正位，开始缝合。这种手术通常需要住院观察几天，但斯钦纳兰再次拒绝了医生的提议，表示只需用绷带绑紧伤口即可。几个小时后，他就拄着手杖一瘸一拐地下了楼，上了一辆出租车。

他来到码头，穿过水手旅馆，走进一家船具店。店主是个快
45 乐的单身汉，肚子里有讲不完的故事，他把斯钦纳兰带进后屋。

他试着想休息一会儿，可伤口实在疼得厉害。他只能借给手枪上油来分散注意力。再过几天，高特森号就会靠港，这是一艘排水量为 620 吨的班轮，斯钦纳兰打算说服船员改变航线，把他和他的朋友们送到北海对岸的阿伯丁去。在那之前，再疼再苦他都能忍，一如他家族中那些习惯了忍耐的家人们一般。

数百年来，斯钦纳兰家一直生活在那蜿蜒曲折的默斯湖岸边。[2] 这里地处偏僻，自然条件残酷得近乎无情，一年中有六个月的时间只能靠滑雪板进出。莫纳河水流湍急，自默斯湖一路东流，穿越韦斯特峡谷，水流落差近乎 700 米——比许多瀑布还陡峭数倍。

16 世纪时，莫纳河畔渐渐筑起一座座小木屋，一座小村庄由此形成。[3] 这儿的几百名村民大都生活在阴影之中，一年中的大多数时候，峡谷两侧高耸的山峰都会将阳光彻底屏蔽在山谷之外。这里不欢迎访客。事实上，甚至还有传言说生活在这里的都是“不知羞耻的恶魔的化身，他们最大的乐趣就是杀死主教、牧师、地方官及其上级，还有那些背负着原罪的人”。[4] 尽管有些夸张，但此处的生存条件的确很恶劣，不过，这里的自然风景也同样美得令人窒息。这里瀑布众多，尤其是气势恢宏的留坎瀑布，落差竟高达 340 英尺，所以仍然会有许多观光客不远千里赶来此地，只为一睹美景。画家们会站在水雾溅不到的地方，用画笔来捕捉瀑布的壮丽与秀美，而 5 600 英尺高的盖于斯塔峰常常会作为背景出现在他们的作品之中。

19 世纪末 20 世纪初，这里的画家和游人不得不让步于蓬勃发展的工业生产。[5]1905 年，挪威工程师山姆·艾德与物理学家克里斯蒂安·伯克兰发明了以空气制造氮的方法，并用其来生产化肥。

这种生产方法需要大量的电能，终年流淌不歇的留坎瀑布自然是最佳选择。挪威海德鲁公司由此成立。很快，大批工程师和建筑工人便涌入韦斯特峡谷。他们在默斯湖上建大坝，在山坡上炸出隧道，并修建了多座电站和工厂，还在原有的小村庄附近建立了一座新城镇，留坎镇。镇上新建了数百座房屋和工人宿舍，街道四通八达，此外，他们还修了铁路和火车站、教堂、消防站、警察机关、学校、医院，甚至还有一个社区花园和舞厅。

至此，韦斯特峡谷也许已经称得上文明开化之地[6]，但直到
46 1918 年埃纳尔·斯钦纳兰出生的时候，默斯湖畔的生活和从前并没太大的不同。他的爸爸汉斯·斯钦纳兰是一位守坝工人，娶了艾伦为妻，埃纳尔是他们的第八个孩子。斯钦纳兰一家住在留坎镇以西 13 英里处的一座木屋里，房子挨着大坝，由木板搭建而成，空间很大。虽然工业发展让小镇日渐繁华，但每年 11 月到来年初夏这段时间，想要进入这片地区，滑雪板依然是唯一的交通工具。斯钦纳兰一家会早早地为漫长的冬季做好准备，储藏各种食物、衣服或家居用品。如果东西坏了，那只能自己动手修理。

从小到大，埃纳尔有一半的时间都是在滑雪板上度过的。他踩着滑雪板拖过木头，在大坝周围做过杂工，还滑雪去周围的农场找朋友们玩。他就读的小学位于霍夫登岛，每到冬季，他就会滑过结了冰的湖面，去 10 英里以外的寄宿学校上课。小学毕业后，他继续滑雪去留坎镇读中学。但更多时候，他滑雪纯粹是为了好玩。他的哥哥们个个都是滑雪好手，有的还会跳台滑雪，他们卧室里那一小排银质奖杯就是最好的证明。对他们而言，滑上几十英里来到盖于斯塔峰山下，再花三个小时爬到山顶，最后冒着摔断脖子的风险，像一阵风一样五分钟内滑下山赶回家吃晚饭，不仅是家常便饭，也是无聊生活中的一种消遣。

尽管他们一直生活在人类文明的边缘地带，但斯钦纳兰一家也有自己的抱负和野心。汉斯和艾伦买下了默斯湖周边的土地，在大坝边上开了一家杂货店。他们的孩子中有护士，也有旅馆老板，还有的成了守坝人助手，其余的都当了工程师。埃纳尔从小就是家里最聪明的孩子，父母眼中的“有出息的人”。上学时成绩优异的他，毕业后便考上了当地一家技术学院，学习工程专业。后来，他去了奥斯陆，考上了久负盛名的工程兵军官学校，一边读书一边服兵役。他的目标是建造像水坝那样的大型建筑。就在这时，战争爆发了。

1940 年 4 月 9 日，艾伦·斯钦纳兰刚一放下电话，眼泪就顺着脸颊滑下来。[7] 德国人入侵了，她知道她的儿子们很快就会参战。远在奥斯陆的埃纳尔早已投身到战争的洪流之中，他亲眼看到德国人的轰炸机从头顶呼啸而过，向机场飞去。他被集合起来，但是和挪威军队中的许多士兵一样，他只接受过为期一个月的短暂军事训练，毫无战斗经验。他的兄弟托尔施泰因和奥拉夫参加了抵抗组织，参与并目睹了发生在留坎镇周边的各种抵抗活动，正是因为有了他们的积极反抗，留坎才能成为挪威南部最后一个投降的小镇。身心俱疲的他们回到家，情绪低落。

5 月中旬，当埃纳尔回到默斯湖的时候，德国人已经占领了他 47
兄弟的旅馆，并把他们当成用人，还征用了他储存的食物和啤酒。德国兵把旅馆弄得乱七八糟，根据墙壁的磨损程度来看，他们睡觉一定从不脱鞋。

从某种程度上来说，生活又恢复了正常。埃纳尔在挪威海德鲁公司找了份工作，成了大坝建设工地上的一名监理，再次回到了童年时的家庭生活之中。他儿时的玩伴，现在的同事奥拉夫·斯科根是个土生土长的留坎人，经他介绍，埃纳尔认识了一个名叫古德芙格的女孩，两人很快就开始约会。[8]古德芙格来自卑尔根，她妹妹和奥拉夫是一对热恋中的情侣。他们四人经常一起滑雪，有时还会骑单车去郊外游玩。

不过，斯钦纳兰和斯科根还有另一重身份。德军入侵后，他们就加入了当地刚刚成立的米洛格组织，专门给德国人搞破坏。斯科根是该组织的领导人之一，而斯钦纳兰收藏了一些武器，还找到 10 个值得信赖的人，组成了一支小分队在默斯湖畔活动。他往返于奥斯陆与家之间，从一家非法报社那里弄到了一台油印机。和奥斯陆的米洛格组织取得联系后，他打算在家附近设立一个无线电发报站。为了储存和隐藏设备，他在一所山间小屋的地板下挖了一个地下室，只可惜奥斯陆那边一直没能为他找到设备。

1941 年秋，被盖世太保逮捕的一名留坎男孩为了得到优待当了告密者。他举报斯钦纳兰在默斯湖畔的一间小屋里私藏武器。盖世太保立刻把斯钦纳兰丢进了留坎监狱，可是他们在小屋里最终只找到了一台非法所有的普通收音机。即便如此，斯钦纳兰还是被关了 10 天。从监狱里出来后，斯钦纳兰反抗德国人的信念越发坚定。

1942 年初，斯钦纳兰再次前往奥斯陆，这一次，他向米洛格的信号负责人提出要求：能否送他去英国受训成为发报员后带一台发报机回来。[9]很快，他就得到了一份以假名“埃纳尔·汉松”为名的身份证件。3 月初，他对家人说自己要进山去打猎，会离开一段时间，但其实他去了弗莱克菲尤尔。这是一座位于克里斯蒂安桑西部的港口小镇，按计划，一艘英国船将会去那里接他。谁知就在前往克里斯蒂安桑的途中，他的腿受伤了。

在弗莱克菲尤尔，他找到了另外两名抵抗组织成员：长着一头卷发的奥德·斯塔海姆和他的老伙计安德烈亚斯·法斯廷。年

轻的斯塔海姆是个船长的儿子，他凭着自己的本事成了抵抗组织
团体中的一名风云人物。[10] 德军入侵后不久，他就征募了一艘小 48
船，命名为维京号，驾船去了苏格兰，成为马丁·林厄招募的第一批新兵。之后，他回到挪威，在过去的一年半里，他在挪威南部地区建立了一个庞大的信息网，用来收集德国海军动态和边防工事的各项信息。现在，为了躲避盖世太保的追捕，斯塔海姆不得不离开祖国，临行前他接到的最后一个任务就是带着斯钦纳兰一起离开。两人在弗莱克菲尤尔碰面后，斯塔海姆告诉斯钦纳兰，他们的船因为北海上的风暴被取消了。他们得另找途径离开。因为斯塔海姆上了德国人的搜捕名单，所以他们根本不可能穿越边境去瑞典。斯塔海姆由此想到了劫船。考虑再三后，他们三人决定劫持高特森号。

不过，如果斯钦纳兰想在劫船这件事上助同伴一臂之力，他首先得治好自己的腿伤。

斯钦纳兰做完手术两天后，3 月 14 日，他从克里斯蒂安桑登上了高特森号，前往弗莱克菲尤尔。[11] 当晚，他拄着手杖，暗中摸清了船上的乘客、船员、行李及煤炭供应情况。乘客中只有一个男人要前往远离海岸线的斯塔万格，去参加洗礼仪式。船上没有德国人。船员 22 名。船长克努森是个经验丰富，身材魁梧的老水手，想从他手上劫船恐怕不那么容易。高特森号上装的都是些沿海船舶常运的货物，其中还有几大箱挪威烟草。第二天一早，轮船一靠岸，斯钦纳兰就下船去找他的同伴了。

几个小时后，他缓缓走向港口。和往常一样，他的西装翻领上别着一枚国家统一党党徽。表面上看来，他不过是一个拥护“新秩序”的挪威人，和每天晚上挽着德国士兵的胳膊，悠闲散步

的那些当地女孩没有区别。

只不过，被他藏在手提箱里的左轮手枪似乎并不认同这一身份。

他走过一个铺满鹅卵石的小广场，向码头走去。广场周围的木头房子全被涂成了鲜亮的黄色和绿色。码头上，装卸工人们正在将最后一点货物运上高特森号。它那白色的船身眼看着吃水又深了不少。

49 上船后，斯钦纳兰径直走向他昨晚睡的那间船舱。半小时后，斯塔海姆和法斯廷赶到了码头，跟着人群向甲板走去。下午 5 点，船上传来了第三次也是最后一次登船铃声，片刻过后，高特森号缓缓启动，推进器划破了黑色的海水，旋转起来。烟囱里喷出一团团黑色的烟雾，伴随着一阵扑哧扑哧的吐气声，轮船渐渐驶离码头。

当码头彻底从人们的视线里消失后，斯钦纳兰走出船舱，腰间别着两把子弹已上膛的左轮手枪，此外，他还在腰上缠了长长的绳子。他很紧张，非常紧张。斯塔海姆参加过类似的行动，但斯钦纳兰从没接受过相关训练，他害怕自己会搞砸。

傍晚 6 点 20 分，他在休息室外见到了斯塔海姆。就在他俩准备打开门冲进去抓住船长的时候，船上的二副突然出现在他们身后，要求他们出示船票。斯钦纳兰缩回了搭在门把手上的手，有些不知所措。“抱歉，我上船有些晚，”[12] 斯塔海姆若无其事地说，“所以我想上船补票。”

二副带着他去补票了。几分钟后，斯钦纳兰和斯塔海姆又回到了休息室门外。他们推开门，斯塔海姆第一个冲进去，斯钦纳兰紧随其后，两人的两只手里都握着枪。“举起手来，”斯塔海姆命令道。酒吧里只有船长和那名前往斯塔万格的乘客。他们谁都没有动，斯塔海姆又重复了一遍刚才的话，然后说道，“我们是挪威海军的人，船上还有我们其他的弟兄；现在，他们恐怕已经占领了发动机房。我宣布，这艘船从现在开始由我接管。”

船长当然不肯就范，但斯塔海姆仍旧降服了他。斯钦纳兰用绳子把船长和那名乘客绑了起来。之后，这两名劫船者立刻前往驾驶舱。舱里的大副见状想从侧门逃跑，却被已经有些上道的斯钦纳兰一把揪了回来。在甲板下，法斯廷带着他新招募的两名司炉成功地控制了发动机房。就这样，他们一枪没开就拿下了高特森号。

接下来，他们需要做的就是穿越风暴，成功抵达阿伯丁。斯塔海姆想直接调转船头向西航行，但是他们离一座德军的海岸要塞很近，而且导航员警告他们，就算想采取行动也最好等到日落
之后。如果这艘船没有按计划抵达下一个港口，德国人一定会有 50
所怀疑。如果等到天黑后再行动，在天亮之前不会有人发现这艘船失踪了。

斯塔海姆采纳了他的建议，天刚黑，导航员就驾船驶离了海岸线。不久后，按照斯塔海姆在弗莱克菲尤尔计划的那样，他的一名同胞向伦敦发送了一条无线电信息。“我们缴获了一艘排水量为 600 吨的班轮……准备前往阿伯丁。明早恐遭德国空军袭击，申请飞机护送。”[13]

当天夜里，斯塔海姆和斯钦纳兰一直守在驾驶舱内，为了保持头脑清醒，他们喝了很多咖啡。[14] 破晓时分，海上起了雾，就在这时，他们听到了从远处传来的飞机的轰鸣声。一想到那可能是德军派出的搜查飞机，所有人都做好了最坏的打算。大家都穿上了救生衣，救生艇也准备完毕。斯塔海姆一边举着望远镜来回扫视天空，一边竖着耳朵听，试图从发动机的声音中分辨出来者究竟是敌是友。有那么一瞬间，他透过稍稍散开的雾气，瞥到了

机尾上那个银色和黑色组成的纳粹标识。还没来得及细看，一团雾气又涌了上来，再次挡住了他的视线——也救了他们一命。

下午两点，雾气散尽，天空终于放晴，驾驶舱里的两人踱着步子，他们心里都明白，此刻，他们的船就是一个活生生的靶子。恰在这时，法斯廷发现海天相接的地方又出现了一架飞机。当他们看到机身上英国皇家空军的红白蓝三色标志后，所有人都松了一口气，立刻欢呼起来。那架飞机在轮船上空盘旋，斯塔海姆让二副发出信号："高特森号正全速驶向阿伯丁，需要导航。"[15] 不一会儿，他们就收到了飞机的回复："祝贺你们。"就这样，他们在飞机的护送下继续航行。第二天早晨，一艘来自阿伯丁的全副武装的拖网渔船引领他们穿过雷区，进港靠岸。

令斯钦纳兰没想到的是，他刚一下船就被送上了前往伦敦的夜班火车。

莱夫·特龙斯塔走出贝克街地铁站，径直走进奇尔特恩法院，这片建筑群的正下方就是伦敦地铁轨道。拱门旁的黄铜铭牌上刻着"相互勤务调查局 [A]"。H. G. 威尔斯可能会喜欢这种能给人带来不祥预兆的名字，巧的是，威尔斯正好是这栋建筑的第一批房客，他的书《解放全世界》于 1914 年出版问世，在书中，他预言原子弹会"杀死并烤焦它遇到的所有物体"。[16] 其实，英国特别行动处不过是借这个"局"来做掩护，它在贝克街上设有多个办公地点，奇尔特恩法院只是其中之一。

51 特龙斯塔沿着长长的走廊一直往下走，最后走进英国特别行

A 第二次世界大战期间用于生产特殊武器和装备的英国秘密特种作战执行工厂，现在的第九局（Station IX）。

动处挪威分部办公室。他接到威尔逊上校的通知，来这儿见高特森号的一名劫船者。

刚到伦敦的那几个星期，特龙斯塔的确有些彷徨，但很快，他就成为挪威抗德斗争中不可或缺的一分子。[17] 在苏格兰完成军官训练课程后，他带着一身酸痛的肌肉接受了上尉军衔，同时也借此和将来会与他并肩战斗的人们建立了密切的联系。他还向监管英国特别行动处的战争经济部递交了一份详尽的报告，列出了为纳粹战争机器提供补给的挪威工业公司，这在很大程度上帮助战争经济部确定了主要攻击目标。他曾两次出席政府高层会议，介绍挪威抵抗组织的未来及其与英国方面的合作情况。他也意识到了米洛格组织的重要性，而这份共识也让他与奥斯卡·托普和挪威军队的最高指挥官威廉·汉斯廷建立了深厚的友谊。1942 年春，作为挪威最高指挥部第四分部的领导人，特龙斯塔成了这场秘密战争的核心人物之一，肩负收集情报、开展间谍活动及破坏工作三大重任。

尽管远离硝烟弥漫的战场，但特龙斯塔对纳粹的恐怖统治依旧感同身受。罗弗敦群岛突袭失败后[18]，德军增强了沿海地区的军力，将驻兵人数增加到了 25 万，这自然让被迫为其提供食宿的沿海居民苦不堪言。盖世太保将被捕者们关在不见天日的监牢里，肆意践踏和摧残他们的身体，有些囚犯为求保命不得不选择背叛，将自己知道的一切和盘托出。曾在特隆赫姆与他并肩作战的朋友们纷纷惨遭杀害。面对这一切，特龙斯塔努力让自己振作精神，坚定信念：挪威很快就能重获自由。新年开始时，他在日记本上写道："为了实现这个目标，牺牲再大也在所不辞。"[19]

他的家人也未能幸免。一连好几个月，他没有任何他们的消息。之后，他得知就在巴莎和孩子回到特隆赫姆后不久，德军就没收了他们的房子和财产。[20] 无家可归的他们历尽千辛万苦来到奥斯陆，在朋友们的帮助下，终于在距离城中心以西7英里的霍维克安了家。随后，费默带走了巴莎。在维多利亚露台，他关了她整整一夜，反复拷问她，她的丈夫为什么会消失？巴莎拿出了
52 特龙斯塔写给她的那封信。第二天，费默放了巴莎，但要求她必须定期向他汇报行踪，其间，他还不断地恐吓、威胁她。特龙斯塔每天都在祈祷[21]，他恳求上帝让他能再次见到妻子和孩子，他也希望他们能够理解，他为什么要在如此艰难的时刻抛下他们，远赴他国。

特龙斯塔在威尔逊办公室见到了这位刚从挪威赶来的同胞，两人寒暄了几句。如果威尔逊和斯塔海姆汇报的关于埃纳尔·斯钦纳兰的情况属实，这位来自默斯湖畔的工程监理就是他们此刻要找的人，他也可以即刻返回挪威。

“我们想问你两个问题，”特龙斯塔对斯钦纳兰说，“首先，你觉得其他人现在会不会以为你已经失踪了？”[22]

“不会，”斯钦纳兰答道，“我离开前告诉过他们，我要进山打猎。”

特龙斯塔将目光转向威尔逊，示意由他来问第二个问题。在一起工作了三个月后，他们俩已彼此信任并有了默契。“我们给你安排的训练并不简单，你已经准备好接受训练，并在训练结束后以跳伞的方式回到你曾消失的哈当厄高原去吗？我们要随时了解韦莫克的情况。”斯钦纳兰点点头。“我要提醒你，”威尔逊继续说道，“这是一个非常艰巨的任务。一秒都不能耽搁。而且我不能保证你回去后立刻就能得到援手。其他人——他们中有些你可能已经认识——会在你之后陆续过去。坦白说，挪威海德鲁公司让我

们非常担心。”

威尔逊和特龙斯塔详细说明了水电站产量增加的始末。他们希望斯钦纳兰能弄清楚德国人在韦莫克的一举一动，包括他们打算如何使用重水以及水电站内的安全防卫和员工信息。斯钦纳兰再一次表示他一定会完成任务。

现在的职位让特龙斯塔能了解到更多在挪威境内开展行动的信息。[23] 去年 12 月，英国空军部刚刚否决了轰炸韦莫克的提议。英国特别行动处的千里眼计划旨在削弱和破坏德国重要工业的能源供应，现在已经进入深入研究和策划阶段，而韦莫克就是此次行动要攻击的六个目标之一。执行行动的突击队已集结完毕，队长是来自留坎的波尔松。[24] 被空投到这一区域后，突击队要在韦斯特峡谷内架灯，灯光将会在夜晚指引轰炸机前往水电站。波尔松事先还指示下属将一条渡船沉入廷湖中，作为他们往返于留坎镇和外界之间的交通工具。特龙斯塔据理力争，他表示这些针对 53
挪威重要基础设施的攻击不仅距离远，控制难度大，而且很危险，实属过激。就在几个星期前，这次行动计划最终缩减到了只攻击西海岸一家生产铝的水电站。

在斯钦纳兰到来前 [25]，特龙斯塔和威尔逊原本计划派波尔松及其队员们于 4 月回到该地区开展游击队活动，这样一来可以针对目标进行破坏活动，二来也能建立独立的无线电站，直接与伦敦总部联系。现在，斯钦纳兰可以提前做好准备，迎接这只突击队。[26] 况且，没有人知道他来过英国，回去后他完全可以照常到挪威海德鲁公司上班，收集情报，作为他们在公司的内应。

会议结束后，特龙斯塔带着这位新同事去酒吧喝东西。斯钦纳兰表现出来的那种迫切渴望能为国效力的意愿——任何任务都行，甚至无须对方向他解释为何韦莫克生产的重水会如此重要——深深地打动了他。当天晚上，特龙斯塔在他的日记上写下：挪威需要更多像他这样的“年轻英雄”[27]。

3 月 28 日，星期六晚，夜空晴朗，月光皎洁，此时，距离斯钦纳兰乘船离开挪威不到两周，一架惠特利轰炸机渐渐靠近挪威海岸线。[28] 惠特利轰炸机的机身四四方方，机翼宽大，常被人笑称为“会飞的谷仓门”[29]。伴随着一对劳斯莱斯发动机发出的轰轰嗡鸣声，这个大家伙从天空划过，直奔位于默斯湖北岸的目的地。此刻坐在机舱里的正是埃纳尔·斯钦纳兰，这位林厄公司的新晋中士正在等待跳伞指令。机舱里冷得刺骨，他只能靠厚实的白色降落伞包、睡袋还有热茶来取暖。他身边有一个硕大的铁筒，里面紧紧地塞着 2 把斯登冲锋枪、14 把鲁格手枪、640 发子弹和 20 把格斗刀。铁筒旁还有一个小一点的容器，里面装的是衣服，假证件，2 万挪威克朗，两把手枪，一个装满胶卷能拍 800 张照片的相机，还有一些其他物品。按照清单上写的，这些都是送给“组织里各位成员的礼物”[30]。

他们顺利地进入了挪威领空，没有遭到德军高射炮的袭击，机上的两名机枪手一直安静地坐在自己的位置上。一小时后，也许更快，斯钦纳兰就得跳出这冰冷的机舱，一头扎进下方的黑暗之中，只希望到时候他身上的降落伞能及时打开。

就在这一刻，他突然害怕了。

54 在过去的一周里，他几乎没收到任何指示。[31] 大多数英国特别行动处特工在被派往敌后之前都要接受至少长达十周的高强度训练，从斯铎汉姆公园的初级课程到梅布尔的准军事化训练，最后才能进入“终极学校”。在那里，他们将学到成为一名秘密突击队员需要掌握的所有技能。斯钦纳兰在 STS 52 待了两天，这是一个专门培训发报员的特殊学校，他参加了这里的一个速成班，学习如何使用无线电装置以及如何用代码发送和接收情报。之后，他又去了 STS 51 学习跳伞，这座在机场基础上建成的跳伞学校位于曼彻斯特城外，被一座巨大的公园环绕其中。学习跳伞课程通常需要七天的时间，可斯钦纳兰只学了三天。STS 51 的大门的墙上挂着两张大海报：一张是警告进入敌方领域的士兵千万不可逞英雄；另一张则是告诫学员如何跳出飞机其实并不重要，重要的是大自然母亲会目睹你如何着陆。“你以何种方式投入她的怀抱完全由你做主。”[32] 第一天，他在垫子上练习向前和向后翻筋斗，之后，他被吊起来，在空中练习同样的动作，只不过在做动作的同时他会由高处落下。[33]

教官告诉他，当一个人背着降落伞下降的时候，他不会像羽毛那样轻柔地在空中飘荡。他会像石头一样砸向地面。如果伞兵们无法完成从垂直动作到水平动作的转换，他们落地时就会骨折——通常会摔断腿，有时受伤的也可能是手臂或肋骨。如果你想求证，躺在学校医务室里的伤员们就是最好的证据。

第二天训练，斯钦纳兰站在一个几百英尺高的木台上，台子与一个平稳飘浮的气球相连。有人把这个木台比作“公海上的小艇”[34]。背上绑着降落伞的他从木台中间的洞掉下去后，距离长达 75 英尺的自由落体运动会让他充分体会到心脏要从嗓子眼里飞出来的滋味，之后，降落伞砰地弹开，为他的自由落体运动画上句号。斯钦纳兰重重地落在地上，这样的着陆方式对他那只旧伤未愈的左腿可不是件好事。在最后一天的训练中，他两次从正在飞行的飞机上跳下并成功着陆。“他接受能力很强，”他的教官在他的评语上写道，“只不过，整个训练过程过于仓促。”[35]

此刻，惠特利轰炸机已接近空投点，斯钦纳兰回忆了一遍自己学到的跳伞技巧：“双脚并拢，轻跳出舱。全身放松，打开降落伞——”[36]然而，跳伞训练都是在白天，那时视线清晰且降落区地势平坦。可现在是午夜，飞机下面一片漆黑，石头遍地，还有
55 悬崖、结冰的湖面——也许还没有冻实——这和白天的跳伞训练完全是两码事。斯钦纳兰很坚强，但并非无所畏惧。

晚上 11 点 44 分[37]，机上的空投调度福克斯中士让他到行动区待命。福克斯首先将装满军备的大铁筒扔了下去。斯钦纳兰见状便开始向那个空洞靠近，小心翼翼地将两条腿探出机舱。福克斯举起他的双臂，然后放下，示意斯钦纳兰可以跳了。斯钦纳兰有些犹豫，他大声说还没到达预定地点，可是发动机巨大的噪音完全盖过了他的声音。福克斯再次向他示意。斯钦纳兰还在犹豫。飞机在空投区上盘旋了 20 分钟，斯钦纳兰不确定下方是否就是正确的地点，也不知道自己能否顺利完成跳伞。最后，福克斯走到这名有些迟疑的士兵身边，冲他叫道，飞机燃料已经不足，不能再等了。

“我们还要飞回去。”[38]福克斯说。

“我知道，我这就跳。”斯钦纳兰回答说，却依旧站着没有动。

那个小容器此刻就放在他脚边，里面装的是送给地下组织成员的礼物，其中有一把镀银的勺子，勺柄上还画了议会大厦。[39]如果能活着着陆，他想把这把勺子送给他的母亲。

终于，在午夜刚过几分钟的时候，斯钦纳兰深吸一口气，跳进了黑青色的夜空之中。

5. 开阔的道路

56 1942 年 4 月 23 日，管合金董事会在伦敦旧女王大街召开会

议。[1] 这是一栋 17 世纪的联排房，窗户很高，窗外就是春景怡人的圣詹姆斯公园。和往常一样，这次会议仍然由科学家华莱士·埃克斯主持。在这位帝国化学工业公司的科研部前主管在任时，挪威海德鲁公司正是其竞争对手之一。他在这次会议上侃侃而谈：核裂变原子弹的实验情况，与美国的合作，同位素分离模型机的研制进展以及下一步所需的氧化铀订单。和之前的会议一样，他们也不可避免地谈到了德国人及其研究，但这一次情况变得十分紧急。

自 1939 年以来，英国科学界一直存在一种担心：纳粹会率先研制出原子弹。希特勒入侵波兰后曾叫嚣他很快就能“拥有一种武器”[2]，但之后再无下文，这不仅加剧了科学家们的危机感，也促使空军科研部门的负责人亨利·蒂泽德开始督促下属调查英国制造原子弹的科研情况。[3] 作为政府的首席科学顾问，蒂泽德曾率领科研团队开发出不少新科技成果，例如雷达，他的话也因此显得分量十足。调查由此开启。

奥托·弗里施和鲁道夫·派尔斯是两名年轻的物理学家，同为犹太人的他们逃出德国后便毅然决然地踏上了前往英国的道路。1940 年 3 月 19 日，一篇名为《制造超级炸弹》的报告被递到了蒂泽德的办公桌上，报告内容令所有人震惊，其作者正是这两位物理学家。弗里施和派尔斯详细地介绍了只需 1 磅多的铀 235——被分为两（或更多）部分后在高速冲撞中粉碎——就能引发一场大
爆炸，“摧毁一大片范围内的所有生命……该范围可能与一座城市 57
中心相当……其爆炸温度堪比太阳内部的温度”。[4] 之后，他们说出了那个让所有英国科学家都胆寒的事实：德国科学家可能很快就能“拥有这种武器”。最后，他们总结道，消除这一威胁的唯一办法就是英国也拥有该项技术。

在接下来的一个月里，英国政府成立了铀引爆军事应用委员

会。顶尖的科学家们齐聚一堂，开始进行探索性研究，派尔斯和弗里施也在其中。首先，他们提出应该建立一座工厂来分离铀 235 和铀 238。这座工厂的造价与一艘战舰相当。1941 年 7 月，科研小组递交了一份原子弹项目的计划书。对此，蒂泽德心存疑虑，尤其是对该计划的成本部分。他认为这最好交给美国人去做。不过，这个项目现在已经得到了彻韦尔勋爵的支持，丘吉尔对这位牛津物理学家评价甚高，他说："远在地平线上的专家刚一发出信号，他就能迅速破译，并且能用最通俗易懂的语言简明扼要地解释清楚整个事件。"[5]1941 年 8 月 27 日，彻韦尔提议推动项目发展，拟在两年内制造出第一枚原子弹。专家们称成功的概率为 1/10，但彻韦尔对首相说他愿意打赌，"成功与失败的概率各占一半"[6]。他还说："如果我们任由德国人抢在我们之前研制成功，并凭借它在这场战争中取胜，或是在被我们打败后反败为胜，无论出现哪一种情况，我们都无法原谅自己。"

丘吉尔写信给他的战争内阁，声称："尽管我个人对现有炸药的爆破能力十分满意，但我觉得我们决不能故步自封。"[7]内阁表示认同首相的意见，并保证将"不惜一切人力、物力、财力以及时间来推动该武器的研制工作。"[8]于是，管合金董事会应运而生。

在此期间，英国人对德国方面的担心并没有消失。各种传言、威胁和事实纷至沓来——最终，所有这一切如炖菜一般，成了一锅大杂烩，政府称其为"情报"。有人在火车上偷听到两名德国飞行员[9]谈论"新式炸弹"，称这种炸弹"非常危险"，爆炸时的威力不亚于一场地震。一名从德国流亡至英国的物理学家[10]警告大家，纳粹高层不断施压督促原子弹的研制工作，所以盟军"一定要加快步伐"。还有人说德国国防军已经接手威廉皇帝物理研究所。斯德哥尔摩的一名陆军军官汇报说："传言德国人正在加紧研制具有强大威力的铀原子弹，这种炸弹会烧毁一切，一颗这样的炸弹就能摧毁一座城市。”[11] 还有一些消息甚至透露出了 1941 年 58
9 月德国人某次秘密会议的内容：维尔纳·海森堡向居住在纳粹占领下的丹麦境内的尼尔斯·玻尔坦承，研制原子弹势在必行，“我们正在加紧研究”。[12]

进一步获取情报的任务大都落在埃里克·韦尔什肩上。通过格里芬，英国人得以对柏林方面的计划有所了解。此外，通过分析德国物理学家名单及其发表的核物理相关的研究论文，派尔斯和弗里施也探查到了德国人在原子弹研究中的蛛丝马迹。不过，和之前的那锅大杂烩一样，这些消息的作用不过是为议论和会议增加了话料，并没有太多确定可信的内容。

有关德国人在韦莫克的行动，被汇报成了英方收到的最确切的一则情报。早在 1940 年 4 月[13]，雅克·阿利耶就曾警告过英方：纳粹正在利用该水电站生产的重水针对铀进行研究。巴黎被占领两个月后[14]，在约里奥－居里的护送下，挪威提供的那 185 千克重水被秘密送上了一艘英国轮船，成功地赶在德国人找到前运出了法国。之后，那 26 个烧瓶一直被藏在温莎城堡里，直到管合金董事会里的科学家开始用它们做实验。

从那时起，直到 1942 年，德国人对重水的持续关注成为一个越来越重要的情报，因为科学家们又发现了一种新元素，钚。英国人集中一切力量分离同位素，期望能制造出足够的纯铀 235 用于制造原子弹。不过，英国和美国的科学家们都知道这并非获得原子弹的唯一途径。[15]1940 年年中，审查制度的严幕尚未完全落下，一篇公开发表于《物理评论》上的文章揭露，当铀（原子序数 92）受到中子轰击后，有的会分离出十分罕见的同位素铀 235 原子核，但剩余的都会被在数量上占优势的铀 238 原子核所吸收，使其变成另一种同位素铀 239。这种不稳定的同位素在贝塔射线下易发生衰变，结果就是其原子核内的质子数量增加，同时减少相同数量的中子。这种产生的新元素镎（原子序数 93）随时都可能再次发生衰变，生成另一种稳定的元素钚（原子序数 94）。

此前盟军的实验结果显示，钚类似于铀 235，不仅可发生裂变，还能用于制造炸弹，现在的报告更是完全确定该结果属实。不过，钚和铀 235 的化学结构不同，所以分离起来更加容易，从成本上来说也更经济。如果能以铀和减速剂设计出自持式反应堆，
59 它就能产生出足够的钚，并通过提纯进而制造出原子弹。按照盟军物理学家的理论，这种反应堆需要的重水剂量大约在 3 至 6 吨之间。通过莱夫 · 特龙斯塔，英国人知道德国人也正千方百计地想提高韦莫克水电站的重水产量。

在 4 月 23 日举行的管合金会议上，埃克斯和他手下的科学家们讨论了英国特别行动处从挪威的一个新渠道（迅速投入工作的斯钦纳兰）获得的最新情报。根据斯钦纳兰发回的加密信息，他们得知韦莫克的重水产量已接近每月 120 千克——而且还在不断增加。位于旧女王大街的这些人决定必须采取行动，而且务必要快。在送给丘吉尔战争内阁的会议纪要中，他们表示“鉴于近来实验已确认 94 号元素的军工用途不亚于铀 235，而且该元素也同样适用于使用重水的反应堆系统，所以董事会建议，如果有可能军方应立刻采取行动，终止挪威海德鲁公司的生产活动”。[16] 如果此前韦莫克尚未被列入重要军事目标名单，现在，它绝对有资格排在名单首位。

在接下来的几个星期里 [17]，特龙斯塔发现重水突然成了自己工作的重中之重。5 月 1 日，威尔逊给他留言，要求他弄清楚德

军控制下的挪威海德鲁公司将韦莫克的产品运往何处又交给了谁。就在同一天，特龙斯塔向埃克斯咨询了英国自建重水厂的事宜。不久后，他再次与埃里克·韦尔什见面，后者一直希望他能在韦莫克建立情报网。

斯钦纳兰提供了不少重要情报，但这还不够。管合金董事会推测，纳粹正在积极构建能够制造钚的反应堆——这已是一条制造武器的公开途径，所以英国必须严密监控德国在这方面的一举一动。德国极尽可能地封锁科研情报，但纳粹科学家们依旧不断往返于韦莫克、奥斯陆和斯德哥尔摩之间——恰好都是特龙斯塔拥有联络人的地方。

5 月 11 日，特龙斯塔写了两封信，字里行间都流露出一种迫在眉睫的紧迫感。第一封是写给“大师”，乔马·布伦。特龙斯塔要他提供有关韦莫克水电站的设计图纸、图表及照片，越详细越好。此外，他还需要生产数据——布伦能够探知到的德国人使用“这些果汁”[18]的所有信息，以及接收产品的具体地址，“这样我们就能问候住在那儿的人们”。特龙斯塔写道：“你正在为祖国战斗！你必须想尽一切办法得到这些信息。”在信的末尾，他署下了他到英国后的新代号，“狐狸”米克尔。

特龙斯塔的第二封信写给了哈拉尔·韦格兰。此人曾是他的
学生，现在是奥斯陆大学的一名教授。韦格兰曾师从海森堡，所 60
以他认识许多德国科学家。特龙斯塔称呼他为“我亲爱的年轻朋友”，并直言不讳地写道：“我们必须知道德国人是否已经驯化了这些小得不能再小的生物。”[19]他希望韦格兰能把他最近一次去面见尼尔斯·玻尔的情况事无巨细地告诉他。特龙斯塔指示他可以假意加入国家统一党，然后争取以科研的名义前往德国，“尽快融入当地科研团队，获取情报”。

当他把这两封信交给韦尔什的时候[20]，特龙斯塔要求英国秘密情报局和英国特别行动处必须保证与同在韦莫克的斯钦纳兰和布伦分别建立联系。绝不能让旁人怀疑这二者之间存在任何关联。他们不想看到最近发生在特拉瓦格的惨剧再度上演。

大约一个月前[21]，英国先后派出两支小分队前去挪威执行任务，他们全都选择了卑尔根西南部的一座小岛作为登陆点。4 月 17 日，两名林厄公司的士兵乘船抵达特拉瓦格，准备在当地建立抵抗组织，并进行破坏行动。然而在几天前，几名英国秘密情报局探员出现在该地区，引起了盖世太保的警觉。之后，当地人之间的闲聊和作为礼物出现的英国面粉，直接暴露了林厄公司来人的身份。两人被逼进了一栋房子里，在随后爆发的枪战中，其中一人身亡，另一人被捕，纳粹党卫军的一名军官也在战斗中被杀。英军的这种偷袭行动，以及村庄里军火库的暴露令辖区专员特博文怒不可遏。他绝不允许他管辖之下的挪威再出现任何类似的事件。因此暴怒之下的他决定，以特拉瓦格为例，杀鸡儆猴。

他下令烧毁整个村庄，并亲自到场监督：村中所有房屋和建筑都被烧了个精光，海港里的所有船只都被凿沉，家畜家禽一律被杀死，村里的所有人——无论男女老少——被强行送入各个集中营。此外，特博文还在现场枪决了 18 名试图逃跑的村民。他身体力行了戈培尔的那句话："如果无法让他们爱我们，至少要让他们怕我们。"[22]

特龙斯塔害怕这样的暴行会落到为他收集情报的人身上。担忧如大山一般重重地压在他的心头，特别是每当他安然无恙地躺在汉普斯特德荒野公园旁的豪华公寓里，而他的同胞们却岌岌可危的时候，他的心情就会愈加沉重。

在留坎，放眼望去，总能看到几名巡逻的德国士兵。如果他 61
们将她拦下，莉莲·西维斯塔便会说她正要去探望姐姐玛吉。[23]玛吉嫁给了默斯湖畔斯钦纳兰家的托尔斯泰因——当地的一名守坝人助手。莉莲今年18岁，是位漂亮姑娘，很多时候，她只需笑一笑就能解决大多数麻烦。6月里的一天，她收到镇上一个朋友送来的一张折好的纸条。此刻，这张纸条就在她身上，写纸条的人可能是她在韦莫克实验室里当助理的哥哥居纳尔。不过莉莲永远都不会知道——她也不想知道——纸条上写了什么。这样最好。她什么都不知道，自然也就无须坦白。等到了大坝，在确定没人看到她后，将纸条放在一块圆石头后面，她就可以离开了。不久，莉莲的儿时玩伴埃纳尔·斯钦纳兰就会取走纸条，成功将另一条韦莫克的情报收入囊中。

在斯钦纳兰背着降落伞跳下飞机的那天晚上[24]，一股强劲的西北风将他吹到了一座石头嶙峋的山的山脚下。落地时，他重重地撞向地面，强大的冲击力差点把他的脊椎骨折叠成手风琴。当他站起来回收降落伞的时候，他感到背后一直有股力量将他往下拽，可他对此却无能为力。他很快找到了在他跳下后被投下的那个小包裹，却始终没找到装有武器的铁筒。他知道自己根本不可能摸黑找到它。

在黑暗中，他首先看到的是盖于斯塔峰的黑影，据此，他推断自己应该是在默斯湖的西北方，距离湖至少10英里。他的后背疼得火烧火燎，就像被子弹击中了一样。所以他只得弓着背，拖着那条不太灵活的伤腿，在崎岖的山路上一瘸一拐地往家走去。他赶在黎明前回到了家。家里只有他的兄弟托尔施泰因知道他的真实去向。看到斯钦纳兰平安回来，家人们都很高兴，七嘴八舌地问他此次狩猎去了哪儿，收获如何。当被问及他的背伤时，斯钦纳兰一概搪塞了过去。他根本没时间享受与家人重聚带来的欢乐。

之后，斯钦纳兰系上滑雪板，动身去找他的好友兼战友奥拉夫·斯科根。他工作的山林小屋就坐落在前往留坎的必经之路上。他的出现让奥拉夫有些吃惊，不过从一开始，这位长着一头深色卷发的米洛格领袖就猜到了斯钦纳兰的真实去向。在听说了对方的降落过程后，斯科根表示一定要尽快找到为他们准备的补给铁筒。他俩一起回到了空投地点，却依旧一无所获。那个铁筒很可能被新雪埋住了，也许再也没有人能找到它。

斯钦纳兰回到了位于卡尔霍夫的大坝工地，工地位于默斯湖北，距离湖大约 18 英里。一回来就忙得脚不沾地的他根本没时间
62 去卑尔根找古德芙格，不过他常常给她写信，只是从未透露过他的秘密身份。他开始收集韦莫克的情报，其中一部分来自他自己的侦察，但更多的来源于他在水电站里的联络人。

斯钦纳兰并不知道，乔马·布伦也是一名情报员，并已经为伦敦提供了大量关于韦莫克的信息。1941 年 10 月 3 日[25]，保罗·哈特克及另一名德国科学家随埃哈德·施普克领事一同来到留坎镇。施普克制服上密密麻麻的徽章足以表明他对纳粹事业的狂热。身为国防经济署驻挪威办公室的专员，他的职责就是利用挪威工业为第三帝国经济发展输送养分。与他们同来的还有比亚内·埃里克森，这位挪威海德鲁公司的前律师已经接替退休的阿克塞尔·奥贝特，成了公司的负责人。之前，挪威海德鲁公司的确表示过支持阿利耶，但埃里克森接手公司的时候，挪威已被德军占领，在爱国主义和公司存亡之间，后者显然更加重要——又或者，正如工人们那更加直白的表述所说的：“海德鲁生生不息……就让挪威见鬼去吧。”[26]

在布伦的带领下，他们一行人参观了水电站，之后来到了公司位于留坎的行政总部。[27] 在那里，他们享用了美食，围着温暖的炉火，一边抽着雪茄一边品着杯中的威士忌，直到这时，施普克才开始讨论此行的议题。水电站的生产数据不达标，他们必须采取措施。在德军入侵后的 20 个月里，韦莫克一共向德军提供了 390 千克的重水，与德方要求的每年 1 500 千克的数量相去甚远。挪威海德鲁公司没能完成第一阶段的目标，现在，公司需要将产量提高三倍以上才能满足德军每年 5 000 千克的使用需求。

这时，哈特克开口了。他说有两种方法可以实现这一目标。方法一是以现有技术和设备为基础，在初级倾倒程序中增加更多的电解池，同时将高浓缩工艺中的电解池规模增加至之前的两倍。方法二是测试和研制一种新技术（催化交换），这种技术可以保证电解过程中产生的氘气不会因为蒸发而浪费。最终，他们决定双管齐下。

布伦接到的指示是开辟出工作车间去实践这些想法。他不愿出力，且直至此时，他依然不知道为何重水会如此受重视，因此有些踌躇。在之前的几个月里，他一直偷偷地用鱼肝油污染高浓缩工艺的电解池，使重水产生大量白沫，以此来降低重水产量，但现在这个办法行不通了。1942 年 1 月 [28]，他接到指令，前往了柏林。在 63
位于哈登贝格大街 10 号的军备部，他参加了更多的会议，接到了更多要求他提高产量的指令，这些指令大都源于同一个人——库尔特·迪布纳博士。当布伦询问迪布纳为何需要这么多重水的时候，迪布纳声称所有重水都将被送到“奎宁工厂”，用来制造一种提神醒脑的补药。然而，他的“幽默”并没有逗乐布伦。

之后的几天里，布伦和哈特克一起制订能提高韦莫克产量的方案。水电站必须立即进行改造，哪怕成本再高也在所不惜。哈特克计算的结果显示，改进后的工厂每天至少能生产 8 千克的重水。之后，布伦还被告知，挪威海德鲁公司正考虑在另外两个水电厂增建重水生产厂：梭海姆（位于留坎地区）和诺托登。这两个水电站的规模比韦莫克小，电解设备有限，但两个厂加起来一天也能生产 6 千克的重水，如此一来就能实现年产量 5 000 千克的生产目标，可能还会更多。

布伦在柏林也遇到过几名科学家，他们对挪威的困境表示同情，言语中也流露出对希特勒的不屑。他们提醒布伦说话时一定要注意对象，小心言辞，尤其是在和诸如迪布纳之流的狂热纳粹分子说话的时候。可即便如此，他们也丝毫没有透露重水的用途，只是向他保证并非用于战争。这是一趟令人困惑的旅行。布伦听得最多的是“希特勒万岁”的口号。电车车厢里，提醒人们提防敌人探听的标志比比皆是。威廉皇帝研究所餐厅里的食物乏善可陈，办公室的暖气几乎冰凉。一天，布伦走在街上，几个犹太女孩从他身边走过，她们衬衫上绣的黄色星星格外醒目。

回到韦莫克[29]，布伦别无选择，只能着手实施扩建工程。高浓缩工艺环节的电解池由原来的 9 个增加到了 18 个。扩建后，原本就规模庞大的九级倾倒程序中的电解池数量达到了惊人的 43 000 多个。此外，布伦也开始测试催化交换程序，按计划一旦测试成功，该程序就会应用于梭海姆和诺托登的水电厂。

5 月，特博文造访韦莫克，哈特克则返回柏林，进一步完善他的交换方法以便能尽快投入工业应用。重水的产量有了显著提升——1941 年 12 月，每个月的平均产量还只有 80 千克，1942 年 6 月产量就提高到了 130 千克——而且这个数字还在持续增加。梭海姆和诺托登两处的水电厂很快就能投入生产。

斯钦纳兰和布伦在彼此都不知情的情况下，将这些信息加密

后，源源不断地通过情报网络传到奥斯陆，再到瑞典。有些情报 64
被藏在牙膏管里，有些则印在情报员的背上，再由他们带出边境。之后，它们会被送上飞机，前往伦敦，最终抵达奇尔特恩法院。

斯钦纳兰在他的一份情报中详细汇报了水电站薄弱的安防，指出德国人“在很大程度上依赖于周边的自然屏障。夜间守卫常由格奥尔格·尼赫斯担任，此人是他的一个邻居，中等年纪，为人正派。应避免伤害他。他的工作就是从窗口里检查工人们的通行许可证，在此之前，桥上的两名哨兵会清点工人人数并放行”。[30]

在另一份布伦标记为“高浓缩葡萄糖厂”的情报中，他详细列出了水电站的后勤库存清单，其中包括铅管、砂封、橡皮接头和高浓缩池的凸缘。[31] 情报中还附上了建筑设计图纸、机器设备的缩影照片以及生产数据。这些资料足以让人重新建造一座重水厂，或者说，用它们来摧毁现有的那座重水厂。

1942 年 6 月 4 日 [32]，库尔特·迪布纳看着客人们——他们中有的身穿制作考究的西服，有的穿着制服——挨个走进威廉皇帝研究所总部哈纳克大楼的会议室。除了参与原子研究的科学家们，分别代表德国海、陆、空三军的海军上将卡尔·威泽尔、陆军元帅埃哈德·米尔希和空军将领埃米尔·莱布将军也参加了此次会议。新任命的军备和战时生产部长阿尔贝特·施佩尔鹰眼如炬，正是他下令召开这次会议，讨论原子能项目的未来部署。尽管该项目的发起者是迪布纳，但将它推上政治舞台，展示其研究成果的却是海森堡，迪布纳无形中反而成了局外人。

在其成立的最初两年里，铀俱乐部在原子能科学领域取得了扎实的进展。得益于纳粹在军事上所取得的成功，他们轻而易举地拿到了韦莫克的重水。[33] 之后的研究结果更彰显了这一物质的重要性，因为它的减速效果明显优于石墨（该结果是基于其中一名科学家瓦尔特·博特的错误计算得到的），而且高纯度重水的获取要比得到同等纯度的碳元素产品更加容易。他们以同样的方式从比利时弄到了数以吨计的铀矿石，并强行征用了远在巴黎的弗雷德里克·约里奥-居里的粒子回旋加速器，用来进行原子内的碰撞实验。

65 来自各个研究所的70多位科学家[34]纷纷投入到各种必不可少的基础研究之中，研究对象从裂变过程产生的能量到分离铀235同位素的若干方法，再到构建铀机器以及这种机器可能产生的一种全新的裂变原料元素94（美国人称其为钚），无不囊括。他们在威廉皇帝物理研究所旁建了一座新实验室（并配备了病毒室，用来将不速之客拒之门外）。总之，研究前景一片光明。

在所有科研项目中，构建铀机器的研究进展最为激动人心。1941年9月，在莱比锡，罗伯特·德佩尔教授在海森堡的协助下，建成了一个小型的球形机器，机器内有两层同心环状的铀氧化物铺层和重水，机器的内核里有一个铍中子源。他们将这个大球浸入一个装满水的大桶里，静待测试结果。他们发现，增加的中子数量并不多，但有证据表明这台机器的确成功地让铀235的原子实现了分离。海森堡“从骨子里”坚信，只要安装更多层的重水和高品质的铀，他们就一定能成功研制出一个自持式反应堆。基于这一点，他表示：“一条开放的大路就在我们眼前，它将引领我们直达原子弹。”[35]迪布纳亦表示认同。在他看来，只需将现有的所有基础研究转化为工业项目，一切就大功告成，剩下的只不过是时间问题。

然而两个月后[36]，随着东部战线上的苏联开始反击，希特勒号召德国集中全力满足短期内的战争需求，从一开始就认为原子能研究是“假大空”的迪布纳的上级埃里克·舒曼针对研究提出了不一样的观点。12 月 16 日，舒曼向将军们建议将这个项目转交给帝国研究委员会，这是一个以工业为中心，致力于基础及应用科学研究的民办机构。舒曼认为，即使真能研制出武器，那也是很久之后的事情。在 1942 年 2 月召开的第二次会议上，将军们就此展开讨论。委员会的首席科学家之一，亚伯拉罕·埃绍出席了这次会议。无论会后决定成立何种组织，他都已经确定是该组织的领导候选人之一。作为无线电报的先锋人物，这位物理学教授在帝国内的影响力有目共睹，然而 1939 年，在迪布纳被任命为铀俱乐部领导人的同时，他参与裂变研究的权利也随之被军方剥夺。此刻的他自然不会放过这一绝佳的报复机会。

为了 2 月 26 日举行的第二次军备会议，迪布纳倾尽全力，准备了一份长达 131 页的报告书。“就目前的情况而言，我们应该做
好准备迎接（驾驭）原子能……更何况我们的敌人也正在加紧研 66
究，尤其是美国。”[37] 只需 5 吨铀金属和重水，加上一个自持式机器，我们就能用 10 至 100 千克钚得到“一个具有史上最大威力的炸弹”。迪布纳还给出了实现这一目标的步骤计划书。他现在需要的就是人力、物力和资金。

就在同一天[38]，帝国研究委员会也围绕核物理召开了会议，会议的主要发言人分别为哈恩、海森堡和埃绍。该技术的未来发展前景让所有与会者都为之一震。戈培尔在他的日记里写道：“原子爆破领域的研究水准之高，使它完全有可能为这场战争效力。一想到付出那么一丁点努力就能制造出如此巨大的破坏力，当我们展望这场战争的未来时，又怎么可能不心生恐惧。”[39]

不过，迪布纳最终还是没能说服与会的将军们，因为他无法保证自己的研究一定能够成功。投入如此巨大的人力、物力以及

财力，却不能保证在一年内研制出他们想要的武器，军方当然不会接受这样的结果，他们收回了铀俱乐部的控制权交给帝国研究委员。不久之后，迪布纳再次遭受打击：海森堡当选为威廉皇帝物理研究所的新主管，他不得不为对方腾空自己的办公室。

四个月后，迪布纳依旧相信自己的研究能被转化为工业项目。曾在自己影响力范围内大力支持该项目的施佩尔，于1942年6月再次在哈纳克大楼召开会议，讨论他到底应该为这一项目提供多大程度的支持。

作为主讲人，海森堡展示了科学家们取得的科研成果。这一次，这位身材高挑，有着一头金发和一双蓝眼睛的科学家，成了这间会议室的绝对主宰者。这样的情景在迪布纳时期从未发生过。他从回顾原子能的理论研究开始，层层深入，直至讲到同位素分离、铀机器和钚的生产这些具体的科研项目，最后用这项科学的技术应用潜力打动了他的听众们。有了铀机器，他们就能“在可以想象的最大范围内驱动轮船，甚至还有可能送飞机上天”。[40] 有了钚，他们就能制造出“比现有炸弹爆炸威力大100万倍”的原子弹。一位曾计划轰炸纽约的将军问，一颗这样的炸弹有多大？海森堡举起双手握成一个圈，回答说：“大约和一个菠萝差不多。”

之后，海森堡话锋一转，谈到了不被人们看好的研究预期。他说，这些都还处于基础研究阶段，研究者们需要更多的理论支
67 持并开展更多的实验。当然，研究还面临着不少障碍，重水供给不足便是其一。他最后总结道，在遥远将来的某一天，一颗炸弹也许会“扭转战争的浪潮”，但他们首先需要研制出一个能用的反应堆，而距离实现这一目标还有很长一段路要走。

这时，施佩尔问他，这个项目需要多少资金。海森堡回答，35万马克——事实上，这根本算不上什么。同时期的许多科研项

目，譬如 V-1/V-2 导弹项目的科学家们就表示，他们需要数十亿马克及成千上万名工人才能完成研究，并将其成果应用于战争。海森堡的回答令施佩尔大吃一惊，也让迪布纳十分愤怒。如果一个人能确定这个菠萝大小的炸弹可以决定这场战争，并决定要将它制造出来，他应该明白自己需要的资金可比这多得多。

会后，施佩尔对导弹类的项目表示支持，他相信这些项目能让德国之后的战争策略受益匪浅。探索原子能的基础研究将继续开展下去，帝国研究委员会是该项目的领导者，军备部将会为其提供资金援助。[41] 科学家们将会得到他们所需要的研究物资，并且被免于服兵役，从而继续他们的研究。不过，除非有值得重新审议的原因，所有人都应当将该项目未来的应用潜力作为研究的重中之重。这么大的项目不可能立刻就有产出，为眼下的这场战争服务。

迪布纳并没有就此放弃。他回到了军备部的库默斯多夫测试基地，该基地位于柏林西南部，距柏林仅 15 英里。在这里，他带着一批在项目开始之初招募的年轻物理学家，安静地继续构建他自己的铀机器，只不过他采用的是一种完全不同于其他人已经提出过的设计方案。他的态度很坚决，目标也很明确：成功造出原子弹。

1942 年 6 月 17 日，英国首相温斯顿·丘吉尔叼着一根雪茄，默默地凝视着月光下的大西洋。[42] 他此行的目的地是美国。此刻，他坐在波音飞剪船的驾驶舱里，堆积成山的公务重重地压在他的心头。整个欧洲大陆仍然被希特勒踩在脚下，尽管英国和美国坚持不懈地对德国进行夜间轰炸，但要想彻底解放欧洲，就必须跨过英吉利海峡，展开反攻。然而丘吉尔深知，盟军还没有做好开

展如此大规模攻击的准备。他必须说服美国总统富兰克林·D. 罗
68 斯福推迟反攻时间——这是他此次 28 小时访问的两大目的之一。
另一个就是讨论原子弹事宜。

在喝了杯香槟后，他打了个盹，但睡得并不踏实。现在，他坐在他信赖的飞行员罗杰斯身边，系好安全带，准备着陆。飞剪船从华盛顿纪念碑上滑过，降落在波托马克。在首都，他见到了马歇尔将军。第二天一早，丘吉尔就飞往纽约的海德帕克小镇，罗斯福家族庄园的所在地。美国总统在停机坪上迎接到访的英国首相。从体型上来说，两人对比鲜明：一方是短小精悍但活力四射的英国斗牛犬，另一方则是高大勇猛且意气风发的美国雄狮。不过，两人都是聪明理智且狡黠的政治家，也都肩负着带领自己的人民安然度过这场巨大的战争危机的重任。当然，两人私下里也是好朋友。

驾驶着那辆为腿脚不便的他特制的手动版蓝色福特老爷车，罗斯福载着他的客人在哈得孙河畔的悬崖公路上一路飞驰。在长达两个小时的车程中，他们一直在谈论这场战争。就在老爷车沿着弯弯扭扭的公路穿越庄园的时候，两人已经商定了不少事宜，这比他们坐在拥挤的谈判桌前进行的任何一次讨论的效率都要高，这样的结果也让丘吉尔大受鼓舞。

就在丘吉尔到访的前一周，罗斯福刚看过一份美国军方计划研制原子弹的大型项目报告书。[43] 他的首席科学顾问万尼瓦尔·布什——雷神公司的创始人——已经率先开始研究工作，预计投入的资金高达 5 亿美元。

这个项目开始的过程与英国的管合金董事会大同小异。1939 年 8 月，阿尔伯特·爱因斯坦与一些刚从欧洲移民至美国的科学家们会面，之后，他便致信罗斯福，警告他美国必须赶在德国前

面，弄清楚裂变反应的爆炸潜能并加以利用。一个由知名物理学家组成的“铀委员会”由此成立。[44] 在接下来的两年里，尽管资金有限，但这群雄心勃勃的科学家们积极研究，结合英国提供的科研数据他们得出，的确有可能研制出一种极具破坏力的新武器，且通向成功的道路不止一条。到了 1942 年夏天，来自欧洲的消息称德国人可能已经成功研制出一个能工作的核反应堆——而此时此刻，美国尚未走到这一步。一名科学家致信布什，敦促他促使美国加大研究力度：“现在，没有人能保证在德国人用原子弹毁灭美国的城市之前，我们已经做好准备。”[45]

罗斯福手写了一张便笺：“好的。万尼瓦尔·布什。”[46] 批准了该项目，代号曼哈顿计划。按照美国人更大即更好的一贯风格， 69
该项目的负责人认为任何能通向成功的方法都不能放过，重水反应堆、钚以及铀 235 同位素的分离自然全都被纳入研究范围。

6 月 20 日 [47]，罗斯福和丘吉尔在一间光线很暗的小书房里会面，书房正对着海德帕克庄园的正门。这个房间曾是罗斯福的孩子们的教室，可现在已经成为一间隐蔽的会客室，书架临墙而立，墙壁上贴着海洋图纸，一张硕大的橡木书桌占据了房间的大部分空间。

丘吉尔坐在椅子上，脚边摆着一个地球仪，他开门见山地说：“如果敌人赶在我们之前研制出了原子弹，后果不堪设想！”[48] 事后，他在回忆这次会议时写道：“面对科学家的断言，不管你是否怀疑，不管他们之间存在多少分歧，也不管那些专业术语在外行听起来是多么的不知所云，我们都不能在这场可怕的竞赛中败下阵来，我们承担不起这么大的道德风险。”英国和美国需要“联合我们的信息，平等协作，如果能取得进展，双方应当在平等互通的基础上共享成果。”丘吉尔原以为双方免不了要辩论一番，结果发现自己错了。罗斯福对他的这项提议由衷地表示认可。考虑到纳粹对英国的持续轰炸，他们都认为美国应该成为这项研究的主场。

当然，他们也讨论了德国人对重水生产的关注——“一个会带来灾难的词语，极其可怕，违背自然。”丘吉尔事后说道。这位英国首相回到伦敦的几天之后，战争内阁就将轰炸韦莫克的行动计划提高到了最高优先级。[49]

PART.02

第二部分

6. 突击命令

73 延斯-安东·波尔松是土生土长的留坎人，他想要一个任务——如果上级给不了，他就自己找。他绕了大半个地球，好不容易才来到英国加入林厄公司。但自从1941年10月来到英国之后，他听说过许多行动计划，却没有一个落实执行。他曾有望参与千里眼计划，带领六支小分队之一在韦斯特峡谷内铺设照明设施，引领夜间轰炸机炸毁韦莫克水电站，但这次行动最后也取消了。他在日记里写道，“我人生中最伟大的一次机会”[1]就这么溜走了。

为此，1942年2月下旬，波尔松离开苏格兰来到伦敦，向上级提交了一项新的行动意向。他见到了威尔逊上校手下的一名军官，并提出了以小分队为单位在泰勒马克地区周边建立抵抗组织工作点，为破坏铁道运输做准备的想法。为此他还递交了一份详细的行动报告，上级回复说会加以考虑。之后，他便返回了苏格兰。

一连几个星期过去了，伦敦那边没有任何消息。他被分配到了一个攻击机场的训练计划里。4月上旬，他接到了前往STS 31的指令，那是一座位于比尤利的“终极学校”，坐落在英格兰南部一处林区庄园内。在接下来的三个星期里[2]，他受到的全是如何适应地下工作并开展间谍活动的训练。他学习的内容包括：如何创建掩护身份（“你说的都是真的”）；如何迷惑目标，招募线人（“喝几杯可能会有所帮助”）；如何建立地下情报点和秘密联络处；
74 如何反侦察，破坏敌人的间谍工作，譬如甩掉尾巴（“带着他从人烟稀少的街道突然钻进人群”），保持警惕（“熟悉的声音或容貌反复出现可能意味着你被跟踪了”）以及制造可信的不在场证明。教官们告诉他如何监视目标，如何走在街道上不引人注意，以及入室侦察时如何打开手铐，如何观察房间情况快速逃脱。渐渐地，他留取情报的手法日臻成熟，使用缩影相机、暗号和隐形墨水的技巧也越来越娴熟。但这一切都和他想象中的战争完全不一样。

他研究敌人且事无巨细，从对方的组织机构、制服、管理规则到侦察方式、无线窃听能力，再到审讯技巧，不放过任何线索。他的教官说，如果你被人拦下问话，你需要做的就是“让对方觉得你是个不那么聪明但很诚实的普通人”。这所学校的指挥官伍尔里奇少校对他的学员们说：“记住，最优秀的特工永远都不会被逮到，但有些特工……一不留神就会放松警惕。你们要小心这样的时刻，永远不能放松，绝对不要用敌人也会睡觉这样的想法来愚弄自己。他们会一直盯着你们，所以凡事都得小心谨慎。”[3]

波尔松从 STS 31 毕业时，导师给出中肯的评语：“性情孤僻是他给人的第一印象，但本人实则更机智。他对这项工作有非常透彻的理解……副指挥的可塑之才。”[4] 波尔松长着一头蓬松的深色卷发，脸庞瘦削，一双明亮的蓝眼睛炯炯有神。在拥挤的房间里，他绝不会因为 6 英尺 2 英寸的显著身高而引人注目。他更喜欢坐在后排，叼着烟斗吞云吐雾。只不过，“副指挥”的评价实在是低估了他。

波尔松出生在留坎，人们都说那里的孩子要么沐浴着阳光长大，要么就只能在阴影中成长。挪威海德鲁公司高管们的家全都建在阳光普照的韦斯特峡谷北侧山坡上，而底层管理者和工人们只能下到幽深的河谷里，在河畔安家。延斯－安东·波尔松的父亲是挪威海德鲁公司驻留坎镇的首席工程师，所以他一直过着阳光普照的生活。他的家族拥有堪称传奇的家族史——贵族、船长、高阶军官、英国骑士——以及位于这片高原上的一万英亩土地，包括默斯湖中心的一座小岛。

延斯－安东沿用了父亲和祖父的名字，在家中七个孩子中排行老六。他总是习惯性地用一只手将一头卷发捋到一侧。他在公司里

十分腼腆，不是低头画素描，就是埋头看冒险小说。他孜孜不倦地
看了不少有关战争、极地探险和野外生存的书。有趣的是，他虽然
善于学习且喜欢看书，却始终对上学不感兴趣。户外才是他的兴趣
75 所在。11 岁生日时，波尔松收到了一杆猎枪作为生日礼物，不久
后，他就用它打回了第一只松鸡。克劳斯·赫尔伯格是他的邻居，
也是他最好的朋友，两人在高原上度过无忧无虑的少年时期。他们
一起滑雪、钓鱼、打猎以及远足。波尔松的话不多，是个冷静的决
策者，每次和朋友在一起，他都是大家默认的领导者。

对于自己的未来，他从未有过丝毫的犹疑：做一名军官。规矩正直的他喜欢规则和规律。在留坎读书的时候，他就读的年级有两个班，一个班恣意妄为，不守纪律；另一个班表现优异。为了约束第一个班，校长把波尔松和赫尔伯格调到了乱作一团的班级里，几个月后，这个班的纪律果然好转。15 岁那年，波尔松在军营里待了整整一个夏天。他分到了属于自己的克拉格－约尔根森卡宾枪，学会了整齐地迈正步。他在 20 岁时进入二级士官学校学习。就在那一年，德国人入侵挪威。他所在的部队接到的唯一指令就是防守，短短五天后，他们宣布投降，撤退到了瑞典。波尔松写道："我人生中最悲伤的一天。"[6] 他们甚至都没有机会打一场真正的硬仗。

在瑞典军营待了很长一段时间后，他回到了挪威，并在留坎镇外潜伏了几个月，一心想做点什么。因为找不到乘船前往英国的渠道，他系上滑雪板，一路滑回了中立国瑞典，并从那儿开始了他的环球旅行。在土耳其，他见到了"用泥巴和石头搭的小屋，还有用压扁的油罐做成的屋顶"。[7] 在开罗，他发现"最让人心烦的莫过于苍蝇和街头小贩"。去孟买的途中，在狂风巨浪里颠簸的他体会到了"肠胃翻江倒海且头痛欲裂"的滋味。在印度的营地

里，和他同床共枕的不是漂亮的床伴，而是“泛滥成灾”的虱子。不过，这趟冒险之旅也让这个从小到大从未离开过家乡的小伙子大开眼界。在长达六个月的旅行中，他曾不止一次地思考自己是否真的具备成为一名优秀士兵的特质，并为此而忧心忡忡。一天晚上，他在自己的日记中写道：“如果你从未遭遇过火灾，你永远都不可能知道火灾发生时自己会做何反应。”

间谍培训课程结束后[8]，波尔松回到了 STS 26。这时，他得知他在留坎附近建立抵抗组织点的提议已获批准。终于，他能有机会发掘自己的潜质，弄清楚自己应该成为哪一种士兵。几个星期后，松鸡特别行动队就将出发，波尔松任队长。他和他的队员们必须像此次行动的代号“松鸡”——生活在苦寒的高山上的一种鸟——那样，战胜冬季野外极其恶劣的自然条件，等待行动指示。

不幸的是，这次计划因种种原因一再延迟，很快，挪威就迎
来了昼长夜短的夏季，漫长的白昼极大地增加了执行计划的难度 76
和危险性。以伞兵形式进入挪威的方案因窗口期异常短暂而严重受限。一年中有一半的时间，他们因光照时间过长而几乎无法在不被德军探知的情况下从空中穿越边境线。剩下的一半时间里，尤其是在漫长的冬季，空降只能在满月的前后几天进行，因为飞行员只能借助月光导航，为伞兵选择安全的着陆地点。

眼看这一计划最快也要等到 9 月下旬才能实施，波尔松不禁有些后悔，也许回到普通军队才是更好的选择。公司里的其他人，例如克努特·豪克里德，也有同感，只不过此时此刻，那些想方设法来到英国的挪威士兵们也同样因为长时间不作为而有些泄气。林厄公司的指挥官一再向他们保证，他们马上就会得到出征的机会，他们这才留了下来。[9]

与此同时，波尔松也确定了队员名单。个子不高但身板壮硕

的阿尔内·谢尔斯特鲁普。他出生于留坎，但之后就随父母离开了。德国入侵期间，他屁股负伤，至今还有颗子弹留在身体里。之后，他和波尔松一起跨越大半个地球，来到英国加入林厄公司。24岁的克努特·豪格兰又瘦又高，他有一头浓密的金发，瘦削的脸上透出的那股孩子气是隐藏其严谨和智慧的天然伪装。他来自留坎，出生于木匠家庭的他是公司里最棒的话务员。最后一名成员克努特·豪克里德，他常和波尔松结伴在高地上猎杀雄鹿，深谙在环境恶劣的荒原上生存并执行任务的诀窍。

在等待出发指令的那段时间里，豪克里德失手在一次户外训练中射中了自己的脚。医生告诉这位垂头丧气的突击队员，至少要等到10月，他才能恢复到“能够执行任务的状态”[10]。波尔松很快就选定了他的替代者：他的童年玩伴克劳斯·赫尔伯格。现在的赫尔伯格瘦了，也长高了，他的身板比大多数人都要健硕。这个总喜欢调皮地冲人眨眼睛的小伙子在今年早春时，自己想办法来到了英国加入林厄公司。波尔松知道他需要进行跳伞训练，不过好在时间充裕。

整个8月，波尔松和其他队员们都在积极地为行动做准备，收集尽可能多的战备物资来塞满那八个会随他们一起空降的筒状容器。物品的清单足足有两页长，总重量接近700磅：滑雪齿轮、皮靴、绑腿、防风夹克、羊毛内衣、睡袋、烹饪用具、工具、烟草、蜡烛、帐篷、煤油、帆布背包、地图、冻伤膏、一套无线电
77 设备和两个6伏的充电电池，以及枪、弹药和食物。[11]与他人相比，话务员克努特·豪格兰提出的需求无疑最为精准。他常常不顾英方军需官的种种抱怨，以最准确的语言详细地列出他在行动中需要的电池种类及其他无线电设备。

8月29日，天闷热得很，一天之中连着下了好几场雷阵雨，

波尔松来到伦敦，与威尔逊上校和莱夫·特龙斯塔在奇尔特恩法院碰面，最终确定他们的行动方案。松鸡行动队将会在留坎镇西北偏北方向，距离镇中心约 10 英里的朗厄湖附近降落。届时，埃纳尔·斯钦纳兰将会在地面上为飞机导航。除了通过留坎当地抵抗组织与斯钦纳兰相熟的豪格兰，其他队员对斯钦纳兰这个名字也并不感到陌生（埃纳尔的兄弟托尔斯泰因是当地家喻户晓的跳台滑雪高手）。如果斯钦纳兰无法在地面指引飞机，他们会选择盲跳，着陆后自己前往默斯湖。威尔逊和特龙斯塔部署了此次行动的指示，提出成立"小而独立的工作点"[12]是关键，这样才能为将来的目标行动做准备。这其中包括摸清德军通信以及桥梁和道路信息。他们没有提到韦莫克。据波尔松所知，自从千里眼计划被取消后，韦莫克就已经从目标名单上消失了。

两天后，松鸡行动队离开学校前往位于剑桥城外的盖恩斯庄园，庄园附近就是滕普斯福特机场。这座声名显赫的庄园曾经是奥利弗·克伦威尔的府邸，但现在已经成为英国特别行动处海外特工出发前的集合点。松鸡行动队将会在这里继续接受训练，等待出发指令。

就在同一天，8 月 31 日，莱夫·特龙斯塔坐在旧女王大街上的管合金董事会总部一间烟雾缭绕的办公室里，提出了由松鸡行动队完成轰炸韦莫克的行动方案。[13]在座的除了联合作战司令部主要策划者罗伯特·内维尔上校，还有华莱士·埃克斯以及埃克斯之前在帝国化学工业公司的助理迈克尔·佩林，后者正是现任英国原子能项目组的关键成员。

1941 年 10 月，当路易斯·蒙巴顿爵士接手联合作战司令部时，该司令部正因之前联合了海、陆、空三军执行的某些任务，受到检控而乱作一团，举步维艰。事实上，自这位有着皇室血统的 42 岁英国海军英雄接手后，由他策划的各项军事行动充其量也只能称得上功过参半。[14] 毕竟，各大报社争相报道 8 月中旬盟军在迪耶普抢滩战役中遭遇灾难性溃败的浪潮，也才刚刚出现减退的势头。

78 丘吉尔从美国回来后 [15]，战争内阁就向蒙巴顿下达命令，要求其制订针对韦莫克的可行性行动方案。皇家海军军官出身的内维尔，是蒙巴顿手下能独当一面的得力助手，同时也是这项计划的主要策划者。

经研究，他们四人 [16] 做出了几套以切断韦莫克重水供应为目标的行动方案：（1）由挪威海德鲁公司的人从内部发动攻击；（2）由渗透进韦莫克的波尔松及其队员发动进攻；（3）由一支英国特别行动处 6 人突击队执行攻击，炸毁供水管（与之前的千里眼计划类似）；（4）派出 25 至 50 名士兵，通过联合作战炸毁管道及水电站；（5）英国皇家空军展开空袭。

特龙斯塔极力反对从空中袭击水电站，考虑到水电厂生产出来的氢气及氨气总量，由空袭造成的破坏性爆炸完全有可能彻底摧毁距其不远的留坎小镇，而且没有任何炸弹能保证一定能坠入水电厂底部，摧毁位于地下室的高浓缩电解池。至于招募水电厂工人作为破坏者——从内部捣毁水电站——特龙斯塔则认为他们不可能在韦莫克找到足够多的值得信赖的人去执行该任务。相对而言，他更愿意让前线的松鸡行动队直接发动进攻。他们熟悉那个地方，而且根据最近取得的情报，水电站内的安保资源十分有限。只需再增加一个六人破坏小分队，松鸡行动队也许就能顺利完成任务。

对此，内维尔却不那么肯定——德军的防卫也许比情报中汇报的更严密。他更倾向于由英国工兵来完成突袭任务，松鸡行动队为向导。50 名士兵足以战胜他们遭遇的任何抵抗，而且人多攻击力自然大，这一数量上的优势也让他们能够发动更大规模的进攻，确保能够一击即中，彻底消除这一威胁。这个计划的问题就在于如何将这么多人送进挪威，并在任务完成后顺利撤离。内维尔明白这个巨大的挑战可能意味着，这些工兵最终很可能会成为“自杀小分队”。

他们四人知道蒙巴顿会做出最后的决定，不过就目前来看，松鸡行动队无论如何都将会在韦莫克计划中发挥作用。

与此同时，特龙斯塔也迫不及待地让自己参与到任何可能的行动中去。[17] 没错，他在为祖国效力。他成功建立了自己的情报网，并招募了不少挪威科学家，助力英国国防工业。他积极地为可能发生的化学战争出谋划策，还协助林厄公司培训新兵，制订行动计划并研究作战策略。然而，他始终觉得自己在纸上谈兵，他每天面对的除了报告，就是各种会议。[18] 他想离开这种“不正常的生活”。其他每个人都肩负着战争的重任，而他却安然无恙地待在伦敦。他的许多好朋友都在战场上牺牲了。盖世太保将他的 79
家人赶出了他们温馨的家，还不断纠缠他的妻子，追查他的下落。布伦和斯钦纳兰每天冒着生命危险为祖国刺探情报。特龙斯塔也想以同样的方式为国效力。

3 月，过完自己 39 岁生日后，特龙斯塔戒了烟，开始拼命锻炼。[19]6 月，他在 STS 15 完成了跳伞训练。每天晚上，他都会去住处附近空旷的汉普斯特德荒野公园，“做点突击队训练”。

他自信已经准备好参加任何行动，所以他向英国特别行动处负责人格宾斯少将主动请缨，要加入松鸡行动队。格宾斯却告诉特龙斯塔，他的阵地在伦敦。盟军不想失去具有敏锐洞察力和领导才能的他，所以不能冒险。特龙斯塔好不容易才说服自己安心留在后方，之后，他就全身心投入到了林厄公司的指挥工作之中。

这时，来自祖国的消息更是极大地增强了他的决心。在挪威，普通民众正积极地以他们力所能及的方式对抗德国人。今年早些时候，教师们发动罢工，抵制德国人向学生灌输新秩序的教学要求。[20] 特博文下令逮捕了拒不服从的教师——多达 500 人——并将他们送入位于希尔克内斯北极港的一座集中营。在长达 16 天的旅途中，所有囚犯都挤在一节老式木质蒸汽火车的车厢里，车厢里没有厕所，每人每天能分到的食物和水也少得可怜。抵达集中营后，他们每天都不得不和苏联战俘一起，在码头上干 12 个小时的苦力活。他们吃不饱，住在冷得像冰窟的营房里，还得忍受德国人的鞭打。有些人死了。有些人疯了。但是，他们从未妥协。

“战争将人的心磨成铁石，”[21] 想到他们最近收到的不利情报，特龙斯塔在日记里写道，“要想重新变回一个敏感的人真的很难。”

整个 9 月，克努特·豪克里德都在养伤，他看着大雨一遍又一遍地冲刷着苏格兰的每寸土地，希望自己还有机会重返松鸡行动队。不过，从他收到的队员们的来信看来，他们和他一样，也陷入了无止境的等待之中。波尔松在其中的一封标题为《英格兰某处》的信里写道：“如果你以为我们已经离开英国，那就大错特错……一个礼拜的等待换来的是永远不会放晴的天气。其实，这儿挺不错的——到处都是护士姑娘（战地护士）。”[22]9 月 9 日，他在信中写道：“今天，天气似乎有所好转，希望能有好消息。我们已经随时准备动身。”

豪克里德一直在等待他们安全降落的消息。按照原计划[23]，一旦他们在泰勒马克地区站稳脚跟，并通过无线电与特龙斯塔取得联系，他就会和另一名林厄公司的成员去找他们。要不是这该死的脚伤……

9 月底，他终于又收到了他们的来信。“这一次还是没走成。发动机出了问题。”[24] 第二天，来自松鸡行动队的另一条消息称：“出发再次受阻。北海大雾。魔鬼主宰了一切！不过大家心情尚可。”

之后便是长久的静默。什么消息都没有。显然，他们终于走了，成功降落在祖国的高原上，留他一个人在这。

10 月 1 日，德军驻挪威总司令尼古劳斯·冯·法尔肯霍斯特将军昂首挺胸地走进韦莫克水电站。[25] 一到此地，他就注意到这座水电站拥有得天独厚的天然防守屏障，但他也明白这不足以阻拦英国的入侵者。这里需要加强照明，增加卫兵和巡逻次数，还得增设营房给士兵休息，此外可能还需要增设一个高射炮兵连。电厂周围的山坡及引水渠周边必须铺设地雷。地面围栏必须加高，顶部还得加设带勾刺的铁丝网。通向水电厂的那条窄窄的吊桥还需要一扇大门并加强防守火力。

法尔肯霍斯特的脸棱角分明，仿佛是从石头里凿出来一般。[26] 他出生于显赫的德国贵族家庭，毕业于一间老式军校，参加过一战，在这次战争爆发之前，他已获得过数次提拔。在进军波兰的战役中，他表现出众。当希特勒需要一名能够一举拿下挪威的指挥官时，有人向他推荐了法尔肯霍斯特，推荐理由之一是 1918 年他曾在芬兰有过短暂的任职经历。

元首让他拟定作战计划，但准备时间只有几个小时。法尔肯霍斯特对挪威几乎一无所知，不过，他最终仅凭在当地书店找到的一本贝德克尔旅行指南，就迅速草拟出了一份进攻计划。他率领德军成功入侵挪威后，上级并没有立刻派遣另一名指挥官接替他领导接下来的战斗。相反，他发现自己只能留在挪威，巩固德军统治，就像一名普通的哨兵。他尽可能地对特博文和党卫军以礼相待，却实在无法以欣赏的眼光去评价他们的种种暴行。不过，有一点毋庸置疑：只要是希特勒下达的指令，无论是什么，他都会坚决执行。

完成对韦莫克的巡视后，法尔肯霍斯特将电站负责人、工程师、工人及保安召集在一起。他告诉他们，就在 11 天前，位于格
81 洛姆菲尤尔的电站被英军突击队炸毁，使依靠其供电的铝厂全部停产。他从人群的最后面随手拽出一名保安，向他们演示这些突击队员进攻时的速度和残忍。他警告他们，这些人可能会像普通人一样乘坐火车或大巴来到镇上，但事实上他们全都“装备有全自动武器，随身带有氯仿、手榴弹和手指扣”。[27] 最后，他宣布韦莫克必须做好备战准备。

失败的代价很快显现出来，只不过，付出代价的是那些协助破坏行动的人们。10 月 5 日，五名身穿英军制服的士兵突袭了特隆赫姆附近的一座铁矿场，德军情报显示这次行动得到了挪威抵抗组织的协助（事实上，由特龙斯塔策划的这次行动是假借英军之名，实际执行者都是林厄公司的士兵）。第二天，特隆赫姆的人们一觉醒来发现街头巷尾都贴满了宣布进入紧急状态的警示；辖区专员特博文乘火车连夜赶往这座城市，和他同行的还有党卫军中校海因里希·费利斯和几十名盖世太保。两周前，英国空军刚刚轰炸了盖世太保位于挪威的总部大楼维多利亚露台，此时此刻的党卫军迫不及待地想血债血偿。

特博文在城市广场上发表演讲。“一直以来，我由衷地想保护这个国家及其人民的权益，这是我的真心话……我本着宽容和大度，一直耐心地等待，我等了很久，但现在我意识到不能再等了，

残酷的现实逼我不得不采取铁腕措施。当我们纳粹党人意识到干涉势在必行的时候，我们绝不会求助于民主的方法杀鸡儆猴，结果让幕后操纵者逃之夭夭。相反，我们会一把抓住那些一心想躲在大众背后的大鱼……今天晚上，我们会让全城的人都明白这一点。”[28] 特博文和党卫军挑选了十名在城中小有名望的市民——这其中有律师、报纸编辑、剧院经理、银行管理者和船舶经纪人——“让他们为破坏行为赎罪”。[29] 不久后，费利斯的行刑队瞄准他们的后脑勺，将他们一一击毙。

瑞典边境已彻底封闭 [30]，费利斯正不遗余力地追剿抵抗组织成员——事实上，任何持有禁运品（无线电台、武器或大量现金）的人都有可能成为他们的目标。被他手下军队搜查过的人、车辆、房屋和农场多得不计其数。最后，他们逮捕了 91 名挪威人以及所有年满 15 岁的男性犹太人。其中不少人在被捕后立即被枪决。

特博文试图以高压政策扼杀一切可能的突击行动，借此来打击挪威人的反抗决心。[31] 他签发了一批新的边境条例、配给卡和
旅行许可证。死刑裁定条例中新增了窝藏敌国人士和试图逃离挪 82
威这两条罪行。德军开始不分青红皂白地抓捕挪威人，数千人随之入狱，运往德国的囚犯与日俱增。盖世太保不断向线人施压，要他们交代抵抗组织成员名单。严刑逼供的手段越来越残忍。如果抓不到抵抗组织成员本人，盖世太保就会抓他或她的父母、姊妹顶罪。

10 月中旬，为了严惩盟军突击队的攻击行为，希特勒向包括法尔肯霍斯特在内的驻守在欧洲各国的将军们颁发了一道密令，《突击队特令》：“即日起，对欧洲及非洲境内发现的任何执行突袭行动的敌国突击队员格杀勿论。无论对方是身着制服的士兵，还是民间破坏小分队，无论其是否持有武器，也无论其是在战斗中

或是在逃跑途中，一律剿杀……即使对方提出投降，也绝不能给他们半点机会——该原则适用于所有情况。”[32] 很显然，这是一条违背了所有——书面以及非书面的——战争条约的指令。

7. 打一场漂亮仗

83 10 月 12 日，威尔逊上校召集波尔松及其话务员豪格兰前往伦敦，松鸡行动队的队员们闻讯后不禁担心他们的行动计划将再次延迟——或彻底取消。[1] 他们的第一次飞行行动因为大雾被取消了。第二次，他们乘坐的哈利法克斯轰炸机已经进入挪威，却因为一个发动机突然起火，不得不返航。当轰炸机飞到苏格兰上空时，他们差点就准备跳伞着陆了，却遇到突发情况，好在飞行员扔掉了沉重的装备，极大地减轻了飞机负重，最后实现紧急迫降。当他们再次做好出发准备的时候，每个月仅有的那几个适宜飞行的日子又一去不复返。“最终”[2] 也许就是“永不”——许多林厄公司的成员在飞机收起降落架，准备出发执行任务时常这么说。

在奇尔特恩法院[3]，上校开门见山地指出，在留坎策划并开展抵抗运动已不再是他们的主要任务[4]，现在，松鸡行动队是英军炸毁韦莫克行动的先头部队。首先，他们要侦察地形，选择一片既适合伞兵空降又适合霍莎滑翔机降落的区域。其次，他们需要发挥先头部队的作用，架设为飞机引航的灯，同时提供归航无线电信标。第三，在行动当晚，他们要指引 25 至 30 名皇家工兵前往水电站。至于如何为炸毁韦莫克及其重水厂和之后的撤离做准备，威尔逊只字未提。对于这一点，他们知道的比他多。

84 威尔逊告知波尔松和豪格兰，这是一次绝密行动，所以在到达挪威前，他们绝不能向赫尔伯格和谢尔斯特鲁普透露任何改变后的行动内容。此外，他们只能通过盲跳进入高原。出于对安全的考虑，埃纳尔·斯钦纳兰将无法接应他们，而他们也不能和他及其家人有任何联系。如果不幸被捕，德国人将不会发现二者之间的联系。松鸡队员将会在下个月窗口期的第一天出发，最好是10月18日，并且进攻将在他们到达后的第二个月进行，从而让他们有时间做准备。随后，威尔逊带他们来到一个满是地图和勘测照片的房间，要他们在韦莫克附近找出一个能让工兵安全降落的地点。[5] 有人建议选择山上的开阔地，但波尔松担心英国士兵会因为下雪和地形复杂而迷路。要想战胜11月初冬的暴风雪，娴熟的滑雪技能必不可少。

威尔逊让他俩好好研究地图，之后答复他。

然而，这两个留坎人并不需要地图，他们早就用滑雪板和双脚丈量并勘测过那片土地。波尔松和豪格兰的想法一致：斯古兰湿地。这片湿地位于默斯湖最东端，是一片无人居住的荒地。该地点在大坝的西南方，紧挨着一条连通留坎和赖于兰的山路，每到冬天，这条山路都会被封。届时，英国工兵完全可以沿着这条路畅通无阻地直奔8英里外的韦莫克。

对豪格兰而言，这个地方他尤为熟悉。小时候，他经常和家人沿这条通向赖于兰的山路远足，一路上他们钓鳟鱼，摘黄莓。有一次，他们在这儿附近野营，他的大哥奥塔突然染上了猩红热。他的爸爸便将塞得满满的帆布包挎在胸前，背着14岁的儿子翻过一座又一座大山，去找医生给他看病。也正是在那一次，年轻的小克努特明白了力量的意义。

波尔松和豪格兰将他们的选择告诉了威尔逊，后者直接上报给了联合作战司令部。在接下来的几天里，他们二人大致了解了

整个行动的内容、时间，以及接头暗号和密码。所有指令都以口述形式传达，他们必须牢记。见到突击队员时，波尔松会说：“这
85 是皮卡迪利大街，”[6]对方会回答：“我想去莱斯特广场。”11月，在这片湿地上出现第二支英国军队的可能性微乎其微，但波尔松和豪格兰对使用暗号接头没有表示任何疑问。

在他们即将返回苏格兰的那天，威尔逊最后一次召集他们开会。“这次任务非常重要，”他说，“我们必须切断德国人的重水供应，决不能让他们再有任何机会得到大批量的重水。他们用重水做实验，一旦成功，他们就能制造出可以将整个伦敦从地图上抹去的超级炸弹。”[7]波尔松和豪格兰都觉得上校过于紧张，无论是哪种炸弹都不可能有如此大的威力。也许，他只是想激励他们竭力完成任务。因此，他们再次向他保证，一定竭尽全力确保行动顺利完成。

“好好表现。”威尔逊回答说。[8]

在 STS 26 德鲁明托的林间小屋[9]，约阿希姆·伦内贝格选了一间有个小壁炉的侧间作为田鸫行动的指挥部。年轻的少尉在墙壁上贴满了不同比例尺的挪威地图，并详细列出了在寒冬里生存所需的装备清单。他刚刚接到任务：在鲁姆斯达尔峡谷建立抵抗组织工作点。房间里的一切都是为这次行动做的准备。届时，他将会和林厄公司的战友比格尔·斯特隆赫姆携手，破坏为德军运送关键物资的铁路线。

自从在挪威之家第一次见到马丁·林厄后，伦内贝格已经等了一年半，和其他同胞一样，他一直在等待行动的机会。他的第一志愿是加入海军，但林厄说服他改变了主意，因为即使没有他，海军也不会有任何损失，但挪威独立公司有一项“非常有价值的

工作”[10]非他莫属。之后便是长达数月的训练。在那些日子里，伦内贝格时常失眠，而这很大程度上是由困扰和不安所致，他觉得自己正身处于一间“职业杀手学校”[11]。这里的一切都和他从小到大所熟悉的那种平静、和谐的生活截然不同。

伦内贝格出生在挪威西北海岸上一座知名的港口城市奥勒松。[12]几个世纪以来，他的家族一直经营以渔业为中心的一系列产业，其经营范围从船舶、驳船和码头用品到制绳厂，乃至海产品出口，无所不包。

从小到大，只要置身于野外，伦内贝格就会觉得自在而放松。他喜欢在高山上滑雪，并积极参加各种滑雪竞赛。他经常进山探险，一走就是好几天。他尤其喜欢在野外定向。十几岁时，他就有信心只凭一张地图和指南针找到回家的路。“当你只身前往野外
的时候，你永远都不会感到孤独，”他说，“你不会害怕。你知道 86
你能行。”[13]

20 岁那年，伦内贝格打算进入家族企业工作。[14]服兵役时，他主动放弃了兵营生活，报名当了一名土地测量师的助理。随后，战争爆发，但他没有马上应召入伍，而是留在了奥勒松。然而，目睹朋友们接连奔赴战场，他心中满是愧疚。他的一些朋友最终战死沙场，其中包括他最好的朋友——当时，他正挥舞白旗引诱德军靠近，谁知却被德军士兵一枪击毙。尽管伦内贝格没有加入地下抵抗组织，但看到德国士兵在奥勒松耀武扬威、独断专行的样子，他也同样心生厌恶。他迫切地想做点什么。1941 年 3 月，他想办法乘船去了英国。

他担心此举会遭到父母反对，便在临行前给他们写了封信，并在离开后才发出：“我真想告诉你们，为了佯装无事，我精疲力竭。你们也许会奇怪，为什么我没来吃饭，为什么我的床是空

的……此时此刻，你们正和无数个爱国家庭一起，承受着同样的痛苦和牺牲。我要告诉你们的是，唯有当我们能抛开一切，带着对自由的向往离开故土破浪前行时，我才会感到由衷的自由和解脱。希望你们在明白这一切后能稍感慰藉。亲爱的爸爸妈妈，还有我的兄弟们，请好好地活下去……我们很快就会再见面。无论我去往世界的任何角落，我的心都会和你们在一起。”[15] 就这样，他乘坐一艘 45 英尺长的渔船，穿越波涛汹涌的北海。在海上，每当有同船者晕船，他都会主动担负起舵手的职责。

伦内贝格加入挪威独立公司时才 21 岁。他没参过军，也没有任何在前线作战或开展抵抗运动的经验。即便如此，他仍然在英国特别行动处训练学校的训练中脱颖而出，尤其是在爆破和突袭练习中表现出色。他也终于与自我和解，因为他明白那些无情的厮杀训练能让他在任何环境中都成为幸存者。

训练结束后，伦内贝格确信自己很快就会接到任务，谁知林厄却将他叫到伦敦并对他说：“我们去裁缝店吧。”[16] 在那里，林厄给他定制了一套适合其新角色——新兵教官——的崭新的制服。起初，他的工作主要是翻译和联络（他通过阅读侦探小说熟练掌握了英语），后来，随着一批又一批新兵的到来，他参与的教学工作也越来越多。他工作的地点也从最初的斯铎汉姆公园换到了梅布尔，最后来到阿维莫尔。此时的他已是一名破坏专家，设计了
87 许多针对桥梁、火车站和营房的破坏计划供学员们练习。起初，他觉得自己不适合这项工作。他认为他应该去执行真正的任务，做点实事。可是，每当有行动组组长邀请伦内贝格加入他们的队伍时，英国特别行动处就会说：“不行，这里需要他。”最终，他接受了这项工作，带着他的学员们在苏格兰各地开展破坏性突袭演习，磨炼技能。他的学员用白粉笔来标记目标，而不是常规炸

药。他知道，只要他传授给学员们的知识和技巧可以帮助他们完成任务，他就做出了自己的贡献。与此同时，他也制订并向上级提出了多项行动方案，只是尚未付诸行动。

1942 年秋，英国特别行动处签署了田鸫行动。等伦内贝格做好准备工作，且月光条件允许，他就有望能和斯特隆赫姆一起，空降挪威，开始行动。

“1 号，跳！”[17] 机舱调度顶着呼呼灌进哈利法克斯轰炸机的冷风大叫道。此刻是 1942 年 10 月 18 日晚 11 点 36 分。波尔松小心翼翼地挪到了机舱中敞开的舱口旁，心里既兴奋又有点害怕。他踮起脚，身体微微前倾，让头远离舱门的边框。一眨眼的工夫，他掉了下去，掉落的速度非常快。系在他身后降落伞包上的那根 16 英尺长的线很快就被拉直，线的另一端连的是机舱内的一根钢索。降落伞从背包里弹出，瞬间展开，宛如一只破茧而出的蝴蝶。他继续保持着自由落体运动，直到空气冲进降落伞内，使其膨胀，一股强大的力量随即通过紧紧绑在他肩上的绑带将他猛地向上一提。飞机引擎的嗡鸣声渐渐消失，他从 1 000 英尺的高空慢慢下降。

皎洁的月光下，高原一览无余[18]：积雪盖顶的大山，茕茕孑立的山峰，还有湖泊、河流和狭窄蜿蜒的山涧。这是一个美景与危险共存的地方，波尔松知道自己必须对它心存敬意。在这片海拔 3 000 英尺的土地上，天气飘忽不定，疾风扫过时，哪怕是七尺壮汉也很难站稳脚跟。在冬季，上一秒钟还躺在大石头上晒太阳的滑雪者下一秒钟可能就会消失在横扫而过的暴风雪里。冰雪风暴不仅会带来亮晶晶的冰霜和大雪，还会让温度骤降至零下 30 摄氏度。在挪威，有传说称，温度骤降时，因为降温时间极短温度又极低，所以就连燃烧的火焰都能在瞬间被冰冻。简单的事实就是，暴风雪可以在两小时内冻死一个毫无准备的人。

德军入侵挪威时就曾在这片 3 500 平方英里的高原周边展开过勘察，可直到现在，每次冒险进入高原，德国人都会赶在日落
88 前撤出。在这片广袤的土地上，没有公路，也没有常住居民。只有技术娴熟的滑雪者和徒步者才能接近隐藏在高原深处的那几座狩猎人小屋。在山谷里，你也许能找到桦树，但更多的还是被碎石和冻土覆盖的毫无生命迹象的山坡，这样的土地一片连着一片，远远望不到边。

波尔松扫视了一遍下方的土地准备降落，却发现根本找不到计划中的降落地点。[19] 那是位于韦莫克以西 20 英里处，地势平坦的洛克舍斯湿地。他能看到的只有白一块黑一块的山坡，白的是雪，黑的是沙砾和岩石——让人扭断脖子的最佳利器。

他落地很重，但幸运的是没有受伤。幸好他一落地就飞快地卸下了降落伞，不然，随后从荒野上扫过的强风轻而易举就能扭断他的胳膊。他呼唤着在他之后跳伞的松鸡队队员们。谢尔斯特鲁普和豪格兰毫发无损，只有赫尔伯格走路的姿势有些奇怪，他降落时正好撞上了一块岩石的边缘。粗略检查后发现，赫尔伯格一条大腿的后侧肿了，但没有骨折。他本人什么也没说。

接下来的几个小时里，他们一直在山坡上搜寻八个装备包，其中最重要的是他们的炉子、帐篷和睡袋。如果找不到这些关键装备，一旦风雪来临，他们就自身难保了。尽管他们最后找到了装备，但夜已深，除了找个避风的位置凑合过一夜，他们什么也干不了。他们找到了扎营地点，众人靠着一块大岩石，相互依偎着。[20] 他们觉得很冷，但好在还能忍受。事先早有准备的他们穿了长的内衣裤和两双羊毛袜，外面套着斜纹呢长裤和扣得紧紧的衬衫，还有

厚毛衣。最外面还套了派克大衣和防风裤。此外，他们每人都戴了两顶羊毛帽和两双手套，身上还带着现在暂时用不上的巴拉克拉法帽和护目镜。

波尔松掏出烟袋和烟斗，抓了一把烟草塞进烟斗里。他这个习惯性的动作倒让其他三人紧绷的神经放松了不少。他点燃烟斗，大口地抽了几口烟，这才将改变后的行动计划告诉不知情的队员们。“计划有变。”[21] 他对赫尔伯格和谢尔斯特鲁普说。他们现在的任务是充当一个破坏行动的先锋队，而不再是建立抵抗组织点。赫尔伯格听到新行动计划后心想，这对英国军队而言，简直就是一次自杀性行动：他们如何才能离开挪威？不过，他们四个倒是为任务升级感到很开心，就像豪格兰心里想的那样：*你跳下飞机回到被敌军占领的祖国，可不就是为了能干大事？*[22]

他们四人分睡在两个帐篷里，把降落伞垫在身下防潮，裹着 89
睡袋睡了一夜。等他们一觉醒来，天已大亮，湛蓝的天空干净透亮，四周的山峰高低不平，棱角分明得如同一座座大型浮雕。他们终于远离了被水浸透的苏格兰，回到了自己的家乡。这里的空气清新而干燥。审视了一番周围的地形后，波尔松认定这里是距离预定降落点以西大约 10 英里的松加峡谷。

他们四人花了两天的时间，好不容易才把剩下几个散落在附近的装备包找全。[23] 检查完毕后，他们却发现了几个很严重的问题。首先，英国军需官给他们准备的煤油不够。装备包里的普里默斯煤油炉本应该能让他们以最短的直线距离走出荒芜的山区，到达斯古兰湿地，在那里迎接英国工兵。可是现在，煤油短缺导致他们热源不足，在这种情况下穿越荒无人烟的山区实在太过冒险，所以他们只能穿越峡谷，在峡谷的另一侧有可供他们休憩的山林小屋和可用做柴火的桦树。但这意味着要绕远路，步行时间也会跟着增加好几天。

其次，军需官犯了严重的错误，他们没有按照豪格兰的要求准备无线电设备。他们没有把装配天线所需的竹竿放进装备包，而且还把无线电设备和归航信标使用的标配福特汽车电池换成了两倍重的普通电池。更糟糕的是这些电池上印着“英国制造”。如果被抓，这些来自英国的物品将会给他们带来极大的危险。他们试着用降落伞上的绳子把滑雪杖捆在一起充当天线，却始终无法与伦敦的无线电台取得联系。现在，他们要在冰雪覆盖的高原上完成 45 英里的徒步行走，而且无法确定能否通过无线电与上级取得联系，更糟糕的是，他们不能保证一定能按时赶到预定地点与英国工兵会合。

8. 浓厚的兴趣

90 10 月 20 日[1]，埃纳尔·斯钦纳兰在黑暗中开始工作。他守候在形如匕首的朗厄湖边，宽阔的湖面已经结冰。这是他在湖边等待的第三个晚上，却依旧没见到松鸡行动队。刺骨的寒意啃噬着他的脸，冷风从光秃秃的石头地上扫过，他知道暴风雪就要来了。通过 BBC 的夜间报道，他知道特别行动队已经出发。报道中说：“这是来自伦敦的最新消息。”以往他听到的都是：“这是来自伦敦的消息。”[2] 当太阳升起时，他和前两天一样，一无所获地朝家走去，寒风和低温使他脸上的皮肤愈显粗糙。

在过去的六个月里，斯钦纳兰一直过着提心吊胆的双面生活，时刻担心自己的身份暴露。白天，他在挪威海德鲁公司上班。夜晚，他有条不紊地开展情报工作。他通过韦莫克的好几个线人打听水电厂里的情况。最近，他得知留坎警察局局长带走了其中一名线人。警察们没问出什么，但只要说漏一个字，犯一个错误——哪怕是任何人都可能会犯的错误，包括斯钦纳兰在内——就足以令他万劫不复。尽管危机重重，但更让他沮丧的是，他向伦敦上级汇报的情报总是太有限，这一来是因为通信故障，二来则是因为保密机制。

这份工作是他主动请缨得来的，但为了那些可能永远都不会出现的人，他还得过多久这种惹祸上身的生活呢？几天后，他将
前往奥斯陆传递最新情报，并弄清楚下一步该怎么做。在那之前， 91
他每天晚上都会去朗厄湖，静静地等待。

电话铃响，乔马·布伦拿起电话。电话是一个自称为伯格的奥斯陆大学的学生从留坎打来的。狐狸想尽快和大师见面。特龙斯塔在伦敦。伯格询问自己能否来韦莫克去布伦家商讨见面事宜。布伦的家和水电站一样，都建在陡峭的山坡上。

“我们一小时后见。”布伦答道。[3]

放下电话，布伦立刻给吊桥上新增了人手的警卫室和德国人的巡防岗亭打电话，让他们给即将到来的来访者放行。不久后，这名学生就步行来到了水电站。他是米洛格组织内“外运部”的一名成员，他要布伦做好撤离的准备，越快越好。温斯顿·丘吉尔亲自下令，要求立刻将布伦送往伦敦。[4]

布伦坚持要带妻子托米一起走。此外，他还需要一点时间，争取在离开前多收集一些情报。伯格同意了，并留了下来协助安排布伦前往奥斯陆的行程。

两天后，即 10 月 24 日，乔马·布伦夫妇走过吊桥，乘大巴前往留坎。布伦告诉他的上级他在奥斯陆约了医生看病。他随身

的背包很沉，里面装了各种图纸、照片和文件，还有 2 千克的重水。他们坐渡轮驶过廷湖，再坐火车前往首都。伯格将他们引到安全屋后便离开了。米洛格外运部的另一名成员格兰是他们的新联系人，负责接下来的行程安排。布伦将所有情报都给了他，格兰说他会把它们拍成缩影照片，然后分几次传递出去。

布伦收集的设计蓝图和图纸提供了许多重要情报。韦莫克已不再像之前那样，仅仅依靠天然屏障的守卫。[5] 工兵们在电站及水渠周围的栏杆上架设了带刺的铁丝网，还开始铺设地雷、陷阱及报警网。留坎、韦莫克和默斯湖大坝周边都有奥地利军队驻守，这些士兵大约有 100 人，配有全自动武器。通向韦莫克的吊桥有卫兵 24 小时站岗巡逻。电线一直延伸到电站的屋顶上，因为那里新增了数台探照灯，很快，高射炮也会架起来。有传言称，盖世太保也将进驻留坎，并且已经选定镇上最好的旅馆作为其大本营。

92 格兰为布伦夫妇准备了新护照和通行证，并让他们将刻有名字的结婚戒指交给他保存，以免万一被捕暴露身份。在去瑞典的前一天晚上，布伦夫妇被一阵急促的敲门声惊醒。格兰被盖世太保跟踪了，好不容易才甩掉尾巴，但他们应该很快就会找到这儿。安全屋已不再安全。他带领布伦夫妇急匆匆地穿过漆黑的街道，来到皇宫背面的一间豪华公寓。第二天，他们跟随一名新联络人登上了一辆北上的列车。当天晚上，他们落脚在边境上的一家农场里。天亮后，他们走过一座无人守卫的大桥，进入瑞典。

几乎就在同一时间，埃纳尔·斯钦纳兰抵达奥斯陆。他带来的关于韦莫克的最新防守情报证实了布伦所言非虚。斯钦纳兰被告知不用再去朗厄湖守望了。他得到的消息是，男孩们不会来了。

就在松鸡行动队离开英格兰的第二天，早上9点整，马克·亨尼克中校走进巴尔福德军营里一间由波纹钢搭建的冷冰冰的活动营房。[6] 军营位于伦敦以西的索尔兹伯里平原，距离伦敦85英里。这位36岁的中校留着一抹精心修剪过的胡子，曾在法国战场上浴血奋战过的他见过太多的生与死，脸上透出一种久经沙场的坚毅。坐在营房里的士兵来自英国皇家工兵军团下属的两个野战团，在应征入伍前，这些年轻人大都是技术精湛的技师：机械师、电工、木匠、制鞋匠及水管工等。

亨尼克对这些工兵们说，他知道他们对这次行动充满“浓厚的兴趣”[7]，但他必须事先申明，他们即将面对的是一个极度危险的大规模绝密行动。如果行动失败了，德国人也许就能在六个月内赢得这场战争。他希望他们自愿报名，无论是出于何种原因——新婚、孩子即将出生，或仅仅是因为尚未准备好——选择退出，他们都无须感到羞愧自责，也不会遭到质疑。刚接到指令时，亨尼克本有些不情愿，但最终他还是接受了联合作战司令部派发的这项任务，负责韦莫克行动的训练及策划工作。[8] 他担心英国空军在不利的飞行条件下无法将工兵送至空降点。其次，作为一名职业军人，他并不赞同让穿着军装的工兵完成攻击后就换上平民服装，逃离现场。他们应该像士兵那样杀出一条血路。然而，他的司令官不由分说地告诉他，命令就是命令，必须服从。

所有工兵都向前迈了一步，希望能参与行动，沃利斯·杰克 93
逊也在其中。[9] 这个身板结实的小伙子今年21岁，擅长爆破，时不时就会在新学员面前露一手。他还会说法语，会给住在利兹的妈妈和姐姐们写话语温柔的家信。站在杰克逊身边的是比尔·布雷，这位曾经的卡车司机正处于男人一生中最紧张的时期：他的第一个孩子将于明年1月出生。

亨尼克告诉他们，如果有人问起，就说他们是在为一场与美国伞兵的耐力赛做准备。[10] 在到达巴尔福德的第一个星期里，杰克逊、布雷和其他数十名英国皇家工兵一起，练习射击，在草垫上睡觉，耐着性子听如何保持足部健康的讲座（两双干袜子即可）。[11] 之后，他们乘船前往威尔士北部地区，在那里，他们背起沉重的帆布包，在史诺多尼亚山区进行长距离负重行军。日出而行，日落而息，日复一日。夜晚，因为人多毯子少，他们只能蜷缩着，依偎在毛毯之下。在一次登顶之后，精疲力竭的布雷彻底崩溃了。同伴们分担了他背包里的装备，一再鼓励他，这才让他重新站起来。那些倒下后无法继续前进的人，一想到任务就顿时有了前进的动力。每当有人忍不住问为什么要接受这种集训，他们要面对的到底是何种任务，执行任务的地点在哪里时，得到的回答都只有一个，“无可奉告。现在还不到时候”。[12]

只有为数不多的几个人听说过这次任务的代号：新生行动。这个名字让亨尼克忧心忡忡，因为自始至终他都对这个计划的核心部分心存怀疑。联合作战司令部决定用飞机牵引的滑翔机代替降落伞，将工兵送到目标地点。德国人曾在与比利时的对战中使用过滑翔机，其中最广为人知的一次就是利用它们神不知鬼不觉地降落在埃本－埃美尔要塞内，令这座曾被认为是不可能被攻破的要塞瞬间失守，然而，英军从未在任何一次行动中采取过这种作战方式。[13] 亨尼克只想让他的队员们圆满完成任务并活着回来，根本无意做第一个吃螃蟹的人。

工兵队队长汤姆·库珀[14] 曾是亨尼克在英国皇家空军服役时的副手，他已经为此次行动选好了最新型的滑翔机：霍莎·马克I型滑翔机。霍莎滑翔机全长65英尺，两翼间距离85英尺，全木质的机身框架外包裹着圆拱形的三合板外壳。有人说，它看起来就像一副超大的棺材。它机身狭窄，有效负载定额为 4 吨，大约与一辆吉普车或一门大炮等重。机舱内有可折叠的木质座椅，可容纳 28 名士兵。双人驾驶舱内设有一根简单的操纵杆和方向舵脚 94
蹬，控制面板上有指南针以及显示各种数据的仪表盘：空速、气压、爬升 / 下降速度以及牵引索角度（飞行员称其为垂吊角度）。

令库珀担心的是垂吊时间的长短。[15] 他所在的翼 38 飞行队（38 Wing command）最常开的是双引擎的惠特利轰炸机，滑翔机飞行员们平时也是以这种飞机来进行垂吊飞行练习。然而，去挪威必须飞越北海，全程 400 英里，只有四引擎的哈利法克斯轰炸机才能够牵引滑翔机飞行这么长时间——并返程，如果有需要的话。他手下的飞行员需要加强针对哈利法克斯轰炸机的飞行训练——在牵引或不牵引滑翔机这两种情况下。此外，他还需要向其他飞行队指挥部申请借调这种重型轰炸机。显而易见，服役于他飞行队里的并非这种英国皇家空军引以为傲的王牌机型。即使飞机在途中一切顺利，库珀依旧很担心，毕竟队员们在挪威可能遭遇的危险多得不计其数。飞行员们只能在夜晚引领易碎的滑翔机在完全未知的土地上着陆，且当地自然条件恶劣。

库珀向联合作战司令部说明了他的各种担忧。在他之前，负责地面接头团队的威尔逊上校和莱夫·特龙斯塔也表达过类似的担心。在权衡了所有风险之后，鉴于摧毁韦莫克刻不容缓，军事决策者们最终还是决定使用滑翔机。

整个 9 月和 10 月，联合作战司令部一直在商讨这次行动的战术计划。[16] 如果由英国皇家空军执行夜间空袭计划，不仅命中目标的概率很低，而且还很有可能会炸死许多无辜的平民。同时，他们也否决了由林厄公司的破坏小分队来执行任务，因为如此大规模的爆破需要几百磅的炸药，而小分队人数有限，这远远超出了他们的负重能力。此外，当地的挪威人从没接受过专业训练，要想让他们完成炸毁水电站及重水厂的任务，难度系数极高。因此，司令部最终决定由英国工兵来执行任务。

15 个人足以完成突袭任务，但考虑到抵达目标前可能会有伤亡，因此联合作战司令部决定派出两支突袭队，每队 15 人，确保计划顺利完成。毕竟，正如策划者们在一次会议上所言："新生计划仅有一次攻击机会，务必保证要一击即中。"[17]

英国特别行动处建议使用卡特琳娜水上飞机来运送工兵，使他们有机会在袭击目标后乘飞机离开挪威。[18] 然而，通向湖泊的道路十分陡峭，而且湖面在冬季可能会结冰，所以这个建议被否决。工兵们跳伞进入挪威的方案也不可行：要想让工兵在水电站附近跳伞，飞机的飞行高度必须降到很低，而且必须靠近留坎，
95 但这很有可能会被敌人发现，风险太大。此外，很多工兵可能会在降落时因地势凹凸不平而受伤，且跳伞降落过于分散，无法立刻集中。滑翔机则不同，它在一万英尺的高度即可脱离牵引机，然后将所有人及其所需的装备一次性送到指定地点。为了降低行动风险，策划者们还决定降落当晚就开展突袭行动。

计划初具雏形。松鸡行动队将会用灯光引导两架各载有 15 名工兵的滑翔机，使其降落在斯古兰湿地。他们还将启用全新的，未经测试的尤里卡 / 丽贝卡系统，利用无线电信号充当飞机的归航信标。松鸡队员们带领工兵沿韦斯特峡谷北侧的一条公路前往水电站。如果条件允许，他们可以骑车前往。到达韦莫克后，英国工兵团会穿过吊桥，解决掉站内为数不多的守卫，用总重量近 300 磅的炸药彻底炸毁水电站发动机及氢气站。成功撤离出电厂后，他们立刻分散，两三人为一组并换上平民服装。之后，他们穿越大都有人居住的城镇，跋涉 200 英里，前往瑞典。每个人身上都

带有地图和 10 天的口粮，并事先想好应付巡逻队的借口。（“我帮妈妈出来买点东西。”[19]）

来自斯钦纳兰和布伦的最新情报显示，韦莫克新增了驻兵，并增设了不少防御设施，这迫使联合作战司令部不得不迅速调整计划以适应改变后的地面情况。有人建议将工兵人数增加至 250~300 人，或是直接发动美国轰炸机军团最擅长的大规模日间空袭。[20] 然而，这些改变很可能会让行动推迟长达数月之久。另外，相对于夜间偷袭，日间空袭将会令更多平民无辜丧生。

尽管执行该行动的风险激增，但蒙巴顿爵士仍不断敦促丘吉尔按照原定计划执行新生行动。“（它）应该立刻执行，这相当重要，等到下个月，执行任务的难度会更大。”[21] 蒙巴顿建议。因为担心德国人率先研制出原子弹，兼任战争内阁成员及管合金董事会最高负责人的约翰·安德森爵士再次向行动策划者们表示，这项任务具有“最高优先级”[22]。

11 月 2 日中午[23]，亨尼克率领已筋疲力尽的工兵队员们坐火车前往伦敦北部一个不知名的小车站。等待他们的是一排亨伯鹬 96
轿车，所有车上的窗帘都被拉得严严实实。汽车将他们送到了 STS 17，这是英国特别行动处的工业破坏学校，坐落于布利坎顿伯里庄园内。这座詹姆斯一世时期的庄园之前曾是一间私立预科学校。

面对不可预知的天气，要想在完全陌生的环境中完成任务，英国人只能依靠他们唯一的优势条件：关于目标的情报。[24] 在布利坎顿伯里庄园，工兵们见到了莱夫·特龙斯塔。借助斯钦纳兰和布伦提供的情报，他向工兵们展示了水电站各个建筑的设计蓝图，以及各个爆破目标的照片和素描图。他将水电站内外员工及安保人员在每个时间点上的人数、位置及其变化都详细地告诉了他们。工兵们渐渐掌握了水电站内的全部信息，从门锁的种类到钥匙的位置，以及要走多少级台阶才能进入安装了高浓缩设备的地下室等等。他们的教官乔治·里姆少校甚至组建了一个木质的重水浓缩设备模型供工兵们进行日常训练。

现在，万事俱备只欠东风。松鸡行动队出发至今已两个多星期，特龙斯塔始终没有他们的消息。如果联系不上这四个年轻的挪威人，无法与他们定期进行无线电通信，新生行动只能是一场空谈。

克努特·豪格兰又冷又饿，筋疲力尽，而且浑身湿答答。[25]排成一队跟在他身后的三名队友情况也同样糟糕，他们正滑雪穿过松加峡谷。背上重达70磅的装备经常会让豪格兰陷入深深的积雪之中。虽然他在滑雪板上抹了烛蜡，但效果并不理想。天气还不够冷，新雪像口香糖一样黏在滑雪板下，使前进的阻力倍增，前进的速度依然慢得像蜗牛。配备的雪蜡有限，所以他们只能留在执行破坏计划当晚再使用。

豪格兰绕开长着桦树和有石块的地区，尽量沿着河岸和湖边前进。隆冬时节，他轻而易举就能滑雪穿越这片地区，可现在是10月24日早晨，水面尚未完全结冰。在有些地段，他以为他们可以滑过去，谁知冰上的水却浸透了靴袜。走了几英里后，豪格兰和队友们停下来，掏空背包的装备，吃点东西，稍事休息。每天，
97 波尔松会给每人发1/4块干肉饼、四块饼干、一小块黄油、一片奶酪、一块巧克力和一把燕麦粉——这就是他们一天的口粮。这其中最好吃，也最珍贵的要数用干肉粉、猪油和水果干压制而成的干肉饼。他们每天消耗的卡路里是所有这些食物热量的两倍。休息结束后，他们四人带着空背包又回到早上出发的地方，把剩下的一半装备和食物塞进包里，再次背着70磅的背包重新上路。这

种周而复始的负重前进方式让他们觉得自己就像是推石头上山的西西弗斯。前进时，稍有不慎，他们还会陷入齐腰深的积雪中。

降落后，他们本打算第二天就出发，但一场突如其来的暴风雪使他们不得不原地休息。10 月 21 日晚，风雪肆虐，他们守着好不容易才找齐的八个装备筒在帐篷里熬了一夜。等他们醒来时，迎接他们的是一层足有 4 英尺厚的潮湿的新雪和 45 英里的漫长旅途。如果条件理想，他们穿上滑雪板，只需几天就能到达目的地。可现在，即使是在将不必要的装备留在刚挖的雪洞里之后，他们需要携带的装备仍重达 560 磅，其中包括一台无线电台、两块电池、尤里卡信标、手动发电机、户外装备及武器和食物。每人 140 磅的负重使他们根本无法前进，除非将它们分两次运走。如此一来，45 英里路程就变成了 135 英里，而且滑雪条件并不理想。

这样走了三天后，他们才走到 8 英里外的松加湖。他们在湖边发现一间废弃的农舍，并在屋子里找到了一些面粉和冻肉。小伙子们升起火，融化了雪水，将肉放进烧开的水中煮软。出发近一个星期以来，他们第一次吃了个痛快，直到再也吃不下为止。壁炉里的火噼啪作响，搭在炉子旁的湿袜子、靴子和衣服渐渐冒起白色的蒸汽，直到烤干。不过，最大的惊喜还在后面：他们居然找到了波尔松小时候他爸爸送给他的一架用帆布和木头做成的雪橇！德国人入侵时，他把它借给了挪威军队，几经辗转后它竟然被留在了这座废弃的农舍里。

之后的六天，他们将背包装不下的装备放在雪橇上，以缓慢而稳健的步伐向东走去。现在，他们不用再折返取装备，但前进的道路依旧艰难。有一次，波尔松突然陷入尚未完全结冰的湖面，谢尔斯特鲁普趴在薄薄的冰面上，用一根杆子将他从湖里捞了出来。波尔松的左手还长了一个积满脓液的疖子，不滑雪的时候，

98 他就会用一根吊带将左胳膊吊起来。晚上，他们继续寻找林间小屋取暖过夜，但再也没有遇到像农舍小屋那样带给他们诸多惊喜的屋子。他们狼吞虎咽地嚼着干肉饼，有时直接吃冷的，有时会泡在燕麦糊或面糊里，但无论怎样，他们都吃不饱。

就这样走了一天又一天，四个年轻人日渐消瘦，恣意生长的胡子乱成一蓬，连日的冷风、严寒与辛劳使他们的脸颊和嘴唇开始脱皮、起泡。夜晚潮湿而寒冷，他们的衣服始终烤不干，身上总是湿乎乎的。他们的滑雪板被雪浸湿，越来越重。脚上的靴子早已磨得不成形，每天早上他们都要用锥子和纱线补好靴子才能上路，否则靴子早就散架了。要不是在苏格兰经历过艰苦卓绝的野战训练，他们恐怕早就支撑不住了。

在前进途中，豪格兰从他们休憩的小木屋里收集了足够多的钓鱼竿，用它们做成支撑天线的桅杆。一天晚上，当他试图启动无线电发报机时，它突然短路。这时他才发现，从天寒地冻的野外进入温暖的小屋，设备上的霜冻融化会使设备受潮，只是这一次他发现得太晚。此后，他会在进屋后等设备彻底干透再启动它。

10 月 30 日，在距离斯古兰湿地西南方向约 7 英里的地方，波尔松在他小小的日记本上写道："我们都累坏了。"[26] 当晚，他们在一个名为赖纳的地方找到一座狩猎小屋，四人围坐在小屋里，商量接下来的安排。赫尔伯格表示他可以独自返回物资丰富的农舍小屋，搬些过冬物资回来。波尔松和谢尔斯特鲁普去寻找通往湿地的捷径，豪格兰则继续努力启动无线电发报机，与伦敦取得联系。

所有人都明白话务员的工作最关键，肩负该重任的豪格兰更是压力重重。黑暗中，从远方传来的那个声音不仅能在关键时刻帮助他们，甚至还能挽救大家的性命——他的职责就是让大家听到这个声音。他一直都渴望做一名无线电话务员，这个志愿源自他少年时期看过的一本海上冒险小说，故事里的一名无线电话务员拯救了全体船员。[27] 在留坎读完高中后，豪格兰考上了奥斯陆一间学习信号的军校。用无线电设备收发摩斯代码其实和弹钢琴一样。一开始，他笨手笨脚，不仅慢还总出错，但是通过不断练习，他发现自己已经成了“钢琴大师”，无须思考就能行云流水般地敲出那些点、划和停顿。

1939 年毕业后，他成了一艘商船上的无线电话务员，乘坐着这艘 3 000 吨的大船往返于挪威与冰岛之间。当时，海上战争已蓄势待发，豪格兰听着那些沉船发出的求救信号，心里明白自己
距离它们太远，根本无法营救。等到德军入侵挪威时，豪格兰发 99
现战场才是这门技术的真正用武之地，尤其是在纳尔维克保卫战这种激战当中。作为前方观察员，他悄悄爬近敌军位于城外的军营，摸清敌军及大炮方位，再将这些信息通过无线电发回给他的指挥官。他在枪林弹雨中摸爬滚打，不止一次成为迫击炮、燃烧弹或机关枪疯狂追击的目标，也目睹了这些武器的可怕威力。一天晚上，豪格兰藏身于一条匆匆挖好的战壕之中，一个胸前中了数弹的士兵踉踉跄跄地向他走来，一颗子弹正好射穿了他的脸颊。还有一次，他不得不从一堆残缺不全，根本辨认不出身体部位的尸体上爬过。无论在哪里，豪格兰都始终紧紧抱着他的无线电台。他发报的速度极快，而且他还具备一种许多士兵只有通过训练才能拥有的素质：即使压力再大，他也能始终保持异常冷静的状态。外面的情况越糟，他就会越细心，越冷静。

在接到放下武器投降的命令时，他只觉得百感交集，这其中有愤怒、绝望、困惑，还有悲伤。[28] 希特勒占领了挪威，他只能接受这个事实。回到奥斯陆，他在一家无线电厂找了份工作。[29]

不久后，他就自愿加入抵抗组织，为他们安装、组建无线电通信站。他被盖世太保和警察抓过好几次，但每一次他都说服了对方将他释放，直到因为叛徒的出卖，他不得不离开。德国人悬赏1 000克朗购买他的项上人头。

到达英国后不久，豪格兰就加入了林厄公司。“安静、敏锐、勤奋且非常机智。”[30] 斯铎汉姆的教官在他的评语里写道。在梅布尔，教官们对他的评价是“勇敢且能吃苦。摩斯专家”。之后，豪格兰来到专门培训无线电发报员的STS 52，在那里，他的老师说他完全可以给他们当老师。他背诵代码，用摩斯密码发报的速度无人能及，他甚至可以用最不起眼的材料组装成一台无线电发报机。他做任何事之前都会深思熟虑，以至于和他同期的学员们经常调侃他说，他们都做完了，他还在制订计划。尽管如此，他的导师最后给他的评价是：“思维敏捷、专注……面对紧急情况时，能快速制订出合理的行动方案。”

现在，他参与的第一次行动已经进行了整整13天，可他依旧无法让他的电台正常工作，这令他心急如焚。[31] 他独自一人在赖纳的小屋里架起了无线电台和天线桅杆，打定决心这次绝不能再失败。在此之前，设备和电池已经在小屋里放了一个晚上。一切
100 就绪后，他打开电台，希望位于北安普敦郡格伦顿庄园的英国主站话务员接收到它发出的短波信号。

在开机的一瞬间，他收到了一点信号，但一眨眼的工夫，信号就消失了。那个重达30磅的“英国制造”电池没电了。按理说，它的电量应该足够维持一个月。不过，他并不气馁，尝试着用手动发电机给它充电，但是手动发电机手柄太短，转起来相当费劲。当他好不容易转动手柄开始充电时，发电机电线上的绝缘层很快就热得烫手，这是因为电池功率太大，超出了它的额定负荷。无

计可施的他只能接受现实：他需要一块新电池。

他的队友们也终于都回到了小木屋。[32] 前往农舍小屋的赫尔伯格一路上顶风而行，几乎耗尽了全部体力。波尔松和谢尔斯特鲁普都掉进了没有彻底结冰的湖里，差一点就没爬上来。当豪格兰把需要更换电池的坏消息告诉大家后，所有人都沉默了，小屋里的气氛异常凝重。再过 16 天，他们就将迎来下一个满月，轰炸韦莫克的行动将会在那天晚上进行。他们需要提前侦察地形，预报天气，收集目标信息并在指定地点与工兵队会合。他们还要走很远的路，可他们的电台却用不了。

埋好电池，他们决定派一个人先去默斯湖大坝，向托尔施泰因·斯钦纳兰求助。赫尔伯格立刻表示他可以。看到刚从农舍小屋赶回来的他不顾身体疲惫就主动请缨前往默斯湖，波尔松很感动，他在日记上写道："古语有云，'真正的男人会坚持到底，他走的永远比他认为的要远。'赫尔伯格就是这样的人。"[33] 尽管出发前，上级要求松鸡行动队不能与斯钦纳兰一家联系，但波尔松认为此时此刻，他们已别无选择。没有电台，他们不可能完成任务。

赫尔伯格在大坝找到了托尔施泰因·斯钦纳兰。[34] 他们俩并不认识对方，但是埃纳尔告诉过哥哥，可能会有朋友来找他们。赫尔伯格没多做解释，只是说他们要执行一项"特殊任务"。托尔施泰因向他保证，一定会给他找到新电池，还有新靴子和食物，但这需要时间。埃纳尔之前藏过一批类似的储备物资，但托尔施泰因不知道他藏在哪儿。赫尔伯格之后便离开了。

又下了一场大雪，气温降了不少，地面条件有所好转，其余三名松鸡队员只用了两天的时间就到达了目的地。[35] 从大坝赶回来的赫尔伯格在河流交汇处与他们会合。

11 月 5 日凌晨，松鸡小分队站在了桑湖畔的一座小屋前。这里距离斯古兰湿地仅 3 英里。这四个浑身脏兮兮、胡子拉碴且饿得半死的年轻人用最后一点力气走进小屋后纷纷倒下了。他们的靴子随时可能会散架，身上的毛衣明显缩了水，破破烂烂，有两个人的背包已经被电池泄漏的酸液侵蚀出了个窟窿。那天晚上，他们四个全都睡得不省人事。

第二天，豪格兰再次架设天线。[36] 他把几根钓鱼竿捆在一起做成两根高高的桅杆，然后将桅杆分开约 15 英尺，再用包有绝缘层的铜线绕着它们缠成圈。之后，他用钉子将几块木板钉在一起，将它们固定在小屋的外墙上。他将电台上的天线向外拉，穿过小屋的窗角，举过木板，从绕在两根桅杆上的电线之间穿过去。在他忙着架天线的时候，波尔松和谢尔斯特鲁普滑雪前往湿地，侦察地形，赫尔伯格再次独自前往大坝，希望托尔施泰因这一次能成功弄到新电池。

11 月 9 日天黑的时候，豪格兰终于完成了启动电台的全部准备工作，包括斯钦纳兰提供的新电池。他面前的笔记本上写着一堆看似毫无意义的字母，那是他已经编好的电报代码。电报必须简短，并以最快的速度发完，因为德国人已经启动了 D/F（定向）电台，检测挪威境内的无线电信号。如果豪格兰发报的时间过长，且两台德国电台相距不远，德国人就能用交叉定位法确定他们的方位。作为一名无线电话务员，豪格兰深知简洁和速度就是生命——他们四个人的生命。

新电池的电流输出很稳定，豪格兰将它接到电台上。在其他三位队友的密切注视下，他用因为寒冷和激动而微微颤抖的手发出了自己的身份呼号。他立刻得到了回复。他们终于联络上了英国的主站。波尔松和另外两名队员顿时兴奋得欢呼起来，当然，他们没有忘记向他表示祝贺。

豪格兰发出了他的第一条电报："遍地石头但安全降落。抱歉久等。遭遇风雪和雾，只能沿山谷前进。积雪 4 英尺，携带重装备无法翻山。必须准时抵达目标地区。详细信息见下次汇报。"[37]

松鸡行动队已经就位，随时准备带领工兵前往目标地点。

9. 无常的命运

此刻，莱夫·特龙斯塔正坐在毗邻海德公园的金斯顿宾馆南 102
楼十五楼的办公室里，他面前摆着高高的一摞文件——几乎每张纸上都盖着"绝密"的红戳。[1] 各种报告、会议纪要、无线电报和信件如潮水般涌向他。他飞快地浏览这些文件，时不时用铅笔做些标记，并向秘书格尔德·沃尔德·胡鲁姆口述自己对这些文件做出的指示。不过，大多数情况下，他会通过办公室里的两台保密电话传达他的回复，这样既快捷又能避免不必要的误解，同时省略了后续的文字工作，他背后那台巨大的钢铁保险柜里装的就是此类书面文件。

其实，特龙斯塔并不太在意这些如洪水般涌向他的文字工作，不过，眼看来自松鸡行动队的解密信息越来越多，他内心激动不已。一周前，尽管信号很微弱，但格伦顿庄园的话务员认为他们已经与行动队取得了联系。特龙斯塔发了一条消息："很高兴终于联系上你们……希望一切安好。"[2] 之后就又断了消息。他担心队员们遭遇不测，不顾安全协议的规定派通信员找到埃纳尔·斯钦纳兰，看他能不能联系上这支小分队。[3] 通信员还没出发，他们就收到了松鸡队的消息："电池没电，不得已联系坦特·谢斯蒂（埃纳尔·斯钦纳兰）……营地距滑翔机降落点 6 千米。常驻军为奥地利人。未来将新增 92 名德国人。行动仍有望成功。当晚会切断电话线。等待命令……雪深不宜骑车。”[4]

与联合作战司令部商讨后，特龙斯塔和威尔逊回复了该信息，
103 提出了一系列问题，并在结尾处写道：“坚持即胜利，祝好运。”[5]
之后几天里，他们接连不断地收到了来自松鸡队的报告：尤里卡运行正常，着陆地点条件良好，不仅位于德军视线范围之外，而且有“一段大约 700 码[A]长的平地。地面没有树或石头。”[6]之后，他们又发来消息，“工程师布伦”已携妻子消失。很显然，松鸡队员们的情报迅速且准确。

11 月 12 日[7]，特龙斯塔走出办公室，前往距离不远的南肯辛顿宾馆，在那里，他见到了埃里克·韦尔什。他俩一起，敲开了一间客房的房门。这间客房登记的房客是斯韦勒·哈根博士及其妻子。开门的人是布伦，托米就站在他身边，斯韦勒是英国特工为他安排的化名。见面后，他们高兴地拥抱了彼此，然后就迅速切入正题，讨论韦莫克事宜。8 月下旬，库尔特·迪布纳亲自前往挪威海德鲁公司总部，明确表示必须采取“所有必要手段”[8]确保“增产工作尽快落实”。整个 9 月，电站一直在扩建，第一组交换催化反应设备已经在第六级倾倒程序中安装完毕。梭海姆和诺托登也开始安装重水生产线。

撤离前几周，布伦和监理水厂升级工程的汉斯·苏斯有过一次谈话，从这位哈特克的助手口里打听到了不少重要信息。他告诉特龙斯塔和韦尔什，在确定苏斯的反纳粹立场后，他向对方询问德国人为何会对重水如此感兴趣。[9]苏斯透露说，他们需要 5 吨重水，以此作为铀机器的中子减速剂，不过他说他们的研究中

A　1 码约等于 0.9 米。

没有任何一项“可以立即应用于”战争。事实上，这是一个长期项目，极有可能是为和平时期的德国服务。

布伦说他相信苏斯并没有欺骗他，这位德国科学家要么是的确不了解纳粹原子能项目的实情，要么就是他本人确实希望这个项目与战争无关。只不过，既然德国军备部负责研制武器的科学家迪布纳如此密切地关注此事，这足以表明该项目与战争无关的可能性微乎其微。韦莫克已经向他的“奎宁工厂”输送了大约1 500千克重水。[10] 他的铀机器还需要超过3 000千克重水。一旦扩建完毕，只需一年的时间，他就能如愿以偿。

特龙斯塔说，我们绝不能让他如愿以偿。炸毁韦莫克的行动已经启动。他希望布伦能在接下来的几天里绘制更多更详细的厂区结构图。这些图将会交给负责此次袭击行动的英国突击队。想 104
到要炸毁这座自己曾协助建造的水电站，特龙斯塔心有不舍[11]，但随着他从管合金董事会的科学家们那儿了解到的原子能项目研究的情况越多，对这个能制造出“1 000吨TNT”当量[A]的“超级炸弹”[12] 了解得越多，他就愈发觉得中断德国人的研究势在必行。

在推进韦莫克行动计划的同时[13]，特龙斯塔也参与了其他行动的策划与执行，这其中包括刚刚启动的旨在刺杀挪威纳粹分子和叛徒的麻鳽行动，以及由奥德·斯塔海姆提议的劫持商船护航舰队的卡尔汉普顿计划，只不过这个计划尚处于策划阶段。林厄公司里的不少士兵已经被列入类似松鸡行动队的各个特别行动队的名单之中。他们的任务就是在挪威境内执行破坏行动，建立无线电发报点以及地下抵抗组织点。光听这些行动的代号，你会觉得自己在听鸟类学家清点自己的研究对象：燕雀、小公鸡、乌鸦、

A　在化学或生物科学中使用的单位，用于表示物质的量。——译者注

羽毛、鹰、苍鹭、野鸭、鹧鸪、企鹅、雉鸡、渡鸦、天鹅、画眉等等。

他需要思考的事情太多了，但让特龙斯塔感到欣慰的是至少他的家人性命无忧。10月，巴莎在给他的信中写道："家里的小男子汉真是了不起。他可爱、美丽，让人疼爱……西塞尔是个懂事善良的女孩。"[14]说到她自己时，巴莎说，"一切都很好，"只不过她很想知道，"圣诞节前，战争能结束吗？我们太渴望和平了。"她还问他在这里的生活和工作如何，她是多么期待"他们重聚的那一刻"。他知道，她的信一定是几经辗转才交到他手中，一如他几天前写给她的回信："我很好，没有你和孩子在身边，我会尽力过好每一天。"[15]他告诉她，他每天都要做很多"有趣的工作"，只不过这些事情和他以前的工作毫无关联。在结尾处，他写道："安静而隐蔽地活着。亲爱的朋友，请不要为我担心。我期待再次见到你，也一定会想办法去找你……我想你……相信彼此。我们很快就会再见面。在此之前，请务必珍重。"

11月15日上午11点30分，特龙斯塔与威尔逊、亨尼克及其他相关人员在奇尔特恩法院碰面，最后一次讨论并整理新生行动的作战方案。[16]他在会上传达了来自松鸡行动队的最新消息：他们建议工兵们带上雪鞋，即使自然条件再恶劣，大部队也能在五小时内赶到韦莫克。行动当晚，行动队会切断默斯湖大坝和留坎镇之间的电话线。氢气站大门处有两名卫兵，工兵们应该能轻松
105 拿下。如果留坎镇派出援兵，要想夺取吊桥控制权也不困难。亨尼克说，他只需要2名松鸡行动队队员带路，他会为他们提供英军制服（这样即使被捕，德国人也不会怀疑他们是挪威人）。当皇家工兵队穿过吊桥后，这两人的任务就完成了。其余2名松鸡队员负责传递无线电情报并摧毁尤里卡信标，从而防止这项技术落

入德国人之手。

总体而言，这次会议的氛围是积极的。会议快结束时，特龙斯塔拿出水电站的图纸。他说他非常明白这次行动的重要性，但同时也忧心忡忡，因为一旦水电厂的发动机全部被毁，附近留坎镇居民的生活一定会大受影响，与此同时，挪威急需的化肥供应也将中断。所以他有个计划，只摧毁 12 台发动机中的 10 台，如此一来，既能达到摧毁重水生产的行动目的，又能让韦莫克继续保留其作为水电站的基本职能。亨尼克表示他会向上级汇报这一计划，但行动在即，这时变更行动计划恐怕时间不够。

特龙斯塔知道他的提议被否决了，正如他在日记中写的，这些“英俊且毫无疑问十分勇敢的士兵们”[17] 用一种礼貌的方式委婉地拒绝了他。然而他没有放弃，他已经写好报告，他相信这份报告将会让那两台发动机成为此次轰炸行动的幸存者。他在报告中写道：“破坏挪威水电站的计划需政策正确，换言之，只要能达到预定目标——阻止德国人赢得这场战争——就无须造成额外不必要的破坏。”[18]

黑暗中，在桑湖畔那座没有窗户的小木屋里，波尔松正窝在一角，小心地搅拌着火炉上的一大锅羊头汤。[19] 他似乎找到了那么一点儿厨师的感觉，于是他把青豆罐头，以及他能找到的所有食物全都一股脑地倒进了汤里，希望能让它闻起来更香。他知道大家都饿坏了，所以根本没有人会抱怨。今晚，这些大男孩们甚至还在桌上铺了块桌布。

今天早些时候，豪格兰和赫尔伯格在回来的路上看到一只掉队的羊卡在岩石里动弹不得，便宰了它，把它扛回小屋。在去了羊皮将它剁成小块后，波尔松开始煮羊汤。

终于，波尔松召集大家上桌了。大餐已经做好，闻着从罐子
106 里飘出的香气，所有人都直咽口水。屋外，呼啸的狂风卷着雪花，瞄准墙上的缝隙，肆无忌惮地往屋里钻。他们只点了一根蜡烛，闪烁而微弱的烛光中，他们几乎看不清楚彼此的脸。

波尔松端着巨大一罐汤，小心翼翼地走向餐桌。突然，他被地上的驯鹿皮绊住了，脚下一滑，加上手里沉重的汤锅，彻底失去平衡的他重重地摔倒在地上。罐子从他手里飞出去的一瞬间，汤洒了出来，羊头和汤里的配料哗啦啦洒了一地。餐桌旁的三个人望着地上的汤，又看了看旁边的厨师。谁都没说话，四个人立刻跪下来，拿着勺子和盘子，飞快地往盘子里划拉吃的。最后，听着谢尔斯特鲁普那一连串“我的汤里有头发”的笑话，大家吃完了从地上精挑细选出来的羊骨头。所有人都觉得这汤美味无比，抱着圆滚滚的肚子进入了梦乡。

在距离 11 月 18 日月圆之夜还有三天时，松鸡行动队的队员们就一直在忙碌。[20] 他们仔细勘察了前往目标的路线，还躲在韦莫克对面一个隐蔽的位置观察桥上的动向。

为了拿到补给和电池，赫尔伯格继续冒险往返于默斯湖与小屋之间。一天晚上，在去和托尔施泰因・斯钦纳兰碰面的路上，他遇到了埃纳尔・斯钦纳兰。赫尔伯格并没有透露松鸡行动队其他队员的姓名，深谙保密规则的埃纳尔也没问。他只是表示在接下来的几天里，无论他们需要物资补给还是关于韦莫克的情报，他都会竭力帮助他们。他很快就成为松鸡行动队的一分子。

四人中最忙的当属豪格兰，他与伦敦方面频繁交换信息，不断编码和解码各种情报。[21] 有时，他的日常通信时间安排在午夜过后，到了约定时间，他会钻出睡袋背上电台，走到很远的地方去传送摩斯代码。大多数时候，他发送的都是天气情报：风向和

风力，云层高度以及能见度。现在，天气情况决定一切，而且随着行动日期临近，天气也变得越来越不可预测。今天，晴空万里。第二天，天上就出现了高云，到了第三天，云层下降，彻底遮住山谷。今天晚上下的是小雪，明天晚上可能是霜冻。只有风一刻不停地吹着。它们带着骇人的尖叫声，从各个方向呼啸而来，一次又一次地吹翻天线桅杆，这意味着四人中必须有人爬到小屋顶上，将天线复位。

11月17日，天已连续放晴三日。豪格兰在午后的情报中写道：
“稍大些的湖尚未结冰，如默斯湖。连续三天，夜间光照好，夜空 107
无云。零下5摄氏度（23华氏度）。今晚，强劲的北风暂停。天气不错。”[22]

同一天，苏格兰的天气阴郁而压抑。[23] 待在STS 26的克努特·豪克里德对松鸡行动的进展一无所知，他的朋友们也音信全无。10月上旬，他的医生终于宣布他可以接受训练和任务。然而，直到现在他也没接到前往挪威筹建抵抗组织点的指令，也没被指派到其他行动小组当中去。相反，他被派往英格兰南部，接受装甲车训练。如果不能加入突击队，潜入敌人后方进行破坏活动，那么，抛开伪装，直奔前线，驾驶着重达27吨的铁皮车与德国人决一胜负倒也不错。他们肯定会看得到他，但只要能让他指挥一辆装备有重机枪和反坦克炮的坦克，看得到又有何妨呢？

黑暗中，北海上空出现了一架哈利法克斯轰炸机。挤在狭小的机背炮塔里无法动弹的马克·亨尼克在心中暗暗祈祷，期望机组成员们能尽快解决故障，化解危机。通过耳机，他清楚地听到了他们之间激烈的交谈。

“威尔基[A]，扳哪个？”[24]

“主梁翼旁的那个，”飞行员兼机组组长威尔金森冲着随机工程师扯着嗓子喊道。这位新手工程师正对着燃料阀犹豫不决，不知该关哪一个。“看在上帝的分上，你快点！不然，我们这台发动机就毁了。”

“右边的，还是左边的？”

“右边那个，就在主梁翼后面。不，你这个蠢货，不是那个。”

“扳不动，长官。”

“反过来！你扳错方向了。上帝啊！怎么回事？”

亨尼克眼看着一大团云飘过。左侧的引擎突然安静了，飞机开始左右摇晃。紧接着，飞机开始直线下降。几分钟前，他还在哈利法克斯那嗡嗡震动的轰鸣声中享受翱翔夜空带来的快感。厚厚的云层在他下方翻滚着，头顶上的星星就像镶在蓝丝绒上的钻
108 石一样，晶莹闪烁。今天是 11 月 18 日，新的一轮满月刚刚升起，两架哈利法克斯轰炸机在今晚前往挪威进行试飞，他决定随机前往，与飞机及滑翔机的机组成员一起了解降落点地形。

耳机里，交谈者的惊恐之情溢于言表，亨尼克听到导航员正飞快地向飞行员解释飞机冲破云层后可能遇到的情况：“要么马上看到挪威的海岸线，要么就立刻撞向山峰。”

“我们应该掉头回基地，”威尔金森说，“上帝保佑！希望能平安返航！”

飞机倾斜得相当厉害，亨尼克担心他们根本无法飞回 400 英里以外的苏格兰。如果这个“大块头”一头栽进海里，10 分钟内就会沉入海底，如果油箱是满的，那沉得更快。

A　威尔金森的昵称。

两小时后，他们在斯基顿机场降落，这座英国皇家空军机场位于苏格兰东北角，地理位置十分偏僻。另一架哈利法克斯轰炸机的飞行员是空军上校汤姆·库珀，不久后，他就驾驶飞机返航了。即使是在能见度极佳的今晚，库珀上校的飞机飞过高原时，机上也没有一个人能看出降落地点的具体位置。他告诉亨尼克，那些山峰和峡谷在月光下全都变成了“深浅交替”[25]的带状斑块，就像老虎身上的条纹，很难分辨清楚。如果没有完美的天气条件和一双敏锐的眼睛，要想成功降落就只能依靠尤里卡 / 丽贝卡系统发出的信号引领滑翔机前往指定地点。

时间紧迫，库珀正全力以赴地为这次飞行任务做准备。他率领的翼 38 飞行队的飞行员们已经进行了几十个小时的哈利法克斯机型的飞行训练，他们借助无线电信标在指定地点起飞和降落的技术也日臻成熟。在最后一次夜间练习中，他们差一点就撞上一座天桥，飞机掠过时，距离天桥仅 40 码。滑翔机的飞行员们也在勤奋地加紧练习。然而，库珀明白即使是在白天，要想平稳降落在目标地点也存在风险。

届时，通信线路会缠绕在滑翔机和飞机之间的牵引索上。为此，他还在冷库中测试过该线路的通信效果。在挪威那凛冽的空气中，通信是否通畅极为关键。库珀向他的上级反复强调，飞行员的训练时间不够，哈利法克斯也需要更加频繁、细致的维护和保养。然而，就像他的一名指挥官在报告中写道的，他们必须成功，因为“现在叫停已经太迟了，我们只能乐观地希望一切顺利”。[26] 丘吉尔已经下令，新生计划一旦准备好就立即行动。[27]

斯基顿的厨师们匆匆准备了些培根和煎蛋，让归航的机组成员填饱肚子。亨尼克吃完就睡了，毕竟他只有几个小时的休息时间。11 月 19 日 10 点 30 分，他收到了松鸡队员们发来的天气预报：

109 无云，西北风，微风。他找到库珀，商量今晚是否就行动。飞行员和飞机将会在入夜前全都准备就绪。现在只有一个问题：好天气能一直维持到晚上吗？在斯基顿，库珀有自己的气象专家，但联合作战司令部又给他派了一位挪威气象工作者斯韦勒·佩特森做他的顾问。[28] 今天，这位麻省理工的教授整个早上都在研究图表和最新的气象报告。尽管来自松鸡的消息很乐观，但苏格兰上空和北海上游的强劲的西进气流令他不敢掉以轻心。它们可能会在后半夜带来不利于飞行的气象活动。佩特森建议再等几天，到时，“南下的北极气流”就能给他们创造出理想的飞行条件。这位挪威气象学者的预测让亨尼克和库珀有些迟疑，但斯基顿的气象预报并没有发出任何警示，最终，他们将行动时间定在挪威时间下午 6 点 30 分。

沃利斯·杰克逊、比尔·布雷和其他 28 名英国皇家工兵已经做好准备，随时可以出发。[29] 吃完三明治后，他们走出营房想抽根烟。正前方就是建在苏格兰海边荒原之上的斯基顿机场。有人说了些无伤大雅的笑话，调侃那些即将奔赴行动的士兵，还有些人一言不发，想以此来缓解紧张的神经。出发前将会举行一个简短的作战指示会议，但他们早已知晓会议内容：他们将前往挪威炸毁一座水电站和氢气站。

即使没有牛津高才生那机敏的头脑，他们也完全能猜出此次行动的地点和自然环境。从布利坎顿伯里庄园回到巴尔福德基地后，他们分到了缝有挪威标签的服装，并学会了如何穿着雪鞋行走（实际练习地点是一片高草地），这些线索都表明他们将要执行任务的地方是个冰雪世界。此外，参观水电站，听挪威科学家（特龙斯塔）介绍电解池的工作原理，这一切都或多或少泄露了任务信息。这些工兵们只是不知道韦莫克生产的“极其昂贵的液体”有何用途。然而，他们所到之处都安保严密，上级还下令让他们拆除军装上的徽章，这一切都表明这次任务一定相当重要。

在巴尔福德的最后一周里，他们每天都会进行长距离的徒步训练和实地演习。有的人扭了脚，带队的中尉对军医官说：“这个人得完成 250 英里的行军。你能保证他出发前完全康复不影响行军吗？我不想他因为跟不上大部队而牺牲。”[30] 之后，这个人就从行动队里消失了。自那以后，他的队友们就知道等待他们的将是 110
一条漫长而艰辛的道路。他们不知道到底哪个更可怕：坐三个半小时的木质滑翔机飞越北海，还是长途跋涉穿越敌占区前往瑞典。

不过，没有人退缩。

大多数工兵来到斯基顿后都会给家人写信，字里行间不免流露出内心的担忧。沃利斯·杰克逊给母亲写的信很短：“妈妈，你可以把我洗好的衣服寄过来，也可以给我写信。很期待下一次的任务。永远爱你，沃利斯。附：信是我在被窝里写的，因为这里暖和。”[31] 比尔·布雷的感冒一直没好，嗓子沙哑，在出发前的几个小时，他急匆匆地给妻子写了一封信。“不多说了，我马上就要出发执行一项突袭行动。我不能告诉你我要去哪儿，但是亲爱的，如果你好几个礼拜没收到我的信，请不要担心。圣诞节我一定回来，订鸡肉吧……宝贝儿，你要记住我爱你。别太担心我，因为我很快就会回来。我要走了，上帝保佑你。爱你的，比利。”[32]

等工兵们喝完茶，亨尼克带着他的两名中尉亚历山大·艾伦和大卫·麦特文召集他们所有人，开了一个短会。“无论发生什么，”亨尼克最后总结时说，“都必须有人赶到目的地，完成任务。侦察情况不能成为你们停下脚步的借口。”[33] 最后，他祝大家好运，希望任务圆满完成。之后，所有人行动起来，很快就整装待发。他们头戴钢盔，身穿蓝色高领毛衣，外面套着英军制服。[34]所有人都配有一把斯登冲锋枪，一个帆布背包，里面装有 10 天的口粮、一个睡袋、炸药和其他装备。他们中有人还带了丝质地图，并用蓝笔圈出了攻击目标，同时标记出了沿西海岸撤离挪威的假路线。任务完成后，他们会故意将这些物品留在目标地点及其周边，从而迷惑追捕者。

天下着毛毛雨，工兵们列队走上跑道，两架黑色的霍莎滑翔机停在哈利法克斯轰炸机后。威尔金森是哈利法克斯 A 队的飞行员，库珀作为他的飞行指导与他同机。26 岁的阿瑟·帕金森是一名来自加拿大皇家空军的飞行员，今天担任哈利法克斯 B 队的机长。两台哈利法克斯轰炸机的机组成员进行飞行前检查时，工兵们登上了滑翔机。杰克逊在 A 队，布雷在 B 队。这些小伙子们大都 20 出头，看上去就像是一群学生。[35]他们在机舱里坐下，系好
111 安全带。他们脚下的机舱地板使用的是波纹金属，表面布满长长的沟槽，其作用就是防止他们踩到呕吐物而滑倒，因为呕吐是滑翔机上最常见的晕机反应。[36]亨尼克希望好运能再次眷顾他，与此同时，地面工作人员拉动铰链，关闭了滑翔机舱门。飞行员开始为牵引做准备，机舱里的工兵们望着彼此，思索着接下来的行动。

哈利法克斯启动的时间比预定时间略晚。[37]威尔金森驾驶的 A 队率先驶入跑道，机身后拖着滑翔机 A，两架飞机由一条 350 英尺长的紧绷着的麻绳相连。下午 6 点 45 分，和地面人员挥手道别后，伴随着一阵轰隆声，哈利法克斯轰炸机飞快从跑道上冲过，滑翔机紧随其后，几秒钟后，两架飞机以 70 英里的时速腾空而起。15 分钟后，哈利法克斯 B 队也起飞了。包括机组人员在内，总共有 48 名士兵参加此次行动。[38]留在地面上的亨尼克目送他们离开。当这项行动尚处于策划阶段时，他就表示过愿意亲自率队执行任

务，但上级否决了他的这项提议。

斯基顿机场的话务员分别向联合作战司令部和英国特别行动处总部发出消息：两架飞机已起飞。当晚，莱夫·特龙斯塔在他的日记里草草写道："今晚，两只小鸟跟着两只大鸟，飞向了无常的命运。"[39]

"女孩"——坐在桑湖畔小屋里的豪格兰收到了一条加密信息。工兵们已经上路。豪格兰发出确认收到的消息后，波尔松就带着他的三名队员滑雪前往他们在斯古兰湿地选好的降落区，该区域全长 700 码。[40] 当他们赶到目的地时，黄昏的薄暮刚刚落下，天气开始转变。西风不大不小，风速稳定，不规则的散云随意飘浮在空中。能见度还不错，但这是高原，天气瞬息万变。

豪格兰和谢尔斯特鲁普在一处山坡上架设天线，然后为尤里卡信标安装电池，波尔松和赫尔伯格钻进覆盖着积雪的湿地，标记着陆区域。他们迈开大步，以腿为尺丈量。他们一共放了六盏能发出红色光束的手电筒，在雪地上拼出一个巨大的 L，每个手电手电筒间距约 150 码。飞机靠近时，他们将会打开这些灯。波尔松站在 L 的拐角处，用一个发白光的手电筒指引滑翔机降落。豪格兰会是第一个发现哈利法克斯的人：当飞机接近目的地时，机上的丽贝卡装置就会向他的尤里卡发送一个短程无线电信号。这时，他会从耳机里听到"嘟"的声音，而他的尤里卡装置会用不 112
同的频率将这个信号再传送回去，收到信号的导航员就能大概了解降落区域的方向以及他们和目的地之间的距离。

一切就绪。黑暗中，松鸡行动队的全体队员冒着寒风，站在尤里卡四周。他们觉得自己一定能带领工兵悄无声息地抵达攻击目标，消灭驻守韦莫克的卫兵。他们唯一需要的就是滑翔机安全降落，哪怕只有一架都好。然而，随着时间的推移，天上的散云渐渐压低，月光越来越昏暗，风声一阵紧过一阵，西北风吹起来了。

10. 迷失

113 豪格兰跪在雪地里，紧挨着尤里卡。这时，他耳机里传来"嘟"的一声。此刻是晚上 9 点 40 分。迎着大风，他向波尔松喊道："我听到丽贝卡了。他们来了。"[1] 波尔松立刻向山下的降落区滑去。他边滑边向已经就位正在等待哈利法克斯的赫尔伯格和谢尔斯特鲁普挥手示意。"开灯，"波尔松大声说，"快开灯。"很快，雪地上就显现出一个红色的 L。

波尔松站在 L 的拐角处，有规律地用手遮挡住手电筒发出的白色光束，然后将手挪开。风打着旋儿，从四面八方向他扑来。他始终抬着头，望着天空，月亮偶尔会从压得很低的云缝中闪过。他担心手电筒的光不够亮，云上的飞行员看不清它们，不过，他相信尤里卡无线电信标一定能带领他们靠近目的地。几分钟后，西南方传来了哈利法克斯轰炸机那低沉的轰鸣声。

"我听到它了！"虽然明知自己的声音会被大风吹散，但豪格兰还是忍不住大叫。

飞机发动机的声音越来越响——哈利法克斯一定就在他们上空。他们顿时兴奋起来，在黑暗中翘首以盼滑翔机的到来。然而，飞机发动机的轰鸣声越来越小，豪格兰耳机里的声音也消失了。波尔松继续有规律地遮挡手电筒，红色的光束静静地从黑暗的空地射向空中。没有滑翔机。什么都没有。如果哈利法克斯没有解开牵引，它会不会绕回来准备第二次降落呢？第二架哈利法克斯

会很快到来吗？难道是导航员无法利用他的丽贝卡系统锁定他们
的位置吗？滑翔机飞行员是不是因为没看到降落地点所以没松开 114
牵引？他们又等了几分钟，却没能等来这些问题的答案。就在这
时，豪格兰的耳机里再次传来“嘟”声。

“第二架飞机来了！”豪格兰大叫。

和之前一样，他们的头顶上响起了发动机的轰鸣声，这次是从东边传来的。但是这个声音始终没有变大，滑翔机也没出现。之后的一个小时里，尤里卡又响过好几次，每一次，发动机的声音都来自不同的方向。[2] 尤里卡的电池一点点耗尽，冰天雪地之中，他们不可能让它快速充电。一切都归于沉寂。最后，波尔松、赫尔伯格和谢尔斯特鲁普关上手电筒去和豪格兰会合。他们不明白，即使今晚天气不好，可既然飞机已经离得那么近，怎么就看不到呢？

月亮被哈利法克斯 A 挡在了背后，能见度越来越差，机组成员根本无法从地图上找出自己的位置。[3] 地面上的峡谷、大山，还有湖泊看起来都一样。寻找降落点就像在大海上追逐海浪，全凭运气。根据导航员的计算，前方 20 至 30 英里某处就是他们的降落点，可是他们看不到约定好的红色 L 标记，丽贝卡系统也出了故障。黑夜中，他们一直在这附近盘旋。油表显示，燃油已不多。坐在驾驶舱里的库珀权衡再三后决定返回苏格兰。临近午夜，这架飞机已经飞行了近五个小时，该返航了。

从斯基顿起飞后，威尔金森驾驶飞机朝着东南方向飞去。他不断地从云层缝隙中穿过，飞到一万英尺的高空，天空终于变得开阔起来。他们与滑翔机之间的对讲机系统出了问题，只能用光发送摩斯代码进行通信。飞机在跨越北海时飞行得十分平稳。考虑到挪威

西海岸积聚了大片高云，导航员选择从南部进入挪威领空。但是，在进入陆地之前，他们发现丽贝卡供电系统出了问题，在尝试了各种办法都不成功后，他们只能依靠肉眼找到斯古兰湿地。

确定自己位于克里斯蒂安桑以东后，威尔金森开始向北飞，他计划沿着陆地上大小湖泊形成的水径飞往韦莫克。在飞行的前半段，他们尚能准确地定位。天空中只有一些淡淡的散云，月光
115 柔和而明亮，峡谷上空一丝雾都没有。然而，他们越深入内陆，确定位置就变得越难。他们维持原定航线向前飞，一直飞到大约11点左右，从时间上推算，他们应该已经飞过了目标地点，可一路上，他们透过云层，根本没发现地上有任何标记。威尔金森调转机头向东飞行；库珀希望能看到一些湖，帮助自己定位。当这一方法也失败后，他们转向东南。20分钟后，他们看到了海岸线。于是，他们只得掉头向韦莫克的方向飞去。库珀就是在这个时候做出了返回苏格兰的决定。

确定了新的航行路线后，他们发现自己已陷入云海之中，而此时他们的高度为9 000英尺。威尔金森推动操纵杆，想带着牵引中的滑翔机向上拉升。谁知飞机竟然没有反应。哈利法克斯和滑翔机的两侧机翼都开始结冰。他将马力开到最大，发动机的轰鸣声更响了，这一次飞机终于升了起来。他们的飞行高度达到了12 000英尺，可是哈利法克斯无法在这一高度保持全速前进的速度。因此，它很快就掉回到了云层里。被四台推进器震碎的冰块如雨点般撞向机身，发出令人心惊胆战的砰砰声，听上去就像高空扫射。库珀知道他们别无选择，只能降低飞行高度，清除机身上的冰，不然他们就飞不回去了。威尔金森将飞机下降到了7 000英尺的高度，但是低空的气流更加猛烈。云层越来越厚，飞机猛烈地摇晃着。

后面的霍莎滑翔机也跟着前后摇摆，忽上忽下，机上的两名驾驶员对此无能为力。坐在机舱里的工兵们只能默默忍受这剧烈的颠簸。木质的机身吱嘎作响，听起来像是随时都有可能会散架。工兵们心中的恐惧一波未平，一波又起，只能祈祷上帝让飞机停止颠簸。就在这时，整架滑翔机猛地向前一斜——被冰冻脆了的牵引索绷断了。此刻是 11 月 20 日深夜 12 点 11 分，哈利法克斯 A 消失在了云层中，解除牵引的霍莎滑翔机以快得可怕的速度旋转着俯冲直下。

两名苏格兰飞行员完全无计可施。他们根本无法控制这架滑翔机。黑暗中，能见度几乎为零，下方是一片完全未知的区域，他们只能听天由命。滑翔机飞速下降，风带着一种刺耳的声音钻进机舱。尽管系着安全带，但后排的工兵们都觉得自己随时可能挣脱安全带向前冲出机舱。他们的救生设备在空中拼命地摇晃。飞行员喊道："防冲击姿势！"所有人立刻将胳膊交叉，护住头和胸准备降落。任何期望都是痴心妄想；他们就像被装在一个木盒子里，从高空中抛下来。与哈利法克斯分离后不久，滑翔机就坠 116
落在大山之中。着陆时，滑翔机脆弱的玻璃前身无法提供任何防护，两名飞行员当场死亡，同时丧生的还有六名工兵。剩下的九名幸存者也大都身受重伤，无法动弹。只有少数几人挣扎着爬出机舱。滑翔机的机翼彻底折断，机身四分五裂。山坡上到处都是散落的飞机零部件，刺骨的严寒侵蚀着他们的肌肤。他们根本不知道这是哪里。

空军上尉帕金森让哈利法克斯 B 微微倾斜，转向东方，寻找脱离牵引的滑翔机。[4] 之前，他们也在降落区域盘旋了好一阵，他们机上的丽贝卡装置成功发送了信号，但在校准目标地点时出了问题，所以他们始终无法靠近目标并释放滑翔机。最终，眼看燃料即将耗尽，帕金森决定放弃行动，返回苏格兰。回程途中，他也同样遭遇了低温云层，11 点 40 分左右，他的滑翔机在西南海岸的埃格尔松附近脱离了牵引。为了看清楚地面情况找到滑翔机，他降低了飞行高度。

他驾驶飞机在山谷上空交叉往返了数次，试图在黑暗中找到坠落的滑翔机。突然，他发现飞机正笔直地冲向正前方的哈尔斯塔山。帕金森立刻以最大马力向上拉升飞机，希望能躲过山峰，然而他失败了。沉重的机身从峰顶一擦而过，巨大的撞击力将机尾炮手直接甩了出去。紧接着，这架哈利法克斯轰炸机又以极快的速度撞向另一座山峰，之后一路俯冲，在一片布满巨石的高原上滑行了 800 码，这才终于停了下来。钢铁机身被坚硬的岩石撕裂，残缺不全的机舱迅速燃烧起来，六具机组成员的尸体散落在着火的飞机残骸周围，有的在撞击中失去了四肢，还有的肚子被划开，内脏流了一地。

就在山谷对面，距离哈利法克斯 B 失事地点 4 英里的地方，有一片陡峭的山坡，滑翔机 B 就挂在这片山坡上的树林里。[5] 突出的机头被彻底削平，两名飞行员当场死亡。不过，他们在有雾的夜晚成功迫降，机上 15 名工兵除一人遇难外，其余全部生还。天气越来越差，14 名幸存者彼此包扎伤口，并用他们的睡袋将去世的机组成员包裹好。

中尉亚历山大 · 艾伦派两人出去寻求帮助。他们俩磕磕绊绊地往山下走。风很大，在冰雪覆盖的坡地上，他们不知滑倒了多少次，终于走到了一个名为海勒兰的小村庄，敲开了一户人家的门。开门的是个 30 多岁的男人，名叫特龙 · 霍夫兰。他的父亲特
117 奥多尔是当地的警长，此时也走到门边加入交谈。父子俩不太会

说英语。这两名工兵很努力地解释他们的飞机坠毁了需要帮助并且他们想知道这里距离瑞典有多远。他们很快就得到了答案，非常远。

霍夫兰警长表示他愿意找人前去救援，但必须通知 10 英里外驻守在埃格尔松的德军指挥官。秘密救援是不可能的。两名工兵同意了。他们知道，自己和受了伤并冻得半死的队友们根本不可能成功逃往瑞典。他们只能向德军投降。

一小时后，一支从斯莱特博赶来的德军巡逻队和几个挪威人走进小屋。除了留下看守工兵的人之外，其余所有人都跟另一名工兵进山救人去了。早晨 5 点 30 分，他们到达了滑翔机 B 失事的地点。尽管凭借手中的武器弹药，他们就能轻而易举地消灭这十几名德国人，但艾伦和其他人还是决定投降。德国中尉向艾伦保证，他们将被当作战俘，而且会有医生为他们疗伤。工兵们将自己的香烟分给了对方。只可惜，他们的好意没有获得回报。

整个晚上，威克机场的皇家空军指挥部办公室里烟雾缭绕，亨尼克还在等消息。[6] 五英里外就是威克机场的备用机场斯基顿。他收到的第一条消息来自哈利法克斯 A：滑翔机 A 在海洋上空脱离牵引。这意味着此次行动宣告失败。亨尼克想安排飞机前往出事地点搜救，却被告知最快也要等到早晨才有飞机能够起飞。之后，消息接二连三地传来，所有人都想弄清楚坏损的滑翔机到底是在哪儿脱离牵引。又一条消息传来，这次的消息来自哈利法克斯 B，对方恳请威克机场提供方位。有人猜测它在北海上空，但这架飞机的位置始终不明。自此以后，哈利法克斯 B 就彻底失联了。

凌晨 3 点，哈利法克斯 A 降落。一落地，库珀就立刻乘车前往威克汇报。他解释说，他之前曾通过无线电汇报他的滑翔机在挪威海岸上空脱离牵引，以便摆脱可能出现的德军巡逻队。破晓时，第一架搜救飞机起飞。这时，指挥部办公室里的人们确信，另一架哈利法克斯轰炸机一定已经失事。

现在，他们将唯一的希望寄托在了滑翔机 B 上，希望它能成
118 功降落。来自英国特别行动处的消息表示："如果没有来自松鸡的消息，这意味着他们很有可能已经会合。"然而，松鸡于中午发来无线电报。他们按照约定时间到达指定地点，之后，他们的尤里卡装置接收到了一个信号，也听到了飞机的发动机声，但他们始终没见到滑翔机。

当天傍晚，亨尼克独自一人在空旷的斯基顿机场上踱着步子，那架于凌晨返航的哈利法克斯轰炸机就停在他旁边。飞机的四个推动器是静止的，周围安静得出奇。派出搜救的飞机大都已经返回机场。没人发现另一架哈利法克斯及其滑翔机。亨尼克不得不接受任务失败，全体人员下落不明的悲惨事实。现在的他只想知道他们当中到底有多少人还活着。他们中一定有人已经被捕，还有一些人可能逃走了。一切皆有可能。

就在同一天下午，特龙斯塔和威尔逊坐在奇尔特恩法院的办公室里。[7] 看着那些来自新生行动的汇报消息，他不禁想起了几天前和亨尼克见面时的情景，那时，工兵们尚未出发，大家都对这个计划寄予厚望。现在，行动彻底失败。新生行动变成了一场灾难。飞行员全部失踪。在布利坎顿伯里庄园，特龙斯塔认识了这群勇敢的工兵小伙子，然而此时此刻，他们全都成为这场可怕的战争的又一批牺牲品。

特龙斯塔和威尔逊谁都没说话，只是默默地凝视着墙上那幅巨大的挪威地图思索着。[8] 地图上标记出了林厄公司各项行动的

进行情况。有一些进展得不错，另一些则很糟糕。这是事物的自然规律。尽管新生行动以失败告终，但这两个男人并没有放弃，他们决心吸取教训，重新部署韦莫克行动。他们别无选择：必须终止水电厂内的重水生产，不然他们将会面临更大的威胁——一旦纳粹拥有原子弹，后果将不堪设想。

他们不知道德国人是否已经获悉工兵的攻击目标就是韦莫克。如果答案是肯定的，这将会极大地增加下次行动的难度。纳粹一定不会放过那片区域内的任何可疑人物，斯钦纳兰和松鸡行动队都会有危险。威尔逊明确告诉特龙斯塔，经历过这次悲剧之后，蒙巴顿爵士不可能再派出另一队工兵小分队去执行这项任务。[9]他俩都认为这是明智之举。他们也认为，现在的最佳选择是派出一支突击小分队潜入水电厂，一举将其摧毁。这支小分队的队员应该是挪威人，他们适应那里冬季的严寒和低温，熟悉地形。如果条件许可，他们可以在下一个月圆之夜以跳伞的方式降落在那 119
片山区，炸毁韦莫克，然后撤离。

他俩只用了不到一个下午的时间就设计出了新的行动方案。之后，两人立刻开始为新行动争取支持和援助。威尔逊致电联合作战司令总部负责新生行动的军官。他说，这次行动的失败令他痛心，紧接着他就询问对方是否能让英国特别行动处“接手这项任务”。对方没有丝毫迟疑，立刻答应了。“感谢上帝。”[10]电话那头的军官长舒一口气。

当晚，威尔逊在距离办公室不远的贝克街64号英国特别行动处总部见到了格宾斯少将。一开始，格宾斯还心存疑虑，但威尔逊表示他和特龙斯塔已经设计了一个绝妙的计划，并且想好了执行该计划的人员名单，成功说服了这位上级。事不宜迟，格宾斯立刻给蒙巴顿的副官写了一封信：“我们认为，就目前情况而言，我们英国特别行动处有能力按照自己的方式在年底之前完成该任务，这次行动的规模会缩小，但我们希望它能像预期那样圆满完成……科学家们认为，任何拖延都会造成更大的威胁。”[11] 特龙斯塔也面见了他的上级威廉·汉斯廷，后者鼓励他与英国特别行动处密切合作，“用其他方式解决这个老问题”。[12]

晚间，特龙斯塔告知松鸡行动队：“你们出色地完成了任务。天气突变，滑翔机被迫在距离目标地点100公里处被释放。本月行动计划取消。下个月的行动尚在策划中，这一次我们自己干。”[13]

第二天，即11月21日，BBC收到了德国官方发布的关于裁决破坏者的公报。“11月19日到20日夜晚，两架英军轰炸机各自牵引一架滑翔机自南部飞入挪威领空。一架轰炸机及两架滑翔机迫降。乘飞机而来的破坏小分队与我方展开激战，破坏者们全部阵亡。”[14] 尽管特龙斯塔很肯定德国人在说谎，可他无力反驳最后的结果。[15]

蒙巴顿向丘吉尔汇报了行动结果。这位深知战争中悲剧与失败不可避免的首相大人只在报告上写了一个字：“唉。”[16]

德国人的公报的确是一纸谎言，目的不过是想掩盖更加丑恶的事实。艾伦中尉率队投降后，尽管有人因为伤势过重而无法行
120 走，但滑翔机B上的14名工兵全都被押下山，上了两辆卡车。[17]
他们被押往10英里以外的斯莱特博。开车前，他们中的一个人还冲霍夫兰警长做了一个胜利的手势。

驻守斯莱特博的国防军上尉瓦尔特·施洛特伯格不知道该如何处置这些人。[18] 很显然，他们是英国人。虽然他们的卡其布制服上没有徽章，但从失事地点找到的炸药、无线电发报机、绝缘剪、挪威克朗和轻机枪都表明这是一支执行破坏任务的小分队。[19] 他不

想成为那个决定这群人命运的人，就给斯塔万格的上级打了电话。接到他的电话后，普罗布斯特上校立刻联系了该地区的指挥官。按照《突击队特令》，任何敌国突击队员都必须“格杀勿论”[20]。希特勒下令，国防军逮捕的这些敌国特工必须“立即”押往党卫队保安部。

就在这一指令通过国防军指挥系统层层向下传递的过程中，驻扎在斯塔万格的盖世太保收到了国防军捉获英军战俘的消息。[21]他们立刻派出党卫军少尉奥托·彼得森前往斯莱特博军营。这个彼得森恶名昭著，当地挪威人都叫他“红魔”，他要求立刻收管这支破坏小分队，却遭到了施洛特伯格的拒绝，后者表示他只接受普罗布斯特的指令。不过，他给了彼得森一个小时的审问时间。14 名工兵一个接一个地被带到这位盖世太保军官面前。面对利诱、鞭打和威胁，这些小伙子们除了自己的名字和年龄，什么也没说。

临近傍晚时，施洛特伯格率领一支卫队，将囚犯们押出牢房，前往行刑地点，执行希特勒的突袭队特令。[22]从斯莱特博出发，他们一路向北，一直走到一个遍地都是大石块几乎没有树木的峡谷边这才停下。德国人让他们沿路边站成一队，两名士兵看守一名英军俘虏。

第一名工兵被带到一个建有一排水泥屋的小山坡前。行刑队从其中的一间小屋里走出来，在 15 英尺外站定。他们举起手中的步枪。随着一声令下：“开枪！”砰砰的枪声后，所有的子弹都落到了那名士兵身上。他倒下后，行刑队的队长掏出手枪，朝他的脑袋又补了一枪。尸体立刻被拖走，行刑队也回到了小屋里。

第二名囚犯被带到了相同的地点，刚才的一幕再次发生。就这样，工兵们一个接一个地倒下。他们中有的人掏出了妻子和两个孩子的照片，恳请德国人放过自己，但一秒钟后，子弹就射入

了他的身体。一名工兵因为伤势过重而无法站立，德国人就把他放在一块岩石上，以同样的方式将他处死。比尔·布雷站在那里，
121 看着对面那一排步枪，心里明白自己再也见不到妻子和未出生的孩子了。紧接着，枪响了。

身体的余温尚存，这 14 名英国皇家工兵就被扒去了身上所有的衣物，只剩下内衣裤。他们的尸体被送到一处海滩，波兰战俘在沙滩上挖的一个浅浅的沙沟就是他们的墓地。埋葬他们的沙沟旁是一排水泥砌成的，人称“希特勒之牙”的反坦克障碍工事。滑翔机坠毁时就已身亡的飞行员和那名工兵的尸体也被扔进了那道沙沟。

英军士兵被全体枪决的消息令海因里希·费利斯很生气。他表示会让所有涉事的国防军军官对此负责，愤愤不平的他还给柏林的上级写了一封信。“牵引飞机上坐的都是军人，其中还有一名黑人，他们全死了。共 17 人，可能都是特工……这些人随身携带了数额不小的挪威克朗。不幸的是，军方官员处决了所有幸存者，他们来此的原因也就成了谜。”[23] 党卫队帝国长官海因里希·希姆莱得知这一消息后也对失去这一情报来源感到很不满。

11 月 21 日，在得知还有一架滑翔机同时坠毁，机上仍有 9 名幸存者后，费利斯下定决心这次必须从他们身上把所有情报都榨干。这位 36 岁的中校下颌突出，两片薄薄的嘴唇几乎没有任何血色。[24] 在党卫军中，他的性情难测和严格高效是众所周知的。他和他手下的西格弗里德·费默不同，不苟言笑的他唯有左脸颊上的那道刀疤变青变紫时，下属们才能判断出他生气了。费利斯年纪轻轻，却掌管着许多挪威人的生杀大权，而他也打算好好行使自己的权力。

费利斯出生于工业小城伍珀塔尔，是家中的四个孩子之一。[25]他们的父亲参加过一战，因负伤而去世。费利斯学习法律，1933年加入了俗称“褐衫军”的冲锋队。从一开始，他就明白无误地向上级表明了他对这项事业的狂热与投入。他与天主教会彻底划清界限。尽管他妻子看了无数位医生，但最终也只生育了一个孩子，着实让他失望。在为妻子的无能向党卫军致歉后，他加入了“生命之源”计划，与“纯种健康的女人”繁殖后代，以此壮大雅利安民族。他个人档案中的评语写道：“种族评价：优，日耳曼族；表现：正确，忠于党卫军标准。非常安静且行事稳当，有野心、可靠，善于谈判。”

在挪威，作为德国安保部队的总司令，他掌管着包括盖世太 122
保、刑事警察和党卫队保安部在内的所有军队。尽管他本人与特博文关系密切，但费利斯在挪威的另一项任务就是替他们共同的主人监视这位帝国专员。

只有法尔肯霍斯特将军对费利斯这种火箭似的提升速度颇有微词。这位头发花白的国防军负责人明确表示，他认为这个年轻人太不成熟。现在，费利斯不想让法尔肯霍斯特的军队插手这次调查。迫于来自柏林的压力，将军下令将抓获的破坏分子直接转交给党卫军审讯。费利斯得知，从第二架坠毁的滑翔机上发现的英军士兵中有五人身体状况良好，随时能接受审讯。他立刻命人将他们和在失事地点发现的所有物品一起押往奥斯陆。[26]他在指令中还说，其余四名重伤幸存者可就地处决。

詹姆斯·凯恩克罗斯、保罗·法雷尔、特雷弗·马斯特斯和埃里克·史密斯不知道自己什么时候才会被送往医院，或者说他们是否还有机会去医院。这四个20来岁的小伙子，除爱打闹的凯恩克罗斯外，其余三人都已结婚。[27]今天已是11月23日，星期一，他们依然被关在斯塔万格监狱里，痛苦万分地躺在担架上。滑翔机A坠毁的那晚，身负重伤的他们不得不在山上过夜，被伤痛和噬骨的寒意折磨了一整夜。[28]第二天早晨，他们的同伴下山求助。他们爬下陡峭的山崖，找到一家农场。不久后，一群挪威人赶来了，其中还有一名医生。工兵们这才知道这里是吕瑟峡湾的北部地区，位于韦莫克西南方90英里处，离瑞典边境还有几百英里。得知这一消息后，小伙子们的苦恼之情溢于言表。

很快，一支德军巡逻队和几名盖世太保就赶到失事地点，收缴了他们的武器。[29]他们仔细地搜查了滑翔机残骸，然后将这9名幸存者带到了停在岸边的一艘巡逻艇上。乘船驶过峡湾后，他们被送到斯塔万格监狱。受伤的四人单独关押。一位名叫弗里茨·泽林的纳粹空军医生来探望过他们，不过他很快就离开了，并没有对他们受伤的头部、断了的肋骨和四肢做任何治疗。之后，他们只能等待。

星期一中午，泽林又来了，和他一起来的还有一名盖世太保军官。此人正是人称“红魔”的彼得森。医生带来了注射器和一些贴着“斑疹伤寒”标签的瓶子。彼得森告诉凯恩克罗斯和他的同伴，医生将会给他们接种疫苗。对于正饱受伤痛折磨的他们而
123 言，现在最不需要的就是接种伤寒疫苗，然而，他们虚弱加之伤势严重，根本无力反抗。医生注射完之后就和彼得森离开了。

过了没一会儿，牢房的门砰的一声又被推开。彼得森和两名狱卒进来，带走了三名工兵。他们被抬到位于一层的办公室里。在那里，泽林又给他们每人打了一针。这两次注射的药物里都含有吗啡。费利斯下令处死这四名工兵，泽林就是行刑者。一名工兵在注射完第三针后死亡。泽林和狱卒想将尸体抬出去，还活着

的两名工兵死死拉住同伴不肯放手。他们中的一人意识到情况不对，立刻大叫起来。他的声音在空旷的监狱里回荡，传到了大厅里。彼得森命令泽林再给他打一针。这时，泽林犹豫了。他向彼得森保证，这个英国人很快就会死。然而，彼得森显然认为不够快。他和一名狱卒将皮带勒在那人的脖子上，另一端捆在暖气片上，生生将其勒死。目睹这一惨状后，泽林立刻向另一名囚犯的血管里注入空气，加速其死亡。泽林不知道是这次注射起了作用，还是彼得森踩在囚犯脖子上的那只脚令他窒息，又或是一开始注射的吗啡开始起效，总之，第三名囚犯很快也死了。之后，他们将留在牢房里的最后一名囚犯抬上车，送到盖世太保总部，一下车，彼得森就把他拖到一个地窖门口，一脚将他踹下去，一枪打中了他的后脑勺。当天晚上，彼得森带着其他几个人将这四具尸体绑上石块，扔到了海里。

其余五名伤势较轻的幸存者全都被押往奥斯陆接受审问——当然，如果有需要，酷刑自然是少不了的。其实，费利斯已经知道了大多他想了解的情报。在搜查滑翔机残骸的过程中，巡逻队发现了一张丝质地图，上面标明了撤退路线，以及一个用蓝笔圈记的目标：韦莫克。

PART.03

第三部分

11. 导师

127 波尔松和队员们已将桑湖小屋里的装备收拾妥当。他们接到来自主站的最新指示是尽快撤入高原。“破坏小队被捕，全军覆没……确保安全最重要……同样重要的是尽快摸清目标周边的增兵情况……建议转移大本营……不要灰心。任务继续。”[1]

伦敦传来消息，滑翔机行动失败，所有士兵牺牲，这个结果令松鸡队队员们备受打击。[2]他们想知道这次行动到底是哪里出了问题。他们不断问自己：为飞机引路的标识是不是应该更精确些？天气预报是不是还能更准确一点？那晚之后，连着两天，每晚都晴空万里，让这场灾难变得更加苦涩，难以接受。现在，唯一让他们稍感慰藉的是突袭韦莫克的计划没被取消。根据特龙斯塔发给他们的加密情报，下一次行动将由林厄公司的人执行。时间定在 12 月中旬。波尔松向特龙斯塔保证，他和队员们将不惜一切代价协助同伴完成任务。

现在，他们需要立刻撤离。[3]11 月 22 日晚，他们离开了桑湖。他们从斯钦纳兰那儿拿到了充满电的电池，以及奥拉夫 · 斯科根在高原上的小屋的钥匙。之后，他们绕开默斯湖畔的德军军营，
128 向着西北方向走了十几英里，来到格拉斯峡谷。这里山高谷深，几乎没有人敢在冬季冒险进入。那座小木屋就在山谷之中，四周除了雪，就只剩下在狂风扫荡的山坡上苦苦挣扎的参差不齐的杜松丛。他们在小屋里找到一个木桶，里面有些盐腌的驯鹿肉，除此以外，小屋里什么都没有，还冷得像冰窖。

第二天，他们清空背包，只带了些必需品，直奔西面的松加峡谷。[4]那是他们最初降落的地方，现在，他们要去取回当初留在那里的食物和补给。当晚，他们寄宿在一间破破烂烂的干草仓里。第二天晚上，他们回到了降落地点，挖了个雪坑睡觉。11 月 26 日早晨，他们醒来后发现迎接他们的是一个笼罩在迷雾中的世

界。他们在深深的积雪里找了好几个小时才终于找到了那些装备筒。食物储备十分有限：几袋咖啡、糖和面粉，但是他们急需这些物品。此时此刻，饥饿和风暴肆虐的高原才是他们最大的敌人。

他们将找到的食物分成四份，背负了大部分补给的豪格兰和赫尔伯格向东返回格拉斯峡谷。波尔松和谢尔斯特鲁普则继续向西前进。依旧待在苏格兰的克努特·豪克里德为他们提供了一份当地人名单，其中有他的堂兄弟。他们一家就住在他家的山区农场周围。这些人将会帮助松鸡行动队建立地下抵抗组织点。

当晚，暴风雪席卷了整个高原。

在穿越一片冰蓝色的湖面时，赫尔伯格和豪格兰走散了。狂风吹净了冰面上的雪，也吹得人根本睁不开眼，他俩只得在黑暗中顶着呼啸的风雪，摸索着向湖对岸走去。赫尔伯格的滑雪板边缘是钢质的，他顺利走到了湖对岸。没有这一优势条件的豪格兰只能任由大风摆布，风吹向哪儿，他就滑向哪儿。有那么一瞬间，他的滑雪板根本抓不住冰面，狂风卷着他，将他推向湖边一处敞着的水面。他用滑雪杆死死撑住湖面才好不容易转了方向，没掉进湖里，否则他必死无疑。

一路向西的波尔松和谢尔斯特鲁普也在暴风雪中苦苦挣扎。他们滑落到了一条岩沟里，每次他们想爬上对面的山坡都会被狂风无情地打回来。困在风雪之中的他们只能跪着向前爬。最终，他们在山谷里发现了一间小棚屋，屋子虽小但至少帮他们摆脱了
大风。他们在小屋的墙壁上发现了一截已经快要腐烂的驯鹿腿。 129
饥肠辘辘的两人从鹿腿上切下生肉，就着干肉饼吃了下去，算是晚餐。第二天一早，他们用力将门推开一条缝后才发现小屋已经完全被压在积雪之下，柔软的新雪正一点点落进小屋。于是，他们想办法在雪里拼命挖出一条沟，好不容易打开门。波尔松扒着

小屋跃出雪沟，只见阳光明媚，天气正好。

11 月 24 日，苏格兰，约阿希姆·伦内贝格被叫到了林厄公司位于 STS 26 的总部：德鲁明托小木屋。这位年轻的少尉身高 6 英尺 3 英寸，天庭饱满，一对灰蓝色的眼睛又细又长，棱角分明的下颌线条堪比银幕明星。此刻，他迈着标准的正步，昂首挺胸地走到英国特别行动处上级 C. S. 汉普顿少校面前。

“你将成为一次行动的指挥官。”汉普顿对他说。[5]

伦内贝格不确定上级此话的意思。他已经有任务在身：田鸫行动。“什么行动？”他问道。他有着一副与年龄不相符的沙哑的嗓音。

“我什么都不知道，不过，你得先挑选五名助手。”

“明白，可是长官，”伦内贝格回答说，脸上写满了疑问，“我得知道执行任务的地点是海边还是山区，坐船去还是坐飞机？我们需要在那儿待很长时间吗？我的人选是否得是滑雪健将？”他对林厄公司里的每个人都了如指掌，可选对象很多，他需要根据不同条件来筛选。“关于如何挑选队员，你能给我点建议吗？”

汉普顿摇摇头。他只知道克努特·豪克里德是这五人之一，因为他是伦内贝格这支行动队的副队长。为什么？汉普顿也不知道答案。几天后，伦内贝格接到前往伦敦的指令，他希望此行能解决他的一些疑惑。

从训练学校毕业几个星期后，伦内贝格就被马丁·林厄派往斯铎汉姆公园担任新兵教官。[6] 他是如此年轻，还没参过军，而且“温和如云雀”（一名学员曾这么评价他），令许多新学员大吃一惊。伦内贝格聪明且不知疲倦，他善于谋略，做准备工作时面面俱到，是一名全面的专业特工。不过，他最特别之处就是他拥有一种与生俱来的领导才能。“他具有一种特质，使他能独自立于众人之上，”他的一名战友说，“却又不引人嫉妒，也不会树敌。”[7]他不需要控制，也不需要提高音调，更不用哀求。他只需展现出自己的最佳状态，就能让其他人自觉响应。威尔逊和特龙斯塔都 130
认为他就是那个带领大家完成最重要任务的那个人。

“我们要去哪里执行任务？”[8]坐了一夜火车的伦内贝格刚一到达奇尔特恩法院就开门见山地问道。他在说话时往往会身体前倾，肩膀下沉。

“韦莫克，”特龙斯塔说，“去炸掉那里的水电站。”

伦内贝格随即开始组织和训练这支六人小分队，他们将以空降的方式进入高原，与先前抵达的松鸡行动队会合后，前往韦莫克突袭水电站，然后滑雪至瑞典，从那里撤离。这次行动以英国特别行动处一位主管的狩猎小屋名称命名，代号冈内塞德。

除了德国人需要重水的原因外，威尔逊和特龙斯塔将与之有关的一切全都告诉了伦内贝格，尤其是参与新生行动的工兵惨遭杀害的事实。他们希望这支小分队能在 12 月 17 日出发，这样就能在圣诞前夜赶到韦莫克。现在，无论在突袭过程中遭遇何种抵抗，他们都不会感到惊讶。德国人想必已经知道水电站是他们攻击的目标，所以圣诞节将是最佳突袭时间，因为德国人的防卫可能会在节日里有所削弱。

时间紧迫：距离出发只有三周的时间。

伦内贝格已经选定了和他一起执行任务的四名队员。他曾在 STS 26 担任过他们的训练教官。他从伦敦致电他们，让他们做好接受残酷训练的准备。

比格尔·斯特隆赫姆是他选定的第一名队员，也是他选得最轻松的一个。[9]和伦内贝格一样，他也来自奥勒松。战争爆发后，斯特隆赫姆与妻子一起乘坐渔船逃到了英国。他做过建筑承包商，长着一头浓密的金色卷发，那张四四方方的脸上写满了诚恳。他头脑冷静，性格平和，正如他的英国特别行动处档案里写的，“如岩石一般可靠”。[10] 他精于修理且随机应变能力极强，同时也是一名优秀的滑雪手，工作起来永远不知疲倦。在苏格兰，他俩经常在一起策划如何破坏德军供给路线，只不过现在，这项行动已暂时搁浅。31 岁的他将会是这支小分队里的老大哥。

他选择的第二名队员是弗雷德里克·凯泽[11]，一个五官精致，身材瘦削的帅小伙。他和斯特隆赫姆一起在斯铎汉姆公园、梅布尔和跳伞学校受训。凯泽在一个重视孩子全面发展的家庭里长大，所以他会钓鱼，会弹曼陀铃琴，还会跳舞、划船和踢足球，他甚至还加入了童子军——无论做什么，他总是表现第二好的那个。
131 退出童子军团后，他参军入伍，成为国王卫队里的一名卫兵。后来，他回到了家乡卑尔根，成为一家钢铁厂的文员。1939 年 11 月，苏联入侵芬兰时，他自愿加入挪威护卫队，抗击侵略者。战斗中，他中弹，冻伤，劈木头时还被斧头砍伤了腿，但他一直坚持战斗。就在他离开战场回到家乡的时候，德国人入侵了他的祖国。他再次奔赴战场，继续战斗。挪威投降后，他弄了一条渔船穿越北海来到英国。在伦内贝格认识的人当中，像凯泽这样面对压力依然能够随机应变且保持乐观心态的人并不多。

他选的第三个人是卡斯珀·伊德兰[12]，这位曾经的邮递员来自斯塔万格城郊的一个小村庄。在英国，他是凯泽和斯特隆赫姆训练时的同窗。当他还是个孩子的时候，伊德兰长得比大多数同龄人更高更壮。他妈妈怕他会打伤别人，时常警告他不能在学校打架。结果，这种被动的态度反而使他成为被欺侮的对象，常常遭到其他孩子的取笑和虐待。但忠于妈妈的伊德兰从不还手。有天下午，再次遭到霸凌的他请求妈妈允许他出手保护自己。妈妈同意了。第二天，伊德兰找到最顽劣的两个小孩，将他们打倒在地。从此，他再也不用为受欺负而苦恼。作为一名士兵，伊德兰聪明、坚强，是一名出色的射手，对于他，伦内贝格说得最多的评语就是“忠诚”。

第四名入选的队员是人称“小鸡”的汉斯·斯托豪格。[13] 他今年 27 岁，是个矮小精干的瘦猴。他并不是公司里思想最深邃的士兵，但如果要比在森林里的生存能力，无论是狩猎还是滑雪，能超过他的人寥寥无几。况且他还来自海德马克，那是他们借道瑞典撤离时的必经之地。一名熟悉当地地形的队员将会令行动事半功倍。

最后一名队员，豪克里德，是他关注的焦点。[14] 此人对行动的帮助十分关键：他熟悉那片地区，而且与之前抵达的松鸡队关系密切。然而，公司里有人觉得他独来独往，不太合群。因此，伦内贝格始终有些担心，不确定他是否能胜任这次行动的副队长一职。

豪克里德和他一样，凭着一股百折不挠的爱国热情不远千里来到英国，加入到了对抗德国人的军队。能够做到这一点的挪威人并不多。之后，他俩都被林厄选中，进入群英荟萃的独立公司。然而，他俩在很多方面——年龄、性情和经历——都有着巨大的差异。豪克里德比他年长八岁，天生反叛。和他不同的是，伦内贝格不会因为服从权威而不悦，更不会想方设法地破坏规则。此
外，豪克里德是一名参与过抵抗运动的老兵，参加过保卫挪威的 132
战斗。除了在苏格兰的野战演习，伦内贝格没有任何实战经验，他想知道豪克里德怎么会愿意接受他的领导，成为这支特别行动队的一员。

不管怎样，回到 STS 26 后，时间紧迫，根本容不得伦内贝格有任何犹疑。他将这五人聚集在一起并说道："听着，我对你们几个人的了解程度各不相同，但如果你们彼此间存在分歧或不合，现在都必须暂时将其抛开，直至完成任务。或者，你们也可以选择退出。"[15] 他们五个人谁也没有动。

接着，他简要介绍了行动方案及目的。[16] 虽然不清楚重水是什么，但是既然英国特别行动处在经历了失败，牺牲了那么多人之后依然坚持要炸掉它，那它一定很重要。他们必须明白的一点就是，如果被抓，德国人绝不会对他们手下留情。会议结束后，伦内贝格单独找到每个人，问他们是否想退出。答案都是否定。

在距离奥斯陆西北大约 6 英里的地方，有一块林间空地，这里就是格里尼集中营。[17] 它原是一座女子监狱，但现在，正中央那栋五层楼的长方形砖楼里塞满了几千名来自挪威的政治犯。两层高高的围墙将集中营团团围住，围墙上布满了带刺的铁丝网，手握机关枪的守卫站在监狱四周的高塔上，监视着里面的一举一动。

盖世太保军官威廉 · 埃塞尔走进关押五名工兵的牢房。[18] 大约两周前，滑翔机在执行任务时坠毁，而他们便是那次事故仅存的幸存者。他们身上的制服早被剥去，换上了蓝色的裤子和羊毛线衣。其中一个的胳膊上绑着吊带，另一个的额头烧伤了一大片。除此以外，沃利斯 · 杰克逊、詹姆斯 · 布莱克本、约翰 · 沃尔什、弗兰克 · 邦纳和威廉 · 怀特的身体并无大碍。在翻译的协助下，埃塞尔提出了第一个问题：你们这次任务的目标是什么？五名囚犯拒绝回答。埃塞尔拿出在失事地点找到的地图，在他们面前铺开，那上面明确标记出了他们的目标。接着，他又问了一遍同样的问题。

整整五天五夜，他一直在审问这些英国士兵，有时是五个人一起，有时是单独审讯。他向他们保证，只要把自己知道的都告诉他，他们就能得到战俘的待遇，并被送回德国战俘营。当他发现这招不管用之后，埃塞尔立刻搬出了盖世太保最擅长的让人开口回答问题的方法。这一次，他的招数奏效了。

审讯结束后，埃塞尔立刻将报告上交给费利斯，所有关于这
次行动的证据和信息随即被发往柏林。这些人来自英国皇家工兵 133
军团。上月，他们被调离巴尔福德军营，开始接受轰炸韦莫克的特训。他们计划在距离目标地点数英里之外的地方降落，穿过吊桥后，先头部队会用匕首或徒手悄悄解决桥上的卫兵。之后，他们兵分三路，一队负责炸毁水电站的发动机，另一队破坏电解设备，第三队负责毁灭所有“特殊液体”[19]。所有行动必须在八分钟内完成。完成任务后，他们换上平民的衣服，两至三人为一组，向瑞典撤离。这个计划没有借助任何挪威人。

费利斯不相信这次行动没有挪威人参与其中。他命令盖世太保进驻留坎和周边地区，数百名国防军士兵作为援助，同时进驻该地区。

在库默斯多夫测试基地[20]，每天都会有一队人走到大门前，向哨兵出示证件，然后走进去，开始一天的工作。这群人中有科学家、工程师、技术娴熟的技工，还有工人。他们因为来这儿工作而被免去了服兵役的义务。基地里见缝插针地建有五组建筑，每组都包含车间、实验室、储藏室及办公室，其目的只有一个：为德国军队研制未来武器。建筑物倾斜的屋顶上都种满了青草作为伪装，以此躲避盟军的空袭，以砖砌成的各个建筑物之间由防震走廊相连。基地里有小型无轨电车，电车会经过科学家测试最

新武器的检验场，运送工人及物资。基地里还设有自己的消防队、供水厂、电厂及医务室。

1942 年晚秋，在库默斯多夫的两排建筑物里，库尔特·迪布纳率领他精挑细选出来的实验物理学家和工程师，正在利用他们能够收罗到的一切材料，热火朝天地建造他们的第一台铀机器，戈托夫 I（G-I）。[21] 在一个直径 8 英尺，高 8 英尺的圆柱形铝质锅炉里，他们将固体石蜡做成的蜂巢沿锅炉边层层堆砌，形成一个中空的环形。随后，他们用勺子将氧化铀灌入蜂巢的每个巢室，为了避免铀中毒，所有人工作时都穿着密封的工作服。其中一位参与者说，这份工作一干就得好几个星期，是份“可怕的苦差事”[22]。

134 完工后，锅炉内共有 19 层蜂巢，6 902 个巢室，总重量接近 30 吨（25 吨铀，4.4 吨石蜡）。曾有厌倦了战时定量供给的科学家笑称：“要是这都是猪油该多好！”[23] 检验机器的时刻终于到了，他们将锅炉浸入水中，紧接着，迪布纳命人将镭铍中子源插入蜂巢的中央。

自从 6 月与施佩尔及将军们会面之后，迪布纳就一直在暗中加紧研究和实验，想看看他的设计与铀俱乐部那些人的研究成果究竟孰高孰低。[24] 初夏时，海森堡和他的搭档罗伯特·德佩尔进行了第四次实验，他们使用的机器内含两个铺有铀粉的球状体，在浸入重水之后，这次实验的中子数量增加了 13%。[25] 海森堡宣称他们的机器通过裂变生成的中子数量多于被吸收的中子数量。

6 月 23 日，浸有机器的重水槽表面冒出了许多水泡。[26] 当他们升起机器想检查的时候，火苗突然从外球上的一个缝隙里蹿了出来。他们立刻又将它放回到了水中。很显然，容器出现了氢气泄露。就在海森堡和德佩尔想弄明白该如何解决这一问题的时候，机器的铝质外壳开始像气球一样膨胀起来。他们立刻跑出实验室。

他们刚一跑出来，机器就爆炸了。火焰和炙热的铀粉迸射而出，烧穿了屋顶。接到报警后，消防队随即赶到，伴随消防车而来的是各种冷嘲热讽，几乎没有人相信他们能造出第一颗原子弹。

实验并没有因为这场灾难而中断。[27] 迪布纳认为海森堡的设计远不如自己的先进，因为在海森堡铺有铀层的机器里，快速移动的中子只能在两维空间内脱离铀核进入减速剂。迪布纳的魔方式设计可以让中子在三维空间内穿越重水，这就使得它们在减速过程中分裂出铀 235 原子的可能性大大增加，同时降低了它们被铀 238 吸收——或因冲出机器而损失——的可能性。

临近年底时，经过几个月的辛勤工作，他的团队通过一次又一次的测试逐渐证明了其理论的正确性。就中子生成率而言，他的 G-I 机器战胜了海森堡设计制造的那些机器。而且一直以来，迪布纳使用的都是被他人淘汰的廉价原料，例如铀氧化物和石蜡。现在，他向帝国研究委员会提出了使用纯铀和重水的申请。他保 135
证，有了这些材料，他一定能加快科研进程。

12 月 2 日，美国人成功研制出了第一台自持式反应堆，迪布纳和德国原子能项目组里的其他物理学家对此却毫不知情。[28] 在芝加哥大学斯塔格操场地下的壁球场里，恩里科 · 费米和他的团队仔细聆听着从石墨砖里传来的快速移动的中子相撞时发出的咔嗒声，直到砖块到达其临界值。这些填满了铀（铀金属及其氧化物）的中空石墨砖被一层层堆砌起来，足足有 20 英尺高。四分半钟后，这个砖堆产生出了 0.5 瓦特能量——而且能量每秒都在增加。费米冷静地对助手发出了“关闭”的指令，使已趋于稳定的原子裂变过程戛然而止。他们将数个镉棒完全插入砖堆之中，经轰击产生且四处乱蹿的中子瞬间被镉棒吸收，整台机器再次恢复正常状态。曾参与实验并亲眼见证了这一历史性时刻的一名物理学家说："这一幕着实惊人。什么都没有移动，砖堆也没发出任何声音……我们早就知道自己将解除巨人身上的封印，然而，当我们真正做到的时候，我们每个人都深感恐惧。我想，无论是谁，当他知道自己的行为会产生出连自己都无法预见且极其深远的影响时，他一定会感到害怕。当时的我们就是这种感觉。"[29] 费米和他的团队举起盛满基安蒂酒的纸杯相互碰杯，庆祝实验成功。现在自持式反应堆已经实现，美国将和盟军一起怀着更高的热情，共同奔向原子能武器制造的终点。

12. 笨蛋永远抓不到我们

136 12 月 3 日，就在东方渐渐泛白的时候，一阵尖锐的空袭警报声划破宁静，在留坎镇上空响起。[1] 人们从梦中惊醒后发现，街道上到处都是迈着正步的德国士兵。盖世太保和几百名国防军坐着摩托车和军用卡车连夜赶到镇上，封锁了韦斯特峡谷。他们端着机关枪，踏着重重的步子，挨家挨户地搜查。每个街角和桥上都站满了士兵。他们都裹着厚重的外套，呼出白色的哈气，看起来一副不太情愿来这儿的样子。德国人下令：所有人必须待在屋子里——违令者就地正法。

紧接着，同样的一幕在小镇上一遍又一遍地上演。先是一阵粗暴急促的敲门声，接踵而来的是士兵们喊门的叫声。门刚一开，他们就大摇大摆地走了进来，有时候盖世太保会抢在前面冲进屋。士兵们要求住在房子里的每个人都报上姓名，然后开始在屋子里翻箱倒柜，任何房间，任何壁橱，任何箱子都不放过。一旦发现战时禁运的枪支、无线电台、地下报纸这些违法物品，他们就会立刻把房子里所有的人都抓起来，送上卡车运走。搜查时，士兵们砸烂家具，凿穿墙壁或顺手牵羊都是常有的事。

26 岁的罗尔夫 · 索利是韦莫克水电站的一名建造工程师。[2] 从士兵们闯进他家的那一刻开始，他就不断用德语为自己辩解。他曾在莱比锡上过学，他那口流利的德语就是在那时学会的。身材瘦小的索利有一头漂亮的金发，他一出生就患有四肢痉挛症。手术让他扭曲的双脚恢复了正常，但他的一双手依旧始终保持着半握的抽搐状。不过，不健全的肢体并没有浇灭他探索高原的决心和热 137
情，他从小就常和朋友波尔松及赫尔伯格一起在高原上滑雪。

当士兵们闯进他家，推开他弟弟和女仆进屋搜查时，索利费了好大劲才掩饰住内心的恐慌。他与当地米洛格组织领袖奥拉夫 · 斯科根关系密切，他家的阁楼里还藏着两台无线电台。幸好士兵们并没有仔细搜查，不知是因为懒惰，还是他们压根就没怀疑这个能说一口流利德语的年轻人，总之他们很快就离开了，什么也没发现。

索利的朋友迪特列 · 迪赛斯和他住在同一条街上，只可惜他没索利这么走运。这个 67 岁的老头是挪威海德鲁公司的退休工人，现在靠修表为生。迪赛斯也是米洛格组织的成员，盖世太保在他家里搜出了电台和武器。他立刻就被德国人拖出房子，和其他 21 名留坎居民一起被送上卡车，其中不少都是米洛格成员。所有人都将受到质询，如果证据确凿，他们就会被送往格里尼接受审讯。

当天，汉斯 · 斯钦纳兰和妻子艾伦举办了一场小型家庭宴会，为儿子奥拉夫庆祝 32 岁生日。[3] 当盖世太保骑着摩托车来到他家的时候，一家人正高兴地吃着饭，只有埃纳尔留在卡尔霍夫大坝上班没回家。德国人逮捕了托尔施泰因，声称他就是传言中的那个参与抵抗运动的斯钦纳兰。他们没有提到埃纳尔，但是他的家人们知道，用不了多久，他就会成为盖世太保的下一个目标。

12 月 8 日，克努特·豪克里德扛着一只鹿腿来到金斯顿宾馆。[4] 在他之前，林厄公司里也曾有人给特龙斯塔送过野味，在 STS 26，经常会有一些倒霉的动物因为闯入“保护射击区”[5] 而丧命。过去的一年中，他们俩见过几次面，商讨筹建挪威抵抗力量事宜。他们都认为，现在这个时期，他们最需要的就是雄心壮志，绝不能畏缩不前。特龙斯塔明白，冈内塞德计划就是一次野心勃勃的行动。尽管豪克里德认为自己经验丰富，这次行动的队长理应是他而非年轻的伦内贝格，但是这个成熟的男人明白军令如山，况且只要能让他重返挪威，他愿意放下心中的骄傲。[6]

特龙斯塔高兴地迎接了他的到来，在谢过他带来的野味后，他坐回到椅子上，把手伸进保险柜，拿出一个盖着“绝密”红章的文件夹。他给豪克里德看了韦莫克的简图和各栋建筑的素描图。
138 “你知道吗，重水是种非常危险的物质，”他说道，“人可以用它做成这世界上最肮脏的东西，一旦德国人得到它，我们就将在这场战争中一败涂地，伦敦也将灰飞烟灭。”[7]

豪克里德不确定存在这种武器的可能性有多大，但是他非常明确地表示自己一定会全力以赴地确保冈内塞德行动顺利完成。他来伦敦就是为了商量行动后的安排。[8] 他不想从瑞典撤离，相反，他想留在挪威继续履行松鸡行动的原定目标：在西泰勒马克建立抵抗组织基地，招募游击队员。如果波尔松愿意留下来，他可以成为东泰勒马克的负责人。其余三名松鸡队员可以自愿选择留在其中任一地区工作。

特龙斯塔并不确定豪克里德的建议是否可行。最初，是他一手倡导并策划了这个行动计划，但现在情况已发生改变。新生行动失败后，德国人立刻展开了大搜查——他完全可以想到如果重水厂被炸，德国人一定会采取更加疯狂的报复行为。“他们会不惜一切代价来抓你，”特龙斯塔说，“我们不能让自己人冒着如此大的风险在高原上作战。”[9]

眼看自己的请求极有可能遭到否决，豪克里德心有不甘。“他们找不到我们。我们熟悉那里的山山水水。我们可以在野外生存。我不会再回英国，无论这场战争要打多久，我都不会再回到这里。”最后，他信誓旦旦地说道，“那些笨蛋永远抓不到我们！”

特龙斯塔表示他会认真思考这个提议。

新生行动失败后，出于安全考虑，英国特别行动处将松鸡的代号更名为燕子。自从豪格兰通知主站燕子将进山躲避追捕后，双方就失去了无线电联络。在过去的两个多星期里，威尔逊和特龙斯塔一直担心他们四人已在留坎大搜捕行动中被捕。期间，他们获取到的信息寥寥无几，从中他们得知，整个泰勒马克地区中德国人几乎无处不在，他们搜索村庄，设置路障。特博文和法尔肯霍斯特大力整饬韦莫克的防御体系，并且宣布该地区进入应急状态，限制出入。德国人显然已经从被俘的皇家工兵身上榨出了他们想要的情报，获悉了新生行动的攻击目标。

12 月 9 日，格伦顿庄园的话务员终于收到了来自燕子的消息。“工作条件恶劣。”消息开头称。[10] 接着，它汇报说默斯湖周边增 139
加了滑雪巡逻队，盖世太保还在大坝附近建立了一座定向电台，监测该地区的无线电信号。第二条消息报告说托尔施泰因·斯钦纳兰已被捕。格伦顿庄园主站负责人指示话务员们，与燕子的通信享有站内“最高优先权”[11]，任何信息都必须第一时间告知位于伦敦的特龙斯塔和威尔逊。

12 月 10 日早晨，10 点差几分钟的时候，位于留坎镇上的挪威海德鲁工厂办公室里传来了电话铃声，奥拉夫·斯科根拿起电话。电话是在韦莫克工作的居纳尔·西维斯塔打来的：“4 名盖世太保正在前往卡尔霍夫的路上。”[12] 斯科根当然知道这意味着什么：从上周开始，这个地区的德国人就一直在搜捕抵抗分子，试图瓦解当地的地下抵抗组织网络，现在他们终于查到了埃纳尔·斯钦纳兰身上。斯科根立刻致电卡尔霍夫大坝的挪威海德鲁办公室，却被告知斯钦纳兰昨天就已经回默斯湖大坝回家探望父母去了。斯科根随即让接线员帮他转接守坝人办公室的电话，却发现电话根本打不通：德国人已下令暂停使用这条电话线。斯科根很担心，虽然德国人现在不知道埃纳尔已经回家，但他们很快就会得知这个消息并去他家抓人。斯科根立刻叫来他在厂里的通讯员厄于斯泰因·亚伦，此人同时也是斯钦纳兰家的亲戚。他让亚伦马上坐大巴去默斯湖给埃纳尔报信。如果有人问起，他就说是为了一次特别的聚餐去那买鱼的。

亚伦以最快的速度离开工厂，赶到大巴站，刚好有一辆大巴正要出发。当他赶到默斯湖时，德国人还没到。他用急促的敲门声敲开了斯钦纳兰家的大门。开门的是艾伦。亚伦告诉她盖世太保马上就到，他们是来抓埃纳尔的。艾伦说埃纳尔不在家，不过她会转告他。完成任务后，亚伦趁着德国人还没到就迅速离开了。

他乘坐的回城大巴刚走不到几百码就被德国士兵拦下。几名一直在附近监视斯钦纳兰家的盖世太保冲上车，抓走了亚伦。

与此同时，埃纳尔·斯钦纳兰正以最快速度滑雪冲进家后面的山区。[13] 刚才亚伦来敲门的时候，他其实就在家里。当他妈妈撒谎说他不在的时候，他已经偷偷从后门溜了出来。他飞快地滑过那片树林，向着山区深处一座名叫天堂的小屋滑去。那是他姐夫的屋子。就算德国人拥有高超的越野滑雪技巧和追踪本领，除非运气好，不然他们永远都找不到这里。

直到安全抵达天堂小屋，斯钦纳兰一直紧绷的神经这才松懈 140
下来。在这种提心吊胆的双面生活中挨了七个月后，他第一次成为敌人追捕的目标。最糟糕的是，一直掩护他的托尔施泰因被德国人抓走了。斯钦纳兰知道他需要通知伦敦，默斯湖及韦莫克周边的安保情况日渐严酷。他还需要作出决定：究竟是前往瑞典，然后回到英国，还是继续留在挪威，过着流亡的生活。第二天，赫尔伯格和谢尔斯特鲁普来到小屋，得知了斯钦纳兰侥幸逃脱纳粹追捕的经过。当晚，他们俩留在小屋过夜，并将炸毁韦莫克的最新行动任务告诉了斯钦纳兰。斯钦纳兰随即做出了他的决定。

12 月 11 日黄昏，六名冈内塞德行动队员抵达了爬满常青藤的布利坎顿伯里庄园。[14] 一个星期后，他们就将出发，此时此刻，大家的心情都有些沉重。就在几个星期前，那些在新生行动中丧生的英国工兵还曾在这里接受训练，现在，为了同一个目标，他们来到这里，训练他们的仍是之前的教官。为了保密，学校遣散了其他学员，静谧的校园更是让每个人心中都平添了几分不祥的预感。站在主楼台阶前迎接他们的是新晋中校乔治·里姆。

当晚，里姆准备了吃的和喝的为他们洗尘。之后，在其副官的引领下，六名队员走上二楼回到各自的房间。每个人的床上都摆着一个工具包，里面装着训练所需的服装和装备，其中有一个红色的皮套，里面装着一把刚出厂的柯尔特 0.45 口径手枪。毫无例外地，他们六人几乎全都立刻掏出新枪，摆弄起来。

伦内贝格举起手枪，当他按下扳机时，只听得“砰”的一声枪响。他的耳朵顿时被震得嗡嗡耳鸣，房间里弥漫起一片细细的粉尘，直到这时他才意识到自己错手拿了他带到布利坎顿伯里庄园的那把上了子弹的手枪。学校的守卫第一时间冲进来，里姆的副官紧随其后。“怎么回事？”[15]他问道。伦内贝格面无表情地抬起头，指了指墙上的那个洞说：“我刚试了下新武器，挺好用的。”副官摇摇头，走了出去。疯狂的挪威人。

其实，伦内贝格很少会如此大意。十天前，他接到了冈内塞德任务，之后他一直在为这次行动做精密的准备。[16]他从伦敦最高指挥部的情报处找到不同比例尺的挪威南部地图，将其中一副
141 比例尺为 1:250 000 的地图钉在了苏格兰办公室的墙壁上，用它来标记行动队路线。其余那些 1:100 000 的地图被他分给了队员，让他们牢记地图上的每座峡谷和大山。

接下来要准备的是武器。鉴于近距离作战不可避免，所以短射程的枪支就成了最重要的武器。他们测试过设计简单的英国斯登冲锋枪，结果发现这家伙太沉且不适用，预设的单发射击常常会变成多发。最终，他们选择了美国不法之徒们最爱用的汤普森冲锋枪（又称汤米冲锋枪）。这种冲锋枪不仅能在 200 码的范围内像步枪那样准确命中目标，而且还能和他们使用的柯尔特手枪共用 0.45 口径的子弹，斯登冲锋枪用的则是 9 毫米口径的子弹。伦内贝格让队员们一丝不苟地擦拭他们的汤米冲锋枪，使它们保持干燥，他还让队员们把枪都涂成了白色。此外，他还为这次任务申请了手榴弹、一杆狙击步枪、刺刀、麻醉卫兵的氯仿片以及大量子弹。

在队员们开展训练和练习射击的同时，伦内贝格马不停蹄地

收集在条件恶劣的冬季高原生存所需的装备。他对每件装备都有具体而精确的要求，一旦发现不符，他就会重新申请或自己改装。他选用的是品质最好的木质滑雪板，涂上新鲜的松焦油后再全部涂成白色。他还对钢铁框架的帆布背包进行了改造，新增了放绑腿的小口袋，背包顶部也改成可用拉绳收紧的设计，延长了肩带并增加了白色的掩护。他还找到了镶有兔毛内衬的内裤、羊毛长裤和白色的滑雪迷彩服。他让军需官将滑雪帽的皮内衬改成了更柔软温暖的卡其布。东米德兰兹的一名鞋匠也接到了他的订单，正加班加点赶制一批耐穿且防水的皮靴。

至于他们的口粮，伦内贝格特意找到了莱夫·克里伯格教授。在剑桥大学营养学家的帮助下，这位挪威教授开创出了一种制作战地口粮的新方法：将脱水食物压缩成块。这种食物质量轻，只需加一点水就能即刻食用。有了这种食物，战士们只需带上杯和勺就能吃饭。从韦莫克到瑞典路途遥远，所以每一盎司[A]的重量都不可小觑。伦内贝格还让队员们做了两架雪橇用来装物资，使他们背负的重量值降到最低。

在寻找适合这次行动的睡袋时，他直接去了特拉法加广场旁的一家床上用品厂。厂长将他带到了工厂位于码头区的车间。在
那里，他找到了他需要的产品：它其实是由两个睡袋组成，外层 142
睡袋相当于防水层，内层睡袋内镶绒毛且空间足够大，这样即使是带着装备穿着衣服入眠也完全没问题。他希望能在睡袋上加一个带绑绳的风帽，而且抽紧绑绳后风帽能几乎完全闭合，只留一个呼吸的小口。车间负责人看得出这位少尉十分着急，当他看完伦内贝格的设计图后，他说道："明天中午你来看样品吧。"[17] 第

A　1 盎司约等于 28.35 克。

二天，伦内贝格自己钻进了做好的样品中。除了某些接口处缝在了软毛里，影响了防水性能外，这件样品和他预想的一模一样。改进了设计后，他预订了六件这样的睡袋，提货时间越早越好。

当伦内贝格与队员们最终到达布利坎顿伯里庄园时，他们早已对前往和离开韦莫克的每条路线都了如指掌，大部分装备也都已经准备就绪。

现在，他们可以专注于行动本身了。里姆曾经训练过数百名英国特别行动处特工，他深谙如何通过破坏通讯、铁路运输及工厂让德国战争机器无法运作的所有方法。“七个训练有素的人就能让一座城市陷入瘫痪。”一名教官如是说。[18]

里姆希望自己的学生走进水电站之后，可以在短短几分钟内就识别出目标装置并将其破坏。[19]有时候，一把选对了位置的摆锤或一把沙子就能完成任务。不过大多数情况下，破坏都需要炸药。带着杏仁味的铁锈色的诺贝尔 808 号炸弹是里姆的首选。它柔软且可塑性强，被称为“黏稠的果汁”（STS 17 的人给它起的外号）的 808 号炸弹可以切割、塑形、拉伸、扔向墙面，甚至开枪射击，它都不会爆炸。但只要你将一个小小的引爆装置（主要是雷管）埋在里面——即使是在水下——它也能……砰！

通过训练，冈内塞德行动队的队员们都掌握了各种破坏及爆破技巧，其中队长伦内贝格的技术最为精湛。[20]当他们通过达标测试后，里姆开始指导他们模拟炸毁韦莫克的重水生产设备。他向他们演示了在高浓缩电解池底部安装引爆装置的具体位置，他使用的正是他之前为英国工兵们设计制作的那座木质模型。

这个模型有两排高浓缩电解池，每排九个。队员们需要安装的是一个雏菊花环形状重 9.5 磅的引爆装置，装置内部由引爆雷管相连。这根引爆雷管上装有一根燃烧时间为两分钟的引线作为引爆器，所以他们必须赶在爆炸前撤离。爆破的目的不仅仅是摧毁生产设备，还必须炸穿电解池，使里面珍贵的液体彻底流干。他们两人一组，用孩子玩的黏土做模型训练，在保证最高效率的情况下以最短的时间完成炸药的装配工作。在重复了无数次相同的演习之后，即使闭上眼睛，他们操作起来也一样得心应手。

特龙斯塔几乎每天都来学校，回答他们提出的任何问题，同时也会带来水电站的各种设计图纸和蓝图以及周边地区的航拍照片。每当他被他们提出的关于水电站布局、大门及守卫情况或巡逻信息的问题难住的时候，他就会离开一会儿，等他回来时，他总是能带回问题的答案。其实，特龙斯塔的所有信息全都来自乔马·布伦，这位工程师就藏在布利坎顿伯里庄园的某处，只不过队员们并不知道他的存在。

来自燕子的最新情报显示，韦莫克新增了卫兵和探照灯，并在一座楼顶新建了机枪工事。获得这一情报后，队员们又重新回顾了一遍所有能通往目标的潜在路线。他们可以穿过吊桥，顺着水渠爬到下方的车间，或是沿着峡谷里通向留坎的铁路线爬上电站。他们反复地讨论和研究每一种路线方案的可行性，最终他们决定在实地侦察后再最后决定。

不过通过讨论，他们也意识到他们六人尚不足以确保完成任务。他们需要有人掩护破坏小分队，并为他们争取足够的时间来完成任务。燕子行动队可以填补这一空缺。

不进行破坏训练的时候，队员们会在庄园空旷的院子里锻炼身体。[21] 一天，学校从当地监狱借了一名小偷，向他们展示如何撬开上了锁的门。另一天早晨，队员们吃早饭时发现餐厅里坐着一名僧人模样的人。此人就是埃里克·赛克斯少校，他曾在上海担任过警察，现在是英军首席武器教练之一。他问伦内贝格他的队员们是否想向他展示一下自己的训练成果。队员们就把他带到了巷战区，打斗中不时会有纸板人靶从门口、窗子后面或小巷对面突然弹出。当他们通过手枪或汤米冲锋枪的瞄准镜瞄准目标时，赛克斯叫了暂停。“如果你们打算这么干，行动注定会失败。”他说。[22] 他让他们从屁股那儿开枪，在斯铎汉姆公园，他们的教官也曾这样教过他们。

伦内贝格向赛克斯保证他们知道什么是最佳选择。赛克斯向他们挥手，示意演习继续。在几百声枪响过后，豪克里德的命中
144 率几乎高达百分之百，其他队友的表现也丝毫不逊色于他。这近乎完美的成绩令赛克斯十分诧异，很显然，他已经没什么可教给他们了。

克劳斯·赫尔伯格仔细地在橱柜里翻找着，希望能找到一点吃的。几天前，他曾在这座属于迪特列·迪赛斯的朗厄湖畔小屋里找到过一些腌鳟鱼。今天，他抱着侥幸心理又回到这里，寄希望于上次也许会漏下些许面粉或麦片。只可惜，他一无所获。这时，他听到外面有声音。他的滑雪板和靴子都放在门外，他的行踪肯定已经暴露。他立刻掏出手枪，静静地等待，等来的却是一阵敲门声。“是谁？”[23] 他的声音干脆而果断。

“斯科根。”

“奥拉夫？是你吗？”赫尔伯格问。

“是我。”

赫尔伯格用一只手猛地拉开门，另一只手依然紧握手枪。小木屋的门外站着三个人，手里各握着一杆猎枪。天色已暗，来人的脸看得并不分明。

“是我，克劳斯，”斯科根说，“别那么紧张。”

赫尔伯格走出小屋，慢慢放下手枪，对方的一个人想走过来，却被斯科根一把拉住。“等他把枪放下再过去。他会开枪的。”这时，赫尔伯格认出了自己的发小。“嘿，这不是罗尔夫·索利吗？”两人拥抱在了一起，接着斯科根向他介绍了第三个人：米洛格组织成员芬恩·派于斯。因为迪赛斯在留坎大搜捕行动中被捕，所以斯科根、索利和派于斯决定来他的小屋转移他们之前藏在这儿的战时禁运物品。他们还打算再打一头驯鹿。

四人走进小屋避寒，新加入的三人拿出自己带的黄油面包给赫尔伯格充饥。他询问了自己在留坎的家人近况如何，索利说他们都很安全。接着，他们告诉他德国人正在搞大突袭，到处抓人。很显然，盖世太保并没有明确的抓捕目标。赫尔伯格对自己进山的原因几乎只字未提。斯科根知道的已经太多，燕子不能再冒险扩大信息圈。

第二天一早，他们埋好了迪赛斯藏在小屋里的武器。索利把他的克拉格－约尔根森栓式步枪给了赫尔伯格，还给了他一些子弹。离开英国时，他和队员们只带了手枪和机关枪，他们做梦都想要一杆这样的猎枪。赫尔伯格和伙伴们道别，并对索利说：“你很快就会听到关于我的消息。”说完，他就穿上滑雪板，返回格拉斯峡谷与队友们会合去了。

在德国人的大扫荡中，燕子行动队的四名队员都幸运地躲开 145
了搜捕。[24] 豪格兰在树林里寻找补给时，德国巡逻队就在距离他几码远的地方，却没有发现他。波尔松和谢尔斯特鲁普在从西部山区返回格拉斯峡谷的途中差点就和几名德国士兵撞个正着。盖世太保带走厄于斯泰因·亚伦那天，赫尔伯格正在前往大坝去找埃纳尔·斯钦纳兰的路上，差一点就撞上了前来抓人的盖世太保。

不过，在食物补给这件事情上，他们四个的运气似乎就没那么好了。珍贵的干肉饼很早以前就吃光了。他们从松加峡谷取回的那些额外的食物也都吃完了。豪格兰找到了一把霰弹猎枪，用它打了几只松鸡，然而他们只用了一天就把它们啃了个精光。赫尔伯格前往朗厄湖，希望能找到驯鹿，却没发现任何鹿群的踪迹。遇到米洛格小队时，他正在搜寻周边的山林小屋，希望能从屋里找到储藏的腌鳟鱼或肉。

四人一直忍饥挨饿，最后不得不挖开积雪，挖下面的苔藓吃。这种铁锈红色的植物是驯鹿的最爱之一。"它富含维生素和矿物质。"波尔松告诉其他三个人，可他们更多习惯用它来做野营时的床褥。[25] 尽管如此，他们最后也只能用它加上水和一把燕麦煮了一锅汤果腹。加了苔藓的汤喝起来很苦。

当赫尔伯格回到格拉斯峡谷小屋后，波尔松告诉了他一个来自伦敦的好消息：他们将会在破坏韦莫克的新行动中发挥"积极作用"[26]。从 12 月 18 日开始，他们将随时待命。在那之前，他们还有六天时间做准备：储备食物，收集韦莫克的最新安保情报，取回他们留在桑湖的尤里卡装置，并给电台电池充满电。他们还需要深入高原，在韦莫克西北约 20 英里的地方找一个隐匿点，因为冈内塞德行动队将会在那附近降落。

然而，他们的好运气似乎也已经到了头。[27] 取尤里卡装置时，为了躲避德国巡逻队，他们耽误了不少时间。赫尔伯格带着刚充好电的电池，在返回大本营的路上被困在了暴风雪里。背着重达 30 磅的电池在风雪里挣扎了一段时间后，他最终不得不将装着电池的帆布包留在树林里，第二天再来取。他们依旧没发现任何驯鹿的踪迹，在默斯湖畔小屋里找到的腌肉似乎也腐烂了。

剩下的一丁点食物根本填不饱肚子，四个小伙子一天比一天
146 虚弱。赫尔伯格和谢尔斯特鲁普的情况尤其不好，营养不良造成了

水肿病。他们的身体肿胀得厉害，根本扣不上衣领上的扣子，而且一晚上要起夜六次。可即便如此，他们依然坚持每天外出为新行动做准备。斯钦纳兰除了尽可能从自己的口粮里省出食物给他们，还会帮他们给电池充电，同时提供韦莫克最新的防御情报。[28]

12 月 17 日，豪格兰收到来自主站的信息：冈内塞德行动队预定于下一个晴朗的夜晚出发。[29] 尤里卡的电池电量正在不断减少，但是时候北上了。时间不等人，尽管饥肠辘辘浑身无力，但他们仍然以最快的速度向高原深处挺进。

在布利坎顿伯里庄园，冈内塞德小队一切准备就绪，随时可以出发前往剑桥城外的盖恩斯庄园。他们将在那里等待时机，乘飞机空降挪威。他们已经通过了学校内的所有训练，里姆给出的评语虽低调但赞扬之情溢于言表："只要有一线机会，他们就一定能顺利完成任务。"[30] 临别前，特龙斯塔来探望他们，与他们再次回顾了行动方案，并祝他们好运。那一刻，庄园里的气氛格外肃穆。他们每人都领到了一颗氰化物胶囊。队员们都明白，他们成功炸毁目标的概率与事成后能活着撤离的概率顶多相当。特龙斯塔提醒他们：参与新生行动的工兵全部被枪决，他想以此来告诫他们，如果他们被俘，等待他们的将会是同样的结局——甚至更糟。

最后，他说："为了那些奔赴战场却以身殉国的同胞们，我要求你们竭尽所能确保行动成功。你们不知道这次行动为何会如此重要，但是请相信我，你们的行为一定会被载入史册，并在此后的一百年间被人们铭记。你们会成为后人效仿的榜样，激励挪威人加入解放祖国的战斗中来，直至我们战胜德国人。你们所做的一切都是为了盟军，为了挪威。"[31] 他的话戛然而止，突如其来的停顿让双方都有些不知所措。有些队员甚至觉得特龙斯塔望着他们的眼神都和平时不太一样，就好像他们再也回不来了一样。

伦内贝格答道："你想摆脱我们可没那么容易。"[32]

13. 猎人法则

147 四个胡子拉碴，干瘦憔悴的男人拖着滑雪板，步履维艰地在斯托尔索尔湖上又湿又黏的积雪中跋涉。[1] 四周群山环绕，淡淡的薄雾如一床巨大的棉绒帐子垂挂于山间。厚厚的积云罩在天上，彻底遮住了太阳。四个人费力地向前挪着步子，愤愤地咒骂饥肠辘辘的肠胃、湿答答的雪板，还有那像刀子一样割得脸生疼的寒风。终于，他们瞥到了费特小屋。战争爆发前，波尔松和堂兄弟们合伙，用从湖那边运来的木板盖了这座狩猎小屋。小屋立于高原的高处，此处在地图上没有任何标记，不远处是一片桦树林。这里距离周围最近的小屋也有好几英里远，绝对是他们等待冈内塞德行动队的最佳藏身处。而且，这里发现鹿群的可能性也更大。

波尔松迫不及待地想休息，他揣着屋里兴许能有食物的希望，鼓足力气赶在其他人前面冲向小屋。站在门口，他脱下滑雪板，拿起钢锯开始锯门上的挂锁。汗水沿着太阳穴滴下来，他的一双手也冻得几乎麻木，幸好门锁很快就锯断了。波尔松一把拉开门栓，使劲推门，却发现门被卡住了。他从背包里拿出一把小斧头，向门锁处劈去。没砍几下，斧子的手柄却断了。波尔松扔下斧头，拼命地用脚踹门，门纹丝不动。

这是他的小木屋。现在，他只想进去休息。沮丧开始在他心中蔓延，很快就积攒成了怒火。波尔松抽出背后的克拉格步枪，对准门锁开了两枪。这一次，门终于开了。

走进费特小屋，波尔松发现屋里一切如旧，几乎和他 1940 年
夏天离开时一模一样。他曾在日志本上写道：“由朗厄湖回家途经
小屋。吃了东西，留下了独木舟。”[2] 现在，除了独木舟上多了些 148
子弹孔外，其余一切都和那时无异。[3] 屋里摆着他从奥斯陆的一
家医院买回来的四张床，一张粗木制成的方桌，几把三条腿的凳
子。一个用石头搭成的壁炉是这间 10×20 英尺大的小屋里唯一的
取暖设备。波尔松打开橱柜，想找点吃的，却只找到了一瓶鳕鱼
油和一勺吃剩的麦片。

其余三人很快也走进了小屋，他们全都累坏了。换作平时，这段路程绝不至于让他们如此疲惫。如果还找不到吃的，他们就真的没力气参加行动了。豪格兰开始组装无线电台，其他人砍了点柴火，从外面舀了一罐雪准备烧水。太阳很早就下山了，他们四人只点了一根蜡烛，煮了点驯鹿爱吃的苔藓当晚饭。他们已经记不清吃过多少顿这样的晚餐。屋外惨烈的风声不绝于耳，他们吃完饭就坐在小木屋里等待来自伦敦的消息。最终消息来了：12 月 19 日冈内塞德不会来。他们四人只得带着饥肠辘辘的肚子躺下睡觉。

“再等等，有点耐心，等有了猎物，”波尔松信誓旦旦地说，“我们就不愁没吃的了。”[4] 只不过，其他人可没他这么乐观。

日复一日，他们每天都重复着同样的事情，冈内塞德始终没来。[5] 每天天一亮，波尔松就会外出打猎。他读过黑尔格·英斯塔的回忆录，20 世纪 20 年代，这个挪威人曾在加拿大西北部的荒野中成功活了下来。他在书中说过，人可以靠只吃驯鹿肉活很长一段时间。波尔松记住了他的话。狩猎途中，他时不时就会停下来眺望天际，试图想找到鹿群的踪影。他知道此时盛行西风和北风，并不利于狩猎。鹿群会从风中嗅出捕食者的气味，所以除非

风向转变，否则驯鹿只会日渐远离小屋。可即便如此，波尔松也没有放弃，他吃力地在山间和峡谷里跋涉搜索，这些地方经常被大雾笼罩，他也希望风向的偶尔转变能给他带来一丝好运。然而，每天他回到费特小屋时都两手空空。他的队员们已经非常虚弱，他们的眼神日渐黯淡，脸色越来越差，这很危险。现在，除非老天眷顾，不然他们随时都有可能死在这冰天雪地之中。

在盖恩斯庄园，伦内贝格和他的队员们再次收到指示：当晚不能出发。他们来到 STS 61 已经五天了，然而糟糕的天气使飞越北海的风险不断增加，漫长的等待也让他们变得越来越焦躁。

149 冈内塞德队员们从未停止过训练，庄园里松软的绿化区就是他们的长跑训练地。有时候，他们会偷偷从庄园四周的铁丝网钻出去，到附近的野地里去打野鸡。晚上他们也会打打扑克。一天晚上，他们开车去了剑桥，几个人喝了香槟，还在一家不错的餐馆里吃了顿饭。所有人心里都明白，这样的机会可能不会再有了。“回去吧。”[6] 伦内贝格打断了正在兴头上的豪克里德，后者二话没说就和队友们一同离开了。说不定，明天晚上他们就会接到出发的指令。

当天气有所好转时，他们就会反复讨论和思考：怎样进入韦莫克？他们是否会在途中遭遇拦截？如果可以选择，他们是愿意当场牺牲，还是被俘？他们是不是应该再给妻子和家人写封信，万一他们真的回不来了呢？[7]

无论怎样，豪克里德都不会再回英国。[8] 特龙斯塔和威尔逊已经向他交代了后续任务：在西泰勒马克地区建立一支游击队或抵抗组织。现在，他只想要一个适合空降的晴朗夜晚。这样他就能和先前的队友们会合了。

12 月 23 日，被暴风雪、阴天和大雾困了整整一周的波尔松终于走出小屋，迎接美丽的清晨。外面依旧天寒地冻，但阳光照在脸上的感觉真舒服。他系好滑雪板，正准备扛起步枪离开时，谢尔斯特鲁普走出小屋来搬柴火。四个人中，谢尔斯特鲁普的身体状况最糟糕，饱受肌肉痉挛和水肿病折磨的他每天都有好几个小时只能躺在床上。“空气清新，视野不错。”[9] 谢尔斯特鲁普说，他眼窝凹陷，眼睛红了一圈。

“我现在只想知道明天哪儿能找到驯鹿，”波尔松说，“这样我就可以挖个雪洞，躺在里面等它们。”

谢尔斯特鲁普努力地挤出一个微笑。“说不定你今天就会有收获。”

波尔松离开费特小屋。昨晚，高原覆盖了一层霜冻，滑雪变得轻松了许多，他脚下的步伐节奏渐渐趋于稳定。每次他抬起滑雪杆向前迈步，冻得结了层硬壳的积雪上都会留下一个圆圆的小孔。身穿白色滑雪服的他在高原上滑行着，呼吸变得有些急促起来。从他很小的时候开始，祖父就不厌其烦地告诫他必须遵守狩猎规则。此刻，他的脑海里再次响起了祖父的谆谆教诲：“你的步枪是武器，不是玩具。打猎时，你要把它背在右肩上，胳膊压住枪管。在树林里休息（或）翻越障碍时，一定要把子弹退膛。选
定位置后，在目标出现以前不要碰保险栓。瞅准目标后再开枪。 150
始终保持冷静，时刻牢记你手里还拿着武器。永远不能因为过于兴奋或过于渴望猎物而忘乎所以。”[10] 从他第一次从祖父手里接过猎枪直到现在，那么多年过去了，波尔松始终牢记着祖父说过的这些话。他在高原上追踪和猎杀过许多头驯鹿，可现在，在他最需要一次成功猎杀的时候，他却连驯鹿的影子都找不到。他和队友现在只有三个任务：保持无线电联络，收集韦莫克情报以及活

下去。没有食物，他们什么都做不了。[11]

在距离小屋5英里的地方，他的腿开始有些发软。他在雪地里发现了一些新的驯鹿脚印。他兴奋得差点跳起来。仔细检查过那些脚印后，他推测这个鹿群的规模不大不小，领头的是一头母鹿，年轻的公鹿和老鹿紧随其后。另一些母鹿带着一岁左右的小鹿和刚出生不久的鹿仔跟在最后面。它们前进的速度很慢，走走停停，边走边啃雪地里的苔藓，一小时走不了几英里。

波尔松心想，今晚他的队员们终于能饱餐一顿了。他们可以吃一顿像样的圣诞大餐。他爬上最近的山顶，然而除了一望无际白花花的雪地，他什么也没看到。鹿群可能进了峡谷，也可能上了高原顶。他跟着脚印走了几英里，几乎走到了格拉斯峡谷的最北端，依旧没有发现。如果鹿群从风中嗅到了狼或其他捕食者的气味，它们可能早就已经跑远。狂奔的驯鹿在不到一小时的时间里能跑出25英里远。"它们就像鬼魂，"他记得他曾在英斯塔的一本书里读到过，"它们会突然冒出来，铺天盖地，到处都是，然后又瞬间消失。"[12]

他顺着临近峡谷一侧的山峰蜿蜒前行，追踪了许久后，波尔松停了下来。[13] 他从手表下扯出一小片法兰绒擦了擦护目镜，抬起头，再次将目光投向地平线与天空的交界处。正午的阳光十分明亮，加之白雪的反射，四周的景物似乎都变了形状。石头看起来和树一样高，山峰却平坦如大地。不过，在北方很远的地方，有一个小峡谷，他似乎看到那里有些黑色的影子。起初，他以为是石头，但定睛细看，他确定它们在移动。

是鹿群。

波尔松慢慢地，小心翼翼地向它们靠近。有时候，他不得不放弃他的地理优势，不过他知道鹿群会一直留在山谷里。此刻，这里几乎没有风。一缕缕缥渺的云静静地挂在天上，一动不动。他向山谷的东面走去，尽量让自己处于鹿群的下风处以免暴露。他解下滑雪板，从山脊上爬下来，趴在一块大岩石上。鹿群就在 151
前方的山谷里，距离他约半英里。这个鹿群大约有 70 多头鹿，有的围在湖边的一小块土地旁，啃舐那里的苔藓，还有一些或趴或站，待在冰面上休息，宛如一尊尊雕像。它们已经换上了长长的灰白色冬毛，这些蓬松杂乱的冬毛与周围的景物浑然一体，是鹿群最好的伪装。在更远的北方，高原渐渐抬升，那里有另一个鹿群在活动，规模比这个要小。

为了达到克拉格步枪的最佳射程，波尔松需要走到离鹿群不足 200 码的地方。然而，他实在不知道如何才能从平地上靠近鹿群又不让鹿群发现自己，或是嗅到他的气味。他只能希望鹿群向他这个方向奔跑，或是向更陡峭的山坡上移动，唯有如此，他才能借助不平坦的地势做掩护，继续追踪鹿群。他趴在大岩石上等了 10 分钟，30 分钟，1 个小时。刺骨的寒意一点点侵蚀着他，他不停地做各种鬼脸，扭动面部肌肉，防止脸被冻伤。当他觉得身上任何地方有些麻木时，他会摘下手套，用一根手指按住那里直到恢复知觉。每隔一小会儿，他就会努力地活动脚趾，然后用手抹把脸，捋掉胡子上的冰。

不知过了多久，鹿群似乎根本没有离开的打算，它们悠闲地嚼着苔藓，漫无目的地在湖面四周踱着步子。波尔松必须采取行动。在来到挪威后将近两个月的时间里，他们从没吃饱过，他的队员需要食物。光线已经开始变暗，他必须尽快开展捕猎行动，不然等到天黑，他不仅彻底失去机会，还会被困在高原上。过去的一个月里，暴风雪曾无数次将他们逼入绝境，如果今晚再来一场这样的风雪，在这片没有任何遮挡的空地上，他必死无疑。

下定决心后，他从大岩石上爬下来悄悄潜入峡谷，借助狭窄的山脊和细长的突出山体做掩护，一点点接近鹿群。就在这时，两只公鹿离开鹿群，朝他这边跑过来。波尔松站在原地一动不动，他仍然处于下风，加上距离遥远，他还穿着白色的滑雪服，那两只鹿并没有发现他。当它们转身向鹿群走去的时候，他立刻连冲带滚地向着下方隆起的一处高地奔去，只要到了那儿，公鹿就在他的射程范围内了。眼看目的地就在前方，突然，他脚下一滑，要不是他手疾眼快抓住一块石头，他整个人瞬间就会摔下山谷。

然而，对于将谨慎当作第一生存要旨的驯鹿而言，山坡上这一丁点儿小动静已经足够引起它们的警觉了。两只离群的公鹿用蹄子蹬了几下地面，迅速向鹿群跑去。飞奔而回的它们让鹿群受了惊。伴随着一阵急促而短暂的鹿蹄声，鹿群向着格拉斯峡谷的方向快速奔跑，翻过一座小山丘就彻底不见了。

波尔松躺在雪地里，飞奔逃走的鹿群似乎带走了他身上最后一丝力气。他望着空荡荡的天空，恨恨地骂了一句。他好不容易才压住胸中的怒火，可绝望又立刻翻腾起来，眼泪差一点就掉下
152 来。追了这么久却无功而返。鹿群受了惊，一阵疾跑之后，他即使追到天黑也追不上它们。他将目光转向半英里之外的北方，望向那里的高原。那个小一点的鹿群还在那里，啃着苔藓。

他爬上山坡，找到滑雪板，然后快速地向前滑去。在临近高原的地方，山势越来越陡，他只能缓慢地一点一点往前挪。他不知道等他爬到山顶时风会朝哪边吹，他只能在心中祈祷到时自己仍能位于鹿群的下风处。这时，他只觉胸中一阵绞痛，最后几码距离他几乎是靠爬着走完的。他用手臂撑着山石，慢慢探出头。他看到了大约 30 只驯鹿，鹿群呼出的哈气凝成一片淡淡的白雾，飘在它们头顶的上空。

高原上的风每隔几秒就会变换方向，这风吹得鹿群有些惶惶不安。它们还差一点点就进入射程了，但与此同时，它们随时都有可能从风中嗅到他的气味。波尔松右手拿着枪，整个人趴在雪地里，一英寸一英寸地向前蹭。他在脑海里设想猎杀的场面。他开枪，子弹射中第一只鹿的膈膜。经验告诉他，只要他能命中目标，中枪的动物就会软软地瘫倒下去，看上去就像是它突然间困了想睡上一觉。鹿群可能会把枪响当成冻裂的泥巴发出的声音。如此一来，在鹿群察觉前，他至少还有一次射击的机会，说不定还能开两枪。

鹿群已经进入射程。波尔松小心翼翼地支撑起上半身，跪在雪地里，瞄准目标，缓缓地用手指钩住扳机。只听砰的一声！他的猎物没有倒下。受惊的鹿群飞快地向高原最高处奔去。他又瞄准了另一头驯鹿，再次开枪，紧接着是第三头。没有鹿倒下。鹿群继续向前飞奔，鹿蹄子在雪地上扬起一团团白色的雪雾，待雪雾散去，鹿群也不见了。

波尔松站起来，心中困惑不已。他开了三枪，不可能全都没打中目标。他沿着鹿群逃跑的方向追了上去。雪地上有血迹，而且血迹是跟着三个奔向不同方向的脚印向远方蔓延。他的确击中了目标，但是索利给他们的是杆克拉格军事步枪，包着钢壳的子弹直接击穿猎物的身体，飞了出去，而他常用的猎枪子弹包的是铅壳，比钢壳子弹软，却能留在猎物身体里扩大伤害。他不知道驯鹿中了弹还能跑多远。不过，地上的血迹将会告诉他答案。

他沿着其中一条血迹在高原的山峰上刚追出 100 码，就发现了一只受伤的母鹿，它在雪地里拼命地蹬着蹄子想站起来。波尔松朝它开了一枪。母鹿立刻安静了。他又顺着另一条血迹追了一段不长的距离就立刻调头回来了。他最不愿看到受伤的动物慢慢

死去。然而，这一次事关他和他的队员们的生死。他回到母鹿身边。这头鹿中等体型。如释重负的他很快被快乐包围，喜悦在他
153 身体里激荡着使他兴奋。他为这得之不易的好运气感到庆幸。整整两个月来，他和他的队员们第一次能痛痛快快地饱餐一顿，也终于能恢复体力了。

波尔松从背包里掏出锡铁杯，从驯鹿的伤口处接了满满一杯鹿血。他端起杯子一饮而尽，一股暖流瞬间传遍全身。他又用小桶接了更多的鹿血，之后才拿出匕首和斧头，开始给鹿剥皮，肢解尸体。他首先将营养丰富且味道鲜美的鹿头和鹿舌装进背包，接着是鹿的肚子部分，连同那塞满了没有完全消化的苔藓的胃的四室一起装了进去。随后他又将鹿的心、肝、肾以及肋骨和四条腿塞进背包。肢解时，他特意将鹿皮下的脂肪切成条，还从腿骨里吸了些黏稠的白色骨髓。他留下了最精瘦的鹿肉，将它们堆成堆埋在雪地里，准备第二天再来拿。现在，他的队员们最需要的是脂肪和营养。

波尔松背着将近 50 磅重的背包向费特小屋走去。此刻，奔波了一整天的他筋疲力尽，不过，成功捕猎带来的欣喜似乎让肩上的背包变轻了不少。在路上，他看到了之前遇到的第一支鹿群；一闻到他的气味，它们立刻再次飞奔逃散。

当他回到小屋时，天色已黑。他将背包留在门口，又用雪擦干净了手上的血迹，这才推门进屋。他什么也没说，其他人以为他又和平时一样，一无所获。他们有些同情地望着他，替他感到惋惜，也为自己难过。豪格兰汇报说，冈内塞德当晚没有出发的计划。眼看着天上的月亮日渐消瘦，这个月开展行动的可能性也越来越小。

过了一小会儿，波尔松的表情让他露出了马脚。就在这时，

谢尔斯特鲁普一眼瞥到了他白色滑雪服上的红色血点，他立刻大叫起来。所有人一起冲出小屋，谢尔斯特鲁普举起了那个已经被血浸透了的沉重的背包。四人一起欢呼起来。

第二天晚上是平安夜，他们点起了煤油灯，围坐在小木桌旁。[14]他们砍了一小截杜松枝作为圣诞树，还在树顶上点缀了一些用纸做的小星星。豪格兰在电报机的耳机上接了一块马口铁皮，这样所有人都能听到电台播放的圣诞颂歌了。不过，为了节约电池电量，他们只听了一小会儿就关机了。当晚的晚餐十分丰盛，有煎鹿舌和煎鹿肝，用鹿血和鹿胃里没有完全消化的苔藓煮成的血汤，还有煮软的鹿肉和骨髓。赫尔伯格还从周围小木屋里找到了一些腌鳟鱼，为圣诞大餐锦上添花。

吃饱喝足后，他们静静地坐着。波尔松一口接一口地抽着烟
斗，和其余三人一起聆听小屋外那不曾停歇的狂风赞歌。大风打 154
着旋儿，从波纹钢做成的屋顶扫过，吹得铁皮咣啷直响。他们中不知是谁开始哼起了小曲儿，很快，其他人也附和着唱了起来。那是他们在苏格兰受训时学会的一首英国歌，“待她到来时，哪怕翻山越岭，她也会出现。”[15]他们不敢唱挪威歌曲，怕勾起乡愁，但他们心中的雄心和对挪威的热爱始终未变。

费利斯的办公室设在奥斯陆的维多利亚露台，此刻，他就坐在这栋插满纳粹党旗的建筑物的三楼办公室里，面前摆着一份挪威海德鲁公司总经理比亚内·埃里克森于 12 月 14 日提交的请愿书。[16]他请求费利斯立即释放其公司的两名员工：托尔斯泰因·斯钦纳兰和厄于斯泰因·亚伦。费利斯知道，特博文不想得罪埃里克森。不久前，这位帝国专员刚刚在奥斯陆城郊的斯凯于姆宫举办了一场假日晚宴。[17]在宴会上，他向包括埃里克森在内

的工业大鳄们保证，一旦战争胜利，挪威及其境内公司的经济前景必将一片光明。鉴于德国需要挪威海德鲁公司提供的铝和硝酸钾，埃里克森还算是个值得笼络的盟友，不过令费利斯感到忧心的还有另一个关键原因：海德鲁公司是 SH-200 计划中关键原料的供应商。英国派出的破坏特工已经明确将其列为袭击目标，而斯钦纳兰和亚伦正是撕开当地抵抗组织网络的关键人物。

每个星期，从高浓缩车间流出的纯度为 99.5% 的重水都会被罐装进容量为 5 升的铝瓶，随后装入木条箱（每箱 4 瓶），由火车运出韦莫克到达梅尔，之后木条箱被装上渡轮驶过廷湖，再由火车运往挪威海德鲁公司位于奥斯陆的办公室。[18] 在这里，木条箱将被转交给国防经济署驻挪威办公室。工人们给箱子重新贴上标签后直接运往位于哈登贝格大街 10 号的军备研究部柏林总部办公室。

一旦这些木条箱被运出挪威，它们就不再是费利斯的职责。[19] 在那之前，他的任务就是确保韦莫克和它每个月生产的 150 千克（或更多）SH-200 原料的安全，绝不能被人破坏。国防军的职责是提供士兵守卫这些具有重大战略意义的工厂，而韦莫克一直高居被保护名单之首。英军的滑翔机行动失败后，法尔肯霍斯特将军来水电站视察过一次，之后就下达了一连串指令，防微杜渐。入口必须
155 严查证件，铺设地雷，安装探照灯和报警器，训练卫兵并配以冲锋枪、手榴弹和指节套环。

“我们的安保团队必须灵活机动，且善于室内搏斗，”法尔肯霍斯特命令道。“他们必须能够快速追踪敌人，以迅雷不及掩耳之势追上他们，然后在肉搏中击倒对方。”他还警告说，“那些流氓会自以为是地选择最艰险的途径潜入工厂，因为他们认为这些地方的防卫最薄弱，障碍最小……敌人们会花上几个星期，甚至几个月的时间，一丝不苟地策划破坏行动，想尽一切办法确保行动

成功。因此，要想挫败他们的行动计划，我们必须不遗余力采取各种手段或办法抢占先机，使他们无机可乘。”[20]

然而，费利斯从没想过要仰仗法尔肯霍斯特。当初，是他的手下在格里尼撬开了英国破坏特工的嘴，问出了轰炸韦莫克的行动方案。虽然被问及是否有挪威人参与时，他们全都矢口否认，但他始终坚信当地的抵抗组织一定知晓这次行动，或为他们提供过援助。告密者已经交代了斯钦纳兰两兄弟的名字：埃纳尔和托尔施泰因。经不住严刑拷打的亚伦也已经向盖世太保供出了留坎米洛格组织的领袖奥拉夫·斯科根。如果当地真有人事先知晓这次行动，此人一定是斯科根。这四个人全都是挪威海德鲁公司的员工，这不得不引起他的注意。12 月 27 日一早，费利斯带领手下逮捕了斯科根，算是他对埃里克森和他的那份请愿书给出的答复。[21]

埃纳尔·斯钦纳兰从默斯湖畔出发，沿着陡峭的山坡跋涉了 30 分钟，筋疲力尽的他一走进小溪旁那座光线昏暗的小木屋就无力地瘫坐下来。[22] 这座名叫尼尔斯布的小木屋建在两块大岩石之间，不仔细看根本发现不了。冬季，小木屋几乎完全被积雪覆盖。夏天，周围茂密的松树林就成了它的天然掩护屏障。如果他平躺在木屋的地板上伸直四肢，几乎能摸到木屋四面的木头墙。此时此刻，再也没有比这座小木屋更安全的藏身之处了。当地的哈马伦和斯钦达伦两家人一直在暗中帮助他，给他提供补给，同时帮他留意德国人的动向。

自从离开天堂小屋后，斯钦纳兰大部分时间都一个人待在尼尔斯布。他在日记中写道，他“和一块上好的牛排以及几块烤薄饼”[23] 一起度过了圣诞平安夜。除此以外，日子就这样一天天地过去，他每天能做的就是写笔记，记录天气的变化：大雾、下雪、 156

东风、西风。特龙斯塔让他逃往瑞典，可是斯钦纳兰不想离开。因为他的缘故，德国人扣留了他的兄弟当人质，亚伦也被关进了监狱。他要留下来，尽可能地帮助破坏小分队炸毁韦莫克。他也明白只要他稍有不慎，被不该看到他的人发现（在当地几乎没有人不认识他），盖世太保很快就会找到他。

12 月 27 日，哈马伦农场接到了来自留坎的电话，得知了奥拉夫·斯科根被盖世太保逮捕的消息。[24] 得知朋友被捕，斯钦纳兰的心一下子坠入谷底。他立刻前往斯托尔索尔湖，通知那里的燕子行动队。在刺骨的西南风里滑了几个小时雪之后，他终于到达了费特小屋。一进屋，他就看到延斯-安东·波尔松正在汤锅里搅拌着什么：斩断的鹿排，几截鹿肠子、鹿的气管和肥腻的脂肪，汤上面还飘着几缕鹿毛。[25] 不管怎样，斯钦纳兰欣然接受了波尔松的就餐邀请，他们说他想在这儿住多久都行。看月相，本月的窗口期已经过去，还要再等将近一个月的时间才能迎来下次月圆，大家正好做伴。

14. 孤单而黑暗的战争

157 1943 年 1 月 6 日，特龙斯塔在金斯顿宾馆的挪威最高司令部里一直工作到深夜。工作间隙，他偶尔会抬起头，瞟一眼走廊尽头的那个房间，那是海军少校恩斯特·马斯特兰德的办公室。就在几天前，执行卡汉普顿行动的奥德·斯塔海姆和另外 40 名士兵在挪威海岸登陆之后，马斯特兰德的船 [1] 撞上浮雷，沉没了。船上所有人员全部遇难。“我们的处境越来越艰难，”特龙斯塔在日记中写道，“每一次逆境都让我们付出更多努力。”[2]

圣诞假期那几天，特龙斯塔格外想念家人。[3] 巴莎在圣诞节前写给他的信中说，没有他，连过节都变得分外困难。[4] 通讯员捎来了她和孩子们的近照，特龙斯塔给他们送去了咖啡和巧克力粉，可他始终无法提笔给他们写信，向他们诉说不能陪家人过节的悲伤心情。12 月 29 日，他再次收到巴莎的来信，她恳求他速速回信。“你觉得战争快结束了吗？”她在信中问道，“最好的时光都没了……我不知道我们过去常常谈论的那些日子算不算，反正现在我满脑子想的除了战争就是食物。”[5] 十岁的西塞尔自己给爸爸写了封信：“我们还算健康吧，我说的是我和弟弟。我们常去滑雪……圣诞节我们都玩得很开心，要是你能在就更好了……你知道我现在有多高了吗……我们养了只狗，它的脑袋特别像狐狸，身体像绵羊，尾巴却像只猴子，简直太奇怪了……史努比、弟弟和妈妈让我告诉你，我们都很想你。我们会见面的。”[6]

新年伊始，特龙斯塔给家人写了一封回信，他告诉女儿，照片 158
里的她看起来“长大不少，也很漂亮”[7]，“我很好，希望这场丑恶的战争尽快结束，这样我就能回家了。你们一定不能害怕。要抬起头，昂首挺胸地生活。”他向她保证他会一直战斗到挪威解放。

如果可以，特龙斯塔愿意每天都发动一次行动，狠狠打击和削弱德国人的实力。[8] 卡汉普顿行动如果成功，就能大大削弱德国人窃取挪威重要资源的能力。之后的冈内塞德行动将会给德国人带来更加致命的打击。北欧的恶劣天气使空降时间一拖再拖，燕子行动队不得不在高原上苦苦坚守，这无形中也给了德国人更多时间来加强防守，但与此同时，伦内贝格和他的手下也同样多了几个星期的训练时间。想到这一点，他稍感慰藉。在这场暗无天日的战争中，人必须善于把握能给自己带来安慰的机会。

在默勒伽塔大街 19 号，奥拉夫·斯科根正坐在一间编号为 D2 的小牢房里等待提审，[9] 这个地方曾经是奥斯陆警察局，但现在已经变成了盖世太保的监狱，其矮矮胖胖的罗马式建筑外形使它看上去就像一个被削平了的婚礼蛋糕。斯科根一遍又一遍地告诫自己绝不能招供。他才是正义的一方，拷问他的人终有一天会为自己犯下的罪行而受到审判。他必须将自己知道的事情和认识的人深藏心底，绝不能透露任何关于米洛格组织，关于留坎，关于燕子行动队或斯钦纳兰的任何信息。连一个名字都不能说。他知道保持沉默是他在这场战争中仅存的武器。他能够承受这一切。他绝不会屈服。

两个星期前，他去卑尔根审查挪威海德鲁公司部分员工的合同。刚一走进办公室，他就被一把手枪顶住了脑袋。在被等候已久的盖世太保押上车的时候，他忍不住在心中骂自己，竟然没有在留坎大搜查之后就第一时间躲起来。他的愚蠢和鲁莽导致了他现在的被动局面。

在卑尔根监狱，一名盖世太保低级军官想方设法地让他供认自己参与了地下抵抗运动。“我从没参与过任何违法活动。”斯科根回答道。

军官耸了耸肩膀。“有人能让你开口，他们最擅长对付你这种嘴硬的人。”说完，军官就将他扔回到了牢房里。

斯科根很清楚自己的处境。在抵抗组织内部，盖世太保严刑逼供的卑劣行径人尽皆知。就在他被捕的第二天晚上，斯科根透
159 过牢房里的窗户，凝视夜空，心里琢磨着到底要不要服下斯钦纳兰给他的那个小药片，以自杀来结束这一切。要想确保盖世太保一无所获，这是最好的办法，也能为他免去之后的许多痛苦。他一边思考，一边从胸口的口袋里抠出了被他缝在里面的药片。他

望着掌心里的药片，然后缓缓倾斜手掌，药片落在地上，他用脚将它们踩得粉碎。如果等待他的是死亡，那也必须让德国人自己动手。

第二天，新年前夜，他们将他押到了奥斯陆，关进了默勒伽塔大街19号。他按了手印，拍了照片，并被没收了皮带和鞋带。第一次审讯的时间不长，他们扯着嗓子恐吓他，威胁他，但没有动手。斯科根答道："这中间一定存在误会。"之后，他们就把他关进牢房，随手丢了几块不新鲜的面包给他。他缩在阴暗的牢房一角等了一天又一天，没有人来。

直到1月11日晚，牢房的大门砰的一声被人推开。他们给他铐上手铐，架着他穿过空无一人的奥斯陆街道，来到维多利亚露台。卫兵们押着他上了四层楼后，将他带进一个房间。里面坐着几名盖世太保，正对着房门的墙壁上挂着一张希特勒的大幅照片。士兵们将斯科根拖到桌子旁，按在一张凳子上。领头的盖世太保坐在桌子对面，这个粗脖子，浓眉毛的德国人下颌格外突出，让人忍不住想一拳将它打回去。他用德语问道："姓名？"

斯科根会说德语，但他并不想让他们知道这一点。"翻译呢？"他问道。

桌子对面传来一声叹息。一名会说挪威语的盖世太保开始替这个粗脖子的家伙做翻译。他问斯科根是否认识厄于斯泰因·亚伦和埃纳尔·斯钦纳兰。

"认识。"斯科根回答道。他的回答让他们以为自己已经得手。

"你们在哪儿认识的？"粗脖子问。

"留坎体育协会。"斯科根答道。

"撒谎！"粗脖子大叫一声，脸涨得通红。他扭过头，死死地盯着翻译。

斯科根说：“我没撒谎。”

他又问了许多关于埃纳尔·斯钦纳兰的问题。斯科根一口咬定自己什么都不知道。不一会儿，一个身穿运动服，体型彪悍的德国人走进房间，加入拷问者行列。他们抬起斯科根的大腿，将一个钳口呈半月形的老虎钳卡在他的小腿上。

“现在，你还不打算招吗？”粗脖子问。

160 “无可奉告。”斯科根说。

穿运动服的大块头拧了几下老虎钳上的螺丝，钳口锋利的金属边缘渐渐嵌入皮肉之中。

“现在呢？”粗脖子又问。

斯科根的脸上露出了痛苦的表情，摇了摇头。大块头继续拧螺丝，半月形的钳口已经嵌入到小腿的肌肉里，使他的小腿看上去细了一圈。他疼得叫出了声。

“我们会一直拧下去，直到你招供。”粗脖子说。

穿运动服的大块头将老虎钳上的螺丝拧得越来越紧，他疼得几乎昏死过去，那条腿在挤压下渐渐变成了紫红色。最终，他从凳子上摔了下来。一旁的士兵立刻举起橡胶棒，狠狠地抽打他那只没穿鞋的脚，受了伤的腿还有后背。乱棒打过后，他们将他拎起来，重新架在板凳上。

“快说！这是你最后的机会！”粗脖子扯着喉咙叫道。

斯科根无力地摇摇头。他不会说，一个字都不会说。这是他一个人的战斗。他将成为最后的胜利者。

大块头松开老虎钳，斯科根那条饱受摧残的腿暂时自由了，但一阵锥心刺骨的疼痛感也如潮水般向他袭来。这时，粗脖子从墙上摘下一根竹棍，重重地抽在斯科根的胸口、后背和肩膀上，直到他自己累得气喘吁吁这才停手。“说，你都知道些什么？”旁边的人围上来，拳头不断地落在斯科根的脸上。当他再次从凳子上跌落下来时，他们一把揪住他的头发，将他拽起来，然后用警棍不停地抽打他。斯科根始终一言不发。就这样过了没一会儿，他只觉得眼前一黑，彻底昏死过去。拷问者只得停下来，向坐在楼下的上级报告，“加强版审讯”[10]宣告失败。

三个星期前，新生行动中幸存的五名英国皇家工兵被转移到了格里尼。来到这里之后，他们一直被单独关押。费利斯已经套出了他想要的所有情报，所以决定下令处决他们。1 月 19 日，这五名工兵被告知他们将接受军事委员会的审判，然后被送往德国境内的战俘营。[11]然而，他们乘坐的卡车在冰雪覆盖的公路上一路向北行驶。几个小时后，他们抵达林区特朗达姆，这里是盖世太保处决政治犯并埋尸的地方。每名工兵由两名德国士兵架着，带入树林，走到一个地方后站定。这里就是行刑队为他们准备好的墓地，然而他们全都被蒙住了双眼，并不知道自己已经站在了各自坟墓的边缘。

在这五人当中，21 岁的沃利斯·杰克逊还穿着从苏格兰出发前发的蓝色翻领毛衣和长裤。他的口袋里塞着一条绣着红色花纹的精致手帕，一看就知道是家中爱人所赠。他们什么也看不到，只能听到周围传来急促的皮靴声，紧接着就是步枪推子弹上膛发出的铮铮声。最后，开枪的指令传来，枪声响起，五名英国士兵应声倒地，长眠在了那片无名墓地之下。

费特小木屋迎来了又一个冻手冻脚的 1 月清晨。波尔松蜷缩 161
在睡袋里，凝视着从自己鼻子里呼出的白色水汽。[12]盖在木板上的驯鹿皮没能阻挡住严寒的侵袭，木屋的天花板和四周的墙壁上都结了一层厚厚的白霜。现在是早晨7点30分，其他人还在睡，波尔松已经钻出睡袋。今天轮到他为大家做早餐。他点亮煤油炉，坐在炉边的小板凳上，拣了几块桦木片扔进炉子。当炉子里的火噼噼啪啪地烧起来后，他又往里面加了些木块。他把罐子架到火炉上，里面盛的是用磨碎了的驯鹿骨熬的稀饭，已经在火上煮了整整两天。将粥热上后，他穿好衣服，拿起放在门边的小斧头，走出小屋。

在离小屋几英尺远的地方，有一个貌似屠宰场的地方，地上的白雪被鲜血染得通红，小屋的墙边摞着一堆驯鹿胃。胃里那些没消化完的苔藓是他们获取维生素C和碳水化合物的唯一来源。波尔松从上面割下一大块，回到小屋里。屋子里，墙面和天花板上的白霜渐渐开始融化结成水珠往下滴，有的滴在他脸上，还有的落在地板上，渐渐汇成一个小水洼。他搅了搅罐子里的稀饭，另外架起一个罐子，开始加热鹿肉，同时冲咖啡。当咖啡飘出香气时，他叫醒同伴们，吃早饭了。

屋里的光线依旧很暗，被叫醒的那几个人揉揉惺忪的睡眼，打了几个哈欠，又伸了个大大懒腰，渐渐清醒过来。这几个月里，他们谁都没洗过澡，只有豪格兰还坚持每天刮胡子。谢尔斯特鲁普的一把红胡子已经长得老长，加上他那张数月未洗，脏兮兮的脸，看上去活像个野人。

他们开始穿衣服，有人套上靴子，来不及系好鞋带就快步奔向树林，解放憋了一夜的膀胱。回到小屋后，他们围着桌子，在各自的位子上坐好，波尔松坐在靠近厨房那边，他对面是豪格兰，赫尔伯格和谢尔斯特鲁普挤在桌子的一侧，斯钦纳兰坐在他们对面。

吃饭的时候，他们很少说话。早餐很简单，稀饭、几块带着板油的鹿腰上的肉和一些鹿内脏。自从几周前波尔松第一次成功猎杀了一头驯鹿后，他们已经全都变成了鉴赏鹿肉的美食家。他们仅凭味道就能判断出这肉究竟是来自于成年公鹿，还是年仅一 162
岁的小鹿仔。成年公鹿的肉富含脂肪，吃起来最香，是他们的最爱。鹿眼睑上的肥肉和骨髓是鹿身上最好吃的部位。血块汤这种用鹿胃里没消化完的食物（主要是苔藓）混合鹿肉、鹿血加上水熬成的汤香浓美味，是他们最爱吃的菜肴之一。不过事实上，他们对任何食物都来者不拒。鹿的心、肾、肝、喉头、大脑、舌头、牙神经、眼睛、鼻子都能成为他们的盘中餐，他们会啃干净鹿骨头上的最后一丝肉，然后把骨头碾碎熬成汤喝掉。除了鹿蹄、鹿角和鹿皮外，他们什么都吃。

当黎明的第一束光透过东面的窗户照进小屋时，他们就会熄灭煤油灯。每天吃完早饭，波尔松和斯钦纳兰都会出去打探当天的天气。他们站在小屋前，朝西北方望去，厚重的灰色云团盘绕在山坡上，遮住了尖尖的山顶。“阴天。”[13] 斯钦纳兰说。

“今天没有行动了。”波尔松回应道。经验告诉他，远方的那些云预示着今晚将不会有飞机从英国方向飞来。

12 月的窗口期过后，他们踩着潮湿的新雪，顶着狂风在高原上来来回回滑了两个星期。期间，他们追踪过驯鹿，拿回了充好电的电台电池和尤里卡装置的电池，从当初降落的松加峡谷取回更多的装备，同时收集各种有关韦莫克的情报。有时候他们只能在野外过夜，如果运气好，他们兴许能找到山林小屋睡上一夜，否则就只能在匆匆挖好的雪洞里过夜。[14] 斯钦纳兰通过奥斯陆的情报员得知，敌人正试图用酷刑逼奥拉夫・斯科根招供，但他知道这位勇敢的朋友什么也没说。[15] 不然，德国人早就派出飞机和滑雪巡逻队进入高原搜捕他们了。

转眼就到了 1 月 16 日，他们再次随时待命，这时，他们收到了特龙斯塔发来的消息："天气依然糟糕但小伙子们迫不及待想与你们会合。"[16]

一天又一天，他们在等待天气转好的同时，依旧像往常一样劈柴、打猎、煮饭，坐在电台旁焦急地等待消息。每天下午 4 点，天色渐暗，他们就会回到小屋，围坐在桌旁吃晚饭。波尔松的烟叶早已抽光，空气中也因此少了一丝熟悉的烟味。吃完饭，他们早早钻进睡袋，蜷着身子挨过又一个寒冷的夜晚，屋外，狂风暴雪来势汹汹，小屋在风雪中摇摇欲坠。

他们彼此间偶尔也会有些小摩擦。[17] 大家争执的原因不外乎是有人没能保持小屋的整洁，或是起晚了没来得及给大家做早饭，又或是木头太湿点不着火。几个年轻人挤在这样一个狭小潮湿的空间里，饥寒交迫是常态，再加上身体疲惫，每个人心里似乎都
163 窝着一团火，任何一个小矛盾都有可能成为导火索。斯钦纳兰的存在缓解了这种紧张局面。在随时待命的那几天，他会独自离开费特小屋，当他在外面滑上几英里再次回到小屋的时候，他总是一副欢欣雀跃的样子，而且往往不会空手而归，有时是一小块黄油，有时是几块杏肉干，使他们的鹿肉平添了一丝不一样的风味。

如果没有队长波尔松，这支小分队也许早已解散。在短暂的白天，他给他们分配任务，让每个人都有事可做，不过，真正的挑战来自长达 16 个小时的黑夜。他们睡不了那么久，也不可能整夜点着煤油灯或蜡烛照明，做些削木头、打牌之类的事情来打发时间。

一天晚上，波尔松向无所事事的队员们说起了狩猎的艺术，详尽地介绍了各种狩猎技巧。他投入而动情的讲解激发了谢尔斯特鲁普的演讲灵感，他立刻开始向大家普及管道科学。豪格兰紧随其后，发表了一篇以无线电为主题的即兴演讲。之后，斯钦纳

兰又给大家上了一堂如何建大坝的工程课。最后，当赫尔伯格用极富诗意的语言向大家阐释了高原上各个地名的由来后，所有人一致认为他是当之无愧的诗人。他写给谢尔斯特鲁普的一首打油诗更是惹来大家一阵哄笑。“他排行老三 / 他是阿尔内，我们的小恶魔 / 他是取暖专家，也是我们的保洁大叔 / 他讨厌霜冻和寒冷的冬天 / 但他知道晚上该干什么 / 戴好巴拉克拉法帽，一觉睡到大天亮。”[18] 当他们想不出话题，也写不出打油诗的时候，他们就回忆家人，还有家乡的生活。[19] 寒冷的冬夜没有瓦解他们，反而拉近了他们彼此间的距离。可即便如此，他们也不能永远留在这儿。

透过哈利法克斯轰炸机的窗户，豪克里德终于瞥到了巨浪拍打下的挪威海岸线。[20] 飞机晃得厉害，他被挤来挤去，但他的一双眼睛始终注视着窗外。他看到海上有艘渔船，心想不知船长有没有听到头顶上传来的飞机的轰鸣声，也许，那盏摇摆的灯笼就是他欢迎他们的暗号。为了躲避德军雷达，飞行员驾驶飞机擦着山谷两侧的山峰，朝斯托尔索尔湖飞去。月光皎洁，地面上的森林和山脉看得一清二楚，与白天无异。1 月 23 日，在光照条件如此完美的夜晚，导航员应该不费吹灰之力就能找到空投点。

冈内塞德行动队在盖恩斯庄园里待的时间太长了，长得以至于那里的员工都开玩笑说他们已经化身成了庄园里的家具。然而，对于每天醒来后完全不知道今天是否能出发的战士们而言，这个笑话一点也不好笑。

时刻绷着一股劲儿的豪克里德已经紧张到了随时都有可能爆发的程度。每延迟一天就意味波尔松和他的队员们要多受一天的折磨。他们准备的口粮肯定早就吃完了，只能靠狩猎为生。他深 164
谙冬季在高原上生存的不易，哪怕只待一天，可他的朋友们为了等他，已经在那里待了好几个月。

伦内贝格则充分利用了这段等待的时间。[21] 他带领队员们一遍又一遍研究和记忆韦莫克的建筑图及照片，到了1月中旬临近窗口期的那几天，他们每个人都已经对这座水电站的构造烂熟于心。他们知道每扇窗户的位置，清楚每个通道的走向和入口。他们知道哪扇门朝哪个方向开，以及它们到底是木门还是铁门；他们知道可以从哪里不借助工具或外力就能爬进水电站，从而免除了因工具而暴露行踪的风险。他们知道哪些栅栏通了电，也知道掩护小组应该占据哪些有利地点，掩护破坏小组进行爆破。每当出现新问题，他们就会给特龙斯塔写信。

现在，他们六个人坐在哈利法克斯轰炸机中，默默地望着调度员，只等他给出手势，他们就一跃而下。[22] 机舱里很冷，他们只能靠喝茶取暖。两个小时过去了。

飞机在高原上沿着“之”字形路线飞行。今晚的云压得很低且散乱不成形，山谷里云山雾罩，飞行员根本看不到地面接头人员给出的信号，只能求助于伦内贝格。飞机掉了个头，向着海岸线的方向飞去，让导航员有机会再次审视这片土地。很快，他们又回到了空降区。透过身边的右舷窗，豪克里德认出了地上的朗厄湖。调度员发出了准备跳伞的指示，舱口的门打开了。最后六分钟倒计时。

然而，调度员却迟迟不下达跳伞的指令。导航员找不到指定的跳伞地点。豪克里德顾不得这些，只想立刻跳伞。伦内贝格也想跳。望着下方的高原，他们告诉飞行员他们可以盲跳，然后“自己想办法前往指定地点”，[23] 然而飞行员担心这会让他们距离斯托尔索尔湖太远，拒绝了他们的要求。这六个男人只能眼睁睁地看着下方的高原消失在自己的视线之中。哈利法克斯继续盘旋在高原上空，寒风从舱门呼呼灌进机舱，将他们冻得全身僵硬。

午夜过后，他们被告知飞机燃料不足，需要返航。得知这一消息后，所有人都有种心被撕开了一道口子的感觉。他们明明就在祖国的上空，却又要再次离她而去……他们实在下不了这个决心。

突然，一阵激烈的枪声响起。飞机旁闪现出一连串小火花，照亮了周围的夜空。哈利法克斯猛地向右一歪，想躲过这阵密集的炮火，机舱内的冈内塞德队员们顿时被甩得东倒西歪。炮火击中了一侧机翼，飞机剧烈摇晃起来。一个发动机着了火，很快就 165
停止了工作。又是一串子弹射来，哈利法克斯摇摆着巨大的身躯，艰难地向前飞去。又一个发动机熄火了。

就在这时，四周突然静了下来，只有仅存的两台发动机嗡嗡作响。他们躲过了炮火的轰击。哈利法克斯摇摇晃晃地向着北海另一端的目的地飞去。

同一天晚上，在能俯瞰斯托尔索尔湖东北侧的一座山顶上，埃纳尔·斯钦纳兰正费力地转动着一台手摇发动机的手柄。[24] 这台发动机是他特意为尤里卡装置组装的，用来替代它那已经报废的电池。为了能及时取回这台发动机，在过去的三天里，他滑雪走了整整 70 英里，此时的他胳膊酸疼，全身乏力。一个小时前，天上那轮金黄的月亮还清晰可见，他们也听到了从头顶上传来的飞机的轰鸣声。波尔松和谢尔斯特鲁普用闪光灯在湖面上摆出 L 型信号，却没能等来空降的同伴。很快，一场冻雾笼罩了整个高原。如果飞机返航，无线电信标就是让导航员找到他们的唯一途径，而这台手摇发动机则是产生无线电信标的唯一动力。

赫尔伯格戴着耳机仔细地聆听，斯钦纳兰奋力地转动手柄。就这样，他们等了好几个小时，直到凌晨 3 点，队员们才终于放弃等待。又冷又累的五个人刚一走进费特小屋就瘫倒在地。

之后的几天里，风暴席卷高原，太阳彻底消失在了漫天风雪之中。1月28日，豪格兰不出所料地收到了来自特龙斯塔的消息，解密后的电文是这样说的："天气糟糕，无法空降，深表遗憾。望继续坚持，直到2月11日下一个窗口期。恢复普通通信时间表。保重。"[25]

波尔松和他的队员们很清楚自己的任务：活下去，然后保持无线电通信并收集韦莫克最新情报。他们的日记越来越短，最后短得只剩一句话。这些简短的句子记录下了他们日复一日单调枯燥的苦役生活，也证明了身处于冰天雪地之中却孤立无援是一种多么可怕的体验，这段时光也成为他们人生中最糟糕的一段经历。波尔松的日记本上写着："1月29日——斯钦纳兰和谢尔斯特鲁普动身前往莱。1月31日——赫尔伯格生日，他的庆祝方式就是外出给电池（充电）。2月1日——昨晚的天气真恐怖。2月3日——赫尔伯格回来了，还带回一些食物。2月6日——糟糕的天气。"[26]斯钦纳兰的日记里记载的大都是每日天气以及他的滑雪路程。[27]他记下了自己从费特到默斯湖，再到天堂小屋，最后返回费特的行程，而这样的往返他不知走了多少遍。每天跋涉10英里几乎成了他的家常便饭。高原上的风从未停歇过，唯一改变的只有风向。

随着下一个窗口期日趋临近，这些小伙子们觉得自己已濒临
166 崩溃边缘，又或者他们早已突破极限。[28]现在，他们有足够的驯鹿肉，不用担心挨饿，但饮食结构单一造成的营养不良正在慢慢拖垮他们的身体。此外，严寒、坚持不懈的工作以及重重压力也让他们本已虚弱不堪的身体更加吃不消。他们中总有人生病，不是肠胃出问题，发高烧，就是肌肉酸痛、水肿，有时候，纯粹是因为太累了。一天早晨，在野外睡了一夜的斯钦纳兰发现自己的

腿动弹不得。无奈中，他只得原地撑了两天，直到双腿恢复力气。每天半夜，豪格兰都要爬起来与主站通信，即使患上了严重的流感，高烧不退，他也依然坚持按时间表通信，借着一根蜡烛发出的微光颤悠悠地发出以点和线编写的加密信息。

2 月 11 日，冷冰冰的西南风从费特小屋吹过，随之而来的又一场暴风雪将他们困在小屋里，一连好几天都出不了门。在等待的时间里，他们也有过心情沮丧、意志消沉的时刻。前线的士兵可以用战斗来检验自己的决心和勇气，这种考验迅速而直接，而此时此刻，与他们对峙的却是冷酷无情的时间和丝毫不讲情面的高原。他们也曾想过投降。他们受够了等待，受够了这种冰天雪地的生活，受够了饥饿、压力、狂风和暴雪。能够温暖他们心灵的家人就在不远的地方，滑雪一天就能到。他们轻而易举就能回到家，睡在熟悉的床上，吃上爸妈做的美味佳肴。

黑暗中，波尔松和同伴们依偎在冰冷的小木屋里。“我们这样做是为了什么？”波尔松的心中充满了疑惑，“我们藏在这大山里吃苦受累到底是为了什么？我们按照指令执行任务又是为了谁？任务有可能会成功吗？我们能活着逃出来吗？”[29] 他不敢将心中的这些疑虑说出来。毕竟，说出来也无济于事。

15. 风暴

1 月空降失败后，伦内贝格认为冈内塞德队员们应该离开盖恩 167
斯庄园放松一下。[1] 在等待窗口期来临的这段时间里，他们来到苏格兰西部，在法恩湾旁的一座石头小屋里生活了两个星期。小屋的主人是一名前情报特工，威尔逊上校的朋友。石头小屋孤零零地立于海湾一侧的荒野之上，这里没有电，要想到这只能乘船或步行穿越荒野。这里群山环绕，与放眼望去满是柔软草坪的剑桥郡相比自然条件恶劣了许多，却是开展训练的最佳地点。他们每天都背着沉重的背包远足，以此来让身上的肌肉提前适应高原地形。不远足的时候，他们会去钓鲑鱼、打海豹、猎牡鹿。苏格兰的训练生活让他们的身体提前做好了执行任务的准备，也拉近了彼此间的距离，让他们更加团结。

2 月 12 日，他们回到了盖恩斯庄园。新一轮窗口期拉开序幕，但是如果挪威也和英国一样被坏天气笼罩，暴雨强风不绝，他们可能短时间内都无法启程。在他们回来的当晚，特龙斯塔就召集他们开会，通报燕子发回的关于韦莫克的最新情报。一直以来，他们都担心行动的长期推延会让敌人有更多时间来加强韦莫克的安防系统，现在，他们担心的事情果然发生了。“德国人加派了奥地利军队。韦莫克里的卫兵人数增加到了 30 人，”燕子汇报称，“桥上设置了双岗双哨。空袭警报系统即将完工。”[2] 自从新生行动失败后，德国人将默斯湖的驻守人数由 10 人增加到了 40 人；韦莫克的守卫由 10 人增加到了 30 人；留坎镇上的守卫更是从 24 人猛
168 增到了 200 人。[3] 这些新增的守卫大都是精锐的德国士兵。默斯湖畔还新建了一座防空炮台。两座 D/F 电台夜以继日地搜索无线电信号，盖世太保在留坎增设了常驻侦察员，四处探听情报。

德国人还在韦莫克附近新铺了不少地雷，探照灯几乎随处可见，水渠顶部及吊桥上也新增了守卫并加强了火力。巡逻队不分昼夜地巡视。韦莫克俨然已是一座冬季堡垒，随时准备迎接敌人的全面进攻。这些日益增强的防卫措施无形中也透露出了原子能计划在这场战争中的重要性，只可惜特龙斯塔和韦尔什最近收集到的情报有限，无法进一步了解到德国人原子弹研制工作的最新

进展。

代号格里芬的保罗·罗斯鲍德发回的消息称，希特勒核心集团成员阿尔贝特·施佩尔强行接手了该计划，但罗斯鲍德不确定这是否意味着该计划受重视程度有所改变。[4] 与此同时，他也强调了海森堡要建立自持式反应堆的决心，只不过最近的一场爆炸让他这几个月的实验成果全部付诸东流。

被特龙斯塔招入麾下的奥斯陆大学教授哈拉尔·韦格兰汇报了他与德国物理学家的会议内容。[5] 那位物理学家称，他们研究的焦点是建造一台能够产生能量的机器而非炸弹。他告诉韦格兰这种武器还只是一个遥远的梦。就在不久前，挪威海德鲁公司的一名高层尼古拉·斯特凡森逃到了斯德哥尔摩，他也证实这名物理学家所言不虚。逃亡前，他曾递交过一份工作报告，报告中提到了公司近期数次敦促韦莫克提高产量的事实。只不过，根据他在公司总部与多名德国科学家交谈的结果，增产的重水“并非用于制造炸弹或其他任何与战争相关的产品”。[6]

与此同时，尼尔·霍勒也发回了秘密情报。在特龙斯塔的鼓励下，这位 29 岁的挪威物理学家进入瑞典皇家科学院诺贝尔研究所工作，所有来访或与所里合作的德国人都是他的情报来源。曾与奥托·哈恩有过密切合作的利塞·迈特纳是该所的一位知名科学家。当初正是在他的帮助下，哈恩才发现了核裂变现象。1 月，霍勒发回的信息详细介绍了柏林方面用离心机分离铀同位素的研究情况。此外，他还一字不漏地陈述了一位参与该计划的德国物理学家的话：他的同胞们“打算制造铀炸弹”。[7]

特龙斯塔未将这些扑朔迷离的情报告知伦内贝格和他的队员 169
们。眼下他们只需要集中全部注意力，锁定韦莫克这唯一的目标。一旦韦莫克被毁，德国人试图通过制造一颗炸弹毁灭一座城市的超级炸弹计划就将彻底宣告失败。

雨中，一辆卡车在滕普斯福特机场旁停了下来，雨点噼里啪啦地打在车棚顶上。[8] 车棚后的门打开了，身穿白色迷彩服，头戴滑雪帽的冈内塞德队员们从车上跳下来，武器统一别在身体一侧。他们穿过停机坪，向哈利法克斯轰炸机和站在一旁等待他们的特龙斯塔走去。“无论如何，务必完成任务，”他对他们说，“无论遇到什么问题，想想肩上的任务。这就是你们全部的职责。”[9] 他祝他们好运，之后，他们爬上机舱，几个人挤在座位上紧挨着他们的全副装备坐好。装备里有诺贝尔 808 炸弹、导爆索、雷管、延时装置及铅笔定时引信。2 月 16 日傍晚 7 点 10 分，飞机沿着跑道呼啸而去，很快就腾空而起。当他们飞到北海上空时，云消失了，海面映射着皎洁的月光，波光粼粼。

冈内塞德行动队回到凯恩斯庄园后，一连四天，每天早晨他们接到的都是“今日无任务”的指示。[10] 今天早晨，天空依旧没有放晴，但他们终于接到了出发的指令。起飞前，在与机组成员的短会上，伦内贝格和豪克里德都明确表示，如果导航员找不到他们的新空降地点（比尤尼斯峡湾，高原上面积最大的水域之一，距离燕子行动队的费特小屋只有一天的路程），就让他们进入驾驶舱帮机组确定方位。他们还明确告诉机组，无论他们是否能发现燕子迎接他们的信号灯，哪怕是在无法确定方位的情况下，冈内塞德队员们今晚都一定要完成空降。“落地后，我们自己找路。”伦内贝格如是说。[11]

临近午夜时，哈利法克斯轰炸机飞到了高原上空。“10 分钟倒计时。”飞行员发出指令。[12] 队员们做好了跳伞准备。午夜刚过两分钟，指示灯终于变成了绿色。伦内贝格第一个跳出机舱，消失在无尽的黑暗和大风中。之后，4 名队员快速而有序地跃出了舱门，几个装备筒紧随其后。

克努特·豪克里德站在舱口旁，一颗心狂跳不已。无论他在 STS 51 跳伞学校训练过多少次，跳伞给他带来的紧张感都从未减少过一丝一毫。从 1 200 英尺的高度跳下后，他不会马上着陆，也不知道降落时会遭遇何种危险。林厄公司有一支小分队跳伞时直接降落在湖面上，撞碎了薄薄的冰层，整组人全部淹死。但是现在，他每晚跳一秒钟都会让他和队友们之间拉开巨大的距离。

这时，豪克里德看到连着他降落伞的绳索缠在了调度员的腿 170
上。只要他跳下去，调度员也会跟着一起落下。他飞快地站起来，从调度员身上解下缠绕的绳索，然后一扭身，毫不犹豫地从舱口跳了下去。不一会儿，降落伞弹开了，他肩膀上的绑带瞬间绷紧，在一股向上的拉力作用下，他稍稍向上飞了一小会儿然后开始下降。他身边高高低低地漂浮着 16 个降落伞，每个伞下都挂着装备筒或背包。

他降落在一片雪地之中，刚一落地他就飞快地将降落伞拉紧，收成一团，以免反过来被它拖跑。他们的一个补给包就很不幸地被降落伞拖到了 1 英里以外的地方。他们发现它时，背包正好卡在了冰缝里。只要再往左偏几英尺，错过冰缝，这个装着关键物资的背包就会被大风刮得无影无踪，而他们也将彻底失去装在那里面的帆布背包和睡袋。

降落后不久，队员们会合了。伦内贝格问豪克里德是否知道这是什么地方。这个从小在高原上长大的男人开玩笑说道："据我判断，我们可能在中国。"[13] 不过，这里地势平坦，四周又有群山环绕，他怀疑他们可能刚好降落在了目标地点。他坐在地上，随手抓起一把雪，用手攒成一个雪球，在手里摩挲着，细细体会故乡的滋味：他终于回来了。

会合后，队员们立刻开始工作。[14]首先，他们要烧毁所有降落伞。接着，体力最好的斯托豪格滑雪巡视周边情况，其余5人着手寻找散落的装备。不一会儿，斯托豪格就回来了，他告诉他们1英里外有一座小木屋。之后的几个小时里，他们一直忙着寻找装备，找齐后，他们将装备包集中放在刚挖好的雪沟里，然后用木棍标记出雪沟的位置，最后拿出地图和指南针确定方位。等他们做完这一切时，吹来的新雪已经几乎完全掩盖了自他们降落后留在雪地上的种种痕迹。

临近破晓时，他们走到了那座空荡荡的小木屋前。他们用斧子劈掉了几乎整个门框这才好不容易进到屋内。小屋看起来造价不菲，不仅在顶部隔离出了一个睡觉专用的阁楼，还有待客区，厨房里装备齐全，有壁炉，炉子旁还放着一堆劈好的桦木块。这里无疑是个十分理想的藏身所，住上几天完全没问题，只可惜时间紧迫，他们无法在此逗留，他们必须尽快启程赶往费特小屋。小睡片刻后，他们回到了空降区，清点了任务所需的武器、装备、炸药及食物。任务完成后，他们将会回到这里，取回撤退至瑞典所需的其他补给。

171 下午6点整，伦内贝格拿出指南针，带领小队向东前进。按地图所示，比尤尼斯峡湾距离斯托尔索尔湖约15英里。他们每个人都背着近65磅重的背包，还拖着两架平底雪橇，每个雪橇上都放着约110磅重的装备。他们刚走4英里就起风了，风从他们背后刮来，推着他们前进。很快，一场突如其来的风雪以横扫一切的架势席卷了整个高原。他们每向前滑行一步，无情的西风都会变得更强一分，吹得他们根本睁不开眼。

他们艰难地向前挪着步子，这时，伦内贝格被雪地里突出的

1940 年 5 月，德国警察部队进入奥斯陆。

图片来源：NATIONAL ARCHIVES OF NORWAY

库尔特·迪布纳，德国原子弹计划第一任负责人。

图片来源：NATIONAL ARCHIVES AND RECORDS ADMINISTRATION, COURTESY AIP EMILIO SEGRÈ VISUAL ARCHIVES

维尔纳·海森堡，诺贝尔奖获得者，德国物理学家。

图片来源：NORGES HJEMMEFRONTMUSEUM

默斯湖大坝。图片来源：NORGES HJEMMEFRONTMUSEUM

莱夫·特龙斯塔教授。

图片来源：NORSK INDUSTRIARBEIDERMUSEUM

乔马·布伦，韦莫克重水厂负责人。

图片来源：NORSK INDUSTRIARBEIDERMUSEUM

战争前，有些迷惘的克努特·豪克里德。

图片来源：PRIVATE COLLECTION, HAUKELID FAMILY

党卫军中校海因里希·费利斯（左）和帝国辖区专员约瑟夫·特博文（中）。

图片来源：NORGES HJEMMEFRONTMUSEUM

马丁·林厄，挪威第一独立公司创始人。

图片来源：NORGES HJEMMEFRONTMUSEUM

林厄公司成员大合照。图片来源：NORGES HJEMMEFRONTMUSEUM

流亡在英国的挪威国王哈康七世和特龙斯塔。

图片来源：NORGES HJEMMEFRONTMUSEUM

陆军中校约翰·威尔逊，

英国特别行动处（SOE）挪威分部负责人。

图片来源：NORGES HJEMMEFRONTMUSEUM

埃纳尔·斯钦纳兰。

图片来源：THE LONGUM COLLECTION/NORSK INDUSTRIARBEIDERMUSEUM

奥德·斯塔海姆。

图片来源：NORGES HJEMMEFRONTMUSEUM

被劫班轮，高特森号。

图片来源：NORGES HJEMMEFRONTMUSEUM

挪威突击队完成跳伞动作。

图片来源：NORGES HJEMMEFRONTMUSEUM

延斯－安东·波尔松，松鸡行动队长。

图片来源：NORGES HJEMMEFRONTMUSEUM

阿尔内·谢尔斯特鲁普。

图片来源：NORGES HJEMMEFRONTMUSEUM

克努特·豪格兰，松鸡队话务员。

图片来源：NORGES HJEMMEFRONTMUSEUM

克劳斯·赫尔伯格。

图片来源：NORGES HJEMMEFRONTMUSEUM

降落在哈当厄高原上。

图片来源：PRIVATE COLLECTION, HAUKELID FAMILY

哈当厄高原。

图片来源：NORGES HJEMMEFRONTMUSEUM

挪威抵抗组织使用的无线电设备。

图片来源：FREIA BEER/ORKLA INDUSTRIMUSEUM

哈利法克斯轰炸机牵引着一架霍莎滑翔机。

图片来源：HULTON ARCHIVE/ROYAL AIR FORCE MUSEUM /GETTY IMAGES

参与新生行动的来自第 261 野战团的英国皇家工兵成员。座次：马克·亨尼克中校（第一排左起第四个）。

图片来源：DENIS BRAY

尼古劳斯·冯·法尔肯霍斯特将军和辖区专员约瑟夫·特博文视察韦莫克。

图片来源：NORGES HJEMMEFRONTMUSEUM

立夫·斯科根，留坎抵抗行动领袖。

片来源：PRIVATE COLLECTION/NORSK INDUSTRIARBEIDERMUSEUM

默勒伽塔大街 19 号，盖世太保的监狱。

图片来源：NORGES HJEMMEFRONTMUSEUM

挪威的驯鹿群。

图片来源：ERIC CHRETIEN/GAMMA-RAPHO/GETTY IMAGES

从左上起，按顺时针方向依次为
弗雷德里克·凯泽，
卡斯珀·伊德兰，
比格尔·斯特隆赫姆，
约阿希姆·伦内贝格（队长）
和汉斯·斯托豪格。

图片来源：NORSK INDUSTRIAR-BEIDERMUSEUM

克努特·豪克里德，
冈内塞德行动队副队长。

图片来源：PRIVATE COLLECTION, HAUKELID FAMILY

韦莫克。

图片来源：NORGES HJEMMEFRONTMUSEUM

韦莫克的吊桥和峡谷。

图片来源：NORSK INDUSTRIARBEIDERMUSEUM

冈内塞德行动队的破坏者们。

图片来源：HERO FILM/RONALD GRANT ARCHIVE /ALAMY

遭到破坏后的重水池废墟。

图片来源：NORGES HJEMMEFRONTMUSEUM

冈内塞德行动结束后，
特龙斯塔（就座于一排正中）
和他的队员。

图片来源：NORGES HJEMMEFRONTMUSEUM

一座位于柏林附近戈托夫的建筑，
迪布纳团队在此用重水
建造了铀机器 G-I 和 G-III。

图片来源：SAMUEL GOUDSMIT, COURTESY AIP EMILIO SEGRÈ VISUAL ARCHIVES, GOUDSMIT COLLECTION

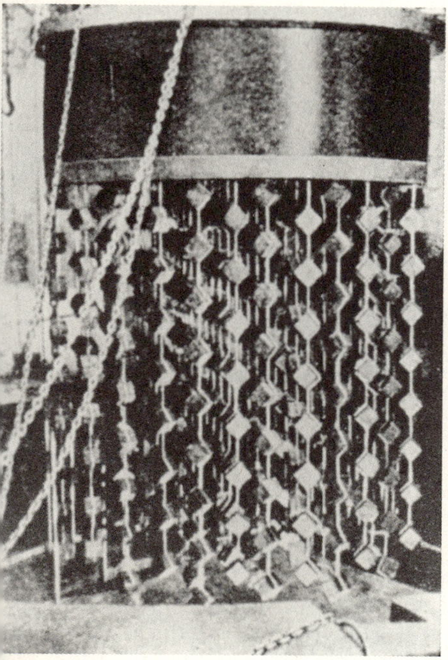

库尔特·迪布纳的铀机器 G-III。

图片来源：AIP EMILIO SEGRÈ VISUAL ARCHIVES, GOUDSMIT COLLECTION

豪克里德和斯钦纳兰在巴姆斯布小屋外。

图片来源：NORGES HJEMMEFRONTMUSEUM

欧文·D.“牛仔”·罗恩，飞行员。

图片来源：COURTESY OF THE 100TH BOMB GROUP, WWW.100THBG.COM

1943 年 10 月，比伽斯伯德二号及其机组成员。

图片来源：COURTESY OF THE 100TH BOMB GROUP, WWW.100THBG.COM

准备轰炸韦莫克的美国轰炸机。

图片来源：NORGES HJEMMEFRONTMUSEUM

美军空袭后的留坎。图片来源：NORGES HJEMMEFRONTMUSEUM

罗尔夫·索利，留坎抵抗组织成员。

图片来源：THE LONGUM COLLECTION / NORSK INDUSTRIARBEIDERMUSEUM

克努特·利尔－汉森，留坎抵抗组织成员。

图片来源：PRIVATE COLLECTION / NORSK INDUSTRIARBEIDERMUSEUM

D/F 海德鲁号。

图片来源：NORGES HJEMMEFRONTMUSEUM

从左至右：豪克里德，波尔松，伦内贝格，凯泽，谢尔斯特鲁普，豪格兰，斯特隆赫姆和斯托豪格被授勋。

图片来源：NORGES HJEMMEFRONTMUSEUM

战后，在斯钦纳兰旅馆举行的庆祝会。

图片来源：O. H. SKINNARLAND FAMILY PHOTO

位于韦莫克的破坏者纪念碑。

图片来源：JÜRGEN SORGES / AKG-IMAGES

一根树枝绊了一下。他顿时感到有些奇怪，但并没有停下脚步。他继续向前，走了几百码后，他发现了一堆灌木丛。比尤尼斯峡湾是一条水道，如果他们正沿峡湾前进，按理说路上不应该出现这么多植物。想到这儿，他才猛然惊觉，他们并没有降落在预定区域内。

他停下来，其他人马上围了过来。他顶着呼啸的狂风，扯着嗓子喊道："我们得回那个小屋，这样才——"风声瞬间就淹没了他后面的话。[15]

他转过身，向来时的方向走去，队员们紧随其后。现在，他们完全是迎着狂风前进，冰雪扑面而来，宛如锋利的小刀划过他们的面庞。寒风猛烈，他们不得不用手捂住口鼻，否则根本无法呼吸。能见度几乎为零，他们来时的足迹早已被冰雪掩盖，伦内贝格只能依靠指南针前进。

他们拖着装备在雪里慢慢地前进，每走一步几乎要用尽全身的力气。黑暗笼罩了一切，寒意刺骨。只要稍稍走偏几英尺，错过那座小屋，他们就只能在高原上迎着暴风雪，永无止境地走下去。

暴风雪也席卷了费特小屋。[16]屋内，燕子队员们和斯钦纳兰心急如焚。16 日早，天气晴朗，万里无云，他们都觉得冈内塞德队有望能在今晚出发。不一会儿，豪格兰就收到了他和主站约定好的以"211"为代码的出发信号。

波尔松带着他的队员们来到比尤尼斯峡湾。他们打开并设置好尤里卡系统，准备好信号灯，然而那天晚上，除了听到从远处传来的飞机引擎声，他们没见到任何飞机或空降团队。

17 日晚上，暴风雪刮了一整夜，小屋几乎完全被埋在积雪之 172
中。他们商量说要派搜索队去比尤尼斯峡湾，但波尔松认为还是谨慎为妙。在这样伸手不见五指的鬼天气里，找人无异于痴人说梦，而且他怀疑他们并没有降落在预定区域附近，因此，他认为最好等到暴风雪平息再做打算。然而，随着时间推移，风暴非但没有减弱的趋势，反而越吹越猛。费特小屋的墙壁上渐渐结了一层厚厚的霜冻，他们蜷缩在睡袋中，身体和内心都在瑟瑟发抖。

伦内贝格从墙上摘下那幅地图。[17] 几个小时前，他和队员们在风雪中摸索着前进，最后竟然奇迹般地找到了他们要找的这栋小木屋。进屋后，他们跺了跺已经冻僵的双脚，搓着完全麻木的脸，在心中暗自庆幸自己刚刚逃过一劫。其他人很快睡着了，而伦内贝格坚持今晚由他放哨守望，尽管在这高原之上，最大的威胁莫过于狂风与严寒。

他打着手电，凝视着那张地图，想试图分辨出他们到底降落在了高原上的什么位置。他的手指首先落在比尤尼斯峡湾上，然后开始以它为中心画圆，一圈一圈地放大，在地图上寻找与这里环境吻合的地点：地势平坦，有一个相当大的湖，四周群山环绕。当他画到第三个圈的时候，他的手指停在了位于预定地点东北方向约 20 英里的斯科里肯湖上。这个地方距离韦莫克有 40 英里远。

早晨，他们撬开了小屋里一个带锁的侧屋，在里面找到了一本钓鱼日志本，这才得知小屋名为詹斯布，其主人是挪威一家船运公司的老板，而这个地方的确位于伦内贝格昨晚猜测的斯科里肯湖附近。

没有无线电台，屋外依旧风雪肆虐，队员们只能待在屋里，听着从屋外传来的凄厉风声。[18] 大风一阵强过一阵，丝毫没有减弱的趋势，坐在屋里的六人闲来无事，开始计算自己加上屋子及屋中物品的总质量，讨论这个重量是否能让小屋不被狂风吹上天。

小屋还算结实，但也免不了被风吹得直晃，四周的墙壁嘎吱作响，让他们觉得自己仿佛坐在一艘随时可能散架的船上，在风暴肆虐的海上飘荡。他们谁都没经历过这么猛烈的暴风雪。

暴风雪给大地铺上了一层足足有 3 英尺厚的雪毯。风雪依旧没有减弱的势头，但队员们还是努力推开门，瞟了一眼外面的世界，平坦的地面上积满了厚厚的白雪，白色主宰了天地万物。他 173
们暂时忘却了任务；除了暴风雪，这里什么也没有。

天气的迅猛变化让他们六人都感觉到了环境骤变带来的明显不适。两天前，他们还身处于几乎与海平面齐平，相对温暖的英国。现在，他们不仅来到了高出海平面近 1 英里的高原之上，还不得不应付这里冷得难以想象的极端天气。肿胀的扁桃体导致他们吞咽困难，他们的眼睛总是湿乎乎的，太阳穴火烧火燎热得发胀。

2 月 19 日，伦内贝格写道："天气依旧糟糕。狂风和暴雪。为了节省口粮，我们试图返回降落点拿食物，却不得不放弃，因为我们随时有可能迷路。"[19]

当晚，暴风雪愈加猛烈，仿佛一头好不容易挣脱了束缚的野兽在天地间尽情撒欢。这时，烟开始从壁炉里往外涌，小屋里顿时乌烟瘴气。[20] 伦内贝格自告奋勇去外面检查烟囱。他走出小屋，刚一关上大门就发现自己迷失在荒野之中。风把雪卷成拳头大的雪团往下砸。戴着护目镜的他瞪大双眼却什么也看不见，狂风更是吹得他喘不出气。他俯下身，好不容易爬上屋顶。

惨烈的风声从四面八方传来，吹得他几乎无法思考。四周的景物仿佛都被风吹得不断移动、变形，看起来就像是幻影。最后，他终于找到了烟囱出故障的原因：支撑烟囱顶帽的一根支柱被吹歪了。他什么也看不到，只能摸索着将顶帽扶正，然后固定支柱。

就在他修烟囱的时候，伦内贝格突然发觉自己飘离了屋顶仿佛飞起来了一样，随后又快速下降，就像有个巨人抓住他的夹克，将他拎起来又丢下一样。紧接着，一股强风吹来，他飞了起来，然后一个倒栽葱从空中落下，摔在一个雪堆里。当他好不容易站起来后，他发现小屋彻底消失了，四周白茫茫的一片，大风卷着白雪在他身边飞舞。他迎着将他从屋顶上吹落的大风走去，终于找到了小屋。他第二次爬上屋顶，刚刚扶正了烟囱顶帽，又一股狂风吹来，再次将他吹落在雪地里。

第二天，风雪稍稍减弱，这一次，他们终于成功地找到了降落地点。之前做的标记全都陷入积雪之中，包括那根最醒目的木棒。他们在雪里找了整整三个钟头却一无所获。傍晚时，他们趁着风雪再次减弱，终于找到了一个包裹，但很快暴风雪就以更强劲的势头吹了回来。

在到达挪威后的第五天，忧心忡忡的伦内贝格写道：“风雪仿
174 佛充满了电，再度袭来。能见度为零。队员们显然都有些精神不振。”[21] 风和雪成了这世界的主宰者，没人能逃出它的掌控。

2 月 22 日早晨，六名冈内塞德队员在一片寂静中醒来。[22] 暴风雪消失了，快得令人猝不及防，就和来时一样。他们走出小屋，只见晴空万里，一丝风也没有。连日的暴风雪改变了这里的景致。詹斯布成了一座圆形雪屋。大风吹来的雪汇聚在一起，改变了山坡走势。冰笋和雪堆立在雪地上，仿佛一群静静站岗的哨兵。悬崖边多出了不少白色的悬岩，这也是来自冰雪世界的馈赠。

伦内贝格下达指令，正午过后立刻启程前往费特。他们已经失联长达六天，特龙斯塔和燕子小分队很有可能以为他们已死，宣告行动结束。因此，他们必须抓紧时间。

他们回到当初降落的地区，寻找失踪的物资。他们找了好几

个钟头，终于找到了当时用来做标记的一根木棒，成功找回了一些口粮。考虑到从此处前往斯托尔索尔湖距离遥远且一路上地势险峻，伦内贝格决定最大限度地缩减他们的负重。他们只携带炸毁高浓缩车间（不包括周围机器设备）所需的炸药，燕子队的制服以及够吃五天的十人份克里伯格压缩饼干和行动所需的装备：武器、手榴弹、工程剪、斧头、望远镜、引爆雷管、定时引信和急救包。

下午 1 点，打好包的队员们回到小屋，准备出发。[23] 就在这时，豪克里德发现远处有人影。那人拖着雪橇正朝小屋这边走来。他们立刻退回到屋里，关上门，希望他只是路过。然而，他们留下的滑雪痕迹泄露了他们的行踪。在万物萧索的冬季，尤其是在那场猛烈的暴风雪过后，高原深处出现的人类活动痕迹必然会勾起来者的兴趣。

他们掏出枪，将子弹推上膛。眼看那个男人再走几步就要到达小屋门口，他们几人突然冲出屋。六把枪齐刷刷地瞄准了来者，他那张粗糙的脸立刻吓得苍白。他看上去像是一名普通的挪威当地人。

“你在这深山里干什么？”伦内贝格问。

“我是个猎人。”他回答道，一脸无辜的样子。他们将他搜了
个遍。他的身份证件上写着，他叫克里斯蒂安·克里斯蒂安森， 175
今年 48 岁，家住在高原最东边一个名叫于夫达尔的小山谷里。他的雪橇上装着至少 50 磅驯鹿肉。他身上背着一杆来复枪，口袋里有一捆现金，皮夹里有一张清单，上面写着一些奥斯陆的人名及地址。很显然，他并没有撒谎，单子上的人名是要买驯鹿肉的顾客。不过，这并不代表他不会带来威胁。

伦内贝格将克里斯蒂安森带进小屋，问他是不是国家统一党

党员。“这个嘛，”看起来，这个克里斯蒂安森似乎吓得不轻。他答道，“我不是国家统一党党员，但我支持这个政党。”

“你确定？”豪克里德问道。这个男人的话已经表明他是纳粹的走狗，他们的敌人。

“确定。”他支支吾吾地回答说。

豪克里德扫了一眼其他人，知道他们和他想的一样，他们可能得杀了这个人。有任务在身的他们不可能只将他关起来了事。如果他们放了他，他很有可能会向德国人或警察报告他们的行踪。

豪克里德试图从另一个角度来看这件事。他问克里斯蒂安森，如果他现在就去于夫达尔四处打听他的情况，他的邻居们会不会说他支持纳粹？“我在这里有很多敌人，”他说，“如果你们问起，他们肯定会说我不是纳粹，但这只会让我的处境更加艰难。”

听起来这个男人只是想投其所好，博取他们的同情。他看上去并无恶意，但他们无法百分百确定这一点。做决定的重担落到了伦内贝格的肩上。“说起来真让人感到羞愧，”伦内贝格最后开口说道。“你竟把我们当成了德国人，但事实上我们和他们毫无关联。我们是挪威士兵，我们想你一定很期待国王和政府能重返挪威吧。”

“他们从没给过我半点好处，”克里斯蒂安森说。“他们大可留在现在的地方永远别回来。”

他的话令冈内塞德队员们十分震惊。卡斯珀·伊德兰说他想和伦内贝格私下里说几句。“我可以帮你开枪。”他们刚一走出小屋，伊德兰就对他说。伦内贝格知道他是想帮自己。他这样做完全是出于好意。可是，假如他站在克里斯蒂安森的角度来看这件事呢？在高原深处，他被六个荷枪实弹满脸胡须的男人抓住了，他努力挣扎，试图为自己谋得一线生机。如果克里斯蒂安森有通行证，那就另当别论了，但是他没有。也许，他根本不会对他们造成威胁。然而即便如此，临行前，伦内贝格收到的指令是，遇到不可预见的状况时，无论如何都要以完成任务为第一要旨。他 176
有些犹豫。他对伊德兰说："现在，我们最好还是带着他一起走。"

很快，克里斯蒂安森就向冈内塞德队员们证明了自己的价值。[24]他们拿了些他雪橇上的驯鹿肉做午餐，这顿饭吃得非常丰盛，还节省了他们自己的口粮。伦内贝格问他是否能做他们的向导，带他们去斯托尔索尔湖，克里斯蒂安森说可以。为了避免夜长梦多，他们决定当晚就出发。

晚上 11 点，他们启程。克里斯蒂安森走在最前面，他的腰上捆着一根绳子，绳子的另一端连着一架雪橇，上面装着他们的口粮及装备。伦内贝格跟在他后面，手里拿着指南针，确保他们没有偏离路线。

出乎他们意料的是，克里斯蒂安森真是一名相当出色的向导。他不仅熟知路线，而且十分善于借助地形创造有利的滑雪条件，为他们省去许多力气。在路上，伦内贝格心想，家乡的风景可真美。

2 月 23 日黎明时分，太阳出来了，先是东方的天空变成了古铜色，随后，金色的光芒渐渐透过山峰。克里斯蒂安森将他们带到了一座属于他家的平顶小屋里休息。经过一夜相处，他已经可以轻松地与他们聊天，他甚至表示他想买一把他们手中的汤米冲锋枪。离开小屋后，他们遇到了一个鹿群，克里斯蒂安森恳求他们让他猎杀三四头驯鹿，他可以稍后再来将死鹿运走。伦内贝格拒绝了他的请求，但在心里他已经对这名俘虏的身份深信不疑：他就是一个简单淳朴的山里人，毫无心计，不会对冈内塞德构成威胁。

他们走到一个峡谷的入口处，这条峡谷很长，距离费特还有 7

英里。[25]就在这时，他们看到有一个人正从湖对岸向这边滑来。他们立刻飞快地躲到了大岩石背后，克里斯蒂安森的动作尤其敏捷。

伦内贝格招手，将豪克里德叫到身边，递给他一副望远镜。很显然，这个人是朝着比尤尼斯峡湾而去，因此，他很有可能是前来寻找他们的燕子队员。如果真是这样，豪克里德一眼就能认出他。然而，那名滑雪者距离他们不过几百码，但豪克里德根本认不出对方是谁。那人蓄着浓密的胡须，身上穿着厚厚的挪威冬装。这时豪克里德注意到，转弯处又出现了一名滑雪者，两名滑雪者之间大约相距 100 码。伦内贝格让豪克里德靠近一点观察。他告诉豪克里德，如果他被发现了，且来者并非燕子队员，他大可以像克里斯蒂安森那样，说自己是一名猎驯鹿的猎人。

177 豪克里德趴在松软的雪地上，小心翼翼地匍匐前进，眼看着两名滑雪者滑出峡谷向他这边滑来。[26]滑至一座小山丘附近，他们停下来，仔细地打量四周的环境。看起来他们似乎在找人，或是什么东西。

没过多久，他们再次出发向这边滑来。这时，其中一人正好将头转向了豪克里德，豪克里德立刻认出了赫尔伯格那张饱经风霜的脸。站在他旁边那个胡须拉碴，头发蓬乱的正是谢尔斯特鲁普。在认出战友的那一瞬间，豪克里德虽心中狂喜却并没有马上现身。他想故作幽默，和他们插科打诨一番——“嘿，我猜你就是活化石博士吧”[27]——可是，在看到他们那副瘦削憔悴的模样后，他转念一想，什么都没说，只是咳嗽了几声。那两人立刻如惊弓之鸟般，飞快地扭头向这边看过来，两人的手几乎同时握住了枪。当他们认出来人是豪克里德时，两人一个高兴地大叫，一个兴奋得吹起了口哨，喊叫声在山谷上空回荡着。

燕子队收到了来自主站的信息，得知冈内塞德队已于 2 月 16

日出发，然而，因为导航员失误，他们被错误地投放在了比尤尼斯峡湾。于是，波尔松派赫尔伯格和谢尔斯特鲁普前来寻找他们。他们的运气相当好，从斯科里肯湖出发后，冈内塞德队竟然选择了和他们一样的路线。三个人拥抱在一起，激动地拍打着彼此的后背，豪克里德用力地挥了挥手，召集其他人过来与他们会合。

当晚，大家挤在费特小屋里，享用了一场大餐。[28] 冈内塞德队带来了饼干、巧克力、奶粉、葡萄干，还有最受波尔松欢迎的从英国"直接进口"[29] 的烟草。燕子队队员们则分享了驯鹿身上所有最美味的部位：骨髓、眼球、胃和脑，而他们的客人表示，只要能吃到瘦肉就很满足了。

早些时候，赫尔伯格赶在其他人之前回到小屋通知埃纳尔·斯钦纳兰，冈内塞德队已经在赶来的路上了。斯钦纳兰的身份必须对冈内塞德队保密，以免有人在行动中被捕暴露其身份。斯钦纳兰离开后，伦内贝格、豪克里德和其他两名冈内塞德队队员就赶到了费特，剩下的两名队员则在山谷看守克里斯蒂安森。

在与波尔松讨论之后，伦内贝格决定释放这名猎人，并且警告他绝不能对任何人说起他们，否则他们会让高原附近的所有人都知道他曾经给他们当过向导。放走克里斯蒂安森时，伦内贝格对他说："留在高原上，什么都别说。"[30]

伦内贝格在权衡后做出了释放克里斯蒂安森的决定，这让所有人都感到有些不自在。伦内贝格认为这个猎人的确可能会带来威胁，但这尚不足以成为扼杀一条无辜生命的理由。

这十个男人像老朋友那样说着笑着，一直聊到深夜。豪克里 178
德能够想得到在过去的几个月里，燕子队队员们在高原上挣扎生存的种种不易，尽管他们现在胡子拉碴，面黄肌瘦，但身体情况还是相当不错。他问这期间他们是否遇到过什么麻烦，谢尔斯特鲁普只回答了两个字“没有”，于是大家心照不宣地换了个话题继续聊天。

新面孔的出现让波尔松和他的队员们兴奋不已。他们之前漫长的等待和持之以恒的坚持都是有意义的。冈内塞德队的到来给了他们莫大的鼓舞，也给了他们力量，所有人的心中都洋溢着快乐。

对于接下来的任务，大家全都闭口不提。明天早上，他们将会有充足的时间商议它。现在他们要尽情地庆祝这久违的重逢。

16. 最佳作战计划

179 狂欢过后，这十个人挤在狭小的木屋里，或蜷在地板上，或缩在床上睡了一夜。[1] 此刻，他们已经喝过咖啡，早餐依旧是驯鹿肉，他们的选择只有“煮还是烤”？填饱肚子后，所有人围坐在桌旁，商量行动计划。

首先，伦内贝格开始分配任务。他与凯泽、斯特隆赫姆及伊德兰组成破坏小分队，他为队长。届时，为了增大他们顺利进入目标地点的概率，他们四人将两两一组，分开行动。豪克里德负责指挥由波尔松、赫尔伯格、谢尔斯特鲁普及斯托豪格组成的掩护小分队，确保破坏工作顺利开展。

豪格兰携带无线电设备前往斯科里肯湖畔的詹斯布小屋，在那里与伦敦方面保持通信。斯钦纳兰将在小屋与他会合，协助他完成任务。当然，当着冈内塞德队队员的面，燕子队队员们提到他时只称其为“当地联络员”。

接下来，他们要找到进出韦莫克的最佳路线。伦内贝格用铅笔在纸上画出了水电站及其周边的草图。他从没去过那个地方，但出发前的准备工作让他对那里的一切了如指掌，所以他轻而易举就画出了这张按比例缩小的草图。留坎在右边，韦莫克在中间，左边是默斯湖。韦斯特峡谷顺着莫纳河流域，从左至右将地图一分为二。

韦莫克建在峡谷南侧的悬崖边俯瞰整座河谷。11 根直通涡轮
发电机的水渠紧贴峭壁而上，几乎与崖壁下的电站垂直。一条单 180
轨铁路沿着与水渠同侧的崖壁向东直达留坎。一座单车道吊桥将韦莫克与峡谷北侧相连，桥体全长 75 英尺。桥边有一座名为瓦尔的小村庄，村里的居民大都是水电站的职工。连接留坎与默斯湖大坝的默斯万公路从村中穿过。山谷北侧的崖壁上有条小路，沿路而上就是一望无尽的高原。

在英国时，特龙斯塔曾与冈内塞德队队员们一遍又一遍地浏览地图和照片，想找出通往韦莫克的最佳路线。燕子队在费特小屋里待命时也曾为此反复研究地图和讨论。现在，两支小队会合，他们需要确定最终的行动路线。

他们就三条通往韦莫克的路线展开了讨论。其一是从山谷南侧的山顶，顺着水渠向下进入到水电站内。不过，这个方案很快就被否决了，因为就在不久前，德国人在水渠顶部新增了一个岗哨，水渠周边也铺设了不少地雷。

其二，他们可以从正面开展进攻：滑雪至瓦尔，解决掉桥上的卫兵，直接从桥上杀入水电站。这是三个方案中最便捷的一条路线，但是如果卫兵发现了他们并拉响警报，一场恶战就在所难免。即使能成功炸毁重水池，他们能够顺利逃脱的可能性也会大大减小。

最后一个方案是从悬崖下穿过峡谷，爬上悬崖后沿铁轨一路

向前，穿过一扇带锁的大门进入水电站。这片地区有巡逻队巡视，但尚未设置岗哨。在伦敦时，特龙斯塔就认为这是他们偷偷潜入水电站的最佳途径。但这条路十分凶险，破坏者们稍有不慎就会从铁路旁高达600英尺的悬崖上摔下去，坠入下方奔流不息的大河之中。

伦内贝格决定先确定水电站最新的巡逻及防守信息，然后再做决定。当晚赫尔伯格就能从一名来自留坎的线人那儿拿到这些情报。之后，他会立刻赶往位于菲尤斯布达伦的小屋，与他们会合。菲尤斯布达伦是一条狭长的峡谷，位于韦莫克西北几英里处，行动当天，他们将会从这座小屋出发开展行动。

商讨路线的会议告一段落，冈内塞德队队员们打算出去舒展一下腿脚。除豪克里德外，其余五人都去滑雪了。豪克里德留了
181 下来，他从自己的行囊里抽出一张薄薄的纸，将他和特龙斯塔商量好的行动指令读给燕子队队员们听。按计划，韦莫克任务完成后，他们将留下来在泰勒马克地区建立游击队。虽然斯钦纳兰缺席了这次会议，但他同样也被纳入了该项计划之中。

宣读完这份计划书后，豪克里德将它揉成一团，正要将它扔进炉子时，豪格兰一把拦住他。“这能吃吗？”他问道。[2]豪克里德点点头。“那就别浪费。在我们这儿，绝不乱扔食物。”说完，豪格兰夺过那个纸团，将它塞进嘴里。纸团有点难嚼，但至少它能稍稍改善他的饮食结构，他用力吞了口唾沫，将它咽了下去。

2月25日星期四，罗尔夫·索利和家人们一起，高兴地吃着巧克力派，为弟弟庆祝生日。[3]他不停地看手表——他不想迟到。晚上7点30分，他和家人们说他想出去走走。他母亲知道儿子从事的地下工作需要保密，所以什么都没问。

几天前，一名来自韦莫克的名叫哈拉尔·赛罗斯的同事找到他，问了他一些关于水电站卫兵换岗时间之类的问题。很显然，有人想破坏韦莫克。索利立刻联想到了他在高原上遇到的那位老朋友，并断定他就是其中一名参与者。

现在，那些问题的答案就在他的口袋里，他径直向克罗索邦车站走去。留坎镇上的居民们可以在这里搭乘有轨电车进入高原。他到的略早了些，等待的同时，他的一双眼睛始终在黑暗中搜寻接头的对象，因为他并不知道来者会是何人。就在这时，他看到老朋友克劳斯·赫尔伯格出现在里斯大街上，正顺着七拐八绕的有轨电车轨道朝这边走来。

“我真高兴是你。”赫尔伯格说。[4]

索利将赫尔伯格带回了家。他让赫尔伯格在车库稍等，生日聚会结束后，两人才进门。他们直接走向索利的房间。见到有陌生人出现，家中的哥顿赛特犬泰山狂吠不已，但它的叫声并未引起家中其他人注意。

两人仔细地回顾清单上的问题，尤其是韦莫克的卫兵人数（15 人），换岗频次（每两小时换一次），吊桥上的保安情况（在过去一个月中显著增强）以及地面上的巡逻情况（巡逻路线途经铁路大门）。最终，他们都认为，尽管吊桥有卫兵把守，但它是通 182
往韦莫克的唯一可行路线。至于之前提过的经由峡谷进入水电站的方案，让这两个土生土长的留坎人都不约而同地想起了曾有车从默斯万公路上坠入峡谷，当时，营救者们不得不借助绳索才降到谷底，将车里的司机和乘客救上来。那段悬崖太陡，几乎无法攀爬。

拿到情报后，索利去厨房给赫尔伯格拿了些剩“牛肉”（加了调料的烤面团），赫尔伯格狼吞虎咽地吃了个精光。当晚，他留宿在索利家，第二天清晨，趁着天没亮，他悄悄地离开了这栋房子，沿着主路奔向瓦尔村。

索利目送着他的背影远去，唯恐再也见不到这位老朋友。

星期五一整天，赫尔伯格都待在菲尤斯布达伦小屋里等队友。[5] 橱柜里除了一些已经干透了的糖浆和爬在糖浆上舔食的蚂蚁，什么吃的也没有。小屋位于峡谷较荒僻一侧的坡地上，通往默斯湖的公路则位于峡谷的另一侧。从小屋的窗户望出去，远处的留坎小镇尽收眼底。翻过韦斯特峡谷再走 2 英里就是韦莫克，只不过从这儿看不到。

下午 6 点整，在波尔松的带领下，其他人赶到了小屋。来这儿的路上，他们顺道去了一趟位于朗厄湖畔的波尔松姐夫的小屋，在那里借宿了一夜。波尔松还在小屋里找到了一些新的滑雪板和几双羊毛袜，以及一瓶 Upper Ten 威士忌。不过，所有人都认为应该把这酒留到他们完成任务回来时再喝——如果他们能够回来的话。

小屋虽然舒服但空间有限，容不下九个人，所以睡觉也得轮着睡。他们商定好每一个半小时轮班一次，之后就关好门窗，大家坐下来开始研究最新情报。赫尔伯格介绍说，水电站的主建筑上设有机关枪和探照灯。[6] 吊桥上有两个卫兵巡逻。桥上的警卫室位于韦莫克这一侧，由一名配备有自动武器的士兵把守。一旦发现桥上情况有异，这名士兵就会拉响警报。一旦报警，整个地区——包括水电站上方的水渠，以及吊桥或瓦尔村中的公路——都将立刻进入战备状态，届时，不仅会惊动韦莫克营房里的士兵，就连留坎镇上的常驻军也将即刻赶来支援。

水电站下方的峡谷没有士兵把守，铁路入口处有士兵巡逻但间隔时间较长，可是正如赫尔伯格所说，这并不意味着由此进入水电站就万无一失。即使是在夏季，想从峡谷底部沿上升的铁路爬进水电站都几乎不可能，更何况是在寒冷的冬季黑夜里，整座峡谷都被冰雪覆盖。要想由此进入韦莫克根本不可能。

伊德兰赞同由吊桥进入韦莫克的路线方案。这样既快捷又保 183
险。他们完全可以杀死卫兵，炸毁水电站。波尔松和赫尔伯格虽认为实际情况可能不会这么简单，但也认为相比于峡谷那条路，吊桥的确是更好的选择。伦内贝格也表示赞同。只有豪克里德坚持认为他们应该遵循特龙斯塔的建议，尝试从峡谷进入目标。他认为，如果选择其他途径，他们很有可能要经历一场激战才能靠近高浓缩车间。

伦内贝格从背包里掏出一沓去年夏天拍摄的韦莫克航拍照片。出发前，队员们曾和特龙斯塔一起仔细研究过这些照片。这位教授为他们指出了穿越峡谷的位置，并在铁路沿线标出了他们在发起进攻前可暂时隐蔽的地点。伦内贝格将这些照片摊开，摆在桌子上。

豪克里德指着山谷一侧的灌木丛及树丛，说道："只要这些树还在，它们就是我们最好的掩护体。"[7] 其他人纷纷点头，表示赞成。伦内贝格让赫尔伯格第二天早晨去实地勘察一番，找出一条最可行的路。只不过，要想摸清地形及情况，他只能白天前往水电站。所有人都明白，一旦赫尔伯格被敌人发现，这次行动恐怕就只能以失败告终。

在库默斯多夫，库尔特·迪布纳正带领他的团队进一步完善他关于反应堆的新设计方案。这个方案的核心理念是以结冰的重水来延缓 1 格的铀立方体的衰变速度。[8] 相比于之前的实验，这次的设计方案更加简单，而且这次立方体及减速剂的建筑结构也更利于中子完成轰击。

成为铀俱乐部的负责人后，亚伯拉罕·埃绍成了迪布纳的上司，他明确告诉这位下属："如果你要建一个反应堆，放个温度计进去温度能升高，哪怕只有0.1度，我就把这世界上所有的钱都给你——无论你要什么都行。"[9]与此同时，他也警告迪布纳，假如达不到要求，以后他休想从他这儿要到一个铜板。

事实上，很多钱并没有实际投入到这个项目之中。保罗·哈特克已经研制出了一台超速离心机来加速铀235的反应，研究前景相当可观，然而他却筹措不到拓展实验所需的资金。[10]迪布纳也因为资金有限而无法获得额外的重水。[11]意大利境内发现了两
184 家电解氢电站，它们或许能提供数量有限且纯度仅为1%的重水。德国人可以将这些重水的纯度提高到近100%，但前提条件是IG法本公司位于莱比锡城外在建的实验工厂能够完全依照设计比例建成投产。目前，该项目已暂停，而挪威海德鲁公司还将继续以极低的成本制造并向他们提供重水，其战略意义自是不言而喻。

迪布纳的下一阶段测试已经获得了埃绍的批准，他也因此拿到了柏林一家低温特殊实验室的使用权，并有权调用海森堡的重水份额。[12]韦莫克的重水日产量已接近5千克，待附近的梭海姆和诺托登这两个水电站的重水车间投产后，这一数量肯定会实现质的飞跃。因此，只要他的实验结果令人满意，迪布纳就能迅速扩大实验规模，而一旦他成功研制出一台自持式铀机器，更多的资源和人力都将源源不断地投入到他的项目之中。

对核裂变可能带来的结果感兴趣的人也越来越多。[13]帝国研究委员会的现任负责人赫尔曼·戈林在谈到原子能研究时表示出了"浓厚的兴趣"，事实上，无论是德国海军还是空军的高级将领，甚至包括党卫军在内，都对它很感兴趣。随着铀机器的试验

成功，一批新英雄也将应运而生。

2月27日星期六，日出一小时后，赫尔伯格动身前往韦莫克。[14] 气温不算低，但扑面而来的冷风预示着一场风暴即将来临。今天是周末，他又穿着平民的衣服，看上去和周末来山里远足滑雪的当地人并无二致，应该不会引人注意。他穿过瓦尔村，进入峡谷葱林之中，沿着峡谷北坡那条连接留坎和默斯湖的公路上方的林间小路一路向东滑去。很快他就看到了一条与公路平行的电力线。

他沿着电力线一路向前，直到他看到一条可能可以通向谷底的路径。他解下滑雪板，连同滑雪杆一起藏好，然后穿过树林，走到公路的另一边，沿着斜坡向下滑，途中借助坡上的杜松树丛和松树枝来控制下滑的速度。终于，他降到了谷底，站在莫纳河畔。河面还结着冰，但有些地方的冰层已经很薄。随着气温日渐回暖，要想过河只怕会越来越难。

赫尔伯格沿河前前后后地寻觅，想找一条路，让人能爬到坡上的铁路上去。终于，他发现崖壁上有一处突起的山脊，那里的坡度略缓，不似周围这般陡峭。一些灌木丛和小树扎根于山坡上零散的裂缝之中，可以充当攀爬时脚蹬手抓的助力物。他在心里盘算着，只要他们运气不错，能碰上一个好天气，这条路倒的确 185
值得一试。

想到这儿，他开心地笑了。午饭后，他回到菲尤斯布达伦小屋，向队员们报告了他的这一发现。他说："兴许可以一试。"[15] 之后，队员们几乎一致通过了行动当晚由峡谷底部爬上水电站的路线方案。

接下来，他们需要思考如何撤退。[16]

队员们都很有信心，无论潜入水电站的过程是否顺利，最终他们之中一定有人能成功到达目标地点，引爆炸弹。面对 30 个德国士兵，九名全副武装且训练有素的突击队队员的胜算还是相当大的，更何况他们适应这里的天气熟悉这里的地形，最重要的是，他们每个人都怀着一颗渴望报效祖国的心。

然而，尽管谁都没说出口，但是包括伦内贝格在内的大多数队员都明白，他们在完成任务后顺利撤离的可能性微乎其微。水电站爆炸后，他们根本就走不远。届时，他们可能会被困在韦莫克，又或是被火速赶来的留坎驻军围追堵截。可即便如此，他们也渴望能够活着逃出来，没有谁曾把这次任务当成是一次有来无回的敢死队行动。

伦内贝格希望每名队员都对这次行动的最终方案享有话语权。和之前讨论过的路线方案一样，撤离路线也不止一条。他们可以爬上水渠，然后从那里撤离，但是水渠很陡，几乎垂直于水电站，顶上还有卫兵把守，加上水渠周围埋有地雷，所以他们很快就放弃了这条路线。他们也可以直接冲过吊桥，径直撤入高原。这是最快也最简单的逃离路线。但是，这意味着他们必须杀死桥上的德国卫兵，会使当地百姓在事件发生后遭到德国人的疯狂报复。而且，这也会让追踪他们的敌人获悉他们的逃亡方向。

他们的第三个选择就是沿原路返回。他们可以回到菲尤斯布达伦小屋，又或者如赫尔伯格建议的那样，与电力线方向背道而驰前往留坎，然后从克罗索邦站出发，沿着蜿蜒曲折的里斯大街进入高原。如此一来，德国人根本找不到他们。只不过，这就意味着他们需要找到另一条可以下到谷底并爬上悬崖的路线，而且要完成一次艰苦卓绝的攀岩。此外，一旦被人发现，他们将会被直接送进留坎的德国军营。

他们列出了所有可能的路线及其利弊，之后伦内贝格让大家投票决定。投票结果相当接近。大多数人倾向于沿原路返回，然后经由克罗索邦登上高原。

确定路线方案后，伦内贝格告诉大家，行动将于晚上8点整 186
准时启动，在那之前，所有人都应该好好休息，以最佳状态迎接行动。

这时，伊德兰将伦内贝格拉到一旁。从他得知自己入选冈内塞德行动队的那一刻开始，这个大块头的前邮递员就知道对他而言，撤退至瑞典是个难题。严格的训练使他无论是体格还是技术都丝毫不逊色于其他队员，所以他有自信可以顺利抵达韦莫克，但是他担心自己无法完成那280英里长的跋涉。他坦白说，他一直觉得自己参加这次行动注定是有去无回，但现在他认为有必要告诉队长，如果他们有机会逃跑，他不想成为那个拖后腿的人。他希望队友们不用管他，他会自己想办法。“胡说，”伦内贝格斩钉截铁地说道，“到目前为止，你从没掉过队，去瑞典的路上你也一样不会掉队。”[18]

这一次，这位年轻的领导者并没有给他投票表决的机会。

当天下午4点45分，莱夫·特龙斯塔走进伦敦帕丁顿车站，登上了一辆开往牛津的列车。[19] 他此行的目的地是全世界最古老的学术聚集地圣埃德蒙堂。在那里，他可以暂时忘却所有战争新闻，让科学和历史主宰他的大脑，使他完全沉浸在对知识的追求与探索之中。这并不容易。两天前，他终于收到了来自冈内塞德队的消息，得知他们安全降落并与燕子队会合。“一切按部就班，”豪格兰发来消息，“精神振奋。致以最衷心的问候。”[19]

在完成任务之前，冈内塞德队暂时不会联系他，现在他最想知道奥德·斯塔海姆和他手下的40名士兵近况如何。从一开始，卡汉普顿行动[20]就接连受挫。他们劫持护航舰队的计划先是被一场突如其来的暴风雪挫败，第二次发动进攻时，行动队又遭遇了一场激烈的枪战。敌人随后开展大搜捕，逼得斯塔海姆和队员们不得不藏身于一个偏远的峡谷农场之中。然而即便如此，斯塔海姆也从未动过放弃行动撤回英国的念头，他坚持要留在挪威，哪怕尝试其他行动目标。他必须做点什么，毕竟为了让他们能够回到挪威，马斯特兰德和战友们付出了生命的代价。

特龙斯塔和威尔逊让他们去炸毁一些钛矿，然而他们的行动计划却因为冬季糟糕的天气状况而一拖再拖，因为拖得太久，盖
187 世太保渐渐逼近，斯塔海姆不得不带着队员们再次撤离。2 月 25 日，英国皇家海军派船来接他们，谁知船刚出发就被北海上的一场暴风雨生生逼了回去。现在这些人缺食物、缺装备，还要应付穷追不舍的德国人。在他发回的最后一封加密情报中，斯塔海姆表示他打算劫持一艘班轮逃回苏格兰。

当特龙斯塔来到牛津，步入这个宁静的世外桃源时，曾经也属于这个世界的他突然感觉有些无所适从，尤其是当他脑海里回想起德国宣传部长约瑟夫·戈培尔最近的那次演讲的时候。[22]2 月中旬，戈培尔在柏林一个体育馆里发表演讲，整个体育馆被挤得水泄不通。他问观众："你们想要一场全面战争吗？"[23]人群顿时沸腾了，人们纷纷举起手臂高呼"想！"戈培尔立刻挥舞着拳头，喊道："从现在开始，我们的口号就是'起来吧，人们，让敌人领教你们的力量！'"

特龙斯塔知道，一旦纳粹找到方法，他们一定会立刻兑现这个承诺。

豪克里德身穿英军制服，坐在菲尤斯布达伦小屋外，静静地

抽着烟。[24] 几个小时后，一切就绪的他就将投身到等待已久的行动中去。赫尔伯格和其他人坐在他身边，埋头给他们的手枪和汤米冲锋枪上油。

这时，一个年轻人穿出树林，向这边走来，打破了小屋四周的平静。这座大峡谷里零散地分布着好几座山林小屋，他们本该料到周末时小屋周围难免会有人出没。他们悄无声息地摸进小屋，向屋里的其他队员发出警告。那个陌生人来到门前，敲了敲门。正当他想再次敲门时，门突然开了，波尔松一手卡住他的喉咙，将他拖进小屋。

豪克里德将枪口顶在他的肚子上。“你是谁？”波尔松问。

来人认出了波尔松：“延斯，是我啊，我是你同班同学。”[25]

“科勒·唐斯塔，”波尔松松开手说道，“是你，我记得你。”

唐斯塔解释说他是来借雪铲的。他带着未婚妻和另外一对夫妻打算在山谷里住上几天。波尔松对他说，这个周末他和其他三个人必须待在自己的小屋里，哪儿都不能去。他说得斩钉截铁，不容分辩，唐斯塔答应了。

豪克里德目送唐斯塔沿原路返回，直到他消失在树林里。他 188
的脑海里浮现出自己和女朋友及其他朋友们在树林里过周末时的种种。他突然感到自己已经彻底远离这种普通人的生活。

队员们随后就这些邻居是否值得信赖进行了一次简短的讨论。伦内贝格决定去对方的小屋和他们聊一聊。他们向他保证，他们都是热爱祖国的挪威人，坚决反对德国占领者。最终，他们说服了他，使他相信他们不会带来任何威胁。离别时，伦内贝格大声说道：“愿上帝保佑我们的祖国和国王！”[26] 其实，他还有一句话没有说出口：今晚，愿上帝庇佑他和他的队员们。

17. 攀登

189 晚上8点整，九名身穿英军制服的破坏者套上白色迷彩服滑雪离开了小屋。[1] 他们分别是：伦内贝格、斯特隆赫姆、伊德兰、斯托豪格、凯泽、波尔松、赫尔伯格、谢尔斯特鲁普以及豪克里德。他们背着五把汤米冲锋枪和手枪、匕首、手榴弹以及氯仿片。他们的背包里装着行动所需的炸药以及撤退时所需的全部装备：睡袋、口粮、地图和其他生存必需品。每个人的制服里都藏着氰化物药片，一旦被捕他们会毫不犹豫地吞下它。他们都很清楚之前被俘的战友们在接受盖世太保审讯后的悲惨结局。

在赫尔伯格的引领下，他们向着菲尤斯布达伦峡谷的下游滑去。月亮躲到了低矮的云层后，月色昏暗，赫尔伯格几乎完全是凭着记忆和对这片土地的直觉带领队友一路前行。他步伐稳健，身姿轻盈地绕过一块又一块巨大的山石，在零散的松树与山间灌木丛中穿梭。其他人紧随其后，除了滑雪板从雪地上擦过发出的沙沙声，四周一片静寂。

出发前，伦内贝格交代得很清楚：无论届时情况如何，哪怕他或其他任何队员受伤或牺牲，剩下的人都必须“义无反顾地继续行动，直至完成任务”。[2] 他们的一切行为都必须以炸毁重水厂为首要目的。队员们早已对进入目标地点后该做什么了然于心。在英国特别行动处训练中，他们曾进行过无数次模拟演习。[3] 每隔一段时间他们就停下来观察一番。迈步时抬高脚，碎步快速前
190 进。移动身体时不能发出任何声音。全副武装的掩护小组率先进入目标地点。为了避免走火或意外，所有枪支必须等到射击前才能推弹上膛。两只破坏小组，两套炸药。任务完成后集结时要对接头暗号。现在，行动已经开始，他们终于能有机会向占领祖国

的侵略者发动攻击，而且据他们所知，炸毁韦莫克将会给敌人造成沉重的打击。

离开小屋后，刚走不到1英里，山势渐陡，山坡上的岩石渐渐多起来，灌木丛也越来越密集。队员们只得解下滑雪板，系在肩后，徒步前进。然而，因为沉重的背包和武器压身，他们在雪坡上跋涉时常常陷入齐腰深的积雪中，一不留神就会失去平衡。

沿着山坡向下走了1小时后，他们终于踏上了默斯万公路。没了树林的遮挡，韦莫克赫然出现在距他们不过1 500英尺之遥的山谷对面——如果他们会飞，瞬间可达。此时此刻，即使隔着山谷，他们也能清楚地听到水电站内发电机发出的嗡鸣声。过去的几个月里，他们的脑海始终被这个地方所占据，他们看了无数张关于它的照片和设计图纸，仔细研究了它的方方面面，将这个庞然大物的内外结构准确无误地印在了自己的记忆中。现在，它就在那里，近在咫尺，仿佛一座有魔法的冬季堡垒。所有队员都目不转睛地盯着它，一动不动。豪克里德在心中暗想，怪不得德国人觉得只需要30名卫兵就能守住它。

所有人重新穿上滑雪板，沿着公路一路向东滑去，直奔瓦尔村。温度适中，从峡谷里吹来的暖风吹化了路面的积雪，冰碴、融雪和泥水混在一起，使他们控制滑雪板变成了一件艰难的任务。与此同时，他们还得时刻留意前方或背后的汽车灯光。罗尔夫·索利曾告诫过赫尔伯格，德国人最近常在这附近活动，而且党卫军运送士兵的卡车也可能会从这儿经过。不过，尽管有风险，他们最终还是选择了沿公路前进，毕竟平坦的路面可比凹凸不平的山路好走多了。

他们顺利地绕过了公路上的第一个Z字形急弯。为了悄无声息地穿过瓦尔村不被人发现，赫尔伯格带着他们重新绕回到了树林之中。一根根电线杆宛如一个个站岗的哨兵，矗立在茂密的树林里，无形中排成了一条狭窄的林中小路，他们就顺着这条小路继续向前，依然还得绕开各种障碍物，而且有时候一不小心还会陷入深及腋窝的湿润的积雪中。

林中的山坡越来越陡，后来几乎完全与地面垂直。队员们只得挺直身体，背靠积雪的山坡，用双脚来控制速度，一点一点地
191 向下挪。山坡实在太陡，稍一弯腰前倾都会令他们在重力的作用下直接倒栽葱摔下山崖，连带将其下方的同伴也撞下山坡。

终于，赫尔伯格的双脚踩在了瓦尔村以东的公路路面上，他的几名队友也接连跳了下来。就在他们等待其余人下山的时候，黑暗中突然迸射出几道明晃晃的车灯灯光。他们赶紧侧身，躲到路边的雪堆之后。两辆大巴朝这边开了过来。那些仍在山坡上的队员们赶紧想尽一切办法将自己固定在原处，以免下坠，但还是有两人没能控制住速度，差一点就落到第一辆大巴的车顶上。幸好这两辆满载着夜班工人的巴士飞快地呼啸而过，并没有察觉坡上有人。

当所有人都成功下山后，他们再次穿上滑雪板，向着与韦莫克方向相反的留坎镇滑去。向东走了大约半英里后，他们来到一片开阔地。赫尔伯格示意他们跟紧了，接着他们向上攀登了大约75码，回到了与道路平行的电线旁。沿着这条小路走了没多久，他们停下来，匆匆挖了一个雪坑，将炸毁韦莫克所需装备以外的所有物资和装备都放进雪坑里，包括他们的滑雪板和滑雪杆。之后，他们脱下白色的迷彩服，这是因为一来军装更有利于他们在阴影中隐藏自己的行踪，二来也能给人造成英国才是这次破坏行动的策划者的假象，从而避免让当地人成为德国人发泄报复的对象。

当晚10点整，队员们进行最后一次核查。伦内贝格和斯特隆

赫姆的背包里都装着整套炸药、雷管及引线，其中任何一套设备都足以摧毁高浓度重水厂。掩护小组的队员们将汤米冲锋枪，手枪、手榴弹和备用弹夹一一收好。谢尔斯特鲁普还比别人多拿了一把硕大而沉重的工程剪。在它面前，各种门锁都不堪一击。“好了，出发。”[4] 清点完毕后，伦内贝格一声令下。

赫尔伯格带领他们下坡，穿过公路走到山谷边，然后借助坡上的灌木丛及树枝，慢慢地向下方的莫纳河滑去。他们不止一次失去立足点，只能背靠山坡顺着队友留下的雪痕往下滑。终于，他们到达谷底，一阵暖风拂面而过，山崖上不断有融化了的雪块落下。他们都知道照这个速度融化下去，河水必然会上涨，随时有可能冲走他们打算用来过河的冰桥。众人沿着河岸细细寻找，想找一块尚未解冻的河面过河。站在谷底，两侧的悬崖直插云霄，高不可及。

几分钟后，他们找到了一块看起来还算结实的冰面。赫尔伯 192
格第一个走上去，快步过了河。随后，他们一个接一个地走到了河对岸。冰桥没有裂，但是他们心里明白，回来时它可能就不存在了——如果他们还能回来的话。

过了河，赫尔伯格开始寻找他早上侦察路线时找到的那条他认为能爬上去的山脊。找到后，他的心情依旧紧张：这一侧的山崖比他们刚刚滑下的那侧山坡更加陡峭，铁路位于 600 多英尺高的崖顶，尽管一些生命力顽强的植物成功地在山崖上扎了根，傍山而生，但没有绳索和岩钉，要想在黑暗中爬上去看似根本不可能。这是他们的选择，已经没有回头路可走。伦内贝格做了一个手势：上。

其他人见状，默默地走到山崖边，寻找可以手抓脚蹬的受力点，一点一点摸索着向上爬。[5] 融化的雪水顺着山石往下流，如果脚踩或手抓在结了冰或冻上了的地方，他们往往就会打滑。遇到山坡上地势较平坦之处，攀岩就会变得轻松许多，只要抓住树干或突出的岩石，他们一下就能向上蹿好几英尺。但更多时候，他们只能很努力地将手指或脚趾塞进岩石上的缝隙里，一点点地向旁边蹭，身体还必须贴紧山崖，以免被擦着崖壁向上吹的大风卷走。所有人都拼尽全力，小心翼翼地向着悬崖顶部挪动。汗水很快就浸透了他们的衣服。累了就稍稍休息一会儿，活动一下几乎僵硬的手指，搓一搓酸痛的肌肉，让急促的心跳稍稍放缓，然后再鼓足一口气，开始下一次的攀登。

在爬了大约四分之一的距离时，伊德兰再次向上伸出手，想借力把自己拽上去，就在这时，他抓在岩石上的左手打滑了。他的心顿时提到了嗓子眼，他奋力摸索着，试图抓住突起的岩石固定身体，然而除了光滑潮湿的崖壁，他什么也没摸到。他将身体贴近悬崖，双脚牢牢地蹬在坚硬的岩石上，伸出左手，想抓住右手紧握的那块岩石。在那一瞬间，他突然觉得肩上的背包和汤米冲锋枪变得异常沉重。稳住身体后，他试探着伸出右手，手指在崖壁上摸索着，希望能找到可以抓住的东西。然而，他什么也没摸到。

为了扩大摸索范围，他慢慢地移动身体，像钟摆那样从一端挪到另一端。好不容易，他的右手指尖终于碰到了一些像是树根的东西。他的左手渐渐感到乏力，所以他必须加快动作，而且要一鼓作气，否则他就会摔下悬崖。快速地喘息几口之后，他再次
193 展开身体，像钟摆一样荡了出去。紧接着，借着这股动力，他做出了一个几乎有违常理的动作：他松手了。就在他松开左手的同时，他的右手摸到了那丛树根。有那么一瞬间，他的两只手都处于悬空状态，就连他自己都以为他马上就要坠入谷底，但就在这

时，他的手指紧紧地抓住了树根。五根手指攥得很紧，直到他的左手也伸过来，抓牢树根。他贴住崖壁，风打着旋儿在他身边吹拂着。他定了定神，继续向上爬。

半个小时后，这支小分队已经爬了大约300英尺，可铁路依旧不见踪影。所有人都累坏了。他们的手指疼得厉害，脚趾也都麻了，酸疼的手臂累得几乎都抬不起来。在开始攀登前，他们已经在崎岖泥泞的雪地中跋涉了很长一段时间。现在，在黑漆漆的夜里，他们每个人都背着一个随时可能让他们失去平衡的沉重的背包，挂在陡峭的悬崖之上。任何一次手滑或脚踩空都将成为致命的失误。

在苏格兰山区接受训练时，教官告诉他们，在攀登时绝对不能向下看，以免胆怯和紧张。今天，他们中还真的有人低头看了看自己上来的路。黑暗中的山谷就像一张可怕的大嘴，随时可能将他们一口吞下。向下看时，他们被眼前这骇人的一幕惊呆了，直到身边的同伴们攀岩的声响传来，才将他们从短暂的惊恐中拉回现实。甩掉脑海里那骇人的一幕后，他们继续向上爬。无论向上的路多么难爬，他们都不是一个人在战斗。只要有人发现了一条好爬的路，其他人就会尽力跟着同伴的脚步向上攀登。每当有人陷入雪窝里，需要有人从背后拉他一把的时候，他通常都不用等太久。如果有人反复寻找借力点无果，他很快就会得到来自同伴的帮助，有时是一个声音，告诉他附近哪儿有踏脚处，有时则是一个来自上方的强有力的手臂。

在11点刚过几分钟的时候，终于有人翻过最后一截岩壁，爬到了铁轨旁。其余八人紧随其后。虽然所有人都累得筋疲力尽，但成功登顶还是让他们感到如释重负。和开始攀登时一样，谁都没有说话。他们倚坐在铁轨旁休息，目光却不约而同地投向了位于铁轨尽头处的那座堡垒。

在距离留坎30英里的那间度假小屋里，斯钦纳兰和豪格兰正坐在各自的床上。[6]屋外，夹着雪花的狂风呼啸掠过，不时传来一阵阵尖利刺耳的风声。他俩都想参加行动，而不是坐在这儿汇报行动情况。他们想和队友们一起冲锋陷阵，互相携持。可是，身为话务员，他们必须接受这种职业诅咒：他们要成为队友们的眼睛和耳朵，协助他们完成任务，却偏偏不能与他们共同进退。

在英国特别行动处，训练有素、技术精湛的话务员并不多，因
194 此没有人愿意冒险让如此难能可贵的人才置身于破坏行动之中。[7]在战斗中，沉重的无线电设备将会成为话务员们无法放弃的负担，与此同时，他们发出的电波也让他们极易成为德国人追踪的目标。事实上，在英国特别行动处特工中，话务员的伤亡情况尤为惨重。只不过，就目前的情形而言，时值冬季，与许多同胞相比，隐藏在高原小屋中的豪格兰和斯钦纳兰的确要安全许多。

此时此刻，斯钦纳兰总忍不住回想起自己的兄弟托尔施泰因和他最要好的朋友奥拉夫·斯科根，他们现在都被关押在格里尼，想必都遭到了非人的折磨，可他却安然无恙地坐在这里。[8]斯钦纳兰和豪格兰都明白，一旦韦莫克破坏行动成功，他们的家人很可能会成为德国人报复泄恨的受害者。又或者，即使行动不成功，他们也一样有可能会受到迫害。德国人一定会认为突击队员们得到了当地人的援助。他俩什么也做不了，只能等待和思考，同时在心中暗暗期待自己之前收集的信息以及做的所有准备工作能够帮助同伴顺利完成任务。

众人排成一队，沿着铁轨走向韦莫克。[9]豪克里德走在最前

面，他每走一步都格外小心。铁轨上的积雪被风吹净，只有靠近悬崖边的地方还留着一些残雪。为了不留下脚印，所有人都尽量踩着铁轨旁冻结的沙砾前进。没有月光，漆黑一片，豪克里德确信他们不会被人发现，也不会有人听到任何动静，因为风声盖住了一切声音——哗啦啦的流水声，涡轮发电机巨大的嗡鸣声，就连他自己的呼吸声也几乎完全消失在了风中。

山谷对面的路上有车驶过，车灯在曲折的山路上留下两道蜿蜒的光束。一个小时前，他们刚刚穿过那条公路，下到谷底。豪克里德绕过一个弯，后面的队员们默不作声地快步跟上。在他们的右下方，他看到了那座吊桥，桥上有两个黑黑的影子，毫无疑问，那是驻守吊桥的两名卫兵。径直向前，在距离他们约 500 码的地方，铁路大门立于黑暗之中。门背后矗立着两个硕大而笨重的黑影，那里就是电站和氢气站。被这两栋建筑物夹在中间的正是德军卫兵的营房。

晚上 11 点 40 分，豪克里德在一座被积雪覆盖的变压器棚旁停了下来，等待其他队员赶上来。这是一个绝佳的藏身处，从这里不仅能监视吊桥上的一举一动，还能静待午夜卫兵换防而不被人发现。伦内贝格打算 12 点 30 分左右进入目标，给刚刚换防的哨兵足够的时间，使其慢慢松懈进入一种例行公事的工作状态。
以变压器棚作为防风墙，九名队员坐在铁轨上，从口袋里掏出巧 195
克力和饼干吃了起来。有几个人则溜达到了队友们看不见的地方，自我放松。

过了一会儿，为了不让水电站里的轰鸣声盖过自己的声音，伦内贝格将大家召到近前，再次询问他们是否清楚各自的任务内容。尽管大家纷纷点头，但他还是重申了一遍行动的关键点：爆破小组自大门进入地下室后立即安装引爆装置。掩护小组必须坚守阵地直到破坏任务完成。无论如何，他们都必须按计划炸毁目标。一旦被捕，即刻自杀。绝不能把审讯自己的机会留给德国人。

午夜前的几分钟，换防的卫兵走向吊桥。不消片刻，被换下的士兵们就拖着步子向营房走去。他们裹着厚实的大衣，头盔紧紧地压在头上，漫不经心地握着手中的武器，一副得意扬扬且无所畏惧的样子。

破坏者们继续等待。[10] 紧张在所难免，但是除了说几句试图缓和紧张氛围的玩笑话，所有人都不约而同地将这种因紧张而生的恐惧深藏心底。他们凝视峡谷周围，说着与行动无关的话。谢尔斯特鲁普忙着用手里的火柴棍剔牙，赫尔伯格说起了他在菲尤斯布达伦峡谷里发现的那瓶爬满蚂蚁的糖浆。其他人兴致勃勃地聊着自己过去做过的恶作剧以及那些没有结果的爱情故事。听上去，他们就像是一群茶余饭后凑在一起吹牛聊天的普通年轻人。

时间一分一秒地过去，伦内贝格看了一眼手表：马上就要到12点30分。只见他略微一点头，其他人立刻站起来。他们最后检查了一遍自己的武器和炸药。“几分钟后，我们就将进入目标，”伦内贝格说道，“记住，接下来我们要做的事情必将载入史册……就让我们一起努力，打一场漂亮仗吧。”[11] 当他们离开英国时，特龙斯塔曾对他们说过同样的话。伦内贝格向豪克里德打了个手势，后者立刻带领掩护小组冲了出去。

进入地雷区后，豪克里德每走一步都小心翼翼。没走几步，他就在雪地里发现了一些脚印。他推测这大概是某个水电站工人留下的，现在，它们就是他们的平安通道。[12] 谢尔斯特鲁普紧随
196 其后，其余七个人排成一队跟在他们后面。在距离大门100码的地方，他们停下脚步，躲在几间储物小屋背后。站在这个位置上，站内发电机的嗡鸣声已经大得震耳欲聋。

深夜 12 点 30 分，伦内贝格向豪克里德和谢尔斯特鲁普示意，让他们剪断大门上的锁。他轻声对他俩说了一句："祝你们好运。"[13] 他俩立刻弓着腰准备冲向目标。谢尔斯特鲁普举起大剪刀，钳住门上的挂锁，只听"咔嗒"一声，坚硬的钢锁就像干脆的小树枝一样应声而断，豪克里德轻轻抽下锁门的链条，推开那扇 12 英尺宽的大门。五名掩护小组成员飞快地冲进韦莫克，当排在最后的波尔松也顺利进入后，破坏小组的四名成员——伦内贝格、凯泽、斯特隆赫姆和伊德兰——也冲了进去。

不一会儿，豪克里德及其组员就已经散开并找到了最佳防卫点。警报拉响后，必然会有卫兵赶来救援或是阻止正在工作的破坏小组，他们的任务就是干掉这些人。谢尔斯特鲁普架好了汤米冲锋枪，通向水渠的楼梯是他的守卫区域。赫尔伯格站在铁轨大门处，负责掩护战友们顺利撤退。斯托豪格守在通往吊桥的坡道上。

豪克里德和波尔松分别躲到了距离营房仅 15 码远的两个硕大的储物铁柜后。豪克里德将手榴弹摆在面前，排成一排，波尔松架好了汤米冲锋枪，枪口对准了营房的大门。做准备时，两人不时用余光扫视周边，提防着可能出现的巡逻队。"这位置真不错。"波尔松说。[14]

在掩护小组找好守卫地点做准备的同时，破坏小组在距离铁路大门 50 码的栅栏上剪出一个大洞。沿着这条路往下走，他们如法炮制，剪断了一个仓库大门上的挂锁，以此作为备选的逃生路线。做完这一切之后，伦内贝格停了下来。他的眼睛在黑暗中搜索着，耳朵也聚精会神地聆听着。水电站内的机器轰轰作响。至今为止，他们还没被发现。伦内贝格带着凯泽穿过一个开阔的庭院，向八层楼的氢气站冲去。斯特隆赫姆也跟了上去，伊德兰紧握汤米冲锋枪，掩护同伴顺利穿过庭院。没有携带炸药的人必须保护背负炸药的同伴。

四名破坏者快速奔至建筑物的一侧。[15] 他们扫了一眼这栋八层楼高的建筑物，所有窗户都被涂上了黑漆，灯光透过斑驳的油漆照出来，星星点点。有的玻璃上的黑漆涂得仓促而马虎，留下不少缝隙。在大楼的东北角，伦内贝格透过窗上的缝隙向屋内望去。那间屋子里只有一个人看守。

他们四人慢慢地绕过大楼东面地下室外的墙壁，在拐角处附
197 近找到了一扇铁门。伦内贝格掏出枪，然后用另一只手抓住门把手向下压。门没开。“锁住了。”他说。[16] 他让凯泽去大门旁边的水泥楼梯井上看看一楼的门是否开着。凯泽一溜烟爬上去，望了望，然后快速下了楼，报告说：“门打不开。”

伦内贝格紧张起来。他们得想办法进去，可是如果想不惊动德国人，他们就既不能用炸药炸开这扇厚重的铁门，也不能破窗而入。

18. 破坏

198 伦内贝格自己走到地下室和一楼的大门前核查了一遍。[1] 凯泽始终跟着他，时刻提防着巡逻卫兵靠近。斯特隆赫姆和伊德兰也在寻找其他入口。他们都明白时间紧迫，必须赶在他们或掩护小组被卫兵发现前进入地下室。心急如焚的伦内贝格想到了北侧墙壁上的管道井。他快步跑下楼梯，冲凯泽挥挥手，示意他跟上。

在布利坎顿伯里庄园，他们曾经讨论过进入水电站的备选路径，当时特龙斯塔向他们提起过一条夹在地下室天花板和一楼的地板之间的管道井，里面塞满了管道和电缆，井口位于大楼面向

山谷一侧的外墙上。[2] 伦内贝格觉得，只要在最近的安防整改中，这条通道没有被堵死，说不定他们能由此进入地下室。

想到这儿，他快步绕过大楼，沿着外墙，在雪堆里寻找据说能通向那个管道井的楼梯。几分钟后，他的手摸到了一级阶梯。“在这里。”他对凯泽说。[3] 二人随即爬上了滑溜溜的金属阶梯，伦内贝格在前，凯泽在后。向上爬了 15 英尺后，他找到了已经被雪掩了一半的管道井的入口。入口没有上锁。他飞快地扒开洞口的积雪，钻了进去。管道井里十分狭窄，他只得解下装着炸药的背包，拖着它向前爬。凯泽蜷着身子，跟在他后面爬进了管道井。

他们几乎完全趴在井内，肚子紧贴着电缆和管道，一点一点地向前挪。爬了几码之后，伦内贝格想扭过头看看其他人有没有跟进来，然而管道井实在太窄，他根本看不到后方。凯泽告诉他，斯特隆赫姆和伊德兰并不在后面。现在，他们别无他路，只能前 199
进，独自完成破坏任务。

又爬了一阵后，伦内贝格发现有些水管向左一转，穿过一个洞后插入了天花板。透过那个洞，他看到下面就是一些高浓缩电解池。他们距离目标已经很近了。

他们继续像虫子一样一点一点地向前蠕动。突然，伦内贝格听到了一声清脆的金属撞击声。他定住了。跟在他后面的凯泽滑了一下，他的柯尔特 0.45 口径手枪从肩上的枪套里掉了出来。尽管手枪上拴着绳子与枪套相连，但手枪滑得太远，正好撞上一根水管。在很长一段时间里，他们俩全都一动不动地趴在原地，担心这个声音会惊动敌人。然而，他们趴得越久，心里就越确信韦莫克内机器发出的巨大响声足以盖过这轻微的撞击声。凯泽将手枪塞回枪套，他们继续向前爬。

在迷宫一样的管道井里爬了大约 20 码后，伦内贝格发现了一个比之前那个洞更大的开口。他从开口处望下去，看到的是一个类似于洞穴的大厅。在确定房间里没有卫兵把守后，他将双腿从开口处伸出，直接从距离地面 15 英尺的管道里跳了下去。在落地的那一瞬间，伦内贝格牢记跳伞教官教给他们的诀窍：将身体蜷成一个卷，以此抵消下坠时的反冲力。凯泽随后也跳了下来。

他们到达了那个有 18 个高浓缩电解池的房间。房间的双开门上贴着一个标牌：闲人免入。[4] 伦内贝格和凯泽一把推开门。值夜班的是一个体型肥硕，长着一头白发的挪威人。坐在桌边的他被吓了一跳，从椅子上弹了起来。凯泽一个箭步奔到他身边。“把手举起来。”[5] 他用挪威语命令道，同时将枪口顶在了那人的胸口上。

那人乖乖地照做了。很显然，他吓坏了，目光在两名破坏者之间闪烁。“只要你按照我们说的去做，你就可以活命。”凯泽说。在他说话的同时，伦内贝格反手将门锁好。“我们是英国士兵。”那个工人瞥了一眼他们军装上的徽章。“你叫什么名字？”凯泽问。

“古斯塔夫·约翰森。”

伦内贝格开始工作，负责看守约翰森的凯泽随口和他聊起了英国的生活，使他确信他们的身份。伦内贝格从背包里拿出炸药
200 和引线。眼前这两排每排九个一共 18 个的高浓缩电解池，与他们在布利坎顿伯里庄园里演习时使用的那个模型几乎一模一样。每个电解池罐都由不锈钢制成，高 50 英寸，直径为 10 英寸。罐子的顶部密密麻麻地缠绕着各种橡胶管、电线及铁管。

伦内贝格不需要了解电解池的工作原理，他只需要知道如何炸毁它们。摆在他面前的那 18 条，每条长 12 英寸的香肠形状的诺贝尔 808 炸弹完全能够胜任这一任务。它们虽只有 10 磅重，可一旦爆炸，其威力绝对不容小觑。

为了防止电击，伦内贝格戴上橡胶手套，来到第一个电解池

旁，将塑性炸药按压在其底部。确定无误后，他开始安装第二个、第三个。经过在布利坎顿伯里庄园的多次演习，安装炸药已几乎成了一种机械性的反射动作。

将双手高举过头顶的约翰森目不转睛地注视着工作中的伦内贝格，原本就战战兢兢的他越来越紧张。终于，他忍不住喊道："小心点。它可是会爆炸的！"[6]

"我们就是要炸掉它们。"凯泽冷冰冰地答道。

就在伦内贝格的双手从刚装好的第九条炸药上挪开的一瞬间，他身后的一扇玻璃突然炸裂。他抓过枪，飞快地转过身，和凯泽几乎同时举起枪对准了那扇窗户。

在大楼外的庭院里，一直监视着卫兵营房的豪克里德瞟了一眼手表。从他们进入铁路大门到现在，已经过去了 20 分钟。他觉得这 20 分钟长得像 1 个小时。他很想知道破坏小组是否已经成功进入电站，行动是否像计划的那样进展顺利。哨兵随时都有可能拉响警报，届时，探照灯、警笛和机关枪都会在一瞬间启动。豪克里德唯一能够确定的就是他周边的情况。发电机不知疲惫地工作着，巨大的轰鸣声不绝于耳。营房的大门紧闭。他的一双眼睛一刻不停地扫视四周，一旦发现巡逻卫兵，他会立刻用氯仿棉布将他们放倒。不过至今为止，他们还没有见到卫兵的踪影。

他不禁回想起了自己第一次为挪威战斗时的情形。在奥斯陆以北 100 英里远的郊外，他和其他挪威士兵包围了一座被德军占领的木头房子。当时，德军拒绝投降，豪克里德和战友们向着那栋建筑物开火。房子的墙壁很薄，不消片刻，房子里的士兵就全部中弹身亡。有的士兵尸体搭在了窗框上，其他人都倒在了屋里的血泊之中。战争是丑陋的，豪克里德知道，面对他手中汤米冲锋枪和手榴弹带来的密集火力，营房里的士兵绝不可能侥幸偷生。

今晚，每一分钟似乎都慢得让他心慌，他担心会有某个环节出问题。掩护小组每个成员的枪都已经上膛，手榴弹也已经抠住指环随时可以抛出。现在，他们都在等，等待破坏小组完成他们的工作。

201 斯特隆赫姆用枪托清理掉了窗框上的残余玻璃。刚从震惊中缓过神来的伦内贝格立刻跑上去帮他。就在刚才，斯特隆赫姆和伊德兰决定以暴力方式进入高浓缩室，谁知差一点被自己的同伴误伤。

伦内贝格急匆匆地想将玻璃清理干净，好让斯特隆赫姆进来。仓促中，他右手的手指被玻璃割破了。他让伊德兰守在窗口，遮挡住从窗户透出去的灯光。一旦卫兵看到这里有灯光，一定会立刻赶到。

斯特隆赫姆进来后，立刻和伦内贝格一起开始安装炸药。有了队友的协助，他们很快就完成了工作。在设置120厘米长的引线之前，他们再次认真地检查了一遍。这条引线一旦点燃，就会以每秒1厘米的速度燃烧，因此，他们必须在两分钟内离开这个房间。

斯特隆赫姆建议他们采用两根30秒的引线来引爆炸药，从而确保他们离开后不会有人掐灭引线。“我们可以先点燃那条两分钟的引线，”伦内贝格说，“如果一切顺利，我们俩再同时点燃那两条短的，然后迅速撤离。”[7]斯特隆赫姆同意了。

正当他们准备安装30厘米的引线时，约翰森突然叫起来：“我的眼镜呢？我必须找到我的眼镜。”[8]伦内贝格瞟了一眼那个男人。约翰森接着说道，战时想买眼镜实在太难了；他们必须让他找到它。有那么一瞬间，他的要求令在场的破坏者们觉得无比的荒谬可笑。他们历尽千辛万苦，甚至不惜牺牲自己的生命，全都是为了眼下这一关键时刻，然而现在，他居然打断他们要求找眼镜。

伦内贝格站起来，在桌上翻找着。他找到了一个眼镜盒，递给约翰森，然后继续工作，将引线缠上绝缘胶带。刚才被玻璃割 202
破的手指依旧在流血，鲜血浸透了他的手套。

“眼镜不在盒子里。”约翰森用一种哭腔嘟囔道。

伦内贝格转过身，望着那个男人，他显然有些怒了。“那还能在哪儿？”

“它刚才还在这儿，”约翰森指了指桌子，“就在你们进来的时候。”

伦内贝格再一次走到桌子前，从约翰森的日志本里找到了夹在书页间的眼镜。约翰森小心翼翼地接过来，并谢过了他。

在安装工作接近尾声的时候，伦内贝格让斯特隆赫姆去打开地下室外面的门，以便他们快速离开。[9] 约翰森从裤带上扯下钥匙，斯特隆赫姆拿过钥匙，向屋外奔去。与此同时，凯泽也押着约翰森走出了即将爆炸的房间。就在他们三人穿过大厅的时候，楼内的楼梯上传来了脚步声。是德国卫兵？

凯泽和斯特隆赫姆将枪口对准了楼梯。不一会儿，来人就出现在了他们面前，他并非德国卫兵，而是被吓得目瞪口呆下意识举起双手的夜班工头奥拉夫·英厄布雷森。趁着凯泽看守这两名人质的时候，斯特隆赫姆轻轻地打开了地下室大门。一阵冷风涌入室内。

在高浓缩室内，伦内贝格正在对爆破装置进行最后一次检查。此时距离他们穿过铁道大门已经过去 45 分钟了。目前为止，他们还算走运。确信爆破装置安装无误后，他扯下了已经被血浸红的手套，又丢了一个英国伞兵徽章在地上，然后掏出一盒火柴，轻轻抖动了一下手腕，一团黄色的小火苗出现了。

他首先点燃了那条两分钟的引线，然后是30秒的短引线。随后，他大声地招呼仍然堵在窗外的伊德兰让他迅速撤离。做完这一切后，伦内贝格一边在心中倒计时，一边飞奔冲入大厅。他对两名人质说："上楼。然后趴下，张开嘴，直到听到爆炸声。否则你们的耳膜一定会被震破。"[10]

就在那两名工人快步冲上楼的同时，三名破坏者火速穿过地
203 下室的铁门。最后通过的凯泽关上了大门，和同伴们以百米冲刺的速度逃离水电站。半路上，伊德兰加入了他们。

四个人刚刚跑出20码远，就听到身后传来一声闷响，他们一扭头，看到熊熊火苗从那扇破了的窗户喷射出来。带着顺利完成任务的激动心情，他们向着铁轨跑去。

在听到从远处传来的沉闷而隐约的爆炸响声后，豪克里德和波尔松对视了一眼。"这就是我们来这儿的目的？"波尔松问。[11]从水电站地下室那边透出的亮光来看，所有的窗户都被震破了，但是谁也不能保证破坏任务已经完成。想到这儿，他俩又窃窃私语地交谈了一会儿，现在他们的目光已经从营房大门那儿收了回来。高浓缩室外面包着一层很厚的水泥墙，加之站内机器的轰鸣声和呼啸的风声，爆炸的声音小得几乎听不到。他们还以为这会是一次更激烈的任务行动。难道出了什么问题？

正当他俩犹疑不决的时候，营房大门打开了，一束明亮的灯光从门口射出，投到了雪地上。一名卫兵走到门口，向左右两侧望了望，这才走出大门。他穿了一件厚厚的大衣，没带武器，也没戴头盔。即便如此，波尔松仍然伸出手指，轻轻勾住汤米冲锋

枪的扳机——这是他的手指今晚第一次碰到扳机。豪克里德也默默地用中指勾住了手榴弹的安全环。

他们俩都在等，想看看这名卫兵接下来做什么。

只见他慢慢地向着氢气站方向踱了大约 50 码，看起来似乎毫无防备。他望着氢气站大楼，看了许久后又扫视了一遍大楼周围。即使他看到了从破碎的地下室窗户里透出的光，他也没有采取任何行动。几秒钟后，他转身走进营房，关上大门。也许，他觉得不过是有动物或落下的雪块触及了地雷，才有了刚才那声闷响。

豪克里德知道，破坏小组一定已经钻过他们事先剪了洞的栅栏，向铁路那边撤退了。现在完全看不到他们的踪影，但是刚才这段时间已经足够他们撤离了。他正想告诉波尔松他们也应该迅速撤离，就在这时，营房的大门再次砰的一声打开了。

还是那个卫兵，只不过这一次他戴上了铁头盔，还拿了把步
枪。他走出营房，举起手电筒，向豪克里德和波尔松这边照过来。 204
波尔松瞄准目标，扣紧扳机。那个卫兵距离他只有 15 码。只需一枪就能干掉他，而且很可能还不会被人发现。卫兵举着手电筒四处照，慢慢地向他俩的藏身之处走来。

波尔松回头望了一眼豪克里德，意思很明确："我该开枪吗？"豪克里德立刻摇头，轻轻说道，"不。"[12] 除非万不得已，他们决不能打草惊蛇。在手电筒的光照到他们之前，他们必须等待。卫兵再次举起手电筒，明晃晃的光束在雪地里扫荡着，有一次差一点就照到了他们的脚。波尔松一直举着冲锋枪，紧紧地盯着这个卫兵。就在这时，那人转过身，最后回头望了一眼四周，终于走了营房，关上大门。

豪克里德和波尔松又等了一分钟，之后，他们果断起身奔向铁路大门，与其他人会合。

刚一到达预定集结地点，他们就听到了从黑暗中传来的街头暗号：“皮卡迪利！”[14] 按照约定，他们应该回答：“莱斯特广场。”可他们还没来得及说出暗号就撞上了谢尔斯特鲁普和赫尔伯格。

“皮卡迪利。”根深蒂固的职业训练让谢尔斯特鲁普再次敦促他说出暗号。

“看在上帝的分上，你闭嘴吧。”豪克里德和波尔松异口同声地笑着说道。至今为止，一切进展顺利，这让他们不禁喜从心中来。赫尔伯格告诉他们，伦内贝格、凯泽、斯特隆赫姆、伊德兰和斯托豪格已经沿铁轨撤离。豪克里德关上门，重新缠好门上的铁链。隐藏自己的逃跑路线，阻止德国人追踪——哪怕只拖延短短几秒钟也能改写战斗结果。

他们四人沿着铁轨跑出大概几百码远的时候，第一声警报声响起。听到警报声后，他们不约而同地加快了步伐，很快就追上了伦内贝格和其他人。他们兴奋地握着彼此的手，激动地拍了拍对方的后背。他们没费一颗子弹，没扔一个手榴弹就顺利地完成了任务。连他们自己都不敢相信这是真的。

可是眼下他们没时间庆祝。刺耳的警报声响彻山谷，为了避免伤亡，他们毫不犹豫地沿峡谷南侧的山崖向谷底滑去。他们只想离开这里。赫尔伯格发现了一段比他们来时攀登的崖壁坡度略缓的山坡，于是他们就这样连蹦带爬地从一个潮湿的雪堆滑到另
205 一个厚厚的雪堆上。在有些过于陡峭的地方，他们仍然需要有技巧地攀爬，但大多数时候，他们都能有控制地向谷底滑去。

在向谷底滑行时，伦内贝格大致思考了一下他们的逃生概率。[14] 鉴于他们既没有从吊桥突破，也没有沿水渠向上爬，所以卫兵们很可能会以为他们仍在水电站内。不过，如果卫兵们发现了他们的脚印或是找到了那把被剪断的锁，情况就不一样了。他

们能够抢占先机的可能性有多大呢？德国人有狗吗？从留坎来的部队什么时候到？他们会驻扎在哪里呢？山谷北侧？还是克罗索邦山脚？水电站内的探照灯怎么还没亮？没人能够回答他，他们现在能做的就是尽快滑到山底，在德国人展开搜捕前逃离韦莫克，越远越好。

滑到谷底后，从冰桥上过莫纳河的时候，他们发现冰桥表面已经积了很深的水洼。赫尔伯格第一个过了河，其他人紧随其后。等过了河，他们才发现靴子已经湿透了。

来到山谷的另一侧后，他们再次开始攀岩，抓住任何可以抓的东西——树根、石块或小树——快速向上攀登。衣服再次被汗水浸透贴在他们身上。因为口渴，干得冒烟的喉咙疼得火烧火燎，但他们从没停止向上攀登的步伐。

爬到山顶的公路上后，他们回头望了一眼对面的山峰，在距离韦莫克大约150码的地方，几道手电筒光束在黑暗中闪烁。敌人已经发现了他们的逃跑方向。他们必须马上离开，而且速度要更快。

在韦莫克，首席工程师阿尔夫·拉森跨过那扇已经被炸飞的铁门，举起手电筒，照向只剩一片废墟的高浓缩车间。[15] 两排重水电解池的残骸歪七扭八地散在地上，木质支架被炸成了碎片。水泵炸烂了，墙壁上遍布烧焦的黑渍，窗户散了架，天花板上的管道网彻底拧成了一团废铁。炸弹碎片划开了冷却系统上的铜管，水喷进屋里。

乔马·布伦神秘失踪后，这位32岁的工程师就接替了他的位置。半小时前，他刚刚结束一场漫长的牌局，走出位于水电站和吊桥之间的集体宿舍。就在这时，他听到了爆炸声。当时正好是

206 凌晨1点15分。他立即致电氢气站，几分钟后，他联络上了奥拉夫·英厄布雷森。这个夜班工头气喘吁吁地告诉他，三个人闯入站内，囚禁了他和约翰森。他们会说挪威语，而且“说得和我们一样好”[16]，但穿的是英军制服。“他们把装置炸上了天。”英厄布雷森报告说。

外面传来了警报声，拉森又给住在留坎的水电站主管比亚内·尼尔森打电话汇报整件事。[17]尼尔森说，他会先向当地的德国驻军及党卫军报告，然后就立刻赶往水电站。拉森放下电话，快步走向水电站。

在高浓缩车间里，拉森不顾被打湿的衣服，从溅水的水管旁走过，迈过地上的爆炸废墟，走向一排高浓缩电解池。他弯下腰，检查设备的损毁情况。九个包着钢铁外壳的电解池全被炸碎。另一排电解池情况也一样。装在这18个电解池里的宝贵的重水早就顺着屋内的地下管道流光了。无论这些破坏者是谁，他们一定精于破坏，并且非常圆满地完成了任务。

PART.04

第四部分

19. 绝佳妙计

209 一辆汽车自留坎方向驶来，九名破坏者纷纷钻进被人堆至路旁的雪堆后面。[1] 汽车拐了一个弯后就看不见了，九个人快步穿过公路，与去之前相比，地上的雪化得更厉害了，公路变成了一条湿乎乎的冰带子。就在最后一个人跃至公路对面之际，又一辆汽车从同一个方向驶来。他们纵身跳进了路边的雪沟里，躲过了车头灯。他们知道，载满士兵的卡车随后就到。

找到当初隐藏的装备补给后，他们再次套上白色的迷彩服，收齐各自的装备，套上滑雪板，沿着电线向留坎滑去。波尔松和赫尔伯格走在最前面。此刻，这两个土生土长的留坎男孩心里想的全都是自己的家人。[2] 这次破坏行动会让德国人采取何种报复行为？眼下，他们大可以溜进留坎镇，和父母兄弟姐妹们一起吃饭，在有需要的时候保护他们。没人知道他们参与了此次破坏行动。没人看到他们。他们费了好大劲才把这些不现实的想法从脑海里抹去，继续向着目的地克罗索邦前进。

警报声依旧在响，一辆卡车从山下的公路上飞驰而过。[3] 在山下的留坎镇，德国人就像被捅了的马蜂窝一样，乱成一团。一旦德国人怀疑破坏者会沿缆车轨道潜逃，他们就很有可能被抓。因此，他们不能冒险走紧挨着总站的里斯大街。沿着不能称之为路的电线小径滑了大约 1.5 英里，他们解下滑雪板，像之前那样将它们扛在肩上，走进树林。没走多久，他们就来到了那段既陡
210 峭又曲折的小路前。长时间的跋涉，加上背负沉重的装备以及执行任务，所有人都筋疲力尽，但他们必须爬完这最后半英里陡峭的山路才能进入高原。此时已过凌晨两点，他们必须在五个小时内登上韦斯特峡谷的山顶，才能在破晓前离开此地。前进道路上的每一次转弯都堪比一场耗时 15 分钟的硬仗。他们每迈出一步都格外费力，每个人都努力地踩着队员们的脚印前进。在有些地方，

路特别滑，而在另一些地方，他们又免不了会陷入积雪之中。每拐一道弯，他们都会停下来稍作休息，然后继续前进。

沿着韦斯特峡谷的北坡一路向上，走到四分之三的时候，所有人都已累得近乎虚脱。此时此刻，意志和不愿被捕的心理已经成了支撑他们继续攀登的唯一动力。每当有人渐渐落后，其他人就会放慢脚步，敦促他加把劲。山下的韦莫克或克罗索邦总站会在不经意间透过林间缝隙映入他们眼帘。奇怪的是，电站周边地区被探照灯照得亮如白昼，可有轨电车站附近却始终漆黑一片。德国人完全可以派出一支小分队埋伏在克罗索邦周边的山坡上伏击他们。如果真是那样，一场恶战在所难免。

四个小时之后，他们终于走到了最后一个转角处。为了绕过山顶的车站，他们又回到树林中，完成了最后一段也是最艰难的跋涉，成功抵达山顶。在短暂的庆祝过后，他们再次系好滑雪板。风吹过他们的脸颊，一阵强过一阵，温度开始下降。暴风雪就要来了。他们向着高原上空旷的山脉出发。破晓时分，伦内贝格示意大家停下稍做休息。九个人坐在山坡上[4]，吃了些巧克力、葡萄干和饼干，大家一边吃一边默默地凝视着韦斯特峡谷。空中蓝色的云彩泛着点点银光，东南方的盖于斯塔峰屹立于天地间，冉冉升起的红日为它镶上了一圈红色的边框。山间传来了清脆的鸟啼声，却不见鸟的影子。

大家并没有着急赶路，而是开始回想刚刚结束的这次行动。想到自己竟然能活着离开韦莫克，所有人都觉得这简直就是奇迹。现在，他们要思考的是如何度过接下来的日子。

赫尔伯格打算滑雪回菲尤斯布达伦，取回护照和他在留坎地区侦察时穿过的平民服装。[5]其他人将在朗格舍小屋稍做修整，然后回费特取衣服和护照，赫尔伯格将会在那里与他们会合。如情况有变，他将于一周后与波尔松在奥斯陆的一间咖啡馆里碰面。[6]商定好后，没和任何人道别，赫尔伯格就滑雪离开了。

余下的人向着西北方前进，穿过高原，前往朗厄湖。[7]早晨
211 7点左右，暴风雪终于如期而至，风力之猛吹得人几乎站不住脚。每走一步，他们都要用力扎弯滑雪杆才能站稳，可即便如此，他们仍时不时就会被大风吹得连连倒退，稍不留心就会被吹翻在地。气温骤降使雪变得又脆又滑，前进变得难上加难。暴风雪带来的唯一好处就是风雪会完全掩盖他们前进的痕迹。就这样，他们在风雪中艰难地走了一个又一个小时，好不容易终于瞥到了湖边小屋的轮廓。

一进屋，解下背包，所有人都瘫倒在地。大家努力地让自己保持清醒，直到他们打开那瓶事先珍藏的Upper Ten威士忌，举杯庆贺胜利。无须留人值守。在这漫天风雪之中，纳粹根本不可能冒险进入高原。波尔松躺在睡袋里，等待睡意降临，就在这时，他突然被一种奇怪而复杂的感觉所包围。[8]首先，他为能够如此顺利完成任务而自豪，然而，想起在过去五个月里，他吃尽了苦头，承受了常人无法承受的一切，可现在，不过短短几个小时，一切就这么结束了，连一场像样的仗都没打。一想到自己终究没能与侵略者正面交锋，他的心里不免闪过一丝失望。

呼啸的风声将他们送入了梦乡，这一觉所有人都睡了近18个小时。早晨醒来时，尽管屋外依然风雪咆哮，但他们还是决定启程前往位于高原深处的费特小屋。前进途中，无情的狂风奋力拍打着岩石和山脊，卷着山石上的积雪和冰块朝他们的脸上和身上重重地拍去。[9]到目前为止，他们最大的威胁依旧来自愤怒的高原，而非纳粹。

爆炸发生 30 分钟后，党卫军少尉穆根塔勒乘车奔向韦莫克，然而，坐在车里的他并没有发现躲在路边雪堆后的九名破坏者。[10] 穆根塔勒曾是慕尼黑的一名警察，现在他是费利斯在留坎地区的得力助手，专职负责收集情报和打击抵抗组织据点。获悉这次针对核心工业的破坏活动后，他顿时心头一沉。

穆根塔勒一到水电站，就被比亚内・尼尔森和阿尔夫・拉森带到了氢气站的地下室。[11] 冷却系统的水泵已关闭，但积满水的房间已俨然成了游泳池。拉森告诉他，电解池内的重水全部流光，重建高浓缩设备需要好几个月的时间。

之后，穆根塔勒随尼尔森和站内军士长格拉斯走向铁路线， 212
勘察破坏者们的进出路线。卫兵们在大门的雪地上找到了被剪断的门锁和大剪刀，还在铁轨旁发现了些许血迹。士兵们正加紧搜索破坏者们的逃跑路线，然而，事实却是任何方向皆有可能：他们可能会沿韦斯特峡谷的南崖向上攀登，也有可能穿越峡谷前往留坎，或者下到谷底后再爬上北崖离开。还有好几个小时天才会亮，即使现在叫醒留坎镇上的士兵，深入被风雪笼罩的密林中搜捕，终究也是徒劳无益。

回到电站后，穆根塔勒即刻开始审讯。首先接受审问的是曾与破坏者有过接触的约翰森和工头。接着，他仔细地询问了拉森许多问题。审讯期间，他一直不停地摆弄着桌面上的手枪，以此暗示受审者千万不要撒谎，否则后果自负。[12] 从表面上来看，整件事非常简单：三个全副武装的人潜入高浓缩车间，他们穿着英军制服却说得一口流利的挪威语。很显然，他们十分了解站内设施，快速准确地安装好炸弹，爆炸后迅速撤离，由始至终没开过一枪。这是一次由专业特工执行的有计划的破坏活动。巡逻队事后发现的一个装有炸弹和雷管的背包也证实了这一点。

谁帮助过他们？通过什么方式？现在，这些破坏者到底在哪儿？这些都是穆根塔勒需要思考和回答的问题。在此后的一天当中，他逮捕了数名韦莫克员工，其中包括袭击事件发生时在场的约翰森和英厄布雷森。他还召集了几十名当地居民前往位于留坎大酒店的党卫军总部问话。然而，他最后得到的有用信息依然还是“三名会说挪威语且体格健壮的男子”[13]，这样的情报显然没有任何意义。

紧接着，挨家挨户的搜查开始了。每个人都必须出示身份证件。进出山谷的汽车站和火车站统统关闭。电话线被切断。一夜之间，留坎镇的大街小巷里贴满了告示，明令镇上的居民，但凡获悉与破坏者有关的任何信息都必须马上报告驻地官员。如有不从，必将遭受“严厉的强制性制裁”[14]。

追踪的士兵在距离水电站一英里处发现了破坏者向下撤至谷底的痕迹，并在山谷另一侧找到了上至山崖上电线附近的爬山痕迹，然而，黑夜中，暴风雪席卷了整座山谷，很快就抹掉了之后
213 的一切踪迹。很显然，这些破坏者们都是出色的滑雪手。如果他们真的撤退到了高原之上，只要眼下这场雪不停，德国人就只能对他们望洋兴叹。

穆根塔勒向奥斯陆的上级汇报了此次破坏事件和他调查的结果。很快，位于柏林的党卫军总部就收到了一份报告书：袭击者们“彻底毁坏了对战争经济具有重要意义的工程设备”[15]，这次破坏活动很有可能是由英国情报机构联合挪威抵抗组织共同开展的。报告中还指出，他们的目标是“水电站内最重要的组成部分”。在等待上级命令及增援的同时，穆根塔勒拟定了一份包括尼尔森在内的事件关键人员名单，并将这份名单随告示一起再次贴满了留坎的大街小巷。[16] 只要再次发生袭击事件，名单上的人就

将被即刻处决。

第二天一早，即 3 月 1 日，尽管暴风雪尚未停歇，但冯·法尔肯霍斯特将军依然冒雪赶到留坎。[17] 在水电站里值守的是他的士兵，所以他也想要弄清楚事情的来龙去脉。他已经将此事通告国防军上级，并警告挪威境内的全体国防军军官，类似的袭击事件很可能会再次发生。在检查了已是一片废墟的高浓缩车间之后，法尔肯霍斯特评价说，这简直就是“天衣无缝的妙计”[18]。很显然，袭击者们都是训练有素的特工。

破坏者们精湛的技术令将军钦佩，但这丝毫不能掩盖他对看守水电站的士兵们的愤怒。当着拉森和其他几名挪威人的面，将军厉声斥责了军士长格拉斯和内斯特勒上尉。“当一箱子珠宝摆在你们面前的时候，你们绝不会绕开它走过去。你们会一屁股坐在箱盖上，手里握着武器！”[19] 接着，他沿着已经结冰的雪路走向破坏者们进入水电站的铁路大门。他转过头，看到格拉斯和他的手下全都紧紧地裹着皮毛大衣，缩着脖子，头盔也压得低低的，想借此来抵御寒风，他不禁气得大吼：“你看看你们，穿得就像个圣诞老人。穿这么多衣服，还戴着头盔，怎么可能听得到破坏者们发出的声音？”

格拉斯试图为自己辩解，他向将军解释说他们已经在水渠周围铺满了地雷，只不过还没来得及在铁轨旁埋设地雷。

“为什么来不及？”法尔肯霍斯特问道。

“因为我们人手不够。”

“人手不够？你知道在苏联这都是女人干的活吗？”

格拉斯又向将军列举了水电站内增设的其他防御工事：带刺的铁丝网；吊桥上的双岗双哨；机枪工事；还有探照灯。

“把灯打开。”法尔肯霍斯特命令道。

214 格拉斯派人去开灯。几分钟过去了，探照灯没有亮。法尔肯霍斯特不耐烦地原地跺着脚。格拉斯又派了一名水电站工人去看看到底是怎么回事。原来，士兵没有找到开关。

法尔肯霍斯特怒气冲冲地离开了韦莫克。他下令将格拉斯及其部分士兵调往苏联前线，并亲自部署了一系列新的安保措施。之后，他来到留坎，释放了近期被捕的大部分当地居民，并严令当地驻军决不能对当地居民采取任何报复行动。针对韦莫克的破坏事件是一次军事行动，报复性的屠杀平民并不能改变这一事实。即刻开展抓捕破坏者及其协助者的大搜捕行动，由党卫军中校费利斯全权负责。[20]至于这座水电站，究竟是彻底炸毁，还是重建，就交给需要其产品的德国科学家去决定吧。[21]

就在同一天，乘坐早班火车从牛津赶回来的特龙斯塔刚一走进金斯顿宾馆就接到了来自英国广播公司监听部的消息。消息来自瑞典广播电台，英方人员省略了第一部分内容，但他们转录的那部分信息已经足以让整个办公室沸腾了："……针对挪威海德鲁公司设备的破坏行为。据说，破坏范围相当大，遭受袭击的设备彻底损毁。此次袭击由三名身着英军制服且能说挪威语的士兵完成。目前，搜捕这三人的行动仍在继续。"[22]

毫无疑问，这次破坏必将严重打击纳粹的原子能计划，兴奋的特龙斯塔迫不及待地想了解更多消息。[23]

今天注定将成为值得庆祝的大日子。伦敦接到的无线电信息称，奥德·斯塔海姆已经成功劫持了一艘排水量为700吨的班轮特罗默森号，正在前往阿伯丁的途中。[24]英国皇家海军已经派出驱逐舰前去为特罗默森号护航。为了防止德军空军阻挠其归航，英国皇家空军也派出了两架远程战斗机去接应。现在，特龙斯塔只有一个希望，那就是韦莫克的破坏者们和卡汉普顿行动的队员们能安全归来。

迎着狂风和暴雪，波尔松带着队员们向高原深处的费特小屋走去。今天上午，因为风势太猛，他们不得不转过身，以倒退的方式前进，不过风力稍一减弱，他们就立刻转身，尽快向前赶。215
当他们终于抵达小屋的时候，风力再次加强。他们在小屋里等了36个小时。赫尔伯格始终没有出现。尽管波尔松总是说赫尔伯格临机应变解决问题的能力无人能及，但他也不由得担心起来，不知道赫尔伯格究竟是被困在了暴风雪之中，还是已经被捕。

天放晴后，他们八个人再次上路，前往高原北部的斯科里肯湖。按照之前的约定，伦内贝格将一张留给豪格兰的字条藏在了路边的一个小屋里，之后，豪格兰将会取走纸条，给伦敦发报："高浓缩室彻底被毁。无伤亡。无交战。"[25]

在冈内塞德队抵达挪威后第一晚借宿的詹斯布小屋里，他们按比例分配了食物、武器、弹药、衣服及其他补给，为接下来的分开行动做好了准备。除豪克里德外，冈内塞德行动队的所有队员将完成为期十天的长途跋涉，前往瑞典边境。豪克里德和谢尔斯特鲁普则前往高原西南部，筹建抵抗组织据点。波尔松独自东行，希望能在奥斯陆与赫尔伯格顺利碰面。

第二天，即3月4日，冈内塞德的五名队员率先出发。他们依旧穿着英军制服，外面套着白色迷彩服，以免万一被捕暴露身份。临行前，大家一一握手，祝对方好运。就在伦内贝格准备转身出发时，豪克里德开口说道："替我问候威尔逊上校和特龙斯塔。告诉他们，不管发生什么情况，我们都能应付。"[26]出发前，伦内贝格曾对豪克里德是否适合担任副队长一职心存疑虑，但自从他们抵达挪威后，他很快就打消了这种疑虑，且和他一起策划并完成了这次天衣无缝的破坏行动。

接下来出发的是波尔松。他换上了平民的衣服，背包里也只装了少许补给。他紧紧抓住豪克里德的手，祝他一切顺利。之后，他走向谢尔斯特鲁普。在过去的几个月里，他们一起熬过了那段最艰苦的时光，战胜了所有艰难险阻。“还记得你背着沉重的电池从雪雾中走回来的那天吗？”波尔松有些哽咽了，“当时的你看上去就像个大雪人。”

“我也这么觉得。”谢尔斯特鲁普说。

“阿尔内，”波尔松接着说道，“再会了，祝你好运。如果短期内我们无法再见，战后，我们一定会再见面。”[27]说完，他系好滑雪板，冲进了茫茫雪野之中。

豪克里德和谢尔斯特鲁普一直目送着他离开，直到他的背影彻底消失在白色的冰雪世界之中。这二人的心中不约而同地升腾起一种强烈的孤独感，他们担心对波尔松而言，这种感觉只怕会更加强烈。

216 波尔松已经在雪地里滑行了足足30英里，其间他在一间冷冰冰的小屋里过了一夜，吃了些东西，现在，他最渴望的莫过于躺在柔软舒适的床上好好睡一觉。[28]因此，当他看到从路边小酒馆里透出来的温暖的灯光时，他不由自主地就向着酒馆走去。在韦莫克行动中，可能成为证人的那几个人从没见过他，他手里还有一本假护照——护照上的名字是延斯·达勒。他心想，只要能吃上一口热饭冒次险也值得。

他推门走进去。壁炉里的火噼噼啪啪烧得正旺，吧台上赫然摆着一份汉奸报纸《雪乡人》（*Fritt Folk*），摊开的报纸看得波尔松心中一沉，恰在此时，厨房那边飘来了烤鱼和土豆的香气，浇散了他心中的不悦。

“来度假的？”酒馆老板和他打招呼。

“是啊，想来滑滑雪。”波尔松答道。酒馆里的客人寥寥无几。吃完饭，他径直上到二楼进了房间。洗完澡后，他顺手洗了几件衣服，然后就四仰八叉地躺在床上，没穿外套。在高原上东躲西藏了几个月之后，对他而言，能躺在这间再简单不过的小屋里也成了一种奢侈的享受。就在这时，楼下似乎有动静。他轻轻拉开门，听出是两个人正询问老板店里的住客情况。紧接着，楼梯上就响起了沉重而急促的脚步声。波尔松立刻关上门，飞快地套上裤子和衣服，心里琢磨着可以从窗户里跳出去。这时，门口传来重重的敲门声。他打开门，右手插在裤子口袋里，紧握手枪。一个缩头缩脑、长了一口大牙齿的警官踱着步子走了进来，后面跟着一个体型壮硕的年轻助手。警官要波尔松出示证件，他的助手则仔仔细细地打量着这个不大的房间。波尔松的目光一直跟着他，从挂在外面的湿衣服一路跟到地板上半敞着的背包。情况有些不妙，背包里不仅装着克里伯格压缩饼干和印制的地图，还有巧克力和英国香烟。警官翻看着他的护照，波尔松坐在床边，插在口袋里的右手依旧紧紧握着手枪。只要他们中有人想去检查他的背包，他就会立刻开枪将这二人击毙。

那名助手走到地板上那个已经磨旧了的睡袋旁，啧啧称赞它的高品质。睡袋内侧缝有一个英语标签，不过他看得不仔细，倒是没发现。“你们在找什么？”波尔松问道，他的手掌已经渗出细细的汗珠。

“韦莫克出事了。有人破坏了水电站。”警官一边回答，一边将护照还给波尔松。他说德国人要求对该地区出现的每个人都严加盘查。

“祝你好运，早点找到那些人。”波尔松说。

“不，”警官说。“我觉得他们肯定有武器……我倒是希望别碰
217 上他们。”说完，这两名警察对深夜打扰表示了歉意，然后就关门离开了。直到这时，波尔松才松开一直紧握的手枪，把手从口袋里抽了出来。

这时离开小酒馆只会引起他人怀疑。因此，他穿戴整齐，收拾好背包后，索性躺下来盖上软乎乎的羽绒被，只不过，他的手枪始终摆在手边。

埃纳尔·斯钦纳兰背着无线电台和尤里卡装置朝位于费特小屋西北方 15 英里处的斯卡布小屋走去。[29] 他需要休息。在过去的三天里，他每天都在高原上往返穿梭，将食物、装备及武器运往这座小屋，算下来，他相当于每天滑了一个马拉松全程。这座小屋将充当他和豪格兰的临时工作站。他们尚未收到任何关于这次行动的消息。今天是 3 月 6 日，豪格兰已经前往事先约定的信息站，可是如果今天的天气和前几天一样糟糕，他只会无功而返。

当他滑过一片结冰的湖面向小屋走去时，斯钦纳兰发现雪地上有两排滑雪板留下的痕迹。[30] 走近小屋，他看到屋外的墙面上斜倚着两副滑雪板。就在这时，谢尔斯特鲁普从屋里走了出来，后面还跟着一个他不认识的男人。很快，他就知道了对方的姓名——克努特·豪克里德——还有来自韦莫克的好消息。大约一年前，斯钦纳兰开始了他的双重人生，不断打听水电站的消息。这一年里，他得到了来自家人及朋友的莫大帮助，他也给他们惹了不少麻烦。终于，破坏行动顺利完成。他默默地在心中庆贺这一胜利。所有的牺牲没有白费。

走进小屋，斯钦纳兰煮了点咖啡。豪克里德和谢尔斯特鲁普回忆了行动当晚的情形，之后他们就聊到了今后的打算。他们三人都铁了心要留在挪威，推进抵抗运动的开展。

临近午夜的时候，憋着一肚子火的豪格兰回到了小屋。在约好的情报点，为了找到冈内塞德队留下的那个装有行动情报的马口铁盒子，他整整挖了好几个小时的雪，根本没想到豪克里德和谢尔斯特鲁普就在斯卡布小屋。见到他们俩，他很高兴，但他更想知道到底发生了什么事，是什么拖延了时间，以及其他人都去哪儿了？“别着急，克努特，你先冷静一下，”豪克里德抬起脚，搭在桌子上，缓缓说道，“一切都按照计划进行。”[31] 得知消息后，豪格兰兴奋得猛跺了几下脚，然后就跳起舞来，其他三人也跟着跳了起来。

平静下来后，他们开始草拟发给主站的消息。特龙斯塔和威 218
尔逊一定正焦急地等着他们的消息。然而，豪格兰尝试了多次，依旧无法启动无线电传送器，想必是斯钦纳兰在运输途中碰坏了什么零件。[32] 他们需要把它修好。现在，只有一件事可以肯定：德国人必将进行一场大规模搜捕行动。“我敢打赌，德国人现在一定气疯了，”豪克里德说，“他们会翻遍山里的每寸土地。”[33]

“这穷乡僻壤里的农夫和工人可不值得他们这么大费周章。”谢尔斯特鲁普轻蔑地说道。不过，他们仍然需要隐藏自己，而且需要藏得很深。

3 月 7 日中午，自踏上前往瑞典的旅程后，今天已是第四天。[34] 此刻，伦内贝格和他的队员们正蜷缩在一间农舍一角的屋子里，等待一名滑雪者离开这里。时间过得似乎特别慢。他们看到那名滑雪者走进了距离农舍仅 30 英尺远的一座小木屋，他在里面已经待了一个多小时。只有待他离开后，他们紧绷的神经才能稍稍放松。下午 6 点，他们再次踏上旅途——他们一直等到天黑，以便借着夜色穿越狭长的哈灵达尔峡谷。

起初在树林里的那段路滑起来相当轻松。有一个人滑在其他人前面，探察这条路上是否还有其他人。不过，接下来的下坡路滑起来就不那么容易了。伦内贝格尤其费力，他受伤的手肿得很厉害，但他没有告诉任何人。

他们发现了一条运送木材的小路，顺着这条路可以一直走到谷底。他们本想踩着哈灵达尔河上的冰块过河，谁知刚一踩上去，冰就裂了，他们不得不退回到岸边。他们找到了一条船，但挪用这条船很可能会引起他人注意，所以他们只得继续向北前进。走了很长一段距离后，他们终于发现了一处尚未融化的河面，借助这座冰桥过了河。

他们爬上峡谷东侧的山崖，却在迷宫般的运木材小道中迷了路，夜深林密，他们完全找不到方向。一行人一路蜿蜒向上，终于爬到了山谷东侧的崖顶。之后，他们继续滑行了几英里，来到一座湖边，这才停下休息。他们的裤子和靴子全都湿透，整夜的奔波耗尽了他们全部的力气，大家默默地钻进了自己的睡袋里。

伦内贝格早就知道取道瑞典的逃亡路线是一次长达数日的考
219 验。[35] 他们五个人身穿英军制服且全副武装以应付可能出现的战斗。在这个被敌人占领的国家里，他们必须完成长达 280 英里的跋涉，并随时警惕敌人的出现。前进途中的那些陡峭的峡谷，及即将融化的河面都是他们不曾经历过却又必须面对的残酷考验。他们完全暴露在冰点以下的低温及暴风雪之中，如果找不到可以栖身的小屋或农舍，他们就只能睡在冰天雪地之中，而且还不能生火。他们的路线远离城镇、桥梁和乡村酒馆，因为唯有如此才能避开德国驻军。

还在英国的时候，伦内贝格竭尽所能为这次他预期耗时 10 天的迂回旅程做准备：从高原出发后，他们先直奔西北方向，穿越哈灵达尔峡谷，然后转向东北方向，直至绕过利勒哈默尔（一座纳粹重兵把守的要塞城市）。之后，他们直奔东南方，穿过三条狭长的峡谷后最终抵达瑞典边境。他们随身配备有席尔瓦指南针和 25 张地形图。可是，地图和指南针无法预测融化的冰桥、随时可能出现的巡逻队、挪威猎人以及令人睁不开眼的暴风雪。

第二天，风停了，晴空万里，他们顺利地翻过了几座小山和峡谷。日落后，气温下降，强风袭来，将他们前进道路上的积雪吹了个干干净净，光秃秃的冰面磨得滑雪板咯吱咯吱响。他们找到了一间无人居住的农舍，还在屋里找到了储存的面粉和面包。他们围着壁炉，点燃了白天已经走过的那片地区的地图，算是一种庆祝仪式。

第六天，他们加快了步伐，继续按照计划路线前进，稍有偏离也保持在几百码的范围内。[36] 他们横穿了许多小路，在一处毫无遮蔽的山腰上，终究还是撞上了两名滑雪者。他们只能希望对方看到在他们的白色迷彩服和配备的武器后会将他们误认为是德军巡逻队。之后，他们来到一座湖边：要么想办法过湖，要么就绕过去。部分湖面已经融化，不过他们还是找到了一处他们认为也许能过湖的冰面。伦内贝格跪下来，以膝盖和双手着地，小心翼翼地爬上冰面。他手里拿着斧子，用斧柄轻轻击打冰面，确认安全后一点一点地向前挪，同时侧着头仔细倾听冰面上是否有裂缝声或冒水声。冰层很薄，但应该能承受住他们的体重。

20. 狩猎

220 在默勒伽塔19号，奥拉夫·斯科根静静地躺在床上，身上的各色瘀肿造成的疼痛正不断啃噬着他的身体。[1] 尽管距离上一次严刑拷问已经过去了九天九夜，但他始终保持警醒。他已经掌握了他们的规律：提审总是在夜晚。先是开门声，紧接着，走廊上就会传来拖沓的脚步声，还有钥匙发出的丁零当啷声。随后，他牢房里的灯闪烁几下后亮了起来，大门被推开，几个人便围了上来。

在3月1日最后那次审讯中，来了四个人将他拖到了维多利亚露台。他耳边随即传来了声嘶力竭的喊叫声：他对留坎镇的地下抵抗组织究竟了解多少？“你在隐藏什么？”听口气，他们已经动了杀心，斯科根心想外面一定有大事发生。他回答说他什么也不知道，话音刚落，他的脸上就吃了狠狠一拳头，打他的是审讯负责人，那个大块头。他一下子就从板凳上跌落下来，倒在地上，意识有些模糊。当他们将他从地上拽起来，重新架在凳子上时，他再次向自己保证：一个字都不能说。

他们用老虎钳卡住他的小腿。钳口深深地扎进他的骨头，见他还是不开口，他们在他的左小腿上也架上了老虎钳。当钳口的铁齿嵌入他的皮肉中的时候，他咬紧牙关，尽量不让自己叫出声，但他的嘴里终究还是传出了嘶哑低沉的喉音。他默默地在心中重复着德国发动闪电战前夕，丘吉尔在广播里发表演讲时说过的一句话：这是你的最佳时刻。仿佛这位英国首相就站在他面前，正亲口对他说出这句话一般。眼看腿上的酷刑无法让他开口，行刑
221 者将刑具架到了他的胳膊上，他的两条手臂立刻像吹气的气球一样肿了起来。他立刻昏了过去。一桶从头浇下的冷水唤醒了他的意识。接着，他们用脚狠狠地踹他的身体两侧，直到他再度昏死

过去。就在他渐渐恢复意识的时候，他偷听到四个德国人正在谈论韦莫克，从他们口中，他得知水电站被炸毁，德国人仍在追捕破坏者。斯科根的脸上浮现出一丝不易察觉的微笑，就在这时，他的身上又挨了一脚，把他整个人都踢飞了起来。当他再次苏醒时，他已经回到了那间小牢房里。

3 月 10 日晚，他依旧饱受疼痛的折磨：一只眼睛肿得无法睁开，四肢肿胀得就像发酵面团——他又听到了熟悉的脚步声。行刑者带着一股酒气走进来。“到目前为止，你受到的不过是些小儿科的招待。”其中一个人对他说。[2] 如果他不合作，等待他的将会是终极酷刑：拔指甲，敲断骨头。如果他还不识相，他们就会把他吊在墙上的钩子上，直到他招供——或断气。斯科根依旧一言不发。“今晚，你的身体暂时不适合做这些，”另一个人说。“不过很快你就会好起来，到那时我们再来找你，那也是你的最后一次机会。”

一个字都不能说。

“行动大获成功。高浓缩设备被彻底摧毁。德国人完全不知情，故无交战。德国人不知道破坏者来自何方，也不知道他们去向何处。”[3]

3 月 10 日，等待多时的特龙斯塔终于收到了来自燕子行动队的行动结果报告。此后的一天当中，主站陆续收到了更多信息：法尔肯霍斯特视察韦莫克；留坎多人被捕；行动队中仅三人暴露——德国人的追捕目标也只有三个人；有燕子队员申请总部批准他们在行动结束后仍留在挪威，豪克里德是其中之一。

最后一条消息让特龙斯塔感触颇深。[4] 这些小伙子们冒着极大的风险完成了任务，现在，面对德国人的疯狂追剿，他们依然愿意留下来，继续为国效力。他和威尔逊当即回复："任务完成出色，衷心祝贺你们。批准留在当地工作的申请。代问所有人好。"[5]两天后，特龙斯塔向奇尔特恩法院的英国特别行动处递交了行动报告书。[6]他估计约有600~700千克重水被毁（相当于四个月的产量），同时也避免了空袭可能带来的巨大连带性破坏效应。222 重建高浓缩电解池至少需要六个月，即使是在建成后，也还需要四至六个月才能恢复到现有生产水平。总而言之，这次行动成功地使德国人的重水供应向后推迟了10至14个月。

特龙斯塔也向英国秘密情报局的埃里克·韦尔什发了一份内容相同的报告，并附上一张便条："我相信德国人欲将原子能应用于战争或其他领域的计划已遭受重挫。"[7]约翰·安德森爵士及其率领的英国原子能项目团队和温斯顿·丘吉尔也收到了内容相同的报告书。[8]这次行动让英国特别行动处和林厄公司收获了一次重大胜利，其声誉也大幅提升。

与这次胜利形成鲜明对比的是卡汉普顿行动队的运气。特罗默森号终究没能抵达阿伯丁。尽管奥德·斯塔海姆过去曾多次死里逃生，但这一次，特龙斯塔知道他能够生还的可能性极其渺茫。英国皇家空军搜遍了整个北海海域却一无所获。德国报纸以庆贺的口吻报道了这次沉船事件："曾以海军为傲的英国竟沦落到要从弱小的挪威偷船的地步……不过，正当这群海盗抱着自己的战利品沾沾自喜的时候，纳粹战斗机出现了，直接炸沉了这艘船，船上的匪徒葬身鱼腹。"[9]

在他的日记中，特龙斯塔将此次失利归咎于英国人没能派出足够的兵力掩护船只撤离。在文件中他这样写道："我们必须接受这些失败"——它们表明挪威正在勇敢地战斗——正视"孤军作战的残酷现实"，挪威人"付出了极大的代价，但只是暂时的。”[10] 斯塔海姆的离去尤其令他痛心，他留下了一张他的照片，就放在家中的壁炉上，照片中的他肩上还搭着一面挪威国旗。

不过，特龙斯塔心里明白，他们必须坚持下去。他派出多支由林厄公司特工组成的小分队，经海路及空路前往挪威，在奥斯陆、特隆赫姆、奥勒松及任何可能的地区建立无线电情报站，搭建抵抗组织网络——等候盟军将来发起反攻。[11] 为了确保他们的安全，他一直都在坚持不懈地进行政治抗争，敦促最高指挥部及英国特别行动处改变之前由中央米洛格统一指挥的联络方式，转而让这些抵抗组织据点相对保持独立，以免一损俱损。

通过特龙斯塔的这些抵抗组织据点提供的情报，英国皇家空军摧毁了克纳本矿山的重要设施，切断了德军军工厂所需的钼供应。格拉纳德行动则成功地炸毁了一艘装满黄铁矿石的货船。目 223
前，他正策划实施一项名为马多尼奥斯的行动，计划在奥斯陆峡湾利用水下爆破弹袭击敌军并炸沉对方的货船。

与此同时，特龙斯塔也一直在扩充自己的原子能信息网。[12]3 月 15 日，他和埃里克·韦尔什一同面见了维克托·戈尔德施密特教授。这位生于瑞士，受教于挪威的教授刚刚从奥斯陆逃到英国。戈尔德施密特提供的关于纳粹原子能项目的信息十分有限，不过，他敦促他们尽快将尼尔斯·玻尔转移至伦敦。这位堪称原子物理之父之一的犹太科学家实在太重要，他们绝不能任由他留在被德军占领的丹麦而置之不理。

事实上，今年早些时候，韦尔什和特龙斯塔就已经联系过玻尔本人。这位丹麦物理学家认为除非他们能给出让他确信的他应该离开丹麦的理由，否则，他只有留在哥本哈根才能更好地为国效力。[13] 最终，他拒绝了他俩的邀约。

在开展这项工作的同时，特龙斯塔每天都盼着能收到来自伦内贝格及其下属的消息，期望能在他们抵达瑞典后，通过无线电听到他们的“心跳”[14]。趁德国人的搜捕行动尚在筹划，他们必须加快速度，正如留下来的同伴必须隐藏好自己的行踪一样。

3月13日，长途跋涉的第十天，伦内贝格和同伴们已经到达利勒哈默尔以北某处，此地距离瑞典边境仍有大约100英里。[15]尽管他们平均每天能前进20英里，但这仍比伦内贝格预计的要慢。连日大雪加上只能昼伏夜出，这一切都大大拖延了他们前进的脚步，更别说穿越峡谷和渡河时的困难重重了。一路上，为了填饱肚子维持营养，他们只能从沿途小屋里偷取他人的存粮，用以补充他们背包里那只够十天份的口粮。

长时间的紧张和消耗使他们的肌肉疲惫不堪，他们的皮肤也因为潮湿和低温而变得粗糙脆弱，一碰就疼。现在，他们必须穿越人来人往的居德布兰河谷，因为瑞典边境就在河谷的另一侧。河谷中旅馆众多，为了躲开可能前往旅馆借宿的周末滑雪者，他们天不亮就出发了。天色渐渐变亮，两架德国容克战机从他们头顶的天空中掠过。他们希望这是两架往返于奥斯陆与特隆赫姆的邮差飞机，但他们不能确定。几个小时后，没能走出河谷的他们摊开睡袋休息，轮流守望。

224 那天晚上，再次上路前，伊德兰将伦内贝格拉到一旁，想和他私下聊几句。一路上，他们的确不止一次遇到了需要高超的滑雪技巧方能克服的地形地势，伊德兰一直很努力地让自己不掉队，只可惜他的滑雪技巧实在欠佳。“你们必须全速前进，前往瑞典，”伊德兰说，“我会跟在后面。”[16]伦内贝格当即否决了他的提议，他认为伊德兰吃苦耐劳，这足以弥补他运动技巧上的不足。“马上打消这种念头，”伦内贝格说，“这都是你臆想出来的。”伊德兰想争辩，却被伦内贝格制止。他们会一起抵达瑞典。

月光下，他们继续穿越居德布兰河谷。[17] 道路完全结了冰，所以他们始终沿山地前进。几乎没有一丝风，却冷得刺骨。细细的背包肩带深深地嵌进他们的肩膀，峡谷里攀上爬下地滑行使他们的双腿酸痛不已。午夜过后，伦内贝格示意停下，他们便开始为在树林中过夜做准备：收集松针和石南花铺在雪地上。之后，他们扭动身体，钻进再熟悉不过的睡袋。事实证明，这些睡袋就是他们的救星。

之后的 72 小时里，他们一行人向着东南方向，不断穿越山林和田野，还得想办法应付时不时就从天而降的鹅毛大雪和突如其来的劲风。途中，他们发现了不少滑雪板留下的痕迹，很明显，这一带的人流量较大，而且很有可能是德国人。此外，定向导航也是个难题，很多时候，天黑路陡，他们想尽办法也找不到地图上标示的地点。每当这时，伦内贝格总是会跟着自己的直觉走，同时以自己的野外定向经验以及之前对逃亡路线长达数月的研究为辅助。出发前带的口粮已所剩不多，所以有时候他们会冒险偏离路线，寻找有食物储备的小木屋，只不过，结果常常是失望而归。

3 月 16 日下午，因为在岔路口选错了路，他们直接下到了错误的山谷里，被横在谷底的格洛马河挡住了去路。格洛马河是挪威境内最长的河流，令他们没想到的是，河水竟已经完全解冻。伦内贝格让在这个地区长大的斯托豪格去找艘船。其他人都躲在河边的一个干草棚里等候消息。

几个小时后，斯托豪格回来了：船找到了，他们可以偷来过河。17 日一早，天刚蒙蒙亮的时候，他们划船渡过了格洛马河。到达对岸后，他们松开船缆，让船顺着河水漂向下游。随后，他们钻进睡袋，谁知睡袋结满霜冻，这一觉谁也没睡好。天亮后，他们一行人继续赶路，尽可能地远离那些伐木工人常走的路。林中的公路和小溪曲折蜿蜒如同迷宫，他们很快就迷失了方向，在树林里辗转了数小时。一场大雪更是让他们举步维艰。

225 之后，他们破门而入，闯进一间木屋。斯托豪格认识这屋子的主人，知道他是纳粹的走狗。他相信屋子里一定储备有充足的食物，可是他错了，屋子里什么也没有。他们只得再次穿着被汗水浸透的衣服，缩在潮湿的睡袋里在野外过夜，不过，疲惫和饥饿早已让他们无暇顾及这些。那天夜里，伦内贝格梦到许多桌子，上面摆满了各种好吃的，盛满食物的盘子把桌子压得咯吱响。

第二天，他们醒来时发现浓雾笼罩了一切，从斯科里肯湖出发算起，今天已经是第 15 天了。此时的他们距离瑞典边境还有不到 20 英里的路程。没走多远，一大片开阔的田野出现在他们面前，田野上有条公路，要想穿越田野就必须穿过公路。此时，天已大亮，现在上路只会让他们彻底暴露。他们也可以等到天黑后再上路，但是考虑到背包里的口粮已所剩无几，而且安全的瑞典就近在咫尺，伦内贝格决定冒险一搏。他让同伴们俯下身，快速且安静地穿越这片田野。“好了，出发。”[18]

小分队以最快的速度向田野的另一端滑去，所有人的眼睛都不断地左右扫视，提防有卡车或汽车驶过。他们滑到了公路旁，空气中的白色哈气凝成一团。在确认两侧均无来人后，他们快速地横穿公路。之后，他们背对着公路，在道路另一侧的田野上飞驰。短短几分钟后，他们的心脏开始快速而猛烈地撞击着胸腔，他们也终于滑进了田野尽头的树林。之后，他们稍稍放慢速度，继续穿越已经融化过半的沼泽地。

下午三点左右，日光猛烈，奔袭了大半天的他们终于能好好休息一下了。小伙子们在阳光下展开衬衫和皮靴，彻底摊开睡袋，晾晒装备的同时吃着剩下的那点食物。

“伙计们，”伊德兰说，“到了伦敦后，两个星期内，我谁都不想见。天天对着你们这几张脸，看得我都要吐了。”[19] 其他人笑了。几个星期以来，他们第一次感到如此放松。现在，安全就在前方。

夜幕降临时，他们开始穿越一片地势低洼的地区，这里灌木丛生，一不小心就会陷入堆满石头的山沟里。[20] 放眼望去，扭曲、粗糙的树木随处可见。前进的道路异常艰辛，定向也很困难，但他们没有发现任何德国人。3 月 18 日晚上 8 点 15 分，他们终于穿过了 106 号边境标，进入瑞典境内。在那之后，他们生了火，围着篝火而坐，烧掉了最后一张地图。当他们钻进睡袋时，连日的疲惫与解脱后的放松一起袭来，所有人顿觉虚脱。

早晨，他们将所有标明他们士兵身份的东西全都掩埋起来，包括枪支。换上平民的衣服后，他们要继续跋涉 12 英里，离开边境地区。一旦遇上巡逻队，他们就会投降，并谎称德国人以从事 226
地下活动为由逮捕了他们，他们好不容易才从德国监狱里逃了出来。如果瑞典人相信这番说辞，他们五人就会被送到难民营，在那里，他们将通过挪威官员与英国特别行动处取得联系。

当克努特·豪克里德还是个小男孩的时候，他就相信在挪威的野外，在远离人类窥探视线的地方生活着许多洞穴巨人。[21] 现在，他又回到了小时候经常玩耍的大山和湖泊之间。走了不过一天，他就觉得此刻的他和谢尔斯特鲁普简直像极了洞穴巨人，只能藏身于建在人迹罕至之处的四壁单薄的小木屋。

这样的生活绝非无忧无虑。事实上，他们正在挨饿，而令他们备受煎熬的又岂止是腹中的饥饿感。那种失去一切的感觉让他们觉得身体虚脱，精神空虚。他们知道自己得去打猎，哪怕最终空手而回，因为如果不去打猎，他们身体里仅存的那一点气力瞬间就会消失。一天晚上，当他掰着掉屑的面包，吃完又一顿不足以果腹的晚餐后，谢尔斯特鲁普说："等打完仗，我要把所有的钱都用来买吃的。"[22] 豪克里德望着他，谢尔斯特鲁普的红胡子恣意生长，已经完全遮住了他那深深凹陷的脸颊。过去的几个月里，缺衣少粮且疲于奔波的高原生活让谢尔斯特鲁普瘦得变了形。

两个多礼拜前，他们离开斯卡布[23]，拖着武器、无线电设备和其他装备，向西跋涉了 50 英里，才在山间旅馆密集的豪克里塞特山区找到了一间湖畔小屋。豪克里德的几个表亲就住在附近一个名叫瓦格斯利的小村庄里，距此只有三小时的路程，他们那里储存了不少罐头和燕麦。豪克里德和谢尔斯特鲁普打算将总部设在此处，建立该地区的地下抵抗组织。

谁知刚到不久，他们就听说村里的治安官正偕同德国巡逻队大力搜捕韦莫克破坏者，无奈下，他们只得向西南走，潜伏在邻村的一间小木屋中。他们的口粮很快就吃完了，最初的几次狩猎也都失败了。豪克里德用滑雪杆扎住了一只卡在雪堆中的干瘦的小松鼠。为了吃掉它补充营养，他们不得不大费周章地剥皮，烹煮。此后，凡是逮到小动物，他们一律生吃。除了食物，木柴也是短缺物资。小桦树和埋在积雪中的杜松丛是他们能找到的最好的柴火，他们往往需要花半天的时间才能找到够用的柴火返回小屋。

227 3 月的最后一周，豪克里德和谢尔斯特鲁普的身体每况愈下，他们知道自己必须返回瓦格斯利找吃的。之后，他们可以前往默斯湖。离开斯卡布后，斯钦纳兰和豪格兰打算向尼尔斯布方向走。在那里，豪格兰想教斯钦纳兰学会编码和发送无线电消息，这样他就能独立运作自己的无线电站了。

在一个大雾弥漫的灰蒙蒙的早晨，豪克里德和谢尔斯特鲁普动身前往瓦格斯利。滑雪下山后，他们一路奔东，翻越了好几座山，最后到达了海于克利公路。这是几十年前人们用铁镐在坚硬的岩石上凿出来的一条路。

傍晚时，他们赶到了位于瓦格斯利村外的豪克里德叔叔的农场。这里认识豪克里德的人太多，容易暴露，因此由谢尔斯特鲁普去农场里拿面包和其他生活必需品，豪克里德在路边守望。等待时，一种不祥的预感突然袭来，豪克里德决定相信自己的直觉，躲到了一条山脊之后。不一会儿，他就看到山那边出现了两名身背步枪的德国士兵，正朝他这边走来。豪克里德俯下身，伸手摸向别在腰间的手枪。那两名士兵从距离他只有 5 英尺远的前方走过，压根就没发现他，也没留意到他留在公路上的滑雪痕迹。

在农场里，豪克里德的表亲们并不欢迎谢尔斯特鲁普。他们给了他四条面包，还不停地催他离开。德国人的大队人马刚搜查过这片地区。“村子里一点都不安全，”一位表亲说，“德国人禁止农场间互通往来，而且每个小时都有巡逻队从这儿经过。”[24] 谢尔斯特鲁普离开农场，沿着公路一路下山。[25] 在拐弯时，他看到几名巡逻的士兵，立刻来了个急刹车，俯身藏进雪堆里。他暗暗祈祷，只希望豪克里德别被发现。不经意间，他俩陷入困境，危机重重。

据报告，哈当厄高原就是韦莫克破坏者们的活动基地，于是，一场突如其来的大搜捕行动于 3 月 24 日拉开帷幕，费利斯亲自赶到留坎，在小镇以南建立起一个临时指挥中心，集中一切力量围捕那些制造这次突袭以及为其提供援助的人。[26] 为此，费利斯不惜调动整整一支军队来执行此项任务：除了数千名国防军步兵、数百名德国及挪威警察、盖世太保、党卫军突击队，还有一支由几十名奥地利特种部队野战兵组成的突击队。这些突击队员最擅长打击游击队活动及破坏地下组织。除了这支将近 8 000 人的军队

228 外，费利斯还找来熟悉野外环境的当地人做向导，并且调来了 Fi-156 斯托奇（鹳式）侦察机巡逻队。

一个名叫克里斯蒂安森的猎人从高原上狩猎归来，不仅带回了英国巧克力，还口口声声说自己曾在高原上被全副武装的士兵劫做人质。[27] 警察局长立刻逮捕了他，并将他移交给了盖世太保，接受审讯。巡逻队也发现了证实他所言非虚的证据。根据审讯结果，“七名踩着滑雪板的男子出现在哈当厄高原上，向留坎方向前进。两名身穿平民服装，剩下的穿着军装；他们的装备中有冲锋枪。所有人都披着白色迷彩服。”[28] 还有报告称，有人闯进了斯科里肯湖畔的一座小木屋，而且突袭事件发生后，“有人发现了五条从留坎出发的滑雪痕迹，滑雪者还刻意避开了居民区”。

费利斯用行动告诉敌军突击队和挪威抵抗分子，如果他们以为高原是开展游击活动的理想基地，那他们就大错特错了。[29] 他派出军队包围荒芜的高原，开始突击搜查。士兵们扫荡荒野，搜查每一间农舍和小屋，搜寻逃亡者及其支持者们。非法持有的武器、炸药、无线电设备、报纸及战时禁运品都是他们搜查的目标。高原旅行被禁止，任何在该地区内徘徊的人都会立刻遭到逮捕。一旦发现有住所被用于抵抗活动，即刻焚毁。下达行动命令时，费利斯警告士兵们，这些持有重型武器的特工会想尽一切办法逃跑，因此，他们必须展开大规模搜索并且时刻提防埋伏。士兵们应当尽可能地活捉这些破坏者，不过，如果他们负隅顽抗，也可就地枪决。

虽然高原是他搜捕的重点，但费利斯也深知搜捕决不能仅限

于高原。[30] 在留坎及周边城镇，他增设了许多路障，即使是拥有通行证，人们的出行也受到了严格限制。他还颁布了宵禁令，并四处张贴告示警告当地居民，任何违反新限令的人都将“不予警示，就地正法”。费利斯将搜捕的范围扩大到了默斯湖以南和以西的周边地区。有情报显示，这些地区的抵抗运动日渐频繁。他下令让士兵将这些隐藏在山林中的逃亡者逼出山区，逼上便于巡逻的公路，而后实施诱捕。他还派出一支部队前往瑞典边境，以防逃亡者越境进入瑞典。

费利斯花了好几个星期的时间才集结出一支搜索大军，而他 229
也会让每个士兵都人尽其才。韦莫克的破坏事件和蠢蠢欲动的抵抗运动必须严加处理，而他就是处理者之一。特博文和霍尔肯法斯特正密切关注此事，柏林也正等着他发去捷报。

21. 高原魅影

德国士兵刚一走远，谢尔斯特鲁普就从坡上俯冲而下，在身 230
后的雪地上留下两道危险的滑雪板印记。[1] 他滑到豪克里德身边，对他说：“整个地区都是德国人。”[2]

“有两个刚刚过去。我差点就被发现了。”

豪克里德知道他们应该扔掉面包——这是证明村里有人帮助他们的确凿证据——可是眼下，他们太需要这些食物了。[3] 他们飞快地滑向瓦格斯利湖，滑过尚未融化的湖面。北边公路上的德国人更多，不过好在他们首先发现了对方，迅速躲进灌木丛中，直到威胁消失。

现在，他们有两个选择，要么去尼尔斯布与豪格兰和斯钦纳兰会合，但那需要向东走很长一段路；要么折返 20 英里，回到他们来之前的地方。如果选择后者，他们只能希望德国人没有将搜捕行动的范围扩展到那么偏远的地方。最终，他们决定返回山林，希望越吹越猛的大风能在巡逻队发现前从雪地上彻底抹掉他们留下的痕迹。优秀的追踪者完全可以分辨出地上的滑雪痕迹究竟是一分钟前留下的，还是一天或一周前留下的。[4] 只要条件允许，他们会选择那些表面积雪已被风吹净的山路和山顶而行，尽可能不在地面上留下痕迹。

第二天，他们继续赶路，直到风势太猛无法前进。他们在山坡上找到一块突出的悬岩，打算在这里过夜。此时，他们已经确信这场狂风足以抹去地上的任何行动痕迹。夜晚，暴风雪如期而至，整个世界只剩他们这两个小黑点，宛如白雪世界里的两颗酒窝。在接下来的几天里，他们只能躲在悬岩下，饿了，就吃面包，
231 渴了，就用蜡烛化了雪水来喝，他们的睡袋完全被雪浸透。不过，他们一直没舍得吃最后那一小块碎肉干，他们打算把它留到撑不下去的时候再吃。

风暴稍一减弱，他们就继续西行。就在他们俩渐渐远离搜捕行动包围圈的同时，另一名破坏者却一头扎进了最危险的地区。

3 月 25 日黄昏时分，克劳斯·赫尔伯格正从斯科里肯湖上滑过，准备前往詹斯布。[5] 小屋附近的某个地方埋有他现在最需要的武器和炸药。他计划拿到武器后前往位于留坎东南方向的诺托登，与那里的地下抵抗组织取得联系。当他赶到詹斯布时，他发现小屋的门半敞着，门外没有滑雪板，也看不到通向小屋的滑雪痕迹。他解下滑雪板，一只手紧握口袋里的手枪，另一只手拎着帆布包，走进小屋。

这里被人搜查过。屋里的家具东倒西歪，床垫被割开一个大口子，橱柜也被砸得稀烂。一想到敌人竟然深入到高原上如此偏僻之处，赫尔伯格心中顿觉不安。一直以来，他认为自己才是这里的主人。他很快意识到德国人可能还在这附近，甚至有可能就藏在某处等他们自投罗网。想到这儿，他快步走到窗边，审视周围。

自从与冈内塞德队和燕子队的同伴分别后，赫尔伯格先回到菲尤斯布达伦小屋，取回自己的平民服装和证件。[6] 证件上的他是一名来自奥斯陆的办事员。之后，他就按计划去和其他人会合，然而在暴风雪中，大风吹走了他的地图。他别无选择，只能回到小屋，否则他一定会在风雪中迷路。等暴风雪终于平息后，他再次上路，但此时，他的同伴早已解散，向着各自的目标消失在高原上。

最终，他成功地赶到了奥斯陆。3 月 8 日，他来到事先与波尔松约定的玛尤斯图亚咖啡馆。置身于首都，他有种头晕目眩的感觉，到处都是熙熙攘攘的人群，有轨电车驶过时发出的刺耳的金属摩擦声，还有四处闲逛的德国士兵。赫尔伯格坐在咖啡馆里，故作沉静地喝着咖啡，努力让自己看上去显得对一切都漠不关心。

几分钟后，波尔松来了。他们因重逢而内心狂喜，却只能以一句平淡的“你好”来掩饰内心的激动。波尔松告诉赫尔伯格，他很快就会离开挪威，前往斯德哥尔摩。鉴于留坎周边已闹得沸
沸扬扬，此时，如果他们还留下来一起工作实在太过冒险。赫尔 232
伯格不想走，他很快就接到了第一项工作指令：转移斯科里肯处的物资。两人道别后，头也不回地向着相反的方向走去。

在安全屋隐蔽了几周后，3 月 22 日，赫尔伯格收到了罗尔夫·索利传来的消息，说留坎镇的风声已过，大可放心返回。罗尔夫不知道也不可能知道的是，就在同一天，从奥斯陆开出的火

车和大巴上挤满了前往该地区的士兵。赫尔伯格选在最危险的时刻重返高原。

从詹斯布小屋望出去，赫尔伯格没有发现人的踪影。[7]带着一颗不安的心，他冒险走出小屋。就在这时，他看到三名国防军士兵正从湖那边向小屋滑来，距离他只有400码，而且滑得很快。此刻，赫尔伯格身上只有一把柯尔特0.32口径手枪。无论是从人数还是从火力上来说，他都不敌对方。他知道自己别无选择只能跑。他立刻冲进屋，抓起背包，系好滑雪板，飞似的滑走了。

一名士兵用德语叫他停下来，紧接着，一阵清脆的枪声响起，子弹落在他身边的雪地上，激起一片雪雾。他微微侧过头，用余光向后瞟了一眼，立刻断定这三人都是滑雪好手。他必须滑得比他们更好。他转向西方，直奔缓缓西沉的落日而去——刺眼的阳光会让敌人瞄准他变得更加困难。

此后的一个钟头里，赫尔伯格始终绕山而行，时而俯冲直下，遁入山涧，时而迎头直上，爬上缓坡，时而越过岩石铺地的山林。他想伪造一个前进方向，骗过对手，可德国人实在跟得紧。他比他们更熟悉这里的地形，但是他今天已经滑了太长的距离。从斯科里肯湖开始，他滑了十多英里才好不容易甩掉了两名追踪者。此时，他的身后只剩下一个大块头的德国男人。无论他多么努力，那名士兵始终在他身后大约100码处。又一个小时过去了，赫尔伯格一次又一次地回头望，想知道自己是否已经彻底甩掉追兵。然而，那人始终在他身后，而且他可以沿着赫尔伯格开辟的雪道滑行，滑起来更加轻松。

在一段上坡路上，赫尔伯格终于拉开了两人间的距离，可下坡时，那名追踪者很快就赶了上来。他终将会追上自己，也许这一刻并不会太遥远。赫尔伯格的双腿越来越沉，他的滑雪板没有

上蜡，还有一圈累赘的金属镶边，这些全都严重拖累了他的前进
速度。他咬紧牙关，瞅准视野之内的每一座山峰，奋力向上爬，
越爬越高，努力拉开他与追踪者间的距离，直到他无路可走，只 233
能下山。可只要地势稍一平缓，那名士兵就会再次追上来。此时
此刻，两人间的距离已几乎与射程相当。

“站住！举起手来！”那个德国人叫道。[8]

就在那一刻，赫尔伯格做了一个决定。他一个急停，从口袋里掏出柯尔特手枪，同时转身，朝40码开外的那名士兵开了一枪，那个德国人见状，当即急刹车。

没打中。

士兵拔出一把鲁格手枪。如果他拿的是把冲锋枪，一切都结束了。对于眼下的状况，赫尔伯格心里明白：除非他能先干掉对方，否则谁的子弹先打完谁就死定了。

赫尔伯格评估了一下双方的优劣势，那名士兵没能占据最佳射击位置。落日直射他的脸庞，汗水会流进他的眼中，他的肌肉也会因消耗过大而颤抖。赫尔伯格站稳了脚步。

士兵飞快地连开八枪，全都打偏了。他知道赫尔伯格不会给他时间重装子弹，所以他索性转身，向后滑去。他的两根滑雪杆快速而有力地扎入雪地之中，带着他冲上山坡。

赫尔伯格一手握枪，一手拿着两根滑雪杆紧随其后。他绝不能让士兵有机会装弹，然后再追上来。眼看那人已临近山顶，赫尔伯格渐渐放慢速度。他们之间只有短短25码的距离，已经够近了。他举起手枪，果断射击。士兵的身体微微向前一个趔趄，靠在了扎进雪地里的滑雪杆上，看上去就像是累得走不动，整个人倚靠在滑雪杆上休息一样。

赫尔伯格转身，飞速滑下山。不到一个小时天就黑了，但他

知道第二天，那些追踪者们一定会试图跟着地上的痕迹来找他。他必须尽快离开这里，越远越好，只有穿过没有积雪的冰冻湖面才能甩掉追兵。

他向南滑行了至少两个多小时。一路上，能见度几乎为零，但地势已基本平坦。他的直觉果然是个好向导。就在这时，他突然感到自己在下坠。原来，他径直从悬崖上摔下来了。

他重重地摔在一片被压得十分瓷实的雪地上。当他清醒过来，发现自己还活着的时候，一股巨大的疼痛感立刻将他包围。他翻了个身，发现左肩和左臂无法动弹。他抬起头，星空下的悬崖只露出一个黑色的轮廓。他估计自己摔下来的地方大约高 100 英尺，或者更高。他检查了左大臂，确定已经骨折，肩膀也压伤了。他知道在这样的身体状况下，他绝不能在山区里久留。他站起来。至少他的滑雪板完好无损。就这样，他用一只手撑着滑雪杆，艰难地再次上路。

234 从早上算起，他已经滑行了 60 甚至 70 英里，现在还受了伤，筋疲力尽且腹中空空，但他要走的路还很长。他耷拉着左臂，以稳固的步伐慢慢走向默斯湖。如果能走到哈马伦农场，他知道约恩和贝吉特夫妻俩一定会帮他。早晨 8 点，步履蹒跚的他终于站在了他们家的门口。来开门的是贝吉特。她给了他一些食物，但也警告他，大约 50 名皇家兵团士兵和盖世太保就驻扎在隔壁农场里，距此仅五分钟的步行路程。她兄弟也被德国人抓去那里当了向导。“你得离开这里。”她对他说。[9]

迅速离开农场后，赫尔伯格沿默斯湖的湖岸滑行一段距离后，转头向南滑去。在默斯湖以南约 20 英里处，有一个名叫赖于兰的村庄，他在那里也有一名联络人。他已经 36 个小时没合过眼了。眼下的他已累得近乎虚脱，还受了伤，他知道一旦遇上德国人，他几乎毫无招架之力。

在赖于兰村外一英里的地方，他遇上了巡逻队。德国人向他索要证件，他拿出来递给他们：“斯韦勒·海于根。”他们告诉他该地区的任何人都不得出远门。赫尔伯格藏好自己受伤的手臂，表示自己只是当地一名邮差，出门探望朋友，对这项规定尚不知情，恳请对方谅解。士兵们便放他通行了。

晚上9点，他走到联络人的家门前。门开了，屋主站在门口，身后还站着两个德国人。赫尔伯格知道此时要想脱身只有一个办法：用合乎逻辑的借口说服对方。他笑着解释说，他在山里给德国人带路时摔伤了胳膊，需要治疗。当其中一人表示可以给他一个吊带时，赫尔伯格脱下外套，露出了腰间的手枪。他丝毫没有惊慌，平静地解释说德国人允许他配枪，以免遇到麻烦。士兵们相信了他的话。之后，他和他们一起打牌，这些德国人甚至说他们可以把他送上救护车去邻村，那里有车去奥斯陆的医院。赫尔伯格笑了笑，对他们的好意表示感谢。第二天，这些德国士兵果然说到做到，让赫尔伯格搭他们的车前往20英里外的达伦。在南下的路上，他们经过了一个又一个检查站。下车后，赫尔伯格冲车上的士兵挥了挥手，用德语说了句“再见”，目送着他们远去。

这座水边小镇上有几十名德国人，但这里已经出了禁区，赫尔伯格心想自己应该安全了。在得知开往奥斯陆的船明早就启航后，他入住了达伦宾馆。[10] 这是一栋设计考究的林中建筑，精雕细琢的龙头，圆弧形的凉台以及精巧的角楼错落有致地镶嵌于主建筑之上。晚餐，他点了煎鲑鱼、调了味的胡萝卜，还有抹了草 235
莓酱的厚面包片。早早吃过晚饭后，心满意足的他回到了位于二楼的房间里。他先把手枪藏在窗沿上，然后小心翼翼地躺下，手臂和肩膀有些轻微痉挛。

他刚睡着没多久就被走廊里传来的重重的敲门声、脚步声以及德国人的叫喊声吵醒了。党卫军士兵清空了所有房间，全体房客都被带到了大厅里。睡眼惺忪的房客们被告知，辖区专员特博文及随行的安保司令海因里希·费利斯已经将这座宾馆征用为他们的临时指挥所。宾馆四周及每个出口都有士兵把守，赫尔伯格知道自己已不可能逃走。他拿出假证件，撒谎隐瞒了自己受伤的原因。随后，他成了少数几个能够回房休息的人之一，其余的房客全都只能在大厅里过夜。赫尔伯格回到房间，却不敢逃跑。

就在赫尔伯格在房间里坐立不安的同时，辖区专员和诸位高官正坐在壁炉边的两张长桌旁。他们点了晚餐和几瓶酒。席间，他们无所顾忌地讨论着如何在挪威全境重新编防才能更好地抵御来自盟军的袭击。[11]

在得知因他的到来而被赶出房间的客人中有两名年轻漂亮的挪威女孩后，特博文立刻邀请她俩和他们共进晚餐。其中一个名叫奥瑟·哈塞尔的女孩说得一口流利的德语，很快引起了特博文的注意。觥筹交错间，特博文问起了哈塞尔的家庭。她回答说自己的父亲是一名挪威军官。特博文说，那他一定为最近德国强征挪威军人为劳工的举措感到高兴，因为这意味着他的生命安全有了保障。"不，"哈塞尔说道，"他在英国，我为此感到骄傲。"[12]

她的话令在座者大吃一惊，谁都没说话。因她的话而不悦的特博文转而和她的朋友聊了起来。没过多久，他再次提起这个话题，批评那些自诩"爱国"实则不识时务的大学生。

哈塞尔一时没忍住，脱口而出："所有好的挪威人都是爱国者。"

宴席再次陷入沉默之中。特博文也不再说话。他决定稍后再处置这个女孩。

第二天早上 10 点 30 分，一只手吊着绷带的赫尔伯格慢慢走
出房间，向楼下走去，一名士兵跟在他身后。盖世太保正将宾馆 236
里的一些房客送往格里尼，以此惩罚他们昨晚顶撞特博文的“不良行为”。赫尔伯格知道，一旦被送进集中营，他将百口莫辩。德国人一定会调查他的身份证件，很快就会发现它们都是伪造的。紧接着，他们就会开始审讯他——除非他先吞下那颗氰化物胶囊。

他身后的士兵嫌他走得太慢，在他背上踹了一脚。毫无提防的他一下失去平衡，从楼梯上摔了下去。他别在腰间的柯尔特手枪恰在这时滑落出来，滚下楼梯，落在另一名士兵的脚边。赫尔伯格没想到自己竟这么倒霉。那名士兵捡起枪。“你看，枪里没子弹。”[13] 赫尔伯格艰难地站起来，用他那不太流利的德语说道。他心里明白自己这下死定了。

这段小插曲引起了一阵不小的骚动，几名士兵飞快地交头接耳，商量该怎么办。特博文及其随从早已离开，没有人能撤销将赫尔伯格送往格里尼的命令。

最后，他们决定，就让监狱里的人去弄清楚这是怎么回事吧。他们将赫尔伯格推到了宾馆外等待上车的队伍里。不远处停着一辆看起来随时都可能散架的大巴，车上的玻璃全都涂上了黑漆。最后一个上车的赫尔伯格在车尾的地板上找到了一个空位。一名头戴钢盔，手握步枪，身上挂着手榴弹的党卫军士兵站在车头，监视着他们。

大巴驶出了达伦镇，向着 140 英里外的奥斯陆驶去，党卫军士兵驾驶着边三轮摩托车一前一后地护送着它。赫尔伯格决心逃跑，他得想办法逃走。

大巴开了整整一个下午。车身在山路行驶中变了形，车上的乘客被冻得瑟瑟发抖。赫尔伯格身边的座位上坐着两个女人。其中一个指责他不该试图将手枪带上车，差点就害死了全车人。赫尔伯格决定戏弄一下她，加上肚子又饿，他一把夺过她的记事簿，从上面撕下几张纸，有滋有味地吃起来。那个女孩见状，竟给了他一颗喉糖，帮助他下咽。她自我介绍说自己叫奥瑟·哈塞尔，并且自豪地说起了远在英国的父亲和叔叔。

就在他们聊天的时候，车上的卫兵走过来。“你坐那儿。”[14]
他指着车头对赫尔伯格说。赫尔伯格拖着脚步向驾驶员走去。如
果卫兵想和年轻姑娘调情，那正好他就有机会了。他在车门边坐
237 下，眼睛落在了操纵车门的手柄上。根据道路两侧的路标来看，
此处距离奥斯陆只有 30 英里。如果运气好，他可以躲进树林里。
大巴开始盘山而上，车速慢如老牛。赫尔伯格起身抓住手柄，拉
开车门，跳了出去。

他跌落在公路上，身体正好压在受伤的左臂上。车上的卫兵冲着司机大叫，让他停车。司机还没反应过来，赫尔伯格就已经站起身，一瘸一拐地穿过白雪覆盖的田野，向树林跑去。有好几次，他都觉得那些德国人就要追上他了。

在田野的尽头，一排又高又结实的篱笆挡住了他的去路。他爬不过去。“站住！”一名德国卫兵叫道。

赫尔伯格知道此时只有一条路可走。他肯定会中弹，但他别无选择。他转过身，飞快地穿过田野，冲着公路上的士兵跑去。一枚手榴弹在他身后的雪地上爆炸了。没有受伤的他依旧不管不顾地继续奔跑。他的耳边传来一连串枪声。没打中，至少他没感觉到。他冲上公路，从大巴和边三轮摩托车中穿过，沿之字形路线继续奔跑，以免被打中。他的突然转向让德国人有些发蒙，赫

尔伯格趁机跑到了公路另一侧的田野上。又一枚手榴弹在他身后爆炸，但因距离太远没能伤到他。就在这时，他感到后背被一个硬物击中：第三枚手榴弹。这一次，他躲不掉了。

然而，他始终没有听到爆炸声。那是一枚哑弹。

他跌跌撞撞地跑进了黑漆漆的树林。他身后的枪声越来越密集，不过德国人根本没瞄准。赫尔伯格稍稍放慢脚步，待呼吸平复后，他继续向密林深处走去，胳膊火烧火燎，疼得钻心。天上下起了毛毛细雨，但他知道这并不能掩盖他留在地上的足迹。在树林里走了很长一段路之后，他终于看到了一栋长方形的建筑物，屋里还亮着灯。他翻过建筑物外嵌着铁丝网的栅栏，踉踉跄跄地走到了大门前。

开门的是一名老者。赫尔伯格想不出合适的谎言来掩饰。他衣衫褴褛，胳膊受了伤，身上在流血，而且十分虚弱。他再也走不动了。如果这个人是好挪威人，他自然会帮他。如果不是，赫尔伯格只能自认倒霉。老者将赫尔伯格扶进屋，告诉他这里是一家精神病院。他们有食物、衣服和床，还有医生。赫尔伯格安全了。

4 月 8 日早 9 点，海因里希·费利斯站在达伦宾馆的台阶上，
凝视着眼前的四个军阵。在高原上排查了长达 16 天后，他的士兵 238
需要暂时的放松。他们都很累，有些人的手和脚冻伤了，有的骨折了，所有人都饱受这极端天气的折磨，脸上起了水泡。士兵们的身体状况很差。他们在山林中及默斯湖周围跋涉了数百英里，顶着暴风雪穿越高原，搜索每一间他们能找到的小木屋。在斯科里肯湖附近的一次追捕中，一个挪威人还开枪打死了一名士兵。

几天前，费利斯就曾下到各个军营里视察，确保所有人都能喝到白兰地和苦艾酒暖身。现在，他要对他们的付出表示感谢。

“每天，你们都必须完成长距离跋涉，但军中士气始终高昂，没有人抱怨。在我所统领的部队里，你们凭实力让自己脱颖而出。”[15]之后，他宣布解散。其他部队将会替代他们继续执行任务。

截止到目前，他尚未取得任何值得汇报的行动成果。士兵们找到了一些储藏的炸药和武器，收藏这些武器弹药的小屋已全部烧毁。[16]他们也的确抓了一些人，其中包括一名话务员，但并没取得任何实质性进展，也没抓到一名韦莫克破坏者。如果搜捕行动依旧毫无进展——据他掌握的情报显示，这些人很可能是一个所谓的挪威第一独立公司的成员——费利斯只能叫停这次搜索行动。

在哈姆勒雪山的高处，斯钦纳兰和豪格兰蜷缩在他们挖的雪洞里，在野外度过了第二个夜晚。[17]猛烈的西南风在狭窄的入口处外咆哮，将刺骨的寒意吹入洞中，钻进他们的骨头里。自从德国人展开大搜捕行动以来，他们已经东躲西藏了将近一个月，早已习惯了这种生活环境。

3月24日，当时他们还在尼尔斯布，约恩·哈马伦急匆匆地从他的农场跑来通知他们，德国人马上要开展一场突袭行动。哈马伦告诉他们，斯钦纳兰的兄弟奥拉夫成了第一个被捕的人，而且德国士兵在带走奥拉夫后迅速占领了他位于大坝边上的旅馆，弄得他的妻子英厄莱芙不得不全天24小时服侍他们，与此同时，她还得照看年幼的儿子和刚出生的女儿。

斯钦纳兰和豪格兰立刻将尼尔斯布小屋里的武器、无线电设备及其他装备全部整理好，找了个远离小屋的地方埋了起来。[18]之后，他们迅速滑雪离开。在翻越了哈姆勒雪山上狭窄的山谷和陡峭的悬崖之后，他们在5 000英尺高的山上找到了一个落脚点。凭着一顶帐篷，一盏煤油炉和能保暖的睡袋，他们在雪山上待了

整整十天十夜。他们从望远镜里看到德国巡逻队在默斯湖周围及 239
附近山区搜查。空中不时还会飞来一架斯托奇侦察机，向地面扫射。尽管他们扎营的地方就在山坡上，但是他们知道这里绝对安全。[19] 一旦有人向这边靠近，他们从很远的地方就能发现对方。况且这里地势险峻，追踪者们要想上来绝非易事。除此以外，他们还有一个最大的优势，那些被德国人征召为向导的挪威人，例如哈马伦和其他当地农夫，会很有默契地带着德国人绕开他们的藏身地。[20]

4 月 1 日，纳粹的搜捕范围从默斯湖转移至他处，斯钦纳兰和豪格兰回到了尼尔斯布。虽然德国人在湖畔建立了一座移动定向电台检测无线电信号，但由于电台设在地势极其低洼的地方，所以根本无法捕捉到尼尔斯布发出的信号。豪格兰继续教斯钦纳兰发报知识及技巧，后者学得很快，一个星期后，他成功地向主站发送出了第一条无线电消息，向上级汇报此次搜捕行动情况，同时告知上级他们依然没能与豪克里德、谢尔斯特鲁普或赫尔伯格取得联系，且他们迫切需要空降补给。特龙斯塔收到消息后，回复说波尔松已成功抵达瑞典，伦内贝格、斯特隆赫姆、伊德兰、凯泽及斯托豪格也顺利抵达目的地。至少他们已经安全了。

4 月 16 日，哈马伦提醒斯钦纳兰和豪格兰，德国人可能会再次杀回默斯湖。两人闻讯后迅速撤回哈姆勒雪山，并挖好雪洞。第二天，斯钦纳兰下山侦察时发现尼尔斯布小屋的外墙上立着两副滑雪板。他担心小屋里的是德国人，便悄悄返回雪山，藏身于雪洞里。

第二天早晨，他们并没发现山下有任何巡逻队的踪迹，于是，他和豪格兰再次下山，回到尼尔斯布小屋。[21] 当他们偷偷靠近小屋，探查入侵者身份时，两人惊喜地发现来人竟然是豪克里德和谢尔斯特鲁普。久别重逢令他们四人欣喜万分，之后，他们向对方讲述了自己如何死里逃生的种种经历，也为德国人在搜捕过程中用冲锋枪残忍屠杀驯鹿群却不善加利用的行为感到痛心。当天晚些时候，哈马伦赶到小屋告诉他们，克劳斯·赫尔伯格在躲避德国巡逻队时遭枪击身亡，且该情报十分可靠。同伴的离世让每个人都心情沉重，他们将这一消息报告给了伦敦并为赫尔伯格默哀。

240 是时候启动抵抗运动的相关工作了。斯钦纳兰已经能够独立而熟练地收发无线电消息。[22] 豪格兰将启程前往诺托登，从那里去奥斯陆，为当地米洛格组织搭建无线电发报网。豪克里德和谢尔斯特鲁普将着力筹建该地区抵抗组织据点。对他们四个人而言，最初的任务已经完成，韦莫克再无他们用武之地。

22. 全民运动

241 1943 年四月中旬，一辆军用卡车驶过通向韦莫克的吊桥。[1] 车上装满了钢桶，表面看起来桶里装的似乎是电解过程中所需的原料之一，钾碱液。然而事实上，这些钢桶里装的是从柏林运来的纯度近乎百分之百的重水。它们全都产自韦莫克。

2 月 28 日的破坏事件发生后不久，大批挪威海德鲁公司的专家及德国官员纷纷赶往这里，就该水电站的最终命运展开调查和讨论。有的人认为，既然摧毁这座水电站已经成为一场“挪威全民运动”[2]，所有可抢救出来的设备应当立刻运往德国。其他，包括挪威海德鲁公司总负责人比亚内·埃里克森在内的许多人则坚持重建水电站。[3] 接到指示的埃绍及军备部“迅速做出决定”[4]：修复电解池且尽快完成水电站扩建工作。梭海姆和诺托登的重水设备也要尽快完工。德国指挥部将提供工程所需的所有物力[5]及人力（包括外籍劳工），并警告说，一旦工期有所延误，所有人都将严惩不贷。

经过日夜赶工，当来自柏林的重水抵达韦莫克时，水电站内的修复工程已几乎完工。[6]这批重水将被用于填充新建的高浓缩电解池，迅速缩短原本要靠逐滴积累才能完成的漫长的重水填充过程，使新设备提前数月获得产出。基于新建的三段式生产流程
以及在原有电解池基础上新增的大量电解池，德国人预计水电站 242
的日产出量很快就能达到 9.75 千克。按被毁前的计划，在高浓缩电解设备扩充至原来的两倍后，在一年之内，水电站的日产出量也许就能达到近 20 千克。

与此同时，党卫军军官穆根塔勒和韦莫克新任防卫长官维尔茨中尉也确定了水电站的安保方案。[7]吊桥上的卫兵人数增加到三人，铁路大门处增设两个哨位。水电站内日夜巡防，并在巡逻队中加入德国牧羊犬。通向水电站的每条路上都铺设有地雷。布有铁丝网的围墙被再次加高。山谷上的防空网更加密集，该地区还增设了不少造雾机，以此来抵御空袭。所有管道都被涂上保护色，湖中设有鱼雷网，从而保护默斯湖大坝。重建后的高浓缩室外增加了一名卫兵。除一扇用钢铁加固过的大门以外，其他所有门一律用砖块或木板封死。窗户要么像以前一样涂黑，要么就加装了铁栏杆或铁丝网。站内新增一队配备冲锋枪的卫兵。

穆根塔勒开除了站内所有值得怀疑的员工，由德国技术工人取而代之，监视站内的不法活动。如果说过去的韦莫克是一座堡垒，那么，现在的高浓缩室就是堡垒中的堡垒。1943 年 4 月 17 日，下午两点，经过层层倾倒处理，重水再次缓缓流淌而出。

三个星期后，5月7日，铀俱乐部在位于柏林的帝国物理技术研究所召开会议。[8] 与会的科学家承受了前所未有的压力。德军在战场上连连失利，盟军乘胜追击，意欲重夺北非控制权；东部前线上，面对苏联的反攻，国防军节节败退，因此，纳粹官员们迫切渴望得到某种能快速扭转不利局面的利器。有报道称“德国人中流传着一则关于新式炸弹的流言。只要12颗这种能让一切都灰飞烟灭的炸弹，就足以摧毁一座拥有数百万人口的大城市。”[9] 更糟糕的是，来自阿勃维尔的情报显示，美国人也正在紧锣密鼓地研制“铀弹”[10]。德国的原子能计划因为内讧而出现分裂，现在，参与该计划的科学家及其研究中心都很有可能遭到盟军的技术轰炸。他们需要打破现状，才能有所突破。

243 重水是5月7日会议讨论的第一项议题。就在前一天举行的德国航天研究院会议上，亚伯拉罕·埃绍将原子能计划进展缓慢的一部分原因归咎于重水短缺。[11] 他想继续推动在德国境内修建重水厂的计划，之前，由于挪威能提供价格低廉的重水，该计划一直停滞不前。[12] 保罗·哈特克提议，他正在洛伊纳实验工厂进行催化交换实验，再做几轮实验后，只要能让韦莫克或意大利电解厂提供一些重水半成品，该工厂也许就能将重水的年产量提高至5吨。此外，他还提出了由克劳斯·克卢修斯发明的另一种方法：利用重水的沸点略高于水这一特性来生产高浓度重水。埃绍授意哈特克做好洛伊纳的各项前期工作，并让他对克卢修斯的方法是否能应用于工业生产做出科学评估。现在，韦莫克再次投入生产，再加上这些新加入的生产方，埃绍有信心他们很快就能获得充足的重水供应。

对此，迪布纳似乎并不像埃绍那样信心十足。他明确表示，他需要所有重水来完成他接下来的两项实验，一滴都不能少。他的团队最新研制出的铀机器（G-II）将铀金属块置于结冰的重水之中，其实验数据显示该机器的中子产量比其他任何德国实验团队至今为止所取得产量都要高出 1.5 倍。[13] 他说，这部机器证明，相比于其他设计，立方体设计促进链式反应的效率要高得多，而且只要达到一定规模，它很有可能就实现自持性反应。

海森堡当即表示反对。在他看来，最佳设计仍是一个悬而未决的问题。他设计的最新型机器是一个球状体，球体内，铀金属层和重水层交替铺设。他声称这个模型“实在太小，根本无法体现其真正价值”。[14] 不过，他又补充说，他们的铀供应商已经按照他的需求将铀切割成了金属板，而并非迪布纳所要求的立方体。因此，他的实验——以及他所要求的重水——应该排在等候名单的首位。“这并不表示我反对在此之后进行立方体实验，”海森堡谦逊地表示，“如果确实需要进行这样的实验的话，我同意。”

屋子里的气氛顿时紧张起来。迪布纳自有他的支持者，这其中就包括哈特克，他们都认为海森堡对除自己设计以外的所有实验价值都视而不见。[15] 之前，埃绍曾将海森堡的重水调拨给迪布纳，助其完成最新实验。会上，他表示自己需要仔细思考后才能 244
决定优先开展哪项实验。最终，迪布纳和海森堡都得到了一定比例的重水和铀用以继续他们的小规模实验，然而他们双方对这一结果都很不满意。

莱斯利·格罗夫斯将军忧心忡忡，但依他的性格，他绝不会任由焦虑长时间折磨自己。这位毕业于西点军校及麻省理工学院的高才生身高六英尺，四方四正的脑袋上长着一头浓密的棕发，厚实宽大的胸膛恰好能戴下他的所有勋章。他人眼中的格罗夫斯是“行动者、推动者，一个恪尽职守的人”[16]。作为曼哈顿计划的总负责人，他是手下心目中“最该死的”[17]上司：吹毛求疵、不近人情且傲慢自负。不过，这些人也同样认为他是领导美国原子能计划，挫败德国人的不二人选。

在格罗夫斯看来，要想实现这一目标，方法有二，且互为补充：其一，加快美国的研究进程；其二，尽可能拖延敌人。针对方案一，他正率领成千上万的科学家、工程师和工人们夜以继日地赶工，并已为此投入了数千万美元的资金。在田纳西的山区里，他们建立起具有划时代意义的工厂，同时使用两种完全不同的方法从铀 238 中分离极其罕见的铀 235。[18]在华盛顿州的哥伦比亚河畔，一个大规模核反应堆正在加紧建设，建成后可容纳 200 吨铀和 1200 吨作为减速剂的石墨。在加拿大盟友的协助下，美国人在加拿大的不列颠哥伦比亚省特雷尔水电站建立了一间大型重水厂。在新墨西哥州的洛斯阿拉莫斯牧场学校，一组物理学家正在研制裂变式原子弹。这些同时进行的工作无一不让他感到焦虑，但至少它们都在格罗夫斯的直接控制下。[19]

然而，如何拖延敌人却在他控制力之外。首先，他获取德国人研究进展情报的渠道十分有限。其次，他并没有权利调动作战部队或轰炸机，更谈不上让他们去袭击敌人的目标工厂。很早之前，他就已经知道德国原子能计划中的关键原料重水来自韦莫克水电站。然而，直到三月底，他才得知英国针对挪威韦莫克电站的破坏行动大获成功，而且和以往一样，这次的情报也来自一份瑞典报纸。

通过陆军参谋长乔治·马歇尔将军以及英军驻华盛顿的首席代表陆军元帅约翰·迪尔，格罗夫斯要求获悉此次行动的详细情况。
245 四月，他被告知两年内该电站都无法投入使用。[20]然而短短几天后，他得到消息，该期限已缩短至一年。

不久，英国管合金董事会的领导人之一迈克尔·佩林出访华盛顿。他告诉格罗夫斯，在战争结束前，德国人都不可能完成原子弹的研制工作。“你说的也许没错，”格罗夫斯回答说，“但我不相信。”[21] 即使佩林说的是真的，格罗夫斯知道危险依然存在，其中之一就是放射性袭击。

他手下的科学家曾写过一篇详尽的报告，从中他了解到，如果德国人成功地启动重水反应堆，他们就能轻而易举地制造出“数量巨大的”[22] 可投放于城市上空的放射性武器。该报告最后总结道，要想成功制造出一枚原子弹的确需要战胜重重挑战，可是德国人至少有能力让一座规模如伦敦的大城市进行大范围撤离，从而使其“彻底瘫痪”。

1943 年 6 月 24 日早，格罗夫斯见到了万尼瓦尔·布什。[23] 这个长着一双蓝眼睛，瘦得像根竹竿的新英格兰人是曼哈顿计划监管组织的成员之一。两人回顾了该计划的进展，包括他们能否在 1945 年初研制出第一颗原子弹的可能性。与此同时，他们还对英国情报机构及特龙斯塔提供的一份袭击目标清单进行了评估，希望能通过打击清单上的目标来延缓德方的研究进度。韦莫克及几座德国研究中心都被列入了该名单。格罗夫斯和布什都认为，如果他们不“绷紧每一根神经思考对策”[24]，那么花费五亿美元制造原子弹就会变得毫无意义。

几个小时后，布什前往白宫与罗斯福总统共进午餐。他简单讲述了他们在这件事上有多么“雄心勃勃”[25]，并表示他们计划在 1945 年 1 月 1 日交付第一颗原子弹。罗斯福询问了德国人的研究进展。布什回答说，纳粹科学家“开始这项严肃工作的时间比我们早，所以他们很可能在技术上领先于我们”。不过，他们已经列出了德方目标机构名单，“正准备着手实施打击”。

获得罗斯福批准后，格罗夫斯便下定决心，一定要促成这一打击行动。

初夏，克努特·豪克里德前往奥斯陆的一间公寓，拜访抵抗组织领袖特龙·菲弗。私下里，菲弗也是他家的一位老朋友。聊
246 天中有人敲门，特龙起身去开门。豪克里德立刻听到了一个非常熟悉的声音——来人正是他的父亲比约戈夫。豪克里德飞快地躲进另一个房间。情报工作者必须遵守的基础守则之一就是永远不要接触家人。他们都以为他还在英国。在近两年的时间里，他没见过家里的任何人，也没和他们说过话，包括他妻子博迪尔。同样投身于抵抗运动的她于 3 月中旬被迫离开挪威，前往瑞典。

此时此刻，父亲就站在距他只有几步之遥的地方，父子俩之间只隔着一扇门。豪克里德真的很想不顾规则，走上去紧紧抱住自己的父亲。他们对这个世界的看法也许不同，但他们始终是父子。豪克里德最终抑制住了与父亲相见的冲动，一直躲在房间里。简短地聊了几句后，特龙送走了这位意外的访客。

豪克里德和谢尔斯特鲁普在奥斯陆待了好几个星期，休息的同时等待自己的新证件：国家统一党党员证。[27] 其间，他们得知赫尔伯格并没有死，伦敦方面也收到了他还活着的好消息。朋友的遭遇使他们更坚定地意识到自己必须时刻留神，绝不能在旅馆里过夜。

六月，他们离开奥斯陆，骑着从黑市上买来的自行车，装成夏日游客重返瓦格斯利，开始筹建地下抵抗组织。晚上，他们从不去旅馆借宿，就在树林里过夜。

他们计划先建立一个安全的行动基地，之后，豪克里德会征募几名地区指挥官，让他们分头网罗抵抗战士，建立各自的据点。

考虑到这些指挥官将会是唯一了解自己身份的人，所以他们的人品必须值得信赖，筛选时要格外谨慎。在训练结束并取得武器后，地下抵抗组织将进入蛰伏状态，随时准备开展游击队活动，打击敌人军事力量的同时有针对性地将他们赶出具有重要战略意义的地区：一条始于奥斯陆，终于北海的东西走廊。

豪克里德和谢尔斯特鲁普将他们的基地建在了瓦格斯利西南的一座高山之上，此处向下可以俯瞰整座霍尔默湖。他们用收集来的长满青苔的石头搭起了一座有双层墙壁的小屋，从远处看上去，它不过就是山上的一堆石头，毫不起眼。他们用灰土和泥炭堵住了墙上的石缝以防透风。随后，他们又从山南一个废弃的矿山里背回不少木材，搭起了小屋的门和屋顶框架。在这里，饿了 247
可以下湖捞鱼吃，累了可以躺在山上晒太阳。他们很高兴冬天总算是结束了。豪克里德从当地一家农场里买了一条猎鹿犬小狗仔，给它起名叫巴姆斯（意为小熊），并用它的名字给日渐成形的小屋取名为巴姆斯布。

其间，豪克里德暂时放下了尚未完工的小屋，下山与他招募的指挥官碰头。[28] 之后，他便前往位于达伦东北几英里的一座小村庄。6 月 18 日，他在一位联络人的农场里见到了斯钦纳兰。斯钦纳兰的状态很不好。大约两周前，他那刚出生不久的小侄女夭折了——小姑娘死在了自己的摇篮里，窒息而亡。她的父亲奥拉夫因为是埃纳尔的兄弟而被送进了格里尼集中营，无法参加她的葬礼。他们年迈的父亲接受不了小孙女去世的悲惨消息而倒下了。父亲弥留之际，斯钦纳兰却无法回家探望他，因为德国人的驻地就在大坝旁。他独自一人生活在尼尔斯布，默默忍受着破裂的门牙给他带来的无尽痛苦。他以“埃纳尔·汉松”的保险监察员身份去找达伦镇外的一名牙医看过几次牙。留坎的牙医全都认识他，而且很有可能会向盖世太保报告他的行踪。

豪克里德的到来让斯钦纳兰稍感宽慰。接下来的几个晚上，他俩都试着让自己暂时忘记他们正在逃亡。“邦佐在等待——非常不错的一次见面。”[29] 斯钦纳兰在 18 号的日记上简短地写道。第二天，他草草写道：“能喝到蛋奶酒的盛大舞会——相当正式。”“从牙医开始新的一天——有趣，还有游戏。”是他关于第三天的记录。有天晚上，豪克里德给斯钦纳兰看了一份挪威女孩的名单。这是他偶然从一本书上找到的。[30] 名单上的名字早就过时了，但豪克里德尤其喜欢其中的一个名字：希尔维。他说，如果他有女儿，他一定会给她取这个名字。斯钦纳兰也畅想过未来，到时他很可能会结婚，有自己的孩子——那是一种和现在截然不同的生活。他向豪克里德保证，假如将来他生了女儿，他也会给她取名叫希尔维。不久，豪克里德返回巴姆斯布。斯钦纳兰在当地又逗留了近两周，继续治他的牙。[31]

在结束治疗，从默斯湖返回他的小屋后，豪克里德的主要资助人之一的农夫约恩·霍夫登来了。莉莲·西维斯塔从哥哥居纳尔那儿接过这张小纸条后就立刻将它送到了霍夫登家。斯钦纳兰刚一打开纸条就知道自己必须马上将这一消息告知伦敦。

248 7 月 8 日，特龙斯塔收到了斯钦纳兰发来的那则令人不安的消息：“据测算，韦莫克将于 8 月 15 日开始向外输送重水。”[32] 威尔逊要他核实该消息。如果属实，他们必须警告约翰·安德森及战争内阁。

直到获悉这一消息的前一刻为止，冈内塞德行动一直都被认为是一次极其成功的破坏行动。目标被毁且没费一枪一弹，也未引发德国人的大规模报复行为。行动队的所有成员都安全逃脱，没有任何人暴露身份。在特龙斯塔看来，实在没有比这更好的结果了。各种表彰纷至沓来，从挪威最高指挥部到丘吉尔本人，这位英国首相简单明了地问道："我们该如何奖励这些英雄？"[33]行动的成功使英国特别行动处及其林厄公司声名鹊起，也让他们获得了更多参与挪威境内行动的机会。

如果斯钦纳兰报告的内容属实，这意味着德国人恢复全面生产的速度比特龙斯塔预计的要快得多。冈内塞德行动令德国人损失了两吨重水，该数量占到了他们建立反应堆所需重水量的一半，但特龙斯塔明白，即便如此，他们也绝不能允许韦莫克恢复对柏林的重水供应[34]，尤其是在他们刚刚联系过尼尔斯·玻尔，获得了一些秘密情报之后。近日，两名德国物理学家参观了玻尔位于哥本哈根的实验室，之后，这位丹麦物理学家声称，他相信在不远的将来，人们很快就能造出第一颗原子弹，尤其是在重水供应充足，拥有足够原料的情况下。当被问及重水生产是否具有"战争意义"以及重水厂是否应当被摧毁这两个问题的时候，玻尔都毫不犹豫地给出了肯定的答复。他们很快就能将这位物理学家秘密转移出丹麦，鉴于这种言论出自原子物理之父之一的玻尔之口，韦莫克再次被推到了风口浪尖之上。

特龙斯塔让斯钦纳兰探查水电站的修复工程及生产的进展情况。7 月 19 日，特龙斯塔在日记里写道，他就如何"处理果汁问题"[35]写了一篇长报告，准备递交给英国特别行动处。美国人一直催促英方对水电站展开大规模空袭，对此，特龙斯塔一直极力反对。高浓缩车间建于地下，其上方还有重达数吨的钢筋混凝土保护建筑，所以他对这种空中轰炸是否能达到预期效果表示怀疑。而且几乎可以肯定的是，这种突袭必然会带来巨大的连带损失，无论是生活在水电站附近的挪威平民的生命安全，还是战后的挪

249 威经济都会遭受重创。此外，他怀疑玻尔那番言论会激励德国人全力以赴地研制原子弹。根据布伦在任时搜集的情报，加上特龙斯塔和韦尔什从他们安插在瑞典、挪威和德国的情报人员最近返回的信息来看，纳粹研制出“恶魔武器”的可能性十分有限。

在报告中，特龙斯塔建议他们采取行动时务必谨慎，同时也给出了许多能终止韦莫克生产活动，拖延纳粹原子能项目的建议。[36] 他们可以摧毁为韦莫克提供水能的某座大坝；也可以在重水从韦莫克运往德国的途中下手；他们可以考虑从水电站内破坏高浓缩车间，或是袭击位于柏林的实验室或监督实验的指挥部。他甚至还给出了这些地点的精确地址。不过，他没有提出任何针对韦莫克或梭海姆及诺托登的空袭计划，哪怕后面两座水电站很可能已经开始生产重水，又或是即将投产。

说来也巧，就在英国特别行动处对特龙斯塔这份针对韦莫克重水开展第二轮攻击的计划书进行评估的时候，他和他的手下都受到了来自英方的奖励，以此嘉奖他们在此前行动中取得的功绩。7 月 21 日，他们穿着制服聚集在奇尔特恩法院，监管英国特别行动处的战争经济部部长塞尔伯恩爵士代表乔治六世国王，向伦内贝格和波尔松颁发了杰出服务勋章，其他到场者（赫尔伯格、伊德兰、凯泽、斯托豪格和斯特隆赫姆）被授予军功十字勋章和军功勋章。特龙斯塔被授予大英帝国勋章。[37]

颁奖典礼结束后，塞尔伯恩在丽兹酒店举行晚宴招待受勋者。[38] 席间的主菜恰好是松鸡，他们把每一根骨头上的肉都吃得一干二净。值得回忆的事情太多了——他们在高原上挨过的那些艰难时光，以及破坏行动完成后的紧张时刻——但更多时候，他们都在开怀大笑。他们回想起了斯德哥尔摩的医院，在那里，两名瑞典护士帮他们除虱，给他们消毒。当他们终于离开难民营后，这些小伙子们像现代的文明人那样，去斯德哥尔摩一家歌剧院听了一场《茶花女》。晚宴结束后，特龙斯塔送他们出城。汽车沿着皮卡迪利大街一路北上，心情大好的他们还唱起了歌。特龙斯塔没有向他们提及斯钦纳兰发来的消息。他不想扫大家的兴。

授勋仪式结束不到三天，一支来自美国第八航空师的重型轰
炸机机队从挪威南部的天空呼啸而过。[39] 因为德国被大雾笼罩，
原本计划前往汉堡的轰炸机临时改变作战计划，转而袭击挪威工 250
厂，其中就包括挪威海德鲁公司在赫尤亚新建的一间大型铝厂。
舰队投下了超过 1 650 枚炸弹，将整个厂区夷为平地，55 人在此次
轰炸中丧生，死者大多为当地工人。特龙斯塔担心韦莫克就是下
一个攻击目标。

23. 目标名单

8 月 4 日，比亚内·埃里克森结束了在赫尤亚的视察，离开了 251
盟军轰炸后留下的碎石堆，火速赶往留坎。[1] 突袭结束后，韦莫
克即被关闭。此次空袭不仅将铝厂夷为平地，也炸毁了临近一间
同属于挪威海德鲁公司的化肥厂。化肥厂停产意味着不再需要氨，
如此一来，韦莫克氢气站就失去了生产的意义。在留坎镇的行政
大楼里，面对一众为了取得重水向他施压要求韦莫克恢复生产的
纳粹官员，埃里克森斩钉截铁地予以拒绝，律师出身的他还列出
了自己拒绝的理由。

首先，重水为挪威海德鲁公司带来的经济效益微乎其微——更别说自从德军入侵后，德国人就从没向海德鲁公司付过一分钱。其次，如果为了满足重水生产而重启韦莫克氢气站，产生出来的

爆炸性气体氢气就只能释放到空气中，这实在太危险。第三，德国人反复强调，重水只是一种科学研究所需的原料，并不具备重要的战略意义，既然如此，他实在不明白为何要重启韦莫克。最后，制造氘只会增加盟军空袭韦莫克的风险，让许多人的生命受到威胁，更何况这座水电站对海德鲁公司及整个挪威的农业和出口都具有不可估量的重大意义，而这也是他坚持要求韦莫克停产的重要原因。

尽管埃里克森据理力争，但代表特博文出席会议的阿尔布雷
252 希特博士却不为所动。他要求韦莫克必须全面投产，制造重水，而且还要尽可能地不断提高产量。根据韦莫克的生产记录，六月重建后的高浓缩车间共产出 199 千克重水。[2] 因为受到赫尤亚空袭的影响，7 月的生产数据低于这一数值。阿尔布雷希特明确表示，特博文希望 8 月的生产总量能够创新高。对此，埃里克森回答说他“个人确信”[3] 不仅不应该在短期内重启重水生产，而且还应该永久性叫停这项业务。他会向董事会提交这项提议。

如果说埃里克森是一名爱国者，还真有些一言难尽。德国人入侵前，他曾向法国间谍雅克·阿利耶透露过德国人对韦莫克感兴趣的事实。然而，1940 年 4 月，德国人入侵后，他又劝说哈康国王为了“切实可行的政治主张”而退位，在那之后不久，他就签署了一张面额高达 25 000 克朗的支票，代表挪威海德鲁公司捐赠给国家统一党。可现在，他再次站到了德国人的对立面。

阿尔布雷希特不为所动。他下达命令，要求“无论冒多大风险，都必须确保 SH-200 计划实现最大产出”。在此之后，他最后一次询问埃里克森是否依然坚持已见。埃里克森的回答很肯定，而且表示他“已经准备好迎接由此带来的后果”。阿尔布雷希特答道，那就这样吧。无论此事是否由埃里克森负责，国家的需求必

须也终将得到满足。

几天后，费利斯接到了让盖世太保逮捕埃里克森的通知。[4] 随后，埃里克森以挪威前军官的身份和 1 000 多名被捕的公务员一起，因企图颠覆挪威政权而遭到逮捕。然而，他被德国人拖出家门，送进德国集中营的真正原因只有一个：没有人能拒绝特博文的命令。

就在埃里克森下令让韦莫克停止生产的同一天早晨，斯钦纳兰从尼尔斯布小屋向主站发出了一系列消息，详细介绍了截止到 6 月 1 日德国人让重水恢复“常规产出”[5] 的种种措施。梭海姆已投入运行，生产出了纯度达到 15.7% 的重水。工程师预计该厂 10 月就能按照“终极条件”提供重水。诺托登也即将投产。斯钦纳兰总结说：“我们可以想办法降低韦莫克的产出，同时破坏梭海姆，甚至诺托登的生产。我们愿意去做，只等下令。”

特龙斯塔在回复斯钦纳兰时问他有何降低重水产出的具体计 253
划，并告诫他在接到正式命令前切不可轻举妄动。居纳尔·西维斯塔已经开始通过滴入鳕鱼油的方式来污染高浓缩电解池，使其日产量减少了 1.5 千克。斯钦纳兰发回的加密消息称：“只要小心，我们可以让产量减少 50%，且不会让我们的人受牵连。”[6] 在接下来的两周里，他陆续向伦敦提出了能够阻止德国人进一步获取重水的其他方法。[7] 韦莫克的安防过于严密，但它向外运输的方式不是火车就是摩托车，因此只需一只小分队——最多五个人即可——他就可以切断韦莫克与奥斯陆间的货运通道。然而，他接到的命令始终是观察和等待。

至于补给，英国特别行动处只有等到秋季过后黑夜时间延长时才能开展空投，在那之前，斯钦纳兰通过打猎、捕鱼及收集木柴来自给自足。[8] 能够在山林中尽情而自由往来的感觉的确很棒，但孤独终究还是缠上了他。他下山去斯钦达伦、哈马伦和霍夫登家的农场，的确是为了获得稀罕的食物，给电池充电并收集由莉莲·西维斯塔送来的消息，但同时也是为了能暂时挣脱孤独的束缚。

有时候，他会在农场过夜，第二天早晨，他并不着急离开，而是和朋友们一起下地干活。他们是他的生命线，也是他的保护伞。这些生活在大山深处的农夫远离现代文明，靠种地为生。他们对这个世界的了解或许不多，但这不妨碍他们成为出色的地下工作者。每当德国巡逻队临近，他们总是能提前很久就看出端倪，警告住在尼尔斯布的斯钦纳兰。当风声过后，他们又会进山通知他可以返回小屋生活，而且常常会有意稍做停留，和他聊聊天。有时候，他会和他们一起去打猎。他们的狩猎技术丝毫不逊色于他，甚至比他还要好。一天晚上，他在日记里写道："奥拉夫射中了一头小驯鹿，我只打中了石头。"[9]

在这段时间里，斯钦纳兰还冒险和从卑尔根赶来的女朋友古德芙格见了面。[10] 这也是他从事地下工作后两人第一次见面。过去的一年里，他给她邮寄过一些礼物：一些驯鹿肉、一把他亲手在驯鹿骨刀柄上刻了花纹的匕首。8 月中旬，他步行来到豪克里塞特的山间旅馆，在那里，他通过一名联络人邀请古德芙格来这里见他。在当天的日记里，他只简单地写了一句话："古德芙格来了。大惊喜！"他们在一起度过了近一周的美好时光，直到斯钦纳兰不得不返回藏身的小屋。

254 然而，他自始至终都没联系过自己的家人，7 月 11 日，他的父亲去世了，他却什么也做不了。[11] 明知葬礼将在一周后举行，他也不敢回去。盖世太保仍然在搜捕他，这时回去无异于自投罗网。事后，斯钦纳兰得知，父亲在弥留之际终于知道自己的儿子躲进了山林之中，很安全，虽然这个消息让老人心感慰藉，但他更希望儿子能陪伴床侧。更让斯钦纳兰难过的是，虽然他明知哥哥奥拉夫和托尔施泰因，以及在默勒伽塔酷刑中挺过来的斯科根绝不愿看到他向德国人投降来换取他们的自由，但他内心的愧疚感并没有因此而减少半分。

他们不知道的是，这些从挪威深山里一座古老的猎鹿人小屋发出的消息，已经传到了伦敦和华盛顿特区的最高权力中心。对此，就连斯钦纳兰自己也毫不知情。

8 月 9 日，空军部情报局局长 A. R. 博伊尔向英国特别行动处提出重新将韦莫克列为攻击目标。他得到情报，为了赢得这场战争，德国人正“不遗余力地”[12] 制造一件以韦莫克的重水为原料的“秘密武器”。

威尔逊通知特龙斯塔，上层正在考虑是否要将该水电站再次列为袭击目标。特龙斯塔立即起草了一份发给斯钦纳兰的消息，对按照何种频率，具体在什么地方向高浓缩电解池投放蓖麻油，以及每次投放量为多少都给出了精确的指示，这样就能在污染重水的同时又不会令德国人生疑。然而，格伦顿庄园的话务员还没将这条消息发出去，特龙斯塔就被告知该消息将被归档，直到上级另有指示。安德森明确表示，在英美军事高层就日后的最佳行动方案达成一致意见前，禁止一切“当地行动”[13]。特龙斯塔心中对韦莫克再次被列入“目标名单”的担忧变得更加强烈。[14]

1942 年底，来自挪威的威廉·汉斯廷将军和美国的德怀特·艾森豪威尔将军在一次会议上达成一致意见，即任何针对挪威境内目标的破坏行动，无论其执行者是英国皇家空军还是美国空军，都必须得到英国空军部批准且被列入目标名单，从而使挪威最高指挥部能有机会给出支持或反对意见。[15]

作为挪威政府中能收到该名单的人员之一，特龙斯塔知道空袭是摧毁有些目标的最佳方式。他自己就曾建议将克纳本的钼矿
255 列入英国皇家空军的袭击名单，而该行动也已于 1943 年 3 月执行。赫尤亚的情况则不同。尽管铝和镁都是德国军工的关键原材料，但是特龙斯塔一直认为，削弱这些工厂生产力最安全也最有效的方法是采取破坏行动，而非日间轰炸。在袭击名单上，赫尤亚的优先级一直较低，这是因为首先该工厂尚未投入全面生产，其次有一支突击队正在当地开展针对它的破坏行动。然而即便如此，美国人仍然在毫无示警的情况下于仲夏对其展开了空袭。

此事因此被闹得沸沸扬扬，汉斯廷和特龙斯塔要求每个月都对目标名单进行重新评估，并要求他们能够就选择何种袭击方式进行更直接地表态：破坏还是轰炸。特龙斯塔更是不惜调动一切能为己所用的影响力，试图将韦莫克排除在名单之外。[16] 他取得的情报显示，纳粹还需要好几年的时间才能制造出第一颗原子弹。特龙斯塔在瑞典的线人尼尔·霍勒向他透露了莉泽·迈特纳与几名到访的德国科学家之间的谈话内容：德国人制造铀机器主要是为了制造能量，而非炸弹。[17] 一位最近逃亡至英国的挪威海德鲁公司主管也证实了这一点。通过与这些德国科学家有过接触的其他联络人，特龙斯塔认为纳粹并没有把重水当成“对推动战争具有决定性意义”[18] 的物质。因此，他相信，鉴于该项目现阶段的威胁系数不高，所以实在没必要采取空袭行动。相反，通过内部员工污染高浓缩电解池的做法才是眼下最明智的选择。

就在特龙斯塔等待其游说结果的时候，盟军对特龙斯塔提供过情报的另一个德军项目展开了打击行动。8 月 18 日晚，一架轰炸机袭击了位于波罗的海岸的佩讷明德，那里是纳粹的 V-1/V-2 导

弹测试基地。当天晚上，特龙斯塔正坐在书桌边给十岁的西塞尔写信，他的桌上还摆着一张女儿的近照。他问她喜不喜欢他送她的那块手表，并称赞了她最近写给他的那封信（但他也指出了信中的一些拼写错误），此外，他还询问了弟弟莱夫的近况。他在信中用了大量的篇幅向她解释为什么他不能陪在他们身边：“为了让我们的祖国重获自由，我们不得不做出各种努力。当我们说‘我的祖国’时，我们所指的并不仅仅是我们国家的土地——当然，我们国家的土地的确很美——而是我们在家中所热爱的一切：妈妈、弟弟，还有你，以及其他所有人的爸爸、妈妈和孩子。此外，它还包括我们从小到大的美好回忆以及我们有了自己的孩子以后 256
的点点滴滴。我们那有着山川、河流、湖泊、森林、瀑布和峡湾的故乡也是‘祖国’的一部分。夏日里新鲜干草散发出来的清香，桦树在春天时的气味，还有大海、森林甚至是冷得刺骨的冬天都有其独特的气味，它们全都是‘祖国’的一部分……还有挪威歌曲、音乐以及太多太多的东西，它们合在一起才组成了我们的祖国，所以我们必须战斗，将这一切夺回来。”[19] 他千方百计地想保住韦莫克就是为了让挪威在德国人被赶走后能拥有一个更美好的未来。写完给西塞尔的信两天之后，他与英国空军部的人碰面，会议结束时，他相信自己已说服对方，成功地保住了韦莫克，也阻止了类似赫尤亚的事件再次发生。[20]

然而，就在当天傍晚，迈克尔·佩林提交了一份秘密报告，称他和管合金董事会的成员们都认为必须终止韦莫克的生产活动，而英国情报机构认为，空袭是让该水电站永久关闭的唯一办法。佩林在报告的最后总结道：“我提议将该水电站的地址告知美国人，并询问他们是否能让美国空军来完成此次空袭。鉴于此，无论最终决定如何，我们都不应该与挪威高层商议此事。”[21]

“我名叫克努特。你知道这一点足以。我来自英格兰，代表国王。”[22]这是豪克里德在征募队员时的说辞。政府可能换届或解散，但哈康国王始终是挪威为自由而奋斗的象征。“他希望你能组建并领导一支抵抗队伍，在你的家乡活动……我会指导你组建队伍，为你提供所需资金。如果你需要武器，我可以安排飞机或船只将它们按要求送到你指定的地点。”现在，他们的巴姆斯布指挥部已经建成，整个9月，他都和谢尔斯特鲁普忙着发展西泰勒马克地区的地下抵抗组织。面对新招募的75名战士，他们一再强调安全至上：使用秘密情报传递点。永远不要让你的上级与陌生人联系，而且“请牢记：闭紧嘴巴”。[23]

自行车成了他们的主要交通工具。得益于仿真度极高的身份证件和通行证，他们几乎从没遇上过麻烦。有一次，在当地的一
257 间船屋里，谢尔斯特鲁普受到当地警长及其副手的盘问。[24]众所周知，这名警长是纳粹的支持者。就在他们检查他证件的时候，豪克里德不知从哪儿钻了出来，偷偷溜到船屋旁，打算开枪打死这两名警察。不过，在他动手前，那两个人放了谢尔斯特鲁普。

他们将无线电站建在了一座山林农场里，农场主同意让话务员住在那里并为他提供掩护——他自己也因此多了一名务农的帮手。通过侦察，他们摸清了该地区德国人的驻兵情况，这样一来可以为盟军反攻挪威做准备，二来也方便自己开展破坏行动。眼下，他们最需要的就是来自英方的生活补给：靴底磨出了窟窿，衣服也打满了补丁。此外，他们还需要帐篷、地图、指南针、防雨装备、手表、剃须刀、烟草、背包等，正如他们在空投清单上写的：“急需六名家庭主妇。”[25]眼看冬天临近，食物也成了急需物资。不过，与这些相比，他们最想要的仍然是武器：狙击步枪、斯登冲锋枪、布伦式轻机枪以及柯尔特手枪。有了武器，他们才

能训练和武装自己的队员。

9 月 22 日是英国皇家空军进行空投的第一个窗口期的最后一天。[26] 当晚，豪克里德独自坐在巴姆斯布。午夜刚过，他就听到了飞机引擎声。他顾不上穿外套和鞋子，光着脚跑出了小屋，用手里的手电筒向天上的飞机发信号。引擎的轰鸣声渐渐变小，没有看到任何降落伞的他飞快地跑进小屋穿好衣服。很快，飞机又飞回来了，他再次举起手电筒，拼命地向飞行员发出信号，可这一次依旧没有发现降落伞的踪影。之后，他又听到了两次飞机的轰鸣声，再之后，四周恢复了平静。想到还要再等几个星期才能拿到补给，他心情沮丧地回到了小屋。

几天后，他离开小屋，来到霍尔默湖畔，收网捞鱼，刚从斯钦纳兰那儿回来的谢尔斯特鲁普看到他，走上前问道："情况如何？"[27]

"如何？就我所知，什么也没发生。"

"伦敦那边说派了一架飞机过来，还空投了东西。"

豪克里德和谢尔斯特鲁普仔细地搜寻了小屋周围的大片土地，最终在湖畔找到了两个装备筒，另外五个不是半泡在水中，就是已经沉入湖底。[28] 他俩立刻脱下衣服，跳进冰冷的湖水中，打捞物资。

经过检查，装在容器里的武器和大部分物品都完好无损，只 258
有一部分弹药——1 000 发克拉格步枪的子弹——受了潮无法使用。当晚，他们美美地享受了一顿大餐以示庆祝。好几个月来，他们的盘子里终于出现了吃不完的食物：饼干、咸牛肉、巧克力、罐头水果、火腿和葡萄干。第二天早晨，他们再次痛快地饱餐了一顿。

然而，对于自去年冬天就落下病根的谢尔斯特鲁普而言，饱餐几顿根本无法缓解他身上的肌肉僵硬和水肿。[29] 奥斯陆的一名医生诊断他患了脚气病，这是一种因长期缺乏维生素 B1 而导致的疾病，也是他长期将驯鹿肉作为唯一食物的结果。这种失衡的饮食还毁了他的一口牙齿，使其变得极其脆弱且易脱落。谢尔斯特鲁普知道依照自己目前的身体状况，他根本无法在野外撑过第二个冬天，所以他决定取道瑞典，返回英国。

两人在 9 月底道别，谢尔斯特鲁普骑着自行车离开了。之后的几个星期里下了好几场雪，豪克里德也离开了巴姆斯布。[30] 他背着一个沉重的背包，和自己的猎鹿犬一起，徒步前往默斯湖。上路后，他才发现路上的雪比巴姆斯布附近深多了，他被迫在齐腰深的积雪中艰难跋涉。当晚，不得不在山里过夜的他和巴姆斯躲在一块大圆石下睡了一夜。第二天，他花了整整 12 个小时才走完平时三个小时就能走完的路。当他到达尼尔斯布附近时，小屋的一半已经消失在了浓雾之中。仔细观察后，他确认屋顶上没有铁铲——这是他们约好的警示信号——这才松了一口气，否则，他就只能迅速离开此地。

斯钦纳兰热情地将他和巴姆斯迎进了小屋。[31] 他们俩打算整个冬天都待在一起。漫长而黑暗的冬季会持续好几个月，能有个彼此依靠的同伴当然是件好事，更何况这也意味着他们有了伴，不必再忍受孤独。他们确定了新的日常工作计划，并继续向伦敦提供韦莫克的重水生产情报。他们已经做好了准备，一旦上级下令，他们就会去拖延或终止那里的生产活动。可是，他们始终没有接到行动的指令。

1943 年 10 月 5 日，一名英国特别行动处代表在给另一名代表的消息中写道："上头希望我们考虑一下能否再次潜入韦莫克水电站。"[32] 文中的"上头"指的正是安德森和他在美方的联系人格罗

夫斯将军。后者认为，12 至 18 个月后，他手下的科学家就将制造 259
出第一颗原子弹，而德国人的速度应该不会比他们慢多少。即使到时候德国人没能制造出原子弹，他们也很有可能对伦敦或其他主要城市发动放射性攻击。经过沟通，这两名英国特别行动处代表决定，考虑到挪威人在袭击行动上一贯持反对意见，无论“再次潜入”是否有必要，此事都绝不能让任何挪威人知晓。

借助斯钦纳兰提供的情报，威尔逊和他的英国特工们起草了一份报告，提出了三种行动方案：（1）从工厂内部干扰生产；（2）依照冈内塞德行动路线开展突袭行动；（3）空袭。[33] 他们认为，方案一不过是一种临时性方案。考虑到电站内各种新的安防措施，方案二只能从长计议。至于方案三，如果能在日间开展精确轰炸，说不定能成为“最佳且最有效的行动方案”。带着这份报告，安德森向空军指挥官查尔斯·波特尔提出了空袭韦莫克的行动计划。[34] 波特尔将这份目标档案转交给了熟悉该目标的美国第八航空队司令官艾拉·埃克。

埃克的指挥基地位于伦敦以西的威科姆阿比，距离伦敦仅一小时车程。[35] 在那里，他统领着一支由 185 000 名士兵和 4 000 架飞机组成的军队。他奉行的指令是通过打击敌人的空中作战能力逼迫德军投降。早在他接管航空队之初，这个爱嚼雪茄说起话来轻声细语的美国人就曾对英国皇家空军说：“白天我们执行轰炸。晚上你们上。我们要搅得他们日夜不得安宁。”因为对该目标的重要性心存怀疑，所以他拒绝执行轰炸任务。[37]

格罗夫斯通过陆军参谋长乔治·马歇尔和英国驻华盛顿首席代表陆军元帅约翰·格里尔·迪尔爵士向他施压，继续推动这项轰炸行动。[38]10 月 22 日，埃克妥协了，他通知手下的飞行员们：“只要挪威的天气情况允许，我们就炸（韦莫克）。”[39]

在这整个过程当中，特龙斯塔和挪威高层指挥官都被排除在知情圈外。[40] 他们得到的消息是，盟军接受了他们对目标名单的修改提议，名单上的韦莫克旁只有一颗星，这表明将对它采用“一种特殊的攻击方式，因此，不会对它进行轰炸。”[41] 从埃里克·韦尔什到英国皇家空军，所有人都向特龙斯塔再三保证，采取任何行动前一定会先告知他。

1943 年 11 月 11 日，在英国及挪威高层指挥官的一次双边会
260 谈上，特龙斯塔提出了一项针对挪威工业目标的新策略：考虑到目前敌我双方在战场上的形势，盟军的攻击策略“应该尽可能地由打击和破坏变为抵抗和保存”[42]。那位丝毫不关心挪威人利益，曾写信给安德森建议他轰炸韦莫克的代表当场承诺，他一定会向上级提交并商议该提议。很显然，他在撒谎。

24. 牛仔忙起来

261 1943 年 11 月 16 日凌晨 3 点，当值班军官从床上叫醒欧文·罗恩的时候，位于北海岸边的美国大型空军基地 139 号空军站早已是灯火通明，所有人都在为即将开展的任务做准备。[1] 任务命令来自距此地西南 100 多英里以外的第八航空队，指令电报中写明了目标地点、气象数据以及所需火力和攻击计划。自从接到命令之后，此次行动的指挥官约翰·“杰克”·基德少校就一直带着士兵们在为行动做准备。炸弹吨当量、燃料荷载量、行动路线、起飞时间以及由哪支飞行中队执行任务，这些都需要在行动前确定。

罗恩中尉有双明亮的眼睛，使他看上去孩子气十足。他仔细地刮净了脸上的胡须，使脸颊能更好地贴合氧气面罩。与此同时，

军备人员已经赶到炸弹库，正在将每一枚都重达 1 000 磅的炸弹运上拖车。[2] 缓缓驶过停机坪的油罐车停在一排 B-17 轰炸机旁，开始加油。机械师们一丝不苟地检查飞机发动机和炸弹舱。食堂那边，厨师和厨房帮工们正热火朝天地准备今天的早餐：烤薄饼、鸡蛋粉以及燕麦片。在指挥部大楼里，机组人员所需的目标地图和照片已准备就绪。

为了应付高纬度地区零下 37 度的低温，罗恩穿得很暖和（羊毛内衣、两双羊毛袜、一件羊毛衫，一件镶有羊毛内里的皮夹克和一条厚重的裤子）。他顶着寒意穿过被迷雾笼罩的机场，和其他飞行员及机组人员一起，聚集在巨大的活动营房里，等待作战指示。标记有此次行动路线和攻击目标的地图上盖着一层布。当营 262
房的大门关上后，行动指挥官基德少校走到他们前面，值班员工掀开了地图上的布帘。今天，他们要去挪威，去一个叫作留坎的地方。

考虑到路程遥远且挪威 11 月的白昼时间较短，早晨 6 点刚过，他们就得出发。[3] 目标是韦莫克，这是一座发电站，也是一座氢气站，德国人在那里制造某种“特殊炸药”[4]。为了减少平民伤亡，他们将会于午餐时间发起攻击。基德少校认为此次攻击遭遇来自防空炮或战斗机的抵抗的可能性很小，他说这不过是一次“没有危险性的飞行任务”[5]。尽管基德少校没说过类似的话，但罗恩总有种直觉，韦莫克很重要，是他们的首要攻击目标。

虽然罗恩才刚过完他的 22 岁生日，但在飞行队里他已是一名“老前辈”——只要再完成两次任务，他就能加入“幸运杂种俱乐部”。[6] 要想成为这个俱乐部的成员，光靠运气可不够，只有活着完成 25 次飞行任务的人才有资格加入。外号“牛仔”的罗恩来自德克萨斯州一个名叫瓦利维尤的小镇，是个名副其实的真牛仔。

他的故乡小镇位于达拉斯以北，镇上只有 640 人，远远望过去只能看到几条由房子围起来的土道。罗恩的爸妈生了九个孩子（其中八个是男孩）。他家经营着一个小农场，除了种棉花、小麦和玉米，他爸爸还在邻近的一个牧场里养了一群牛。上学时，欧文经常会逃课帮爸爸放牛。毕业后，他加入了陆军航空兵团，打算做一名机械师。开过几次飞机后，他立刻就对飞行着了迷，报名加入了飞行学校。不久，他就分到了一架 B-17 轰炸机。这种拥有四架引擎，能进行长距离飞行的轰炸机自带机枪弹药，可以进行连续射击，炸弹装载量高达 9600 磅。B-17 的荷载机组人员为十人，是人们口中的“飞行堡垒”，也是当之无愧的空中巨无霸。

1943 年 6 月，罗恩结束了长达十个月的飞行训练，来到英国，被分配到了 100 轰炸集团军（One Hundredth Bombardment Group）。在此后几个月里，他们用行动赢得了属于自己的绰号：血腥 100 军（the Bloody Hundredth）。他们在被德军占领的欧洲上空飞翔，甚至深入到德国境内，袭击潜艇基地、机场和工厂。在那段时间里，罗恩目睹了许多 B-17 轰炸机在执行任务时结束了自己的服役生涯，被敌机击中后，有的直接在空中被炸成碎片，有的俯冲直下，或落入海中，或砸向地面，还有的发动机骤停，只能任由飞机失控，下坠，飞行员和机组人员不得不跳伞，飘向敌军领土。

第八航空队士兵的平均寿命值按任务次数来计算为 11 次。[7]
263 许多机组人员或牺牲或失踪，人员的替换速度快得让人警醒，而这些消失的士兵不少都是罗恩的朋友。凭借高超的技术和不错的运气，罗恩总是能够成功返航。有一次，他前往斯图加特执行任务，机翼着了火，火势很猛，与此同时，他还遭到了德军梅塞施米特战斗机的围追堵截。罗恩驾驶着飞机，以 300 英里的时速让机身飞速旋转着冲向地面，希望能在借助风势吹灭火焰的同时甩掉追兵。[8] 在不来梅和施韦因富特，他左晃右闪地躲过了如潮水般射向他的高射炮炮弹，瞄准目标，迅速而决绝地扔下炸弹，而后返航。1943 年 8 月，在轰炸完一间生产梅塞施米特战斗机的军工厂后，他驾驶着被 212 枚子弹和高射炮打得千疮百孔的战斗机，不得不在北非迫降。降落后，他在当地收养了一头 25 磅重的黑驴，并给它起名为穆，即穆罕默德的缩写。后来，他带着穆回到了英国，回程途中，他把穆拴在机房里，还给它戴上了氧气面罩，并在它身上披了一件羊皮夹克。飞到基地附近时，他向控制塔发消息："我带着冻僵的驴子 [A] 回来了。"[9]

清晨 5 点，罗恩走上停机坪，检查自己的飞机。[10] 他绕着飞机走了一圈，边走边查，从轮胎、通气管到螺旋桨和机翼除冰器，不放过一个细节。地勤主管告诉他，这架飞机装载了重达 6 000 磅的炸弹，使用的是高辛烷值汽油，这样一来，它的总质量就达到了 65 000 磅（超出了其额定上限 12 000 磅）。[11] 天还没亮，驾驶这样的飞机在云层较低的条件下起飞需要一定的技巧。

"准备完毕，随时出发。"[12] 罗恩告诉地勤负责人，说完，他就走向食堂，在战友们身边找了个位置坐下，喝了点茶，点燃了起飞前的最后一根烟。

约翰·本内特少校走过来。他是他们这支飞行中队的新任指挥官。本内特今年 36 岁，鼻梁高挺的他会乘坐罗恩驾驶的战机比伽斯伯德二号（Bigassbird II）和他们一起执行此次任务。

所有人检查完各自的安全带、救生衣和降落伞后，十名机组成员从机舱后部登机，各自落座。[13] 随机工程师和话务员看起来

A　ass 有"驴子"和"屁股"两个意思，此处为双关。——译者注

比平时要紧张，这是他俩的第25次任务——也是众所周知最容易遭遇坏运气的一次任务。罗恩再次核实了一遍检查清单。之后，他看到一枚绿色的信号弹划破天际，随即启动发动机。巨大的轰鸣声顿时响彻整架飞机，除对讲机里进行的对话外，所有沟通瞬间变成了一场咆哮竞赛。地勤人员移走了止轮块，罗恩驾驶飞机滑上跑道。灯光闪烁，制动系统嘎嘎作响，发动机的巨大轰鸣声在空气中回荡，一切都看他的了。

264 比伽斯伯德二号到达了起飞位置，比预定时间晚一分钟。罗恩松开制动，驾驶飞机冲向跑道。节流阀全开，在跑道上疾驰了3 000英尺后，罗恩拉起操纵杆，飞机以120英里的时速冲上仍是漆黑一片的天空，起落架同时被收起。

几乎就在腾空而起的那一瞬间，厚重的云层立刻将机身团团裹住。飞机起飞的间隔时间为30秒，但如果前面的飞机发动机出了问题，或是飞行员的航向有误，后面的飞机就会直接撞上它，等到机组成员发现情况不对时，一切都晚了。

升到3 000英尺时，他们终于钻出云层。一轮半圆形的月亮挂在天上。为了与同飞行小组的其他20架B-17战斗机会合，罗恩驾驶飞机向左围着139号空军站绕了一个大大的圈。他的眼睛始终紧紧地盯着那些密密麻麻悬浮在空中令人眩晕的机群，这样做一来是为了避免与飞行高度不同的其他飞机相撞，二来也是想通过有色信号灯识别出自己编队的成员。

当天早晨，第八航空队分别从三大航空队派了388架B-17飞行堡垒和B-24“解放者”式轰炸机飞往挪威。[14] 其中大约半数的飞机将飞往韦莫克，另一半的任务是摧毁奥斯陆以北的一处机场和位于克纳本的矿场。

盘旋了一阵后，罗恩与其他来自100军的战机在预定位置会合。[15] 本内特乘坐的比伽斯伯德二号也因此成为该小组的指挥机。月光下，飞行员们一边冲着无线电对讲机叫喊着，一边驾驶着他们的 B-17 和 B-24 战机寻找自己的位置。全队整编完毕后，罗恩让机组成员“戴上面罩”，驾驶着飞机爬升到 14 000 英尺的高度，准备穿越北海。按照预测，他们此行遭遇袭击的可能性很小，所以这 20 架飞机并没有摆出作战队形，只是排成组队向前飞行。

他们以 150 英里的巡航时速，沿东北航线穿越北海。[16] 太阳从他们的右侧跳出地平线，缓缓上升，将一片单调而美丽的景色呈现在他们面前：轻薄如羽的白云丝丝缕缕地悬在机身之下，他们的头顶之上则是一片湛蓝的天空，几百架轰炸机围绕在他们周围。座舱加热器让罗恩和本内特感到全身都暖烘烘的。

临近海岸时，罗恩和机组成员穿上防弹衣，并戴上了头盔。为了投放炸弹，他们必须将飞行高度下降到 12 000 英尺，而韦莫克的海拔高度为 3 000 英尺，这意味着他们正好在防空炮的最佳射程之内。

当挪威大陆出现在他们视野之中的时候，罗恩看了一眼手表，265
他们比预计时间早到了 22 分钟。按要求，他们投下第一颗炸弹的时间不应早于早晨 11 点 45 分——这也是电站工人去位于地下室的餐厅就餐的时间。现在，他们有两个选择：提前扔下炸弹，但这可能会造成更多平民伤亡；或者调转机头，沿海岸线转一圈，推迟轰炸时间，但这样做就等于给了德国人充分的时间准备防御工事。

“绕北海飞一圈。”本内特做出了决定。[17]

当他们回来的时候，德国人已经做好了迎接他们的准备。两艘配备有高射机枪的海岸巡逻舰向他们开火。火力不算猛烈且没有瞄准目标，除一架 B-17 被打落外，其余轰炸机都顺利地躲过了袭击。之后，天空中出现了德军的梅塞施米特战斗机及福克－沃尔夫战斗机，不过，无论是从数量，还是从攻势而言，配备有多架机枪的飞行堡垒明显占据上风。另一组的一架 B-17 被击中，机组成员弃机跳伞，无人驾驶的飞机在空中连续转了几个圈之后由于尾冲失速，旋转着坠入大海。[18] 敌人的进攻仍旧没能阻止他们前进的步伐。

罗恩亲身经历过几百架战斗机在空中鏖战长达数小时的壮烈战事，也曾参加过让第八航空队一天之内损失 60 架战斗机的飞行任务，而且全都成功返航。身经百战的他知道接下来的航行不会有太多危险。当他们从海岸线上空驶过时，驾驶舱里的温度计显示为零下 45 度。他向下望去，映入眼帘的是一片被白雪覆盖的山林，陡峭的峡谷和结冰的湖面点缀其间。一种不祥的预感油然而生。导航员约瑟夫·“泡泡”·佩恩上尉无法给出任何能指引飞行员飞向目标的地标——城市、铁轨或公路。不过，他指出的航向的确指向韦莫克。

95 轰炸集团军超过了 100 军。为了避开他们留下的飞机云，罗恩不得不稍稍降低飞行高度，比伽斯伯德二号微微颤抖，机身也随之摇晃了几下。几分钟后，炸弹舱的门弹开，在 12 000 英尺的高空，没有任何气流干扰，全体机组人员都做好了投弹准备。前方空中的云层有些低，但它们不会对轰炸的精准度造成任何影响。176 架飞行堡垒和“解放者”式战斗机呼啸着飞向韦莫克。[19]

在韦莫克以西的一间农场里，埃纳尔·斯钦纳兰刚刚给伦敦
266 发完电报。[20] 他坐在谷仓里等待伦敦的回复，就在这时，他听到一阵由远及近的嗡鸣声。走出谷仓，他看见豪克里德也正凝视着天空。远远的，依稀可见黑压压的一片战斗机正由西向东飞来。

四周没有发现德军战斗机的影子，也没有听到高射机枪的枪声。他俩猜测，这些轰炸机的目标很有可能就是距此不远的韦莫克。如此多轰炸机齐飞过的场景令人望而生畏。

11 点 33 分，韦莫克拉响了空袭警报。[21] 运输经理谢尔·尼尔森飞快地跑下楼梯，冲进位于氢气站地下室的避难所。几个月前，当美国轰炸机袭击赫尤亚时，他就在那里的镁厂上班。在那之前，尼尔森一直在为当地的抵抗组织提供有关工厂的情报和照片——后来，这些情报被转交给了挪威最高指挥部。

躲在避难所里的首席工程师弗雷德里克森接到了来自吊桥另一侧的瓦尔村接线员的电话。她在电话里告诉他，山谷上方约有 20 架飞机，很快又多了 50 架，紧接着，她大叫道："又有飞机飞来了！"[22] 弗雷德里克森很清楚这些飞机来此的意图。

电站工人及工程师的家属大都住在韦斯特峡谷靠近韦莫克这一侧的山坡上，此刻，惊慌失措的他们顺着指引，躲进了家附近的防空棚里。这些建在地面上的水泥建筑在战争结束后将会成为车库。考虑到它能提供的保护非常有限，它本不该被当作防空棚。

山下的留坎镇上，小镇居民在志愿者的指引下躲进了为空袭准备的建筑物里。在当地的学校里，老师们带着 60 名小学生急匆匆地躲进了一个管状的水泥避难所，里面的地板上还铺了一层沙子。住在学校一楼的四名德国人也跑了进来。他们都听到了头顶上传来的震耳欲聋的飞机发动机声。出于担心，一位老师冒险走出避难所，结果看到一排排轰炸机赫然悬在自己的头顶上空，他立刻大叫："我们在轰炸圈的正中心！快跑回家去吧！"[23] 学生们从避难所里一窝蜂地跑出来，四散逃开。

作为此次轰炸的先头部队，95 军已经飞抵韦莫克上空，却始终没有投下炸弹。[24] 罗恩推测想必是目标地区上空较低的云层挡
267 住了机组成员的视线。毫无疑问，95 军一定会折返回来。他想让比伽斯伯德二号成为第一架投下炸弹的飞机，从而为 100 军赢得向 95 军吹嘘的资本。不过，是否能成功全都取决于他的投弹手罗伯特·皮尔上尉，他是这架飞机的飞行指挥。

11 点 43 分，皮尔透过云层中一个极小的缝隙瞥到了下面的水电站。德国人已经开始在山谷上方制造烟雾，不过，此刻的烟雾还不够浓，没能完全遮住目标。“投弹完毕。”皮尔在发射炸弹的同时报告道。随着机身突然变轻，比伽斯伯德二号快速上升。皮尔眼看着他投下的重达 4000 磅的“鸡蛋”陆续击中目标。巨大的冲击波反弹而上，让原本沿直线飞行的飞机剧烈摇晃了长达十秒钟之久，也让后面的飞机有时间投下炸弹。

一个飞行中队接着一个飞行中队。在接下来的 20 分钟里，一队又一队轰炸机从水电站上空飞过，名为“尽情花钱”“邋遢狼”和“慢的乔”的轰炸机身处其中，炸弹如雨点般倾泻而下。那些飞过目标却没能投下炸弹的飞机又飞了回来，在飞机云和浓烟汇聚成的迷雾中完成了自己的使命。偶尔也会有子弹从地面射上来，但它们和那几架在舰队外沿开展攻击的德军战斗机一样，根本无法改写水电站被毁的命运。

总共有 711 颗炸弹落在了韦莫克及其周边地区。[25] 有的落在山谷和树林里，没有造成太多伤害。还有的则击中了水渠，九根水管因此而炸裂，数以吨计的水从管道中喷涌而出，流下山坡。吊桥从中间被炸断，桥体残骸挂在山谷南侧的悬崖边。有三颗炸弹正好击中水电站建筑，炸飞了屋顶，炸毁了两台发电机，并对其他设备造成了不同程度的损坏。氢气站西角的顶部两层楼直接

被炸弹炸得粉碎。韦莫克及瓦尔村的许多建筑被夷为平地，许多平民住宅虽侥幸躲过了炸弹，却没能逃过四溅的碎石、弹片以及爆炸引起的大火，尽数被摧毁。五颜六色的火焰——红色、绿色和橙色——在整个地区内蔓延。

就在大部分轰炸机从氢气站上空撤离的同时，一支由 29 架 B-24 解放者轰炸机组成的小分队正顺着韦斯特峡谷一路南下。[26] 它们的任务是轰炸奥斯陆市郊，却因云层太厚无法执行任务，临时飞到韦莫克进行轰炸。中午 12 点 03 分，这些 B-24 轰炸机将留坎附近的一家硝酸盐化工厂误认为是攻击目标，在那里投下了重达 500 磅的炸弹，其中大部分击中了工厂，炸毁了两座砖塔，摧 268
毁了不少厂内建筑。有些炸弹则在落在了几百码外人口密集的小镇中心。

和其他飞行员一起，罗恩驾驶着飞机在 12 000 英尺的高度向挪威海岸飞去。现在，他离加入幸运杂种俱乐部只差一次任务了。就在他们安全返回基地的同时，韦莫克和留坎的工人及居民也纷纷从藏身处走出来，默默清点自己所剩无几的财产。

“天啊，我的家人怎么样了？”[27] 一个浑身沾满水泥渣的工程师刚一迈出氢气站防空洞的大门就惊呼道。他说出了其他所有人内心的恐惧。尼尔森身边的那个男人又急又怕，他很担心自己的妻子和孩子，不知道他们是否及时躲进了防空所，尼尔森只能尽力安抚他。

尼尔森曾是挪威红十字会的成员，并在芬俄战争中护理过伤兵。[28] 他径直走向防空避难所，想看看是否有人需要帮助。刺耳的空袭警报声依旧在韦莫克上空回荡着，四溢的烟尘令人窒息，咳嗽声不绝于耳。人们开始奔跑，救火，将伤者抬出废墟。一些工人关闭了水阀，炸裂的水管不再喷水，控制氢气管和氧气管的阀门也被及时关闭。哭喊声、尖叫声和呻吟声从四面八方传来。

躲进韦莫克防空避难所的人无一生还。没有人需要尼尔森的帮助。两枚炸弹直接击中了避难所，炸出两个触目惊心的弹坑。水泥墙和屋顶被炸得粉碎，16 个挤在里面避难的人全被炸死，11 名妇女，两个孩子和三名男子。所有遗体都被炸得残缺不全，只剩下手臂、面目全非的头颅以及四分五裂的躯干。父亲、丈夫和朋友跪在那两个大坑前，他们的哭泣和哀号谱成了一曲令人心酸的悼歌。

在 4 英里以外的留坎镇，黑色的烟尘笼罩了整座小镇。[29] 硝酸盐化工厂和许多房屋被彻底炸毁。受命运之神的眷顾，那些从避难所逃回家的老师和学生们与死神擦肩而过。和韦莫克的避难所一样，校内的避难所也被彻底荡平。当爆炸引起的火灾被扑灭，
269 伤员得到救治后，死亡人数也已统计完毕：总共有 21 名挪威人在此次轰炸中丧生。

轰炸发生时，身处留坎的党卫军军官穆根塔勒及时找到了庇护所，可即便如此，他的脸也被飞溅的碎石划出了血道子。[30] 事后，他被紧急召至奥斯陆和柏林，并用简单直白的语言描述了自己在轰炸期间的见闻，以及轰炸过后的种种惨状。在韦莫克，整修任务繁重且紧迫：水管、吊桥、发电机以及氢气站内的受损设备亟待维修或重建。不过，他在和其他人一起仔细检查过站内情况后，报告说“SH-200 计划中的高浓缩车间”[31] 完好无损。只需投入少许原料，该工厂很快就能重新投入生产。总而言之，这次针对德国战争机器的轰炸行动看似声势浩大且势如破竹，但其最终的破坏效果却微乎其微。

PART.05

第五部分

25. 不牺牲，无收获

273 就在美国空军轰炸韦莫克的同一天，莱夫·特龙斯塔来到了一个最能给思乡的他带来归属感的地方：苏格兰。[1] 他前往 STS 26，检查战士训练情况，同时参加一个为期一周的突击队特训。能够暂时从最高指挥部抽身出来的感觉太好了。身处于指挥部之中，有时候他不得不花时间去对抗官僚主义，无法全身心投入到解放挪威的战斗之中。他用了整个下午的时间练习炸药包爆破，太阳照在被压实的白雪之上，晶莹透亮。一直埋头工作的他也因此体会到了久违的放松和快乐。

第二天清晨，回到德鲁明托小屋的他从广播中得知了美国空军轰炸挪威的消息。广播中没有透露任何具体信息。当晚，他在日记里写道："希望挪威损失不大，也希望这种可怕的行为很快就会结束。"[2] 在接下来的几天当中，他通过多方打听才了解到了整件事的全貌。

盟军食言了。[3] 他们在没有咨询挪威政府意见的情况下，派出轰炸机空袭韦莫克。许多平民因此而丧生。此次空袭造成了许多不必要的破坏，尤其是留坎镇上的硝酸盐化工厂。那只是一家为挪威农业提供化肥的普通工厂，从未出现在任何攻击名单之上。最让人难以接受的事实是，正如特龙斯塔曾告诫过对方的那样，此次空袭的首要目标是重水厂，然而，在轰炸中它几乎毫发未损。整件事——盟友的背叛、不必要的伤亡以及自己对这一切的无能为力——让特龙斯塔痛心疾首。不过，感到痛心疾首的并非只有他一个。他要确保这样的事情以后绝不再发生。

274 在伦敦，乔马·布伦也通过私人关系得知了该事件。心痛之余，他既愤怒又内疚，因为他觉得从某种程度上来说自己也是此次空袭的参与者之一。百感交集的他向挪威及英国政府提出了强烈抗议，并向管合金董事会提交了辞呈。"一年前，当我离开挪威的时候，”他写道，“我以为自己能为这场联合战争贡献自己的力量，同时保护挪威人的生命及财产不受侵犯。现在，我才明白我失败了。”[4]

特龙斯塔从苏格兰回来后，他安抚了布伦，并说服他不要离职。[5]之后，他便投身工作，联合汉斯廷将军和挪威外交大臣向英美政府提出抗议。调查由此展开，英美双方也就此致歉，但并没承诺此后发起类似袭击前会征询挪方同意。盟军的立场很明确，即他们需要的是在对德采取行动时能享有自行决定权。

特龙斯塔了解到，轰炸韦莫克的决定来自目标名单的常规决策层外，事实上，签署攻击命令的是盟军高层。他们认为，即使德国人无法制造出和盟军正在研制的原子弹一样的超级炸弹，他们也有可能制造出能够摧毁整座城市的放射性武器。除非他们能够得到明确且肯定的情报证明德国人不再进行核裂变研究，否则，盟军就只能采取坚决的打击措施，直到他们取得这样的情报为止。

根据尼尔·霍勒12月发回的情报，特龙斯塔知道德国人并没有放弃原子能研究。[6]他们的研究和实验仍在继续，而且他们对重水的渴望也依旧迫切。来自德国的报告称，希特勒通报说，他们很快就会向全世界投放“秘密武器”。一位曾采访过数位德国难民的路透社记者警告世人，纳粹的炸弹里“填充了具有超强破坏力的爆炸性气体……并很快就会被用于对付英国人”。[7]特龙斯塔将这篇文章塞进日记本，提醒自己不忘战斗初衷。

盟军情报员很快就收到消息，挪威海德鲁公司已经“决定彻底放弃重水生产”。[8]不过，这则未经证实的消息并没有让特龙斯塔感到安心。[9]美国人早已表明，为了让韦莫克的重水停产，他们可以发动大规模空袭。现在，特龙斯塔向他们发出警告，即使

关闭韦莫克，德国人也完全可以拆解高浓缩装置，然后在不为盟
275 军所知的地方重启重水生产。如果能批准他继续执行蓖麻油破坏活动，他们不仅能让产量停滞不前，而且还不会引起丝毫怀疑。

空袭发生后，百感交集的特龙斯塔在忙于善后的同时也不得不面对又一次无法与家人共度圣诞的伤感。在过去的一年里，巴莎一直在信中讲述他的缺席对他们这个家造成的种种影响，但他知道，在他不在的日子里，巴莎会坚强地支撑下去。她在给他的一封信里写道："于我而言，你走后的日子并不好过，现在，我一睡觉就做噩梦，最可怕的那种噩梦。这也许是战争在我心里留下了太深的烙印。"[10] 她也为他担心："这样的生活让我觉得你既存在又好像不存在。孩子们在没有你的陪伴下长大，这太令人伤心了。我们的儿子非常有趣，等你回来时他都已经是个大男孩了。"

特龙斯塔也有同样的担忧，他不知道战争会在他身上留下何种烙印。他在给巴莎的信中写道："现在，我最大的希望就是我们俩能想办法走出眼前这片黑暗，然后像以前那样，怀着对彼此的信任，重新回到彼此的生活之中。"[11] 为此，他们必须忍受此刻的别离。圣诞节前夕，他又写了封信："在这个世界上，无论你想得到什么都必须付出代价……也许，自由和独立尤其如此。"[12] 最令特龙斯塔感到不安的就是他对祖国的贡献。他派挪威的大男孩们去执行任务，看着他们一个接一个地步入危险——有时甚至是致命的危险——可他自己却始终待在后方。"这太难了，我就这么安静地坐着，他人的生与死全在我的一念之间。"[13] 他在日记中悲叹。他想去挪威，与德国人真刀真枪地干一仗。

1943 年 11 月至 12 月，盟军轰炸机对德国展开了日夜不停地轰炸，库尔特·迪布纳及其麾下的年轻物理学家们顶着炮火继续

顽强地研制他们的铀机器。[14] 在 G-III 实验中，他的团队用数吨固体石蜡做出一个中空的球体，然后在室温条件下向球体内注入 592 千克重水。[15] 之后，他们用细细的金属线串起 106 个铀立方块（每条线上串八或九个），再将金属线固定在一个盖子上，每个立方体之间距离相等。最后，通过绞盘将串有铀立方体的装置慢慢沉入重水之中。这台机器的实验结果令人侧目。

戈托夫团队重复了这项实验，他们使用的是同样的球体以及同等质量的重水，只不过他们将铀立方体的数量增加到了 240 个。该设计的效率很高，一天即可组装完成，而最后的实验结果显示中子的数量增加了 106%。迪布纳在写给其他物理学家的报告中称：“鉴于该装置规模很小，其最终实现的中子增量已经相当可 276
观。”[16] 于是，他的团队开始直接建造第三代立方体串机器。[17]

他取得这次成功的时机可谓是恰逢其时：监管原子能项目的各方官员——其中包括施佩尔和戈林——正打算罢免亚伯拉罕·埃绍的项目负责人一职。[18] 埃绍在任期间，该项目的确取得了不少进展，其中包括迪布纳的立方体机器和哈特克的超速离心设备，埃里克·巴格也利用“同位素闸门”大大提升了铀 235 的产出结果，此外，众多物理学家们还撰写出了大量理论性文章，为实际研究奠定了基础。然而，他们始终没能研制出可用的反应堆，在制造原子弹的工作上也没取得任何实质性进展。

除此以外，尽管德国人开展了大量实验，并建立实验工厂来制造重水，但是作为实验中的关键原料，重水的供应始终处于一种不稳定甚至短缺的状态。在洛伊纳建立大规模的重水厂不仅要花费高昂的成本，还会延长他们与 IG 法本公司的谈判时间。盟军针对韦莫克的最近一次空袭已经准确无误地表明，他们依赖挪威提供重水是一个错误。

12月2日，戈林正式向埃绍下达了离职命令。取代他的是凭借亚原子磁场研究而成名的瓦尔特·革拉赫。革拉赫在慕尼黑大学教授实验物理学，战争期间，他的主要工作是为海军研究和设计鱼雷引信。这位鼻子尖尖的高个子科学家在德国物理学界人缘很好，个性温和的他行使权力时却果断且不失世故。[19] 有些人认为这项决定令人匪夷所思，因为他上任后能做出的贡献顶多不过是让科学家们免于上前线。

然而，这些人很快就发现革拉赫其实雄心勃勃。事实上，他的目标是成为“物理学之王”[20]。尽管他本人并非纳粹党员，但作为一名军国主义者，革拉赫十分乐于见到希特勒当政。1943年末，他对德国人能否在这场战争中取胜产生了怀疑，但他确信只要他们拥有了可用的核反应堆或原子弹，他们就能在和谈中得到想要的利益。正如他对施佩尔的代表所说的：“在我看来，任何一名政治家，只要拥有这套设备，他就能得到他想要的一切。”[21]

革拉赫于1944年1月1日接到任命书，之前，他见过迪布纳几次。[22] 他承认军备部物理学家们在实验中取得的进展最为显著，
277 也向迪布纳保证他将得到实验所需的任何资源。此外，革拉赫还保证他将任命迪布纳为他的行政助理，使他能重返位于哈纳克大楼的威廉皇帝研究所办公室办公。革拉赫不同于埃绍，他无意于安抚各方感受。一直以来，海森堡拒不承认迪布纳立方体机器的设计优势，此时此刻他也只能调整心态，接受事实。

1943年12月11日，迪布纳前往挪威解决重水问题。[23] 在位于奥斯陆的挪威海德鲁公司总部，他和阿克塞尔·奥贝特举行了会谈。自从他的继任者被捕后，这位70高龄的老人便回到公司，再次成为公司的最高负责人。尽管明知埃里克森被捕的原因，奥贝特仍然告诉迪布纳，挪威海德鲁公司已彻底中止重水生产，因

为他们不能“置工人的生命于不顾，也不能在明知工厂将再次遭受空袭的情况下继续投资重建重水厂”。[24]

迪布纳同意了他的决定。如果继续生产，盟军极有可能再次对韦莫克发动空袭。他想将工厂内的高浓缩设备——包括不同浓缩工艺层现已取得的重水——运往德国，新建一家重水厂。奥贝特对此表示反对，他表示所有设备最好还是储存在挪威直到战争结束。然而，迪布纳势在必得。为此，他需要得到柏林的授权，不过他相信自己一定能拿到。等新的重水厂建成后，他就能得到足够数量的减速剂来建造可以生产钚的反应堆。

与此同时，迪布纳也在努力推动针对另一种截然不同的原子能炸弹的科研活动。[25]1943 年 12 月至第二年 1 月，在他的授意下，一支由科学家和工程师组成的科研团队在军备部研究中心开始了此项研究。大约 12 年前，物理学家已经发现，两个高速运动的氘原子相撞时会释放出脉冲能量。在库默斯多夫基地，一些德国科学家完善了锥形装药，使氘原子在极高的温度下完成碰撞。迪布纳和他的团队开展了一系列实验：在一个中空的银球内，他们借助爆炸性冲击波将氘原子挤压到一起，希望能够引发核聚变反应——从而制造出炸弹。无论哪种方法能够奏效，迪布纳的目标只有一个：为德国研制出一种武器，扭转德军在战场上的败势。

“衷心祝愿所有的朋友圣诞节快乐。”[26] 用摩斯密码敲出这些 278
祝福的话语后，斯钦纳兰又单独向谢尔斯特鲁普、波尔松和赫尔伯格发出了节日祝福。他们很快就收到了回复：“你所有的朋友都祝你新年快乐，希望我们很快就能再见面。”被困在巴姆斯布的两个人想方设法地找各种乐子，振作精神。[27] 他们用一些云杉树枝做了一棵小圣诞树，一边吃着驯鹿肉，一边打开那台好不容易弄来的留声机，放上一张唱片，豪克里德养的灰色猎鹿犬安静地趴在他们脚边。他们试着搜索无线电信号，听听节日歌曲，却因此耗光了电池里那珍贵的最后一点电量，不过对他们而言，最美妙的还要数除夕夜从 BBC 广播听到的昭示 1944 年新年到来的大本钟的报时钟声。

在新的一年到来之际，值得他们二人回忆的事情多得不胜枚举。在过去的一年里，斯钦纳兰失去了父亲和侄女。尽管盖世太保最终释放了他哥哥奥拉夫，但托尔施泰因仍然被关在格里尼集中营。10 月初，斯科根也被送进了德国境内的一间战俘集中营。没人知道接下来等待他的是什么命运。

豪克里德的心情也同样沉重。[28] 通过米洛格，他得知自己的父亲于 9 月底被捕，被送进了默勒伽塔 19 号的审讯室。在儿子离开家去英国之前，比约戈夫·豪克里德知道许多关于儿子的事情，但是对于藏在公司储藏室里的那台无线电设备，他真的一无所知。德国人在一次突击搜查中发现了它。那是豪克里德 1941 年时藏在那儿的，当时他心想最好还是不告诉父亲。现在，他担心盖世太保会认为不知情的父亲是在撒谎，从而对他施加更残酷的刑罚。

新年过后，豪克里德继续组建他的地下抵抗组织网络，斯钦纳兰收集关于韦莫克的情报。尽管此时的两人早已亲如兄弟，但性格如此迥异的二人能和谐共处也着实让人惊奇。[29] 豪克里德热情奔放，性子急，遇事反应敏捷。斯钦纳兰却生性淡然，耐心细致，遇事总是三思而后行。

两人性格上的差异，加之又生活在一个 10 英尺见方的小木屋里，日夜相对，摩擦和冲突在所难免。一天晚上，豪克里德实在是听腻了斯钦纳兰翻来覆去总放的那张唱片，他二话不说从留声机上扯下唱片，将它掰成了碎片。对此，斯钦纳兰的回应是慢条斯理地抽出豪克里德最爱的一张唱片，同样摔了个稀巴烂。还有一次，豪克里德外出打猎。他本以为能追上一个鹿群，谁知奔波了一天却空手而回。又饿又累的他拖着疲惫不堪的身体回到小屋。“我真搞不明白，大雾天不是最适合狩猎吗？”豪克里德抱怨说，279
“它们什么都看不到，你可以神不知鬼不觉地靠近鹿群。”[30]

“的确如此——只不过，你也看不见它们，”斯钦纳兰冷冰冰地回答说，话语中没有丝毫同情。“谁都知道大雾天打不到鹿。你只会把它们吓跑。”

“你觉得我难道不知道哪儿有鹿群？”豪克里德说。

斯钦纳兰颇有深意地望了他一眼。“只有傻瓜才会在大雾天外出打猎。”

“噢，真是见鬼了！”豪克里德叫道。说完，火冒三丈的他就冲出了小木屋，几乎整个晚上，他都待在雪地里发脾气。

尽管这两人时常发生口角，但他们都矢志不渝地热爱自己的祖国，热爱山林生活，也都意志坚定且具备各种生存技能，能够应付最严苛的生存环境。[31] 豪克里德是有点情绪化，但斯钦纳兰的淡定正好与之互补。最重要的一点是，他们是彼此信赖的生死之交。

1944 年 1 月 29 日，斯钦纳兰收到了来自特龙斯塔的一封紧急电报。斯德哥尔摩刚刚传来一则令他感到不安的情报。他需要斯钦纳兰核实该情报的准确性。“据称，韦莫克正在拆解重水设备，计划将其运往德国。如果情况属实，能否破坏这次运输？事关重大。”[32]

就在斯钦纳兰收到电报的同一天，韦莫克水电站内，负责重建工作的建造工程师罗尔夫·索利正在用他自己的方式为战争做贡献：磨洋工。下午，留坎的米洛格组织负责人托尔·维滕找到他。维滕的到访让索利无比兴奋，也许他为国效力的机会终于来了。

尽管美国人的空袭造成了不少伤亡，但索利和许多留坎人都对此表示理解。[33] 很显然，德国人对韦莫克的产品极其感兴趣，战争时期，打蛇打七寸的道理谁都明白。有人说纳粹科学家利用重水做分裂原子的催化剂，且很可能会以此制造出一个炸弹。被偷偷带进挪威的瑞典报纸上刊登的那些耸人听闻的报道更是助长了这些传言的气势，它们将韦莫克描述成了一座“秘密武器工厂”[34]，说它正在研制“一种只需一颗就能彻底摧毁伦敦的原子弹”。

大多数参加重建的工人的想法都和索利一样，他们都相信自
280 己越早完工，盟军就会越快开展第二次空袭。[35] 下一次，他们瞄准的目标可能就是默斯湖大坝。不到一个小时，留坎就彻底会被洪水淹没，这将会是真正的灭顶之灾。大坝上新增的防空工事和水下的防鱼雷网使他们更加确信这一点，心中的恐惧也更甚。这一切带来的结果就是工人根本无心工作。能有这样的消极抵抗固然不错，但索利想要的是更加猛烈而直接的反抗，就像他朋友赫尔伯格那样。他不再满足于只能做一些类似印制非法报纸、藏匿无线电设备、传递情报这样的小事情。他要接受训练。他要战斗。当他还是个孩子的时候，他就从没因为身体有缺陷而放弃山林探险。现在，他更不会因此而放弃战斗。

维滕让索利带上滑雪板和他一起去默斯湖。[36] 下班后，他俩坐上了开往默斯湖的大巴。下车后，他们直接滑过已经结冰的湖面。风势很猛，索利不得不侧过头呼吸。[37] 为了向维滕证明自己在山林中的表现不输给任何人，索利奋力跟上他的步伐。

滑了几英里后，他们来到哈马伦的农场。两人在这里饱餐一顿后就被带到了几百码以外的一座小木屋里。今天，他们将在这

里过夜。哈马伦家的人和维滕对为什么要带他来这儿只字未提，但索利猜测他来这儿是为了见埃纳尔·斯钦纳兰。据他所知，斯钦纳兰一直躲在这附近。第二天很早的时候，出现在小木屋里的斯钦纳兰证实了他的这一猜测。斯钦纳兰想知道他最近收到的一则消息是否属实：德国人是不是打算拆解高浓缩设备，将它们运回国？索利证实的确如此，不过，在那之前，德国人会先将库存的重水运走。斯钦纳兰要求索利尽快查清楚最近一次的运输安排：他们很有可能需要拦截这批货物。那天早上晚些时候，索利回到了留坎。一想到自己终于能参与一次重要行动，他兴奋不已，回程的路似乎也变得好走多了。此时的他并不知道自己很快就会再次返回这座农场，比他预期的要快得多。

26. 5千克鱼

1944年2月1日，一名米洛格通信员赶到留坎。[1] 他带来了 281
一个消息：首相吉斯林想征调75 000名挪威人前往东部前线协助德军作战。米洛格要求留坎地区的所有成员，无论老幼，全都躲进深山之中。在过去三个月里，盖世太保在留坎、诺托登和孔斯贝格展开的大肆搜捕杀害了不少地下组织成员，当地的抵抗组织损失惨重。他们再也承受不起失去战士的损失了。

就在他从哈马伦农场回到留坎的当晚，索利在镇上约见了其他抵抗组织成员。他们当场决定：明天一早进山，同时带上至少能维持一周的食物。这样做非常危险。德国人很快就会发现镇上少了两三百人，其中不少都是挪威海德鲁公司员工。届时，一定会有巡逻队进山搜捕他们。如果打起来，他们手上只有为数不多的几杆枪和用玻璃、钉子自制的手榴弹。

奥斯陆下达的命令一目了然，但这也很有可能是纳粹想借此引出地下抵抗组织成员而散布的假消息。维滕要索利去找斯钦纳兰，弄清楚伦敦方面究竟有何指示。索利欣然接受了这项任务。他还有更多关于韦莫克的信息要告诉斯钦纳兰。一些工人发现高浓缩电解池的表面漂着一层油——这是居纳尔·西维斯塔用鱼肝油处理过的结果。[2] 继续这样做只会招来怀疑，风险太大。此外，索利依然没弄清楚重水会在何时，以何种方式转移出去，不过，
282 他已经将西维斯塔和运输经理谢尔·尼尔森发展为留坎抵抗组织成员，他们很快就会弄到确切情报。

第二天，索利赶到了哈马伦农场，他到的时候已近黄昏。[3] 和上次一样，约恩·哈马伦先是邀请他和他们共进晚餐，饭后，他才带着索利摸黑进了山。地势越来越陡，前进变得越来越难。最终，他们来到了一间农舍前。索利原以为这是斯钦纳兰的住处，谁知迎接他的却是奥拉夫·斯钦达伦。斯钦达伦递给他们两杯咖啡，休息片刻后，他们继续赶路。

最后，在一片黑暗中，一座古老的狩猎人小屋出现在他们面前。哈马伦沉稳地敲了几下门，屋里的灯光随即闪了一下。门开了，斯钦纳兰走出来，将索利和哈马伦引进了尼尔斯布。小屋的地板上铺满了驯鹿皮，墙上挂了一排步枪，房间中央的桌子上摆着一台无线电发报机。索利汇报了有关米洛格和重水的情况。[4] 斯钦纳兰立刻向特龙斯塔和威尔逊发了份电报。大家都希望很快就能有回复。

之后，哈马伦离开小屋，下山去了。被这趟路程累坏了的索利很快就睡着了。第二天，当他醒来时，斯钦纳兰早已刮好胡子，还换了身衣服。“你这里一直都这么整齐吗？”[5] 他望着干净整洁

的小屋，一脸钦佩地问道。

“是的，”斯钦纳兰回答说，“如果这里乱得像猪圈，我早就疯掉了。如果你粗心大意，杂乱无章，你就无法把事情看清楚。”说完，斯钦纳兰就说起了哈马伦和斯钦达伦两家人，要是没有他们，他根本不可能支撑到现在。“这些农夫们世代生活在这里，”他说，“深知面对自然的力量，人类是多么的渺小。要想在这种地方生存，必须互相帮助，彼此忠诚。这一观念早已深深浸入他们的骨髓。”

最终，他们接到了关于征调命令的回复。[6] 伦敦方面表示，他们对米洛格领导层要求成员撤退进山的命令一无所知。这一定是误传，否则就只可能是德国人想借此引出他们。特龙斯塔指示斯钦纳兰立刻撤销该命令。第二条消息则强调务必要弄清楚重水转移的各项情报，这非常重要。

收到消息的索利以他最快的速度向20英里以外的留坎镇滑去。

三天后，2月6日，星期天，前往西部山区狩猎的克努特·豪
克里德回到了尼尔斯布。因为枪卡壳而错过鹿群的他心里窝着一 283
团火。在前往默斯湖的途中，他留意到雪地上有不少滑雪板的痕迹。此时的山中不应该出现这么多人。出于谨慎，他回到了山上，沿着山脊向前滑，一直滑到哈马伦农场附近。来开门的约恩·哈马伦问道：“你撞上他们没有？”[7]

“15个人刚从这儿离开，”哈马伦解释说，“德国士兵，进山搜查。”

豪克里德闻讯立刻离开了，快速滑向尼尔斯布，一路上，他密切关注周围情况，小心提防德国人的突然出现。当他赶到小屋时，他的胡子上已结满了冰霜。屋里除了斯钦纳兰，还有个身材瘦小的男人。豪克里德不认识他，他自我介绍说是罗尔夫·索利，

是来自留坎的建造工程师。他之前曾在冈内塞德行动中帮助过赫尔伯格。

在他和索利聊天的时候，斯钦纳兰做好了饭，又煮了咖啡。索利报告说，那则命令已经撤销，但在那之前，许多抵抗组织成员已经逃进了山里。[8] 命令没有问题，只是那名米洛格通信员没有说明白，该命令的执行时间应当是在政府真正落实征兵法令之后。刚才差一点就被豪克里德撞上的德国巡逻队很可能就是为了追捕这些人才进山搜查。不过，据索利所知，德国人并没有把它当成是一次有组织的逃亡，相反，他们认为这些男人不过是因为不想去东部前线打仗才躲进山里。

相对于在高原上活动的纳粹巡逻队，豪克里德更关心的是索利提供的德国人在韦莫克的活动情报。纳粹打算在一个星期内将各层电解池内的重水全都运走。装满重水的钢桶将通过先走铁路，后转水路的方式转移出韦莫克。豪克里德和斯钦纳兰知道他们必须竭尽全力拦截此次运输。这次行动不仅时间紧迫，而且还没有突击行动队的协助，其难度可想而知。斯钦纳兰向特龙斯塔发了一条消息："也许我们可以炸掉运输车队，但时间紧迫，我必须尽快得到行动指示。"[9]

索利回到留坎，继续打听关于此次运输的消息。[10] 与此同时，豪克里德和斯钦纳兰也开始收集炸药，甄选行动队成员。现在，他们最需要的就是批准行动的命令。

284 对特龙斯塔而言，这一周似乎格外漫长。[11] 白天，他待在金斯顿宾馆的办公室里，晚上，他躺在卧室里，听着德国轰炸机在伦敦上空呼啸、盘旋。好不容易熬到周日下午，此刻的他最渴望的就是好好休息。也许，他可以看会儿书，去汉普斯特德荒野公园走一走，又或者，他可以给家里人写封信。就在这时，他接到了下属打来的电话。事关紧急，他只得回到办公室。很快，他就收到了斯钦纳兰发来的加密电报，请求他下达命令，破坏韦莫克的转运。

在过去的一周里，他向斯钦纳兰提出了许多问题：拆解了哪些设备？转移的重水量有多少？是什么浓度的？有没有可能先想办法污染这些重水？什么时候转移？能够阻止此次转移吗？如果可以，怎么做？[12]

现在，特龙斯塔提出的所有问题都有了答案。污染重水的时机已经错过，他们必须把握一切机会破坏这批重水。重水即将被转移，甚至就连浓度最稀的那部分也不例外。这次转移的重水质量高达数吨，大概需要40个钢桶。特龙斯塔立刻向威尔逊上校和埃里克·韦尔什发出警示。最高指挥层需要迅速通过关于破坏此次转移的决议。

最终，从汉斯廷将军所在的挪威最高指挥部到英国战争内阁，所有人都认同必须破坏此次重水转移。[13]韦尔什将这一消息传达给了迈克尔·佩林及其上司约翰·安德森，当他们得知韦莫克竟然还存有这么多重水时，两人都很沮丧，也都认为绝不能让德国人得到这批重水，更不能让他们将设备转移走，继续制造更多重水。这次破坏行动对战争至关重要。最终，安德森亲自下达命令，无论付出怎样的代价都必须将它们拦截下来。

2月8日，特龙斯塔起草了一份电报交给主站，话务员将会在约定的下次通信时间发给燕子行动队："我们要破坏重水，破坏得越多越好。破坏或凿穿那些钢桶，尤其是装有高浓缩重水的那些，这至关重要……给敌人留下此乃英军所为的印象，如果有需要，可以模仿之前的行动，穿上英军军装……尽可能降低此次行动对当地居民造成伤害的可能性。”[13]

在日记里，特龙斯塔思考了这次行动可能的结果：“我们会竭尽所能，但一想到它对家乡可能造成的影响又不免心情沉重。我害怕这会让许多人受煎熬，可是我们只能寄希望于这样做能避免
285 它给我们造成更可怕的伤害。小伙子们太棒了。他们心甘情愿地付出了自己的一切。”[15]

2 月 7 日晚，时候已经不早了，可斯钦纳兰和豪克里德还在等待来自伦敦的行动命令。一想到即将到来的任务，豪克里德睡意全无。“埃纳尔，你睡了吗？”[16] 他问道。

“本来睡着了，结果被你叫醒了。”斯钦纳兰回答说。

“现在，你用英国电台发报的速度在挪威算是数一数二的了。”

斯钦纳兰故意打了几声呼噜。

“到时候，你得留在山上和伦敦保持联系。”

“那可未必。”斯钦纳兰说。他受过的突击队特训的确远不如豪克里德，但和眼下他们能找来执行任务的那些人相比，他显然还是技高一筹。

“如果我们‘拿下它’——在英国，他们都这么说，”豪克里德说，“你就必须下山，绝不能让这些重水被运回德国。”

“这个明天再说。”斯钦纳兰说。

第二天早晨，他们收到了特龙斯塔发来的针对重水转移“采取行动”的指示。

不久，索利也来了，他带来了尼尔森透露给他的关于转移路线的详细信息。[17] 此外，西维斯塔将他的上司，水电站的首席工程师阿尔夫·拉森也发展成了抵抗组织成员。根据拉森的描述，盖世太保早就预计到转移物资会成为攻击目标。运输过程中的安

保十分严密。西维斯塔和拉森会尽可能拖延装灌重水的时间，为行动赢取准备时间。

豪克里德、斯钦纳兰和索利围坐在尼尔斯布的小桌边，开始讨论行动细节。他们称之为“战争会议”。根据已掌握的情报，他们知道届时将会有一列装有大约 40 个钢桶的火车离开韦莫克。这些标有“钾碱液”的钢桶里装有不同浓度的重水（浓度从 3.5% 到 99.5% 不等）。鉴于德国人需要时间落实各项安保措施，再加上重水装桶时拖延的时间，这列火车出发的日期应该不会早于 2 月 16 日。离开韦莫克后，列车先驶向留坎，然后经梅尔抵达廷湖的西北角。在那里，一艘渡轮将载着装有重水的车厢沿狭长的湖面南下，航行 18 英里后到达湖对岸。随后，这些车厢将挂上另一列火车，行驶一小段距离后抵达诺托登，最后被送往门施塔特港，运上前往德国的轮船。

他们围绕各种行动方案展开了反复讨论。方案一，他们可以 286
尝试赶在钢桶被运出韦莫克前将它们炸毁。[18] 不过，自从冈内塞德行动之后，德国人新增了许多防御措施，如地雷、钢门、窗户砌砖封死，每个入口都有士兵把守，再加上水电站内因转运而新增的安保兵力，突击队潜入水电站的可能性很小。方案二，他们可以在列车开往留坎的途中在悬崖上伏击它。在从韦莫克到留坎的路上，有一间棚屋，挪威海德鲁公司用它来存放建筑用炸药。他们可以借助铁轨上的压力开关引发巨大爆炸，使装有钢桶的车厢脱轨，坠入峡谷。可该方案的问题在于装重水的钢桶很厚很结实，即使是从高空坠落也可能完好无损。而且，这种攻击方式极有可能造成德国人员伤亡，势必会招致德国人的报复行为。

对此，他们也想出了替代方案：等到车厢被运上渡轮后再想办法炸沉它。廷湖很深，重水一旦沉入湖底就不可能被打捞上来。

然而，渡轮上一定会有平民乘客，届时，其中一部分人不可避免地会和押送列车的德国卫兵一起淹死。他们也可以在列车前往诺托登的路上伏击它，但这样做同样会遭遇方案二中提到的风险。又或者，他们可以在门施塔特附近动手，或是在轮船驶往德国汉堡的途中下手。然而，后两种方案都远离他们的行动基地，存在太多未知因素。

在战争会议接近尾声的时候，他们终于达成一致意见：炸沉渡轮是最佳方案，哪怕会有平民因此而丧生。他们也都认为斯钦纳兰应该留在尼尔斯布，与伦敦保持联系，万一行动暴露，他也可以提供后方支援。豪克里德和索利将会以留坎附近的一座小木屋作为行动基地，在那里策划并开展行动。

第二天早晨，索利带着任务离开小屋，回去后他需要弄清楚有关渡轮的所有信息：时间表、船上的设备路线图以及任何已知的安全措施。在尼尔斯布，斯钦纳兰通过无线电请求上级批准他们针对渡轮的破坏行动。[19] 一想到会有无辜的挪威人因为他们的这个决定而丧生，他就觉得胸口发堵。在等待回复的这段时间里，豪克里德赶回了巴姆斯布，取回储存在那儿的炸药，斯钦纳兰则继续在当地扩充自己的队伍，寻找能够参与行动的合适人选。

287 第二天晚上，当三人再次碰头时，他们收到了特龙斯塔发来的批准行动指令。“同意炸沉渡轮……爆炸必须发生在打开通海阀后，表明爆炸的源头来自船体外部……必须毁坏发动机，使渡轮无法完成排水……沉船行动务必成功……祝好运。”[20]

多亏西维斯塔和拉森暗中协助，装灌重水的工作进展缓慢，使渡轮无法在16号之前出发，为他们赢得了宝贵的准备时间，豪克里德决定趁此时机给索利上一堂突袭速成课。在两个晴朗的白天，他教了索利如何使用手枪和冲锋枪。索利用雪人做靶子，一直练到天黑。豪克里德还向他演示了如何扔手榴弹，以及肉搏战的基本技巧。每当索利有所迟疑时，他都会告诫他：“你必须先发制人。你必须强硬。”[21] 经常是他一边说，一边将索利摔进雪堆之中。

这些训练可以让豪克里德暂时忘记远在瑞典的妻子博迪尔。不久前，索利捎来了一封她的信。很显然，这几个月来她一直在试图与他取得联系，为此，她先后找过挪威政府和英国大使馆，但没有人愿意帮助她。她认为他一定在留坎地区执行任务，所以她就通过米洛格的人送来了这封信。她说，自从他们上一次联系已经过去了太长时间，他的长时间缺席让这段感情岌岌可危，而且当初的婚礼也实在是过于草率。她在斯德哥尔摩认识了一个男人——她想离婚。

这封信令豪克里德大受打击。[22] 他不后悔自己当初的选择，但这个选择需要付出代价。他曾多次身陷险境。他挨过饿，几乎冻死在野外，还差点开枪打伤自己的脚。他的许多朋友都死了，其中不乏与他的关系密切的好友。他的母亲曾被盖世太保带走问话，他的父亲也落在了他们的手里，而且据豪克里德所知，他们一直在严刑逼供。现在，他的妻子也要离开他。

收到信后，他让斯钦纳兰帮他给伦敦发消息，申请在完成渡轮任务后休假三周。他想利用这段时间前往斯德哥尔摩，修复他和博迪尔之间的关系。然而，即使该请求获得批准，他也得先活着完成这次任务，只不过这个希望很渺茫。

大约一年前，在冈内塞德行动中，和豪克里德并肩作战的是 288
九名训练有素的突击队员。经过数月的高强度训练，他们对攻击目标和目标内的防御情况了如指掌。在即将开展的渡轮行动中，他的队友是索利以及和索利一样虽勇敢却毫无作战经验的爱国者。

德国人严阵以待，而他必须在行动中随机应变。要想成功摧毁目标又最大限度地减少伤亡，这太难了，而一旦有无辜的人因此丧生，他就只能背负着愧疚度过余生——当然，前提也是他能活着回来。

2 月 13 日，顶着猛烈的西南风，豪克里德和索利离开了尼尔斯布。[23] 斯钦纳兰站在小屋门口与他们道别。他也想和他们一起去，但是他们都知道他有更重要的任务：在行动期间及之后与伦敦保持联系，如果行动失败，他就是他们的救命稻草。

他们在奥拉夫 · 斯钦纳兰的农场见到了他本人以及另外两名当地人：卡尔 · 费恩和阿斯拉克 · 内塞特。[24] 前者曾在 1943 年漫长的冬季里帮波尔松及其率领的燕子行动队运送过电池和装备，后者是一名没有结婚的农场主，身体壮得像头牛。因为担心会遇上德国巡逻队，他们四人一直等到午夜才滑过默斯湖，进入高原。他们的装备包括炸药、雷管和足够维持十天的食物，十分沉重。

在索利的带领下，他们四人在一片漆黑中滑雪前进。一路上，他不停地看指南针和手表，以此确认方位及路线。滑了四个小时后，他撞上了一面墙，这才知道他们已经抵达了此行的目的地：迪特列 · 迪赛斯位于朗厄湖岸边的小屋。门上了锁，豪克里德用钢锯锯断了锁，四人进了屋。外面下起了冻雨。等四人一觉醒来时已是第二天中午，他们向外望了望，太阳照在新雪上，亮得晃眼。

豪克里德认为，执行任务需要三个人：一人把风，两人安装炸药并设置引信。费恩自告奋勇充当第三人，内塞特便返回了自己的农场。黄昏时，还是索利带路，他们三人再次出发，前往位于克罗索邦车站山顶上的一间小屋。这间小屋建在狭长的山涧中，被密林所包围，是来往留坎最理想的藏身所。

第二天，即2月15日，豪克里德和索利沿韦斯特峡谷的北崖 289
下山，潜入留坎。[25]在那里，他们见到了迪赛斯。这位退休工人自抵抗组织成立之初就加入了该组织，1942年11月的滑翔机行动失败后，他被盖世太保抓进了监狱。他将竭尽所能，帮助他们完成任务。

天刚黑，豪克里德和索利就走进一间公寓，在那里见到了居纳尔·西维斯塔和谢尔·尼尔森。他们四人商议后决定将攻击渡轮的时间定为2月20日，星期日。当天只有一班渡轮，这意味着他们能够精确地知道运输重水的船只的开船时间和行船路线。此外，这一天的乘客也最少。尼尔森和西维斯塔表示他们无法保证一定能拖延到那一天，但他们会尽力而为。

他们还警告豪克里德和索利，镇上新来了不少盖世太保特工，精英突击队随后就到。此外，留坎镇上还进驻了不少士兵，据说是来进行山地特训的，而且在重水转移前，每天都会有两架德军飞机在小镇上空巡视。

尼尔森和西维斯塔都强烈建议取消此次行动，因为行动极可能会伤及挪威人，而且事后德国人一定会报复当地人。即使他们能够运走数千升重水，不经过电解反应，德国人也根本无法将它们提纯。豪克里德向他们保证，他会就他们在此事上的保留意见与伦敦上级进行沟通。伦敦将会做出最终决定。

会议结束后，豪克里德和索利通过信差给斯钦纳兰捎了封加密的信。在信中，他们简要汇报了会议内容，并再次向特龙斯塔确认“行动的成效”[26]是否值得冒如此大的风险。当他们回到位于山涧的藏身小屋时，两人发现费恩不见了。[27]索利立刻进山寻找，但很快他就意识到，也许是因为害怕，或是不愿参与此次行动，总之费恩已经离他们而去。他和豪克里德都明白，此时要想找到合适的行动人选实在是有些为难。

吃过晚饭，索利掏出一瓶白兰地。[28] 这是迪赛斯早前给他的，他知道此时的豪克里德一定很想喝一杯。他俩围着火堆，喝了一杯又一杯。豪克里德向索利讲述了他和博迪尔相识相爱的经过，以及此后他的长时间消失。他说他相信只要能再见到她，他就一定能挽救他们的婚姻。夜色渐深，酒瓶也见了底。豪克里德心中
290 的痛苦似乎少了大半。这次谈话拉近了他和索利间的关系，也让他们都确定了彼此的决心：一定要完成这次任务。

2 月 16 日，尼尔斯布小屋外下起了纷纷扬扬的大雪。[29] 斯钦纳兰将豪克里德传来的消息发回主站。很快，他就收到了回复："经考虑，上级已决定摧毁'果汁'至关重要。希望行动不要造成太多伤亡。祝成功，望一切顺利。"[30] 斯钦纳兰不喜欢这个命令：这意味着会有挪威人因此而死。[31] 带着复杂而矛盾的心情，他给哈马伦发了一则加密信息。哈马伦将它送给约恩·霍夫登，后者会把它带到留坎镇外豪克里德的藏身处。如果他们收到的是"10 千克鱼"，就表明行动取消。"5 千克鱼"意味着照常行动。

别无选择的斯钦纳兰送去的是 5 千克鱼。

27. 拉小提琴的男人

291 第二天黄昏过后，豪克里德和索利走出小屋，向山下滑去。[1]
一路上，他们警惕地扫视四周，提防进山开展冬季演练的德国士

兵。他们的练习场距离两人的小小屋只有四分之一英里远。在留坎与小屋间往返了多次后，两人早已对这片陡峭的山林了如指掌。

他们来到一座装潢不错的小旅馆门前。索利按响门铃，应门的是一位女佣。她将他们直接带到了阿尔夫·拉森的房间里。这间旅馆归挪威海德鲁公司所有。拉森的家挨着韦莫克，上次空袭被毁后，他就一直住在这里。此刻，感染了流感的他正卧病在床，不过，他向二人保证他一定会帮助他们完成破坏任务：确保德国人无法在周日前进行转移。

不久，西维斯塔和尼尔森也来了，豪克里德告诉他们伦敦已经下达指令，行动继续，炸毁渡轮。“我知道这很难，”他说，“这太难了——可伦敦说别无他法。”[2]

战斗时，明知会有牺牲，但仍然会派遣士兵们上阵杀敌。[3]这是一回事，可这次的任务却另当别论。无论完成得多好，都不可避免地会伤及同胞性命。他们只能寄希望于成功的行动能够挽救更多生命，接受它可能带来的任何风险。接过这项任务后，所有人的心情都很沉重。

接着，豪克里德说道[4]，他们有三个选择：其一是说服机舱
内的工人，让他们打开通海阀并关闭发动机。这样，轮船就会停 292
在湖面中央，只需要进行小规模爆破就能让它缓缓沉入湖底，这也能为乘客安全撤离争取更多时间，减少伤亡。其二是他独自登船，在船行驶到湖中央时，关闭发动机，同时利用针对性爆破炸沉这艘船。最后一个方案是“在船上安置定时炸弹，在它靠岸前快速将其炸沉”。[5]

方案一不可行。在场的都是留坎当地人，但谁都没有把握能够信任船上的船员并说服他们。方案二也被他们排除了。届时，船上一定戒备森严，要想在德国士兵不察觉的情况下关闭发动机

并安置炸药根本不可能。相对而言，方案三是他们的最佳选择，只要豪克里德能混上船，设好定时器，船能按时开船，这次行动就能成功。

他们还需要一个人来完成这项任务。虽然索利受到的训练极其有限，但除他以外，在场的这几人中谁都没有开展突击行动的经验。行动中，各种情况都有可能发生，也许，搏斗也在所难免。此外，一旦有人在开船前发现拉森、西维斯塔或尼尔森中的任何一个人潜伏在船上，不仅会引起怀疑，各种问题也有可能会随之出现。索利向大家保证，他负责去找一个值得信赖的人来执行任务。

接下来，他们需要制订计划应对行动完成后可能发生的种种情况。[6] 豪克里德要求拉森和他一起逃往瑞典，不然，德国人肯定会继续利用他的重水知识。拉森同意了。索利会搬到尼尔斯布，和斯钦纳兰一起继续开展抵抗运动。西维斯塔想继续留在留坎。他的妻子和孩子都在这里，所以他不想走，而且他觉得德国人怀疑他的可能性并不大。尼尔森也想留下来，但是作为运输经理，他必须想出一套万无一失的说辞为自己免责。他说他正在思考这个问题。

这次会议结束后，豪克里德和索利又去找了迪赛斯。这位退休工人有一个小修理厂，里面有各种工具和报废的收音机，还有成盒装的电线、铰链和螺丝钉。[7] 豪克里德需要能够精确定时的雷管，从而快速准确地引爆炸药。迪赛斯递给他一个闹钟。经过
293 改装，钟上的击打锤不再敲打闹钟上方的铃铛，而是闭合与雷管相连的电路，进而引发爆炸。迪赛斯表示他在 24 小时内就能完成改装。

第二天，豪克里德出现在了留坎镇上。[8] 他穿着一套借来的

蓝色西服和皮鞋，手里拎着一个小提琴盒，悠然自得地在大街上溜达，看上去俨然就是当晚来小镇表演的乐队成员。乐队的指挥是著名的作曲家兼小提琴手阿尔维德·弗莱德莫。小镇上到处都是德国人：他们或站在街角，或坐在餐馆里，或开着车从路上驶过。一路上，豪克里德不止一次看到镇上的居民被德国人拦下检查证件。一旦他被拦住，无论是他藏在小提琴盒里的冲锋枪，还是背包里的手榴弹和手枪都无法帮他脱身。他走到火车站，买了一张去梅尔的车票，然后坐下等车。

既然行动已确定，豪克里德想亲自核查每个环节。他知道周日渡轮的时刻表，尼尔森还给他找了一张轮船的平面结构图，不过，他想确定轮船何时才能开到湖水最深的地方，并弄清楚安装炸药的最佳位置。如果在回来的船上有人问起，他可以说自己想趁晚上音乐会开始前去看看周围的风景。

火车来了，豪克里德上了车，沿韦斯特峡谷一路南下，来到八英里之外位于梅尔的轮渡码头。售票处外只围了一圈栏杆，窗口里坐着一名工作人员，与森严壁垒的韦莫克相比，这座码头的防卫脆弱得不堪一击。不过，豪克里德心里明白，两天后，大批全副武装的卫兵将会随重水一起来到这里。

D/F 海德鲁号渡轮就停在港口里，到点即出发。[9] 它是服务于这片水域的三艘渡轮之一，也是周日时刻表里的承运渡轮。在德国人入侵的前几年，豪克里德常常在前往自家山区农场的半路上乘坐这班渡轮去留坎买小鲑鱼。此刻，他回想起了自己坐过的这艘海德鲁号渡轮，这是一艘毫无美感的轮船。这艘平底渡轮于 1914 年下水，底宽 174 英尺，有一个宽大的尖角形船首，可以破冰前行。主甲板两侧各有一组轨道，可以容纳 12 节货车车厢，将它们运送到湖对岸。通常来说，这些车厢里装的大都是化肥和硝酸钾。承载车厢的甲板下是一个可容纳120名乘客的客舱。船长室建在甲板之上，被两根高高的黑烟囱夹在中间。

294 豪克里德走上船，一团团蒸汽从两根烟囱里喷出，飘向氤氲的天空。[10] 他看到一节节火车车厢正通过码头上的一个斜坡滑上甲板，然后用钩环固定住。豪克里德频繁地看着手表，将看到的一切都牢牢记在脑海里：从乘客的登船时间到轮船的实际发船时间，再到岸上人员清退码头的时间，他全都记了下来。他事先仔细研究过廷湖地图，通过湖两岸的地标，他了解到此次航行全程耗时两小时，轮船将会在行驶半小时后到达湖水最深处。此处水深1 300英尺，想要将沉于此处的物品打捞上来根本不可能。

在来回四个小时的航程里，豪克里德一刻都没闲着。他走向船长室，和水手们聊天，了解这艘船的驾驶情况。他用脚丈量船的长度和宽度，寻找可以让他进入船舱的小隔间。他还成功地将烟斗掉到了发动机室上方的金属隔栏里，使他有借口下到发动机室里，见到推动轮船前进的两台250马力的发动机。捡回烟斗后，他抓了一小撮烟叶递给首席工程师，和他聊起了海德鲁号的结构，这位工程师甚至还带他参观了部分船舱。参观过程中，豪克里德一直在寻找安放炸药的最佳位置，在做这一切的同时，他也尽量不让自己去想这位工程师很可能会和船一起沉入湖底的事实。

当船再次驶近梅尔的时候，豪克里德心中的计划已大致成形。他可以在船首安装连环炸药，在船头炸出一个洞。届时，湖水会由船头涌入船舱，整艘船将会在重力作用下前倾沉入湖中。倾斜会让车厢脱轨，向前滑去，进而加速船沉的速度。即便车厢没有脱轨，位于船尾的船舵和螺旋桨也会高高翘起，离开水面，使船无法继续前进。

问题的关键在于他到底得炸出一个多大的洞。廷湖的水面十分狭长，这艘船只需五分钟就能从湖中央开到任一侧的岸边。因此，豪克里德必须小心权衡：一方面，他不能给船长足够的时间，让他将倾斜的轮船开回岸边，另一方面，他又要尽可能地为乘客争取逃生时间。

豪克里德一边思索这个问题，一边登上了返回留坎的火车。回到小镇后，他与尼尔森在街道上偶遇。他俩假装互不认识，谁都没有多看对方一眼。更何况，豪克里德还赶着去见索利找来的替补成员。

索利找来的是克努特·利尔－汉森。[11] 这个 27 岁的小伙子参
过军，曾是一名中士。他的下巴浑圆如鹅卵石，目光却坚毅而沉
稳。他的个性和经历都和豪克里德有几分相似。他生于留坎，父 295
亲是挪威海德鲁公司的一名电工。从步兵学校毕业后，他去了奥
斯陆，在一所技校继续学习，可就在这时，德国人入侵。在参加
了几次小规模战斗之后，他被俘了。在被押往囚犯集中营的路上，
他趁停车的机会跳下车，躲进了树林。在那里，他加入了抵抗组
织，继续和德国人战斗。

挪威投降后，利尔－汉森跳上一辆运奶车去了瑞典。从那以后，他不断往返于斯德哥尔摩、奥斯陆和留坎三地，为米洛格组织服务。其间，他当过武器教练和话务员，甚至还做过间谍。几个星期前，他刚刚回到家乡，在挪威海德鲁公司里做一些日常维护工作。镇上许多人都知道他是抵抗组织成员，这也让他成了盖世太保的抓捕目标，但他一次又一次地逃过了搜捕。

豪克里德一见到利尔－汉森就喜欢上了这个小伙子。[12] 利尔－汉森渴望能加入这次行动。他会用枪，他参与过特别行动，而且如果有需要，他还可以调动自己的关系网。在距离沉船行动的启动日期只剩下不到 48 小时的时候，豪克里德终于找齐了他要的人。

每隔几个星期，费利斯和他的手下就会发出一份“来自挪威的心情报告”，向远在柏林的军事及安全上级汇报他们在“粉碎”[13]和“查获”米洛格或共产主义地下组织工作中取得的胜利。1943年底至1944年2月间，他的手下瓦解了由卑尔根消防员领导的大型抵抗组织。在特隆赫姆，他们缴获了大批武器和炸药。在奥斯陆，许多“激进的社会主义者”被捕，被捕者大多为学生。在孔斯贝格和诺托登，他们逮捕了不少地下抵抗组织的高层领导人，其中包括克努特·豪格兰的哥哥。总之，到处都有人被抓，到处都有人被枪决。

此外，费利斯在报告中提到，挪威境内各种主动或被动的破坏及抵抗行为频发。费利斯和他的上级原以为挪威人会对自己能在纳粹帝国中占有一席之地而感恩，谁知他们不仅不感恩，反抗的势头却越来越猛。费利斯引用了一份非法报纸上的话来概括挪威人的态度：“凡是与抵抗有关的事情都必须马上付诸行动。凡是属于挪威人的劳动力、工作经验和公司都绝不能为德国人所用。就拿挪威农民来说，不要为德国人提供农产品，哪怕是一升牛奶，一块黄油或一片培根，只要不给德国人手中，这就是他们的损失，我们的胜利……绝不能让任何试图将挪威人纳粹化的企图获得成
296 功，绝不能让任何与之有关的思想或声音侵蚀我们的心灵。我们反抗不仅仅是为了推翻纳粹主义，还是为了重建我们的民主国家。我们的一切行为都要以此为目标。”[14]

针对韦莫克的破坏行动就是挪威人绝不妥协的表现之一。美国人的空袭行动迫使柏林政府不得不拆除工厂设备，将厂内储存的重水运往德国。然而，就在过去的几个星期里，德军拦截了不少关于破坏转移的无线电情报，费利斯的手下，驻守在留坎的穆根塔勒不得不在最后一刻改变转移计划。为此，费利斯也派出了

他最精锐的党卫军第七警察团（Seventh SS Police Regiment），沿途护送重水直至门施塔特，希姆莱则亲自派出两架菲泽勒斯托奇飞机护送火车，以防袭击事件发生。[15]

2 月 18 日，特龙斯塔正在苏格兰高地上一座名为斯皮恩布里奇的小村子外远足。[16] 他凝视着屹立于远处的本内维斯山和奥纳克摩尔，心里想的却是重水和即将启动的海德鲁沉船行动。据燕子发来的最新报告，德国人已将约 15 000 千克不同浓度的重水装灌完毕，准备运出韦莫克，这其中包括了 100 千克浓度高达 97%~99.5% 的纯重水。[17] 特龙斯塔已经计算过了，如果德国科学家将这批重水提纯，他们将会得到 633 千克纯净的重水减速剂。加上他们之前从韦莫克得到的重水，以及来自德国国内的成品，他们手中的重水已经足以启动一座反应堆。

当埃纳尔·斯钦纳兰报告说他们的计划是炸沉轮船的时候，特龙斯塔就意识到这个方案虽看似激进却是他们唯一可行的办法。[18] 他不断安慰自己，为了摧毁德国人的重水供应，牺牲在所难免。布伦恳求他阻止这次行动，但特龙斯塔知道，如果他不让豪克里德炸毁这艘船，盟军必然会赶在重水离开工厂前再次轰炸韦莫克，又或是直接炸毁运送重水的火车或轮船。[19] 那只会让更多无辜的平民死于非命。

即便如此，特龙斯塔仍然和英方安排好了后备计划，以免万一行动失败，重水成功离开渡轮，被送往门施塔特。威尔逊向奥斯陆地区的一支两人行动队发出指令。[20] 他们将会做好一切准备，通过水下爆破弹袭击将于门施塔特离港的货船。他们会在重水离港前炸沉这艘船。如果这项行动也失败了，英国皇家空军的轰炸军团将会在海面上对它进行轰炸。这些后续行动中可能出现 297

的问题太多，因此，一举炸沉海德鲁号仍是他们的最佳选择。

远足结束后，特龙斯塔回到斯皮恩布里奇村，视察新征募的林厄突击队员集训。[21] 在一次袭击盖世太保总部的模拟攻击行动中，他们成功破解了各种陷阱，出色地完成了任务。特龙斯塔希望豪克里德也能带着他仓促征募来的队员给他制造一个同样的惊喜。

突如其来的砰砰两声将豪克里德从睡梦中惊醒。[22] 他很确定刚才听到的是步枪的枪声。他立刻跳下床，手里拿着枪，快步走向小木屋大门。索利已经趴在窗前，手里举着冲锋枪，提防着任何可能靠近的威胁。过了一会儿，迷雾渐渐散去，他们这才意识到不过是虚惊一场。“至少说明它们管用。”[23] 索利指了指地上那两个闹钟说道。

迪赛斯做的这两个炸药定时器极富巧思。[24] 他去掉了闹钟上端的闹铃，取而代之以他从一台报废的电话上拆下来的胶木条，并在这些木条的顶部安装了铜盘。铜盘连着起爆管。四节 9 伏的手电筒电池的电量就足以启动这个定时装置。当电流通过时，起爆管就会爆炸。起爆管是迪赛斯从挪威海德鲁公司顺手牵羊带回来的。为了确保安全，他还将改装后的零部件全都焊实。

星期天清早，豪克里德和索利才带着刚做好的定时器从迪赛斯家回到小屋。他俩给这个闹钟定了时，让它中午时“响铃”叫醒他们。到了预定时间，闹钟上的击打锤落在胶木条上的铜盘上，形成了一个闭合的电路，便会引爆起爆管。到时，这些起爆管将会启动雷管引信，引爆他们刚卷好的那堆看上去与香肠无异的铁锈红色的诺贝尔 808 炸药——光炸药就将近 19 磅重。一旦将这套装置安装在海德鲁号的船首，据豪克里德估算，炸药会炸出一个直径为 11 英尺的洞，进水后的轮船将在四分钟内沉入湖底。这是他通过自己的工程经验加上他在 STS 17 学到的知识推算出来的时间。四分钟可以给乘客赢得足够的逃生时间，让他们登上救生艇，或是穿着救生衣跳下水，但四分钟内轮船无法靠岸。

豪克里德和索利重新回到床上，躺下后，两人再次回顾了一 298
遍接下来的工作。几个小时后，天一黑，他们就会去留坎与其他人会合。午夜过后，他们将前往梅尔安装炸药。

在韦莫克，火车头与两节车厢在拉森和西维斯塔的监管下实现了对接。[25] 这两节车厢里装的正是 43 个 400 升的钢桶和 5 个装满 50 升"钾碱液"的烧瓶（粗略估算液体容量总计 4000 加仑[A]）。几百名举着冲锋枪的士兵环绕在火车四周，审视着周围的山坡和峡谷，提防任何可能的威胁。今晚，他们将在探照灯的照明下守卫这两节车厢直到天亮。之后，火车将开往留坎，在那里停一夜，直到星期天早晨再次启程前往梅尔，负责守卫的依然是这批士兵。

在火车离开韦莫克前，海德鲁公司驻韦莫克总负责人比亚内·尼尔森特意从留坎赶来，确保一切无误。在他亲自验视完毕后，拉森让他去办公室里签署转移这批物资所需的文件。拉森解释说必须今天签完，因为他明天要请假。

走进拉森办公室后，尼尔森给同属挪威海德鲁公司的诺托登水电站打了一个电话，要求他们派一辆卡车于第二天等候在诺托登火车站。电话那边的男人问这辆卡车的目的地是哪里，尼尔森回答说："目的地未知。"[26] 挂了电话后，拉森问他的上司为什么要派卡车。尼尔森告诉他，德国人想将装在五个烧瓶里的浓度最高的重水单独运输。

A 1 加仑约等于 3.79 升。

很显然，纳粹早已预料到此次运输会遭到攻击。当渡轮顺利抵达廷湖南口时，这辆火车也将成功到达20英里外的诺托登。之后，这批转运物资中最珍贵的货物就将彻底消失得无影无踪。

28. 10:45 闹铃响起

299 临近午夜的时候，豪克里德和索利来到留坎，他俩站在莫纳河大桥上，眺望小镇火车站。[1] 站里灯火通明，装满钢桶和烧瓶的两列车厢被照得一清二楚。端着冲锋枪的士兵站在车厢顶，来回巡视，呼出的白色哈气在灯光下清晰可见。韦莫克遭遇第一次突袭后，法尔肯霍斯特曾说："当一箱子珠宝摆在你们面前的时候，你们绝不会绕开它走过去。你们会一屁股坐在箱盖上，手里握着武器！"现在，他们不过是照做而已。

他俩观察一阵后就离开了大桥，穿过留坎镇上的一条后街，走到一座与前街房屋相连的车库门口。[2] 车库大门上了锁。早已练就一手开锁绝活的豪克里德轻松撬开了锁。车库里停着一辆破旧的汽车。车主人同意将车借给利尔－汉森晚上开，并明确被告知，就算车看起来像是被偷了也不用声张。

不一会儿，利尔－汉森就赶到了车库，还带了一个名叫奥拉夫的小伙子。这是他新招募的司机。不久，拉森也来了，还背着一个帆布包和滑雪板。几个小时后他就要穿上滑雪板，前往瑞典，此刻的他看起来似乎有些紧张。西维斯塔留在韦莫克，尼尔森已经去了奥斯陆的医院，等着星期天做阑尾炎手术。他妹妹为他安排好了一切。这是最好的托词。奥拉夫点着车，推了一下变速杆，启动了发动机。发动机突突响了几声后熄火了。他又试了一次，这一次，发动机连响都没响。“该死的破车！”[3] 豪克里德朝车身踢了一脚。

如果车子打不着火，他们就只能冒着严寒，星夜兼程地徒步 300
赶往八英里以外的梅尔。这段路可不好走，而且他们还不能晚到：距离火车抵达时间越近，梅尔火车站周围的保安就越严密。他们打开车前盖，检查发动机。电池没问题，瓦斯不少。燃油泵也没结冰。其他一切看上去都很正常。他们第三次点火，然而发动机还是没反应。“很抱歉，”奥拉夫说，“可这车没法开。”[4]

他们原本打算偷镇上那两名医生的车。[5] 战争时期，镇上只有他们有用车许可。其他车都开不了，剩下能用的也大都被德国人征用了。

豪克里德和奥拉夫又检查了一遍发动机。这一次，他们拧开了化油器，结果发现它被烟灰堵死了。将它彻底弄干净后，带着乌黑的双手和一张大花脸，他们又试了一次。奥拉夫猛地一拉阻气门，快速拨动变速杆，发动机终于发出了有规律的突突声。此时已将近凌晨 1 点，比他们预计的出发时间晚了整整一小时。

汽车从留坎出发，沿着白雪覆盖的公路南下，轮胎上的防滑链在雪地上压出一连串模糊的白色痕迹。[6] 如果半路上遇到检查站，他们必须想出一个非常合理的借口才有可能脱身。五个没有通行证的男人大半夜开着一辆偷来的汽车在路上行驶，这已经够可疑的了，更何况他们还带着武器和一大捆炸药。一旦被人发现他们只有死路一条，在那之前，恐怕还有可怕的严刑拷打等着他们。因为担忧和焦虑，他们都觉得通往梅尔的这短短八英里路程显得格外漫长。豪克里德知道，作为这次行动的领导者，他有责任率领队员完成任务。根据拉森透露给他的消息，一旦渡轮到达廷湖南口，他们就再也没有机会了。

在距离渡轮码头仅一英里的地方，豪克里德让司机将车停在路边，关上车灯。车停在了路边的树丛旁，豪克里德递给拉森一把手枪。这位工程师用发抖的双手接过枪。“等着我们。”豪克里德对他说。如果两个小时后他们还没回来，他和奥拉夫就开车离开，他自己必须想办法前往瑞典。接着，豪克里德扭过头告诉司机，如果听到枪声，他必须“以最快速度离开这该死的地方”。交代完后，豪克里德、索利和利尔－汉森跳下了车。

“祝你们好运。”拉森在关门前对他们说道。他们需要好运气，多多益善。一轮半圆的月亮挂在晴朗的夜空中。他们借着月光向车站走去。严冬的寒意扑面而来，脚下的冰被踩得咯吱响，每走
301 一步都能听到清脆的碎冰声。如果前面的守卫耳力好，在看到他们之前，老远就能听到他们的脚步声。光听那密集的碎冰声，他很可能会误以为来的是一支军队。

走在最前面的是豪克里德，他的一双眼睛始终牢牢盯着码头，注视着那里的一举一动。海德鲁号完全笼罩在夜色之中，只留下一个硕大的黑影，船边吊着一盏灯，昏暗的光线照亮了上船的舷梯。码头上也只亮着一盏灯。据他观察，渡轮周围的岸边上见不到巡逻的卫兵。几天前的晚上，他来侦察时看到码头的班房里坐着15~20个人。这些人畏于严寒，极少出来，不过他猜测转移的物资明天就到，所以今晚他们肯定会加倍小心。如果上级命他们严加看守，他们肯定会小心提防。

走到距码头只有100码的地方时，豪克里德冲其他人摆摆手，示意他们停下来，掩护他靠近渡轮。他的口袋因为塞了手榴弹和闹钟而显得鼓鼓囊囊，派克大衣下还藏了一把斯登冲锋枪，他的脖子上和腰间则缠着重达19磅的炸药，这一切让他觉得自己像个行动笨拙的巨人。他看到码头办公室里有不少士兵，但和之前一样，他

们全都窝在房间里。尽管一路上德国人对这批物资守备森严，但很显然，他们并没有想到会有人在物资到达前对渡轮做手脚。

豪克里德做了个手势，让索利和利尔－汉森跟上来，三人沿着码头快步向渡轮走去。一路上，他们依然没有遇到任何卫兵或瞭望哨。他心中的不安越来越强烈。他不相信德国人竟会如此愚蠢。

三个人顺利地登上了渡轮。豪克里德听到主甲板下有些许微弱的声音传来。他轻轻走下舱梯。在船员室大门旁，他停下脚步，仔细倾听。听起来，船员们正打牌打得热火朝天。他蹑手蹑脚地从大门前走过，从门缝中瞥到挪威船员们果然正围坐在一张长桌前打牌。

接着，他来到三等舱。现在他需要找到一个位于甲板下方的舱口来放置炸药。他和索利分头找，利尔－汉森负责掩护。就在这时，他们听到走廊上传来一阵窸窸窣窣的脚步声。三人还没来得及躲起来，守夜人就走进了船舱。如果他报警，一切就都完了。“是你吗，克努特？”[7] 守夜人问道。

“是我，”利尔－汉森冷静地答道。说话间，他已经认出了对方，约翰·伯格，他在梅尔运动俱乐部里的同伴。“还有我几个朋友。”豪克里德和索利应声走上前来。守夜人似乎对他们三人大半夜跑上船感到有些困惑，船舱里的气氛有点紧张。“真见鬼，约 302
翰，”利尔－汉森说。伯格知道他是抵抗组织的成员。“我们打算搞一次突袭，有些东西得藏起来。一些违禁品。事情就是如此。”

“你怎么不早说？”伯格说。“没问题，”他指着走廊上一个通向下层甲板的舱口说，“以前就有人把东西藏在那下面。”

利尔－汉森继续和守夜人聊天，豪克里德和索利快步下到舱底。舱底有积水，冷得刺骨。他俩跪在地板上，双手着地，照着手电筒，爬到船首。这里又矮又黑，活像个坟墓。如果德国人上船发现他们在这里，他们根本无处可逃。索利举着手电筒，豪克里德开始工作。

时间过得飞快，豪克里德小心翼翼地摘下炸药，开始安装。他将炸药固定在舱底位于水下的波纹钢地板上。像极了香肠的诺贝尔 808 炸药被卷成圆圈，香肠两端各装有一个雷管引信。随后，他轻轻敲打炸药露在水面上的部分，使两端紧密贴合在一起。紧接着，他将电子起爆管固定在船的龙骨上，并将它们和雷管引信相连。当他将两个闹钟与电池盒连好后，他又特意检查了一遍，确定闹钟上延伸出来的电线不带电。做完这一切后，他将闹铃时间定在了早晨 10 点 45 分。闹钟也同样被他固定在了渡轮的龙骨上。

此时，汗水蜇痛了他的双眼，手也被冻得有些僵硬。豪克里德舒了口气，开始进行安装炸药中最危险的一步操作：将闹钟上的引线与起爆管相连。闹钟的击打锤与铜盘间的距离只有三分之一英寸长，一旦锤子落在铜盘上，电路就会闭合，从而引爆起爆管，所以豪克里德必须非常小心。如果他不小心震动了闹钟，或是手打滑，又或是一下没站稳，后果都不堪设想。引线一旦点燃，就会以每秒 9 000 米的燃烧速度瞬间引爆炸药。他和索利连思考的时间都没有就会被炸飞。

他的手很稳，任务完成了。豪克里德和索利掉头爬回到楼梯处，从舱口走了上来。两人浑身湿透，脏兮兮的。利尔－汉森和伯格还在聊天。伯格甚至都没问他们怎么下去了那么久——即使问了，豪克里德也不会回答。他只是和伯格握了握手，感谢他敢于做一个好挪威人。之后，他们三人就偷偷下了船，消失在夜色之中。

303 三人回到车上的时间只比他们约好的两个小时早了几分钟。他们又向前开了一小段距离，奥拉夫停了车。索利下车，他将进山和斯钦纳兰会合。他穿上滑雪板，开始和同伴们道别。“我很快就会回来。”[8] 豪克里德郑重其事地说道。之后，索利就消失在了树林里。奥拉夫开车带着其他人继续南下，前往孔斯贝格。按计划，他们将在那里登上前往奥斯陆的火车。此刻在渡轮上，定好时的闹钟正嘀嗒嘀嗒地走着。

2 月 20 日，星期天早晨 8 点整，留坎火车站传出了汽笛声。[9] 护送重水的士兵们早已在两节平板车厢上排列整齐。同车运往轮渡的还有七罐氨和两车皮的国防军军资。

从小镇运出的物资并不少，但从没像这次防守得如此森严过。从车站到码头的铁路沿线上站满了士兵，唯恐有人袭击。

在留坎镇上那座记录了他童年时光的老房子里，居纳尔·西维斯塔正在照顾生病的母亲。[10] 她原本要乘坐早 9 点的客运火车前往梅尔，然后乘渡轮去诺托登的一间医院进行复查。然而，就在出发前一天的晚上，她突然腹痛不已，导致第二天的行程不得不改期。她不知道的是，她儿子在她当天的晚餐里加了大量的泻药。

不过，其他留坎居民——其中有男人、女人，也有小孩——以及包括来此演出的作曲家阿尔维德·弗莱德莫在内的其他乘客都按时登上了那列前往梅尔的火车，之后，他们也将会坐上等待在那儿的渡轮。

在距离留坎 60 英里的孔斯贝格车站，豪克里德和拉森买了两张去奥斯陆的车票。奥拉夫开车将他俩送到了离小镇约 10 英里的地方，他们滑雪穿过树林，走完了剩下的一段路。利尔－汉森原本要和他们一起走，但他在最后时刻改变了主意。就在他们等待开车的时候，一辆载满德国士兵的火车由东驶来，开进了车站。一时间，车站里和站台上都挤满了士兵。

豪克里德知道，只要保持镇静他们就不会有事。突然，拉森一把抓住他的胳膊。“那个人是盖世太保的留坎负责人，”他望着从火车上走下来的穆根塔勒说道，“按理说，我现在应该待在留坎。”[11]
304 于是，他俩急匆匆地走向盥洗室，拉森将自己锁在里面，直到载有穆根塔勒的那列火车离开，他们才登上开往奥斯陆的火车。

在能俯瞰梅尔的山坡上，利尔－汉森眼看着那列满载货物的火车准时开出。[12] 一个小时后，在码头上，这些装满货物和士兵的车厢将会被送上海德鲁号，并固定好。紧接着，乘客将会登船。检票员会逐一查验车票，并带他们穿过走廊，进入船舱落座。舱位等级越低，离主甲板越远。每隔一段时间，利尔－汉森就会看一眼手表。10 点刚过几分钟，开船的时间到了。这时，码头工人应该正在松开锚缆，海德鲁号的螺旋桨开始转动，搅浑了平静的廷湖水，轮船渐渐驶离码头。

今天早晨很冷但天气晴朗，太阳把一切都照得亮堂堂。埃尔林·瑟伦森船长已经驾船在这条航线上走过几百次。[13] 他出生于一个船长世家。他哥哥驾驶的船曾两次在北大西洋上遭遇鱼雷袭击。不过，在廷湖上航行的他根本无须为这种事情担忧。瑟伦森站在驾驶舱内，引导海德鲁号向湖中央驶去。

当指针马上指向 10 点 45 分的时候，瑟伦森走出驾驶舱，打算去写航行日志。[14] 在甲板下，38 名乘客正在船上的会所和其他船舱里想着法儿地打发时间。有人在打牌，有些人凑在一起聊天，还有一些人正安静地看书。一位年迈的老太太颤悠悠翻开了一本相册。在发动机室，三名船员一边吃着迟来的早餐，一边暖和身子。除开 8 名小心翼翼看守那两节车厢的德国士兵外，一切都和平时一样。

就在瑟伦森走下驾驶舱的时候，下层甲板传来一声巨大的炸裂声，整个船身都在晃动。要不是因为他们已行至湖中央，他一定会以为是触礁了。不，不可能，不是触礁。他快步登上楼梯，只看到浓浓的黑烟笼罩了整个甲板。“返航，回岸边！”[15]他朝舵手大喊道。然而，舵手还没来得及转向，船体就开始快速地向前倾斜。在下层船舱里，乘客们早已吓得乱作一团。船舱里的灯黑了，水从地板涌上来。破裂的管道嘶嘶地向外吐着滚烫的蒸汽。没有舷窗的三等船舱里此刻已是漆黑一片。“炸弹！”[16]一名乘客用颤抖的声音尖叫道：“我们被炸了！”所有人都像疯了一样，到处寻找舱门。

站在驾驶舱内的瑟伦森知道船保不住了。船首已经浸入水中，305
而他们也无法靠岸。他扯着嗓子指挥乘客登上救生艇，然后率领船员，成功地放下了一艘小船。与此同时，有些乘客已经不顾一切地跳下水。之后，瑟伦森告诉舵手弃船，并接管了驾驶舱。他飞快地转动船舵，想将海德鲁号转向右侧，可是船体还在继续倾斜。一名船员差点就被脱轨的车厢挤成肉饼。

受惊的乘客们冲出船舱，向主甲板跑去。有的找到了救生衣，穿着它跳入水中。有的则干脆脱下厚重的外套，直接从船上跳了下去。阿尔维德·弗莱德莫就是其中之一。那些不会游泳的人不得不在渐渐倾覆的轮船和令人望而生畏的冰冷湖水之间做出选择。在下层的三等舱里，乘客们终于找到舱门，一涌而出，却发现外面也是漆黑一片，不知该往哪儿跑。湖水顺着走廊灌了进来。

一个名叫伊娃·古尔布兰森的年轻女人拼命地用拳头砸一扇舷窗，希望能砸开它使些许亮光透进来。然而，玻璃太厚，她根本砸不开。一个男人跑过，她拉住他想让他帮她，可那人已经吓坏了。“我完蛋了。我都不会游泳。”[17]哭泣声、求救的叫喊声不绝于耳。他们脚下的地板越来越斜，眼看就要变成一座大滑梯。最终，伊娃想办法登上了上一层甲板。她脱掉羊毛外套，爬上栏杆，穿着她那双沉重的皮靴跳下了船。

瑟伦森跌跌撞撞地走出驾驶舱。此时，船头已经完全浸入水中，船尾的螺旋桨高高翘起但仍在转动。船体倾斜得太厉害，以至于他几乎是爬着穿过船的右舷。就在这时，又一声巨大的撞击声传来，他扭头一看，11 节车厢彻底挣脱束缚，争先恐后地向下滑入湖中。他知道短短几秒钟后，整艘船就会沉没，如果他的动作不够快，他就会被它拖入湖里。想到这儿，他毫不犹豫地跳了下去。

爆炸发生四分钟后，海德鲁号就消失在了湖水之中。

唯一的一艘救生艇上很快就人满为患。弗莱德莫被拽上了船，手上依旧拎着已经湿透了的小提琴盒。伊娃·古尔布兰森也被救了起来。沉船激起阵阵波浪，船体残骸连同一些行李箱和四个装着“钾碱液”的钢桶散落地漂荡在水面上，桶里的液体已少了大半。其他落水者扒着这些残骸漂在湖面上。

306 此刻，那些果断跳船没被沉船拖入湖底的人们，趁着还没被冰冷的湖水冻僵，正拼命地向岸边游去。当地的渔民和农夫目睹了这次沉船事件后，纷纷跳上船，用力地滑着船桨，赶来救援。船上包括船员在内共 53 人，最后有 27 人生还，其中包括船长和四名德国士兵。[18] 船上的 11 节车厢，连同那些装满重水的钢桶、烧瓶一起，沉入了廷湖底。

星期天，罗尔夫·索利在高原上的一座小木屋里几乎窝了一整天。[19] 他不敢在天亮的时候贸然去尼尔斯布与斯钦纳兰会合。前一晚的奔波加上通宵未眠使他体力透支得厉害，但他也不敢睡觉，生怕被拉练的德国士兵发现。他坐立不安，很想知道渡轮的情况究竟如何：船沉了吗？有人员伤亡吗？因此，天刚黑他就出发了。外面的风又急又猛，寒意刺骨。

他在黑暗中滑了好几个小时，两只胳膊和双腿渐渐酸痛起来，终于，他滑到了哈马伦农场。他本打算在这儿歇歇脚，但看起来农场里似乎有访客，所以他不得不继续前进。高原上的风越吹越猛，可他不能停下来。他的两个胳膊像灌了铅一样沉，他不知道自己还能坚持多久。他在脑海里一遍又一遍地问自己：*我到底干了些什么？*他知道如果破坏行动成功，挪威人必然要为此付出生命的代价。一想到这点，他就倍感不安。就在他再也挪不动步子的时候，咆哮的狂风突然停了。他担心自己被狂风吞噬的想法也随之烟消云散，休息片刻后，他找回了再次上路的力量和信心。

终于，他依稀辨认出前方月光下的那个黑影就是尼尔斯布。他还没走到门口，小屋的大门就开了，斯钦纳兰走了出来，迎接他的到来。索利顿时有了一种回家的感觉。斯钦纳兰给他煮了咖啡，还给他端来了食物。他一边吃东西，一边说出了前晚发生的一切。斯钦纳兰说他明天就下山去找哈马伦探听消息。吃完饭，索利躺了下来。他很快就睡着了，而且睡得很沉。

第二天早晨，当他醒来的时候，斯钦纳兰已经走了。在哈马伦农场，斯钦纳兰得知了海德鲁号沉没的消息，那批珍贵的货物也和它一起葬身湖底。[20] 据目前得到的消息而言，共有 14 名挪威人和四名德国人在沉船事件中丧生。回到尼尔斯布后，斯钦纳兰
立刻向主站汇报了这一消息。[21] 现在，他和索利必须远离默斯湖， 307
深入高原。他们还有其他任务要完成。

星期一早晨，居纳尔·西维斯塔刚一上班就被比亚内·尼尔

森叫到了留坎的办公室里。当他赶到时，他发现办公楼大厅里挤满了士兵和盖世太保。尼尔森叫他来是想弄清楚首席工程师拉森的去向：他既不在家中，也不在办公室里。西维斯塔说自己对此也一无所知。尼尔森警告他，盖世太保很快就会对他严加审讯。

西维斯塔立刻意识到自己必须马上逃离留坎。走出尼尔森的办公室后，他遇上了另一个已经接受过盖世太保审讯的工程师。他的审讯官正是愤怒不已的穆根塔勒。这个德国人气得满脸涨红，把手枪拍在这位工程师面前的桌子上，威胁他说："只要你敢消失，我就一把火烧了你家，让你的妻子活活烧死在里面。"[22]西维斯塔回到家，收拾好行囊，匆匆与妻子和两个年幼的孩子道别。他必须抢在穆根塔勒来找他之前逃往瑞典。不久，盖世太保来了，但他已经走了。

克努特·利尔－拉森留了下来，镇上几乎没人知道他参与了沉船行动。两名盖世太保官员赶到奥斯陆，见到了还躺在病床上的谢尔·尼尔森。刚刚做完阑尾切除手术的他尚处于恢复期，对于这次破坏行为他表示一无所知。毕竟，他从周六开始就一直躺在医院里。德国人没有继续追问。当盖世太保盘问到约翰·伯格的时候，这位守夜人承认在沉船事件发生的前夜，他的确让三个人上了船，不过他也表示这属于常规做法，因为一些住在山里的人往往会提前赶到码头，他们需要找个暖和的地方过夜。[23]伯格说他不认识提前上船的三个人，当被问及这三人的外貌特征时，他的描述又极其模糊。

第二场大搜捕行动随即在高原上展开，这次围捕的焦点依然是默斯湖及斯钦纳兰家附近，然而，和大约一年前的那次搜捕一样，这次依旧是徒劳无功。那些破坏者仿佛就像影子一样，凭空消失在了高原之上。

在奥斯陆以北一座属于当地抵抗组织成员的小木屋里，克努特·豪克里德看到报纸上的周一快讯里赫然印着："铁道渡轮海德 308
鲁号沉于廷湖。"[24] 周日上午，豪克里德坐上了由孔斯贝格开往奥斯陆的火车。10 点 45 分，他凝视着手表，在脑海里想象湖面上的情景：爆炸。船前倾。为了销毁韦莫克的重水，无辜枉死者的名单上又多了一些挪威人的名字。他们已经承受了太多的死亡和牺牲，还有无尽的痛苦。此刻，他举着报纸，看着那条消息：海德鲁号及其所载货物全部沉入湖底。在克服了重重障碍，历经了种种险境后，他终于完成了自己的全部任务。

在地下组织的帮助下，他和阿尔夫·拉森于几天后顺利穿越边境，踏上了前往斯德哥尔摩的旅程。在宾馆里，他洗了澡，换上新衣服。也许是在挪威的荒野中生活了太久，当他坐在餐馆里吃饭，又或是从路边走过，看到陈列在橱窗里的那些琳琅满目的商品时，一种怪异的不自在感便会油然而生。来到斯德哥尔摩后不久他见到了博迪尔，他很努力地想挽回两人之间的感情，然而，他们分开得实在太久，阻隔在他们之间的人和事太多，他担心自己的婚姻终将成为德国入侵的又一件牺牲品。在斯德哥尔摩逗留了两周后，豪克里德已经做好了重返工作岗位的准备。于他而言，这也是他生活中仅存的一件有意义的事情。

1944 年 2 月 26 日，特龙斯塔从苏格兰回到伦敦。[25] 他走出尤斯顿火车站，在返回办公室的路上，他经过了一幢四周拉着警戒线的大楼。12 个小时前，德国轰炸机突然对伦敦发动空袭，一颗炸弹直接击中了这栋大楼。在过去的几个晚上，从天而降的燃烧弹和炸弹将高大的建筑物炸成了断壁残垣，无数房子和商店被夷为平地。塔维斯托克新月大街的一间学校被炸，温布尔登的一间女修道院被毁，修女们不得不在瓦砾中寻找遇难的姐妹们。整座伦敦城内，死于空袭的人多达数百名，流离失所者更是不计其数。

当晚，特龙斯塔回到了他的住所，战斗机的轰鸣声与隆隆的炮火声整整响了一夜。针对海德鲁号的破坏行动宛如一块心头大石，压得他喘不过气，唯一能让他稍感慰藉的是这次行动的成功至少能让韦莫克逃过再次被轰炸的厄运。与大规模空袭相比，沉船事件带来的伤亡损失要小得多。

可眼下的事实是，伦敦城里的人们正在死去，每晚都有人死于轰炸。如果德国人真的成功制造出原子弹，伦敦——乃至其他城市——一定在劫难逃，届时，整座城市将会被炸成一片焦土，
309 生灵涂炭。特龙斯塔明白，身处于战争时期，领导者们做的每一个决定——无论是在战场上，还是在指挥桌前——都是他们反复权衡各方利弊后的结果。可即便如此，当他看到渡轮事件的溺水人员名单及其年龄的时候，他依然感到无比惭愧。

几天后，特龙斯塔收到了斯钦纳兰发来的确认消息，所有被转移的韦莫克重水——除了几个装有毫无价值的低浓度重水的钢桶外——全都沉入廷湖底。他在日记里写道，这场反抗德国人的“英勇篇章”终于落下了帷幕。他会恳请温斯顿·丘吉尔表彰豪克里德及所有参与此次行动的人。至于韦莫克，他希望能在战争结束后重建水电站，使它能更好地服务于挪威人民。[26] 在那之前，他会不断地安慰自己，他的士兵们已经成功地截断了纳粹的重水供应，从某种程度上来说，他们相当于扼杀了纳粹研制出超级武器的可能性。

29. 胜利

1944 年 3 月底，铀俱乐部的总负责人瓦尔特·革拉赫及其行政主管库尔特·迪布纳如热锅上的蚂蚁一般心急如焚，他们眼看着一座又一座实验中心在盟军的空袭中化为灰烬却束手无策。[1] 就在沉船事件发生的几天之前，盟军的轰炸机兵团袭击了威廉皇帝研究所，摧毁了不少研究部门，只有一个物理研究所侥幸没被击中。面对无休无止的轰炸，革拉赫和迪布纳不得不让科学家们携带设备紧急撤离至德国南部。 310

3 月 30 日，革拉赫向戈林递交了一份报告，详细地介绍了该计划的研究情况，不仅陈述他们在研制分离铀 235 的超高速离心机及铀机器设计上所取得的进展，还列出了浓缩重水的新方法。由于盟军的袭击，弥足珍贵的减速剂供应处于一种“岌岌可危的状态”[2]，不过，革兰赫对德国境内的水电站充满希望，认为之前的投入很快就能换回稳定的产出。此外，他还指出，盟军针对韦莫克的多次袭击也表明盟军已将核裂变研究置于“至高无上”的重要地位，很显然，他们也在努力研制新炸弹。因此，他的团队必须坚持研究，这至关重要。

迪布纳则全力推进一项新的铀机器实验，与此同时，他也在努力研制核裂变炸弹。哈特克一个劲地敦促 IG 法本公司加快洛伊纳重水厂的修建。海森堡仍在努力建立一个全新的大型反应堆，该项目内的其他德国科学家们也都在全力以赴地继续着各自的研究工作，只不过在做科研的同时他们不得不躲避空袭的炸弹，接 311
到集合命令后就迅速撤离，并将实验室拖入隐蔽的沙坑。

1944 年年中，渐觉胜利无望的希特勒开始自欺欺人，他宣布轴心国的胜利指日可待。“用不了多久，我就能用上可以为我带来胜利的武器，到那时，我们就能给这场战争画上一个光荣的句号……那些绅士根本都不会知道是什么击中了他们。这是属于未来的武器，有了它，德国的未来无限光明。”[3] 然而，相信他这番话的人寥寥无几。盟军的海、陆、空三军同时向德国发动进攻，从西线向柏林推进，东方的苏联也正咄咄逼近。7 月，一支由 567 架飞行堡垒组成的轰炸机军团摧毁了洛伊纳的重水厂，使德国人翘首以盼的重水生产化为泡影。[4] 同时开展的其他攻击令德国的铀金属生产及铀 235 的分离完全停滞。截止至 1944 年底，迪布纳——以及所有他于 1939 年召集的科学家们——竭尽全力能够做到的也不过是建立一座自持式铀机器。

盟军自然是知晓这一切的。8 月，美军的情报官员鲍里斯·帕什上校在位于巴黎的法兰西公学院找到了弗雷德里克·约里奥 – 居里。[5] 约里奥 – 居里告诉帕什，他和不少德国物理学家都有联系，其中有一位名叫库尔特·迪布纳的博士。约里奥 – 居里认为德国人的原子能项目距离进阶相去甚远。当年 11 月，帕什和他的上司塞缪尔·古德斯米特在斯特拉斯堡的一家医院里发现了大量关于德国原子能计划的秘密文件。当时，美军正在斯特拉斯堡市郊与国防军激战，古德斯米特让士兵们拖走了所有文件，在那天寒地冻的时节里，他带着帕什点着蜡烛，几乎不眠不休地看了整整四天四夜，将所有文件都浏览了一遍。最终，他们得出了唯一的结论：“德国人根本没有原子弹，也不可能在短时间内制造出原子弹。”[6]

然而，到了 1945 年初，眼看战争接近尾声已是不争的事实，革拉赫和迪布纳却仍然希望自己的研究工作能对这场战争产生一些影响。他们顶着盟军轰炸机扫荡的炮火，辗转于德国各地，即使是在供给不足或中断的情况下，他们也从未中断过实验，希望能研制出一台可运作的铀机器，以此作为德国的救命稻草。[7] 在德国西南部山区一个名叫海格洛赫的小镇上，海森堡在一间岩石酒窖里建立了自己的实验室，将由铀立方体组成的晶格浸入重水之中。他的这套设备与迪布纳从柏林撤退前建立的模型十分相似。这项实验共消耗 1.5 吨铀及重水，该实验取得的中子数量值达到了
历史最高水平。根据他的计算，海森堡确定，只需将铀和重水的 312
质量增加 50%，他就能建造出一个半自持式的反应堆。然而，他既没有铀，也找不到重水。

1944 年 6 月 15 日，特龙斯塔回到自己的住处。[8] 对着窗外那被雨水浸透的汉普斯特德荒野公园，他开始起草一份名为阳光行动的计划书。自从一个多星期前盟军挺进法国后，情势已经明朗：盟军将不会继续北上，解放挪威。[9] 挪威人要想取得自由，只能靠自己。刚刚被提升为少校的特龙斯塔下定决心要回去参战。目前，共有 35 万德国人驻扎在挪威境内，他们撤退时很可能会像之前离开意大利时那样，推行焦土政策。

威尔逊和布伦想要他留在伦敦，但他心意已决。他刚刚在里姆的 STS 17 破坏特训学校完成了为期三周的训练课程，并取得了不俗的评分（“各项考核均为优” [10]）。他再也不会派任何人代替他去参加战斗了。

临近午夜时，特龙斯塔听到屋顶上空传来隆隆巨响。片刻过后，惊人的爆炸声响起。V-1 型导弹轰炸开始了。此后，日复一日，数百枚德国导弹前赴后继在伦敦的土地上炸开花。特龙斯塔并未因此而停止阳光行动的策划工作。7 月底，阳光行动得到了汉斯廷将军的批准，他也选好了自己的队员。延斯－安东·波尔松率领其中一支小分队，该队的话务员是他的好朋友克劳斯·赫尔

伯格。[11] 另一支小分队的队长为阿尔内·谢尔斯特鲁普，身在挪威的埃纳尔·斯钦纳兰担任话务员。此次行动的成员全都来自林厄公司，渡轮破坏行动后逃往英国的居纳尔·西维斯塔也将加入他们。特龙斯塔此行的任务是保护该地区的“大型工业目标”[12]，其中包括各大水电站。这些水电站的供电量总和几乎达到了挪威南部地区用电量的 60%。

8 月 27 日，特龙斯塔写好了遗书，如果他牺牲，这封信将会被转交给巴莎。[13] 他终于能够重返挪威，然而，他却不能将这一消息告诉亲爱的妻子。特龙斯塔将办公室保险柜的钥匙交给了忠实可靠的秘书格尔德·沃尔德·胡鲁姆。“请务必保存好我的日记，”[14] 他说道。胡鲁姆含着热泪接过了钥匙。“等战争结束，”他接着说道，“你一定要来挪威，见见我的家人。”说完，他转过身，离开了他工作了近四年的金斯顿宾馆。

10 月 5 日，特龙斯塔背着降落伞从机上一跃而下，降落在了
313 挪威的高原上。“漫长的流放生涯”[15] 终于结束了。与其他空降成员会合后，特龙斯塔提议大家喝上一杯以示庆祝。于是，他们举起手中的金属杯，倒上威士忌，一饮而尽。[16] 庆祝过后，他们搭起了帐篷。

在接下来的五个月里，特龙斯塔组建起了一支有 2 200 名士兵的米洛格抵抗军队。[17] 他的指挥部就设在默斯湖附近，是一个仅 10 英尺见方，藏于积雪之下的小木屋。作为阳光行动的指挥官，他滑雪往返于泰勒马克及其临近地区，在孔斯贝格往东，诺托登往南，留坎向北，赖于兰以西这片地区内奔波，协调伦敦与米洛格之间的工作，确保双方的工作能无缝衔接。他秘密会见了挪威海德鲁公司及其他公司的管理层，确保当德国人被驱逐出境时各大公司能与人民同仇敌忾。

波尔松、谢尔斯特鲁普及其他队员有条不紊地建立各自的行动基地，豪克里德也带着他的人加入了该行动。他们整合空投的武器及供给资源，训练抵抗组织成员使用枪炮和炸药，通过爆破进行小规模的破坏行为。他们还积极渗透水电站、大坝和大型工厂，告诉工人如何神不知鬼不觉地挫败德国人破坏工厂的行为，例如，他们可以通过从内引爆屋顶来保护那些珍贵的机器，使它们能在清扫干净后继续正常使用。

特龙斯塔和他的士兵们同吃同睡，还一起滑雪、打猎。当他远在伦敦指挥战斗的时候，他们中的大多数人就对他评价颇高。现在，他们一起生活在泰勒马克的荒野上，众人对他的这份忠诚和尊敬更是与日俱增。

到了 1945 年春，行动迫在眉睫。纳粹帝国开始分崩离析，向柏林挺进的盟军很快就能斩下这条毒蛇的蛇头。在挪威，各地针对铁路交通、港口、船只和通信线路的破坏行动层出不穷，这些破坏行为在打击国防军的同时也破坏了德军的撤军计划，使德军无法及时赶回德国，参与柏林保卫战。3 月 11 日夜，特龙斯塔和下属西维斯塔及乔恩・兰斯韦克对挪威人图尔盖・隆恩维克展开审讯。[18] 除了让这个由纳粹任命的警长交代他犯下的种种恶行，他们还想通过他了解其他纳粹走狗的动向，并阻止他给盖世太保通风报信，使赖于兰地区的地下活动免于暴露。他们就是否应该枪毙此人产生了分歧，最终特龙斯塔决定让豪克里德将他押去巴姆斯布关押起来。

斯钦纳兰曾协助他们抓捕此人，在他们将此人押往默斯湖附 314
近一座小屋的途中，他又帮他们掩盖了雪地上的行踪。确保他们安全抵达这座有两个房间的小屋后，斯钦纳兰便前往临近的一个农场赴约去了。特龙斯塔问完了所有想问的问题，正准备离开小屋去找斯钦纳兰，就在这时，小屋的门突然被撞开。警长的哥哥约翰举着枪冲进来，一通扫射。西维斯塔头部中弹，整个人向后倒下去，将兰斯韦克撞到一旁，正好使他躲过扫射。特龙斯塔快步冲向约翰·隆恩维克，想将他制服，双方陷入激烈的搏斗之中，紧接着，传来了两声枪响。

特龙斯塔倒在了地上，不知是约翰射中了他，还是混战中一把抢过步枪的弟弟图尔盖开枪击中了他。俩兄弟跑了，还从外面锁上了门。最后还是兰斯韦克想办法打开门，跑出去找到斯钦纳兰。当他们回到小屋时，西维斯塔已经奄奄一息，毫无生还的可能。望着特龙斯塔扭曲的面孔，再看看西维斯塔的脸，斯钦纳兰心痛不已。战友的鲜血红得触目惊心。不过，他很快收拾好心情。警长马上就会带着德国人回到这里。

斯钦纳兰和兰斯韦克快速地清点和打包。他们带走了所有文件和设备以及任何可能会对他们不利的物品。当他们收拾好一切后，西维斯塔已经没有了呼吸。和特龙斯塔一样，这个已婚男人也是两个孩子的父亲。他们将战友的尸体搬到雪橇上运到湖边，在冰面上凿了个洞，赶在德国人发现前将他们沉入湖中。之后，他们火速向包括豪克里德在内的其他人发出警告，提醒他们报复只会引发与当地德国卫戍部队的战斗，而米洛格此时尚未做好应对准备。

因为处理得当且迅速，此次事件后没有发生围捕，也没造成任何情报泄露，然而，德国人很快就发现了特龙斯塔和西维斯塔的尸体。他们将尸体从湖里拖上来，运到临近的村庄进行检验和拍照。之后，德国人在尸体上浇上汽油，点火焚烧，并将没有烧尽的尸体残骸扔进了河里。斯钦纳兰向伦敦汇报了这场悲剧事件，波尔松随后代替特龙斯塔，成为阳光行动的指挥官。他一直坚守岗位直到战争结束，只可惜莱夫·特龙斯塔没能亲身体验胜利的喜悦。

1945 年 5 月 8 日，丘吉尔站在一个能俯瞰白厅的露台上，向围在台下的人们宣布德国战败，而开展行动的指令也在同一天发出。[19] 挪威境内的所有军事力量，连同深藏于泰勒马克腹地的军队，几乎在同一时间实施反击。这一次，他们一改多年来一直秘密开展地下活动的方式，换上缝有简单袖章的制服，回到了留坎及其周边城镇。他们占领了韦莫克和该地区内的其他水电站，控制了通 315
信线路及重要的公共建筑，重新掌握司法，并依法逮捕了不少叛国者和德国党卫军官员。德国驻军缴械投降，并按指令转移。

同样的一幕在挪威各地不断上演。入侵者的总人数几乎有 40 万之众，而全国米洛格士兵加起来才不过 4 万余人。如果真要打仗，这一定会是一场敌众我寡的恶战。挪威终于自由了，奥斯陆的人们兴奋地涌上街头，其他城市的人们亦然。当晚，在斯凯于姆宫，辖区专员特博文吃了一块三明治，看了一会儿英国侦探小说。[20] 之后，他便追随希特勒，走向灭亡。晚上 11 点，他走进一个仓库，在喝下半瓶白兰地后，他点燃了连着炸药的引线。这根五米长的引线燃烧了 8 分 20 秒。晚上 11 点 30 分，一声巨大的爆炸声响彻皇宫。

海因里希·费利斯试图逃跑，但最终在南部的港口城市波什格伦被抓。[21] 被捕时，他身上穿的是国防军中尉的制服。不过，还没开始审讯，他的身份就已暴露，不久后，他在牢房里服下毒药，然后饮弹自尽。包括西格弗里德·费默在内的其他盖世太保官员也想趁乱逃走，但全部被抓捕归案，他们都为自己犯下的罪行接受了审判。维德孔·吉斯林和尼古劳斯·冯·法尔肯霍斯特将军也未能侥幸逃脱。

德国投降一个月之后，哈康七世国王重新踏上了挪威的土地，出现在奥斯陆市镇大厅前的码头上。[22] 当天虽然下着毛毛细雨，但仍然有五万挪威市民聚集在码头周围，挥舞着国旗，迎接国王的回归。约翰·威尔逊上校和 100 多名林厄公司的士兵也参加了当天欢迎国王的庆典活动。他们大多戴着头盔或佩戴着其参与行动名称的徽章。松鸡队和冈内塞德队的队员们也悉数到场。“一次又一次，当我们眺望未来时，只有黑暗映入眼帘，”哈康国王在演讲中肃穆地说道，“可是，我始终坚定不移地相信，挪威终将迎来光明。”[23]

1945 年的仲夏夜，即 6 月 23 日晚，默斯湖畔的斯钦纳兰旅馆里，一场庆祝活动正在举行，虽然规模不大但现场一片喜气洋洋，人人兴高采烈。[24] 旅馆前挂着用丝质降落伞改装而成的装饰，还有一块写着三天活动内容的告示牌。来参加庆祝活动的全都是参与过留坎地区地下抵抗运动的成员，他们吃着美味的三文鱼排和驯鹿肉排，举杯畅饮香槟、烧酒和啤酒，回忆过去的战斗生活，兴奋地谈论着未来。

316 出席这次庆祝活动的嘉宾除了波尔松、赫尔伯格、豪克里德、谢尔斯特鲁普、索利、莉莲·西维斯塔、迪特列·迪赛斯以及谢尔·尼尔森，还有哈马伦、霍夫登和斯钦达伦三家人。与古德芙格团聚的埃纳尔·斯钦纳兰搂着兄弟托尔斯泰因和奥拉夫，庆祝胜利的到来。餐桌旁，有几把椅子始终是空的。被送往达豪集中营的奥拉夫·斯科根坚强地活了下来，只是目前尚未回到留坎。莱夫·特龙斯塔和居纳尔·西维斯塔却都永远回不来了。

庆祝活动结束一周后，6 月 28 日，187 名林厄公司的士兵在波尔松和伦内贝格的带领下参加了阅兵仪式。[25] 他们身穿制服，从哈康国王面前列队而过。在被选中参与行动的林厄公司士兵当中，共有51人在战争中牺牲。国王悼念了这些逝去的英雄，并对他们所从事的秘密工作致以崇高的敬意。第二天，威尔逊上校宣布林厄公司解散，他要求所有成员一如既往地为和平时期的祖国效力。

8月初，挪威慢慢开始了战后恢复工作，巴莎·特龙斯塔回到了她在奥斯陆郊外曾租住的房子。[26] 特龙斯塔的遗体已从河里被打捞上来。5月末，人们举办了一场隆重而感人的葬礼，将他安葬在奥斯陆的一处公墓里。此刻的巴莎正努力从失去丈夫的阴影中走出来。她已经获悉丈夫牺牲时的情景，但是对于他在伦敦度过的那些岁月，以及他为什么会选择回到挪威，她心中还有太多的疑问。格尔德·沃尔德·胡鲁姆正是在这个时候出现在了她家的门口。在表达了心中的悲哀与悼念之情后，格尔德将特龙斯塔的八本日记连同那封遗书一起交到了巴莎的手中。看完这些日记可能需要好几天的时间，但是那封遗书很短，言简意赅地解答了巴莎心里的疑惑。

"我最爱的巴莎……我有幸能回国领导一次重要的军事行动。这次行动对挪威的未来至关重要，也和我在1940年4月9日做出的那个选择不谋而合，我将不遗余力地为祖国服务……这场战争已接近尾声，任何一个自称为男子汉的人都应该投身其中，贡献一己之力。你会理解我的，对吗？我们俩一起度过了那么多年的快乐时光，我最大的愿望就是能重拾这份快乐。假如不是万能的主对我另有安排，我真恨不能马上回到你身边……人生短暂，如果我不幸离开，请不要悲伤。我真的很想亲眼见证挪威重获自由的那一刻，然而，即便不能，我也仍然为我今生所拥有的一切感到幸福且心存感恩。"[27] 他要她向西塞尔和莱夫问好，他期待着他们重逢的那一天。最后，他在信的末尾署名"挚爱着你的我"。

317 在剑桥市郊的一个名为“农庄馆”的地方，十名来自铀俱乐部的科学家正在等待一个关乎其命运的决定。[28] 纳粹政权倒台后，一批曾为其效力的科学家们遭到逮捕，他们的论文、实验设备以及储备的铀金属和重水也被同时收押。自 1945 年 7 月 3 日起，这些科学家就一直被囚禁于此，奥托·哈恩、维尔纳·海森堡、瓦尔特·革拉赫、保罗·哈特克以及库尔特·迪布纳都在被囚名单之中。羁押期间，他们每日不过是在图书馆里看书，料理玫瑰花园，偶尔打打桥牌，心里想着不知是否还能再次见到家中的亲人。他们并不知道，庄园里的每个房间都装有窃听器，他们说过的每个字都被录制成金属光盘，交由英国情报机构审听。

1945 年 8 月 6 日下午 6 点，一则来自 BBC 的简短公报宣布，一架名为“艾诺拉·盖”的美军 B-29 轰炸机在日本投下一颗原子弹。负责农庄馆安全工作的特伦斯·里特纳少校走进哈恩的房间，告知了他这一消息。里特纳在向上级报告时说，听到这一消息后，这个发现了核裂变反应的男人“彻底崩溃”[29]，并且“认为自己对无数死于爆炸的人们负有不可推卸的责任”。里特纳递给他一杯杜松子酒，这才让他稍稍平复。

对于农庄内的其他科学家而言，该消息也如同匕首一般深深扎进他们心里。最初，所有人都觉得难以置信，之后，难以置信渐渐演变成了各种冷嘲热讽。他们认为，盟军不过是虚张声势，借此威慑日本，迫其投降。美国人和英国人绝不可能制造出原子弹。然而，几个小时后，来自 BBC 的另一则报道彻底解答了他们的疑惑，使他们陷入震惊之中：“现在广播消息，盟军科学家们取得了举世瞩目的辉煌成就——他们成功地制造出了一颗原子弹。”[30]

广播随后播放了丘吉尔发表的声明：“今天早晨，人类创造出来的最具破坏力的武器已投入使用……这颗爆炸当量相当于 20 000

吨烈性炸药的炸弹，今天在日本广岛战争基地爆炸……感谢上帝，英美科学家成功地赶超德国……一旦德国人率先拥有这种武器，战争的结果势必将被改写……在美国，我们创建了不少实验基地，为了找出德国境内类似的实验工厂，我们的情报机构和空军一直在不遗余力地寻找和定位。1942 年至 1943 年冬，为了破坏一种名为‘重水’的实验关键原料，来自英国突击队和挪威武装力量的少数志愿者们，在挪威发动了两次突袭行动，这完全是以卵击石的行为，也是史上最英勇的袭击行动，行动的代价是我们的队员
付出了自己宝贵的生命。第二次突袭行动十分成功。”丘吉尔最后 318
总结道：“长久以来，自然出于仁慈，向人类隐瞒了这一秘密。今天，该秘密公之于世，这应该引起所有能够独立思考的人对自己的思想和良知展开最深沉的反思。”

听完广播，这群科学家们立刻陷入热烈的讨论之中。“既然他们已经成功，那他们一定已经掌握了铀同位素的分离技术。”[31] 哈恩说。

哈特克反驳说：“那倒未必。只要他们能让铀发动机运行起来，他们就能分离（钚）。”

“这是一项极其复杂的工程，因为这意味着他们一定拥有一台能够长时间运转的发动机。”哈恩说，“如果美国人已经制造出原子弹，你们所有人就只能屈居第二了。”

海森堡至今没能从得知这一消息的震惊中恢复过来。“他们有没有说这颗原子弹和‘铀’有关联？”其他科学家们回答说：没有。

迪布纳打断他们：“我们一直认为制造原子弹还需要两年的时间。”

这十位科学家在安装了窃听器的餐厅里一直讨论到深夜。有

人因为盟军使用了这种炸弹而心生恐惧。另一些人则为自己的研究竟落后敌人这么多而悲叹。他们围绕制造这种炸弹的科学原理和机制——以及美国人想必为此投入了大量人力物力——争论不休。

讨论中，他们也曾试图为自己开脱责任。他们没有足够的人手，物资供应也经常短缺，其中主要是重水供应不足。此外，科学家彼此间的暗斗和内耗太严重，缺乏应有的合作。他们在铀机器和减速剂上倾注了太多的时间和精力，却甚少关注同位素分离。1942 年 6 月与施佩尔的那次会谈则彻底抹杀了使其成为工业项目的可能性。那些“官员，”迪布纳说，“只对即时成果感兴趣。”他们的研究所在轰炸中毁于一旦。他们根本没机会去实现这个目标。

这些科学家们也探讨了使用破坏力如此巨大的武器是否符合人类道德，以及他们自己是否真的想研制出这样一种武器。对此，以海森堡为代表的几位科学家早已想好了说辞，他们很自然地将自己的研究失败归结于一种迂回战术，其目的就是为了阻止希特勒获得原子弹。

尾声

1946年1月3日，这十位铀俱乐部的科学家被释放，并被允许重返德国，继续他们的科学研究。此后的数十年中，他们多次接受采访，不少人还出版了回忆录、自传及以其战时工作为主题的著作。这些作品与自从第三帝国瓦解后被公开的诸多秘密报告、信件和论文一起，逐渐出现在大众的视野之中。 319

许多历史因此得以被记录下来。

早在1942年初的时候，在原子能理论及其研究领域，德国与盟军基本处于一种并驾齐驱的状态。之后，美国人设立曼哈顿计划，全面推进该项目。与此同时，面对如此昂贵的研究项目，德国方面却一而再地退缩，先是军备部，后是施佩尔，皆如此。

战时致力于对德技术战的英国情报官员R. V. 琼斯写道："其中一方的一次实验失败就足以让双方拉开差距。"[1]假如不是德国人过早否决了石墨作为减速剂的可能性，他们是否有可能率先建造出自持式反应堆呢？而这是否又能说服官员们，使他们调配各项资源，全力以赴地研制原子弹，而不是专攻V-1及V-2导弹项目呢？如此一来，他们是不是就会投入更多时间和精力钻研如何分离铀235同位素，而不是一门心思地想通过重水反应堆来制造钚，从而研制出原子弹呢？

有些历史学家指出，针对韦莫克重水的多次行动，无论是由布伦及他人暗中开展的鳕鱼油污染行为，还是之后的冈内塞德行 320
动、美军空袭以及海德鲁沉船行动，这一切都是徒劳，没有任何意义。然而，如果德国人真的用重水研制出了自持式反应堆，这一切还是徒劳吗？迪布纳曾以为1943年底他就能得到建立反应堆所需的全部重水。果真如此的话，他绝不会止步于此。"挪威境内的氘生产因破坏而中断，"他在自己的回忆录中写道，"这是德国人最终没能制造出原子弹的主要原因之一。"[2]

挪威破坏行动的执行者们从未想过要创造历史，在他们之前被派去执行任务的英国工兵们也同样如此。战争结束后，人们并没有忘记在失利的新生行动中牺牲的来自英国皇家工兵军团和皇家空军的战士们。人们找到了 37 具遗骸，将他们安葬在了挪威的一处墓地之中。比尔·布雷的墓碑上写着："我将永远活在那些爱我的人心中。"[3] 四名死于斯塔万格的工兵的尸体被扔进了大海，为了纪念他们，人们在他们牺牲的地方附近举行了葬礼。葬礼上，人们用英语和挪威语朗诵了劳伦斯·比尼恩的《致倒下的战士》："他们永远不会老，不似终将老去的我们：/ 他们不会因年华老去而疲惫，也不会因岁月流逝而愧疚。/ 日升月落，/ 我们将缅怀他们，直到永久。"[4] 在韦莫克和海德鲁号沉没的岸边，人们立起了纪念碑，悼念那些在美军轰炸中以及沉船事件中死亡的挪威人。

随着时间推移，出于对英雄的感恩，挪威、英国、丹麦、法国以及美国都向参与破坏重水行动的战士们颁发了奖章。然而，每当被问及战斗生涯中最重要的行动时，他们中大多数人的答案都与韦莫克无关。[5]

对约阿希姆·伦内贝格和比格尔·斯特隆赫姆而言，最让他们感到骄傲的是于 1944 年 3 月开展的田鸫行动，该行动的主旨是为破坏德国人在鲁姆斯达尔峡谷的补给线做准备，最终，他们成功地炸毁了一座至关重要的铁路桥。克努特·豪克里德认为自己最大的成就是实现了与伦敦的无线通信。在延斯－安东·波尔松的心目中，阳光行动是他在对德战争中参与的最重要的一次行动。如果莱夫·特龙斯塔还活着，他想必也会和他们一样，轻描淡写地对韦莫克一掠而过，毕竟在他日记里，他用了更多篇幅来记录由他策划的其他各项行动，相对而言，他提到"果汁"的次数不

321 过只有区区数十次。这些人全都认为在德军占领挪威期间，他们

参与的其他行动和韦莫克行动一样重要，至少一样值得关注，可即便如此，他们所获得的绝大多数奖励都源自针对韦莫克的突袭行动。他们也因为韦莫克而成了挪威的英雄，以及全世界人心目中的英雄。

除却那些奖章和回忆录，这场战争也给松鸡行动队和冈内塞德行动队的队员们留下了一些不一样的烙印，其中有些更是让他们不堪回首的黑暗记忆。他们目睹了朋友的牺牲。有些人的手上沾染了鲜血。他们全都生活在阴影之中，不断受到来自死亡和行踪暴露的威胁。即使是在很多年后的和平年代，他们仍然会在半夜惊醒，认为敌人就在门口，下意识地去摸那把根本不存在的枪。埃纳尔·斯钦纳兰的孩子们都知道不能突然接近他们的爸爸。[6]有些本能不会随着战争结束而消失。他们中的一些人选择用酒精来麻痹自己，逃避不愿回想的往事。不少人还特意回到当初曾挣扎求生的故地去寻求慰藉。只要一想到“面对自然，人类是如此渺小”[7]，伦内贝格就能迅速平静下来。“你坐在一块石头上，任由思绪飘散。”1947 年，克努特·豪格兰以话务员的身份乘坐一艘只有六名船员，名为孔提基号的小船在太平洋上漂泊了 101 天。[8]除了给他带来冒险的快感，这趟旅行也彻底驱散了藏于豪格兰心中的魔鬼。当自然和时间都无法治愈他们内心的伤口时，友谊就成了支撑他们活下去的动力。林厄公司的成员们时常聚会，与彼此聊一聊那些其他人无法理解的经历，直至去世。

克努特·豪克里德将他的战争回忆录献给了自己的父亲。这位老人先后被关押于默勒伽塔监狱和格里尼集中营，因长期受虐最终于 1944 年逝世。在他的致辞中，豪克里德写道：“他直到死都不知道原因……”[9]这位老人因仓库中藏有非法无线电设备而被捕，但事实是，他之所以会成为德国人的目标完全是因为他的儿子，因为克努特瞒着他做的那些事情。

斯钦纳兰参战不是为了荣誉，也不是为了得到那成堆的奖章，事实上，他的奖章全都被他塞在地下室里一个放杂物的抽屉里。[10]直到他去世前的几年，斯钦纳兰才再次打开他在战争时期写的日记，翻看他从高原上发出的那些由点和线组成的电报，也是直到那时他才终于能让自己沉浸于骄傲之中，为自己曾为了祖国以及全世界的人们承受了常人无法忍受的一切而自豪。斯钦纳兰将这一切都告诉了自己的家人，其中就包括他的女儿希尔维。1943 年夏天，他和豪克里德曾向彼此许诺要给女儿取这个名字。他做到了，最终与妻子博迪尔破镜重圆的豪克里德也恪守了当初的承诺。

322 冈内塞德行动队队长伦内贝格是最后一名幸存的破坏者。2016 年，已 96 岁高龄的他还能口齿清楚地讲述自己为何会有勇气横渡北海，前往英国受训，以及他为何先后两次通过空降重返挪威。“为了你的自由，”他说，“为了和平，你必须战斗。为了保住它们，你必须日复一日地战斗。这就好比玻璃船，易碎，也容易失去。”[11]

致谢

不时有读者问我，一本书从选题策划到完稿需要多长时间。鉴于获取写作素材所需的时间不等，加之陈述故事自身的复杂性，据我估算，完成一本书大约需要三年。有些人会觉得这个时间量尚可，但有些人觉得还挺快。然而事实是，假如不是有一群人一直在为完成书稿而努力，我每本书的完成时间必然要向后延长数年，而且书稿的质量也会大大下降。

首先，我要感谢先行远赴挪威（文迪·凯思特和阿恩·霍尔森）和德国（阿尔穆特·舍恩菲尔德），为我收集素材的同伴们。他们不知疲倦地工作，帮我梳理档案，追寻被采访者。

在我开始研究这本书的档案之前，几乎所有破坏者（除了约阿希姆·伦内贝格外）都已离世。我自然是可以通过各类访谈录、回忆录及其本人的日记来了解他们，然而，这些资料固然很丰富，却仍不足以帮我刻画出我想要的那种人物形象。幸运的是，他们的家人提供了让我与其对话的机会，也分享了许多家族往事，还提供了大量鲜为人知的史料。非常感谢豪克里德一家（希尔维、比约戈夫、克努特）、斯钦纳兰一家（玛瑞勒、希尔维、罗恩、英格-贝丽特·巴克）、豪格兰一家（特龙、托芬、托里尔）、波尔松一家（温宁、米娅）、特龙斯塔一家（小莱夫、西塞尔）和芬恩·索利。其中，我要特别感谢小莱夫·特龙斯塔，他与我进行了长时间的沟通，和我分享了其家人的信件，并且通读了本书的最终定稿。我也要特别感谢玛瑞勒·斯钦纳兰，我的问题清单长得令人崩溃，但是她非常耐心地回答了所有的问题。我还要感谢豪格兰一家，他们不仅容许我住在他们位于韦莫克城外的小木屋里，还带着我以滑雪的方式游历了整个地区（其间，他们甚至还慷慨地让我借用了他们父亲的滑雪装备）。此外，我也要感谢林厄公司的前成员朗纳·乌尔施泰因和许多了解这一史实的挪威当地人，他们热心地引导我，帮助我从不同视角来了解该事件，他们是：比约恩·艾弗森、斯文·维特勒·特莱、贝丽特·诺克莱比、奥斯吉尔·尤兰以及索尔·尼克莱森，尤其是斯文·维特勒，他不仅让我在他的小屋里度过了一个愉快的周末，而且还贡献了书中的多幅地图。

只有在得到基本史料的基础上，作者才能写出好的历史小说。从这一点来说，我得到的史料不仅充足而且十分丰富。我的史料来源之一就是挪威抗战博物馆（NHM）。这座博物馆堪称是一座档案宝库，其员工对于挪威本土抵抗运动的史料如数家珍，个个都是该领域的一流专家。曾经帮助并指引我的人包括：弗罗德·法罗伊、伊瓦尔·克拉格兰、本杰明·盖伊塞特以及阿尔芬恩·莫兰（莫兰提供了一份采访冈内塞德行动队队长伦内贝格的访谈录，这份长达100余页的访谈录虽从未公开过，却字字珠玑）。位于留坎的挪威工业博物馆（VM）也为我提供了大量珍贵的资料，假如没有馆长谢蒂尔·尤夫和英格林恩·卡尔万的引导，我一定会迷路。我还要感谢国家档案馆（UK）、帝国战争博物馆、尼尔斯·玻尔图书馆以及伦斯勒理工学院的员工们，感谢他们不厌其烦地为我答疑解惑。当然，我必须感谢我的两位翻译，卡尔·斯托尔和马克·麦克诺特，没有他们的协助，许多资料于我而言都与天书无异。

初期的研究工作及本书的初稿完成后，另一群人来到了我身边。谢谢这本书最早的读者：卡尔·巴托丽、亨利·巴托丽、约翰·陶西和麦克·费利，是他们向我阐明了原子物理知识和B-17轰炸机的复杂构造。我的责编，来自红色小钢笔（Little Red Pen）出版社的莉兹·奥登内尔一如既往地为我逐字逐段地修改、校订文稿，她的认真和投入令我感激不尽。我还要感谢我的代理，来自威廉·莫里斯实业的埃里克·路普弗及其同事艾希利·福克斯、西蒙·特雷温、拉法埃拉·德·安格里斯，我要感谢他们在本书出版过程中为我提供的所有参谋，而且是埃里克向我引荐了出版商霍顿·米弗林·哈考特和超级棒的编辑苏珊·卡纳万。前者后来成了我的长期合作伙伴，后者则成了我这本书最有力的拥趸，我们也成了好朋友。我想感谢的人还有工作始终那么出色的梅根·威尔逊，营销魔术师卡拉·格雷，以及詹尼·徐和梅丽莎·多布森。

最后，我想谢谢黛安，还有我们的宝贝女儿夏洛特和茱莉亚。无论逆境顺境，抑或是波澜不惊的写作生活，你们始终陪伴在我身边。因为你们，这一切都是值得的。

注释

缩写词

National Archives, Kew, UK (TNA)

National Archives, College Park, MD (NA)

Niels Bohr Library and Archives, College Park, MD (NB)

Norges Hjemmefrontmuseum, Oslo (NHM)

Norsk Industriarbeidermuseum, Rjukan (VM)

Leif Tronstad Archive, NTNU, Dorabiblioteket, Trondheim (DORA)

Bundesarchiv-Militärchiv, Freiburg (Barch-MA)

Papers of Dan Kurzman, Howard Gotlieb Archival Research Center, Boston University (KA)

Imperial War Museum (IWM)

Papers of David Irving, German Atomic Bomb, British Online Archives (DIA)

Papers of Leif Tronstad, courtesy of Leif Tronstad Jr. (LTP)

Diary of Leif Tronstad, Papers of Leif Tronstad, courtesy of Leif Tronstad Jr. (LTD)

Papers of Einar Skinnarland, courtesy of Skinnarland Family (ESP)

Diary of Einar Skinnarland, courtesy of Skinnarland Family (ESD)

Interview with Joachim Rønneberg by Arfinn Moland, NHM (Rønneberg Interview, Moland)

Poulsson, Jens, "General Report on Work of Advance Party by Swallow," NHM: Box 25 (Poulsson Report)

Haugland, Knut, "Wireless Service in the Grouse Group," NHM: SOE, Box 23 (Haugland Report)

Rønneberg, Joachim, "Operation Gunnerside Report," NHM: FOIV, Box D17 (Rønneberg Report)

Sørlie, Rolf, Unpublished Memoir, courtesy of Sørlie Family (Sørlie Memoir)

Brun, Jomar, Some Impressions from my work with Z, November 30, 1942, TNA: HS 8/955/DISR (Brun Report)

序

[1] Draft BBC Talk by Lieutenant Rønneberg, TNA: HS 7/181; Haukelid, 105–108; Rostøl and Amdal, 86; Rønneberg Report; Lunde, 99–101; Gallagher, 96–97.

[2] Report: Vemork Power Station and Electrolysis Plant, October 30, 1942, TNA: DEFE 2/219; Adamson and Klem, 138; Draft BBC Talk by Lieutenant Rønneberg, TNA: HS 7/181.

[3] Interview with Haukelid, DIA: DJ 31; Berg, 128; Interview with Poulsson, IWM: Oral History 27189.

[4] Interview with Poulsson, IWM: 26625; Myklebust, 108.

[5] Ragnar Ulstein, Author Interview.

[6] Speech at the Imperial War Museum, 1978, DORA: L-0001.

1. 水

[1] Biographical Note, Papiers de Jacques Allier. Archives Nationales, Paris; Goldsmith, 84–88.

[2] Letter from Rjukan, Vedr. Tungt Vann, January 11, 1940, VM: Box 4F-D17-98; Norsk Hydro Heavy Water Discussion with Bjarne Eriksen, May 24, 1945, TNA: CAB 126/171.

[3] Top Secret Report by J.C.W., March 6, 1946, TNA: CAB 126/171.

[4] Goldsmith, 86.

[5] Norsk Hydro, Promotional Pamphlet, TNA: DEFE 2/221.

[6] Vemork Power Station and Electrolysis Plant, NHM: FOIV, Box 78; Norsk Hydro Report, September 14, 1942, TNA: HS 2/184.

[7] Rhodes, 270; Brun, 9; Report by D. R. Augood, December 1954, VM: JBrun, Box 17.

[8] Per Dahl, *Heavy Water*, 41.

[9] P. M. fra konferanse i Trondheim julen 1933, VM: Box 4F-D17-99; Brun, 10–13.

[10] Tronstad Family, Author Interview.

[11] Brun, 14–20; "Interrogation of G. Syverstad," TNA: HS 2/188; Per Dahl, *Heavy Water*, 41–48.

[12] Njølstad, 60–61, 77–79; Brun, 9.

[13] Olsen, 399; Advertisement for "Schweres Wasser," VM: JBrun, Box 2.

[14] Brun, 15.

[15] Rhodes, 29.

[16] Ibid., 44.

[17] Interview with Dr. Alan Morton, IWM: 26662; Per Dahl, *Heavy Water*, 62; Bertrand Goldschmidt, "The Supplies of Norwegian Heavy Water to France and the Early Development of Atomic Energy," in Ole Grimnes, "The Allied Heavy Water Operations at Rjukan," (IFS Info, 1995).

[18] Rhodes, 251–254.

[19] Ibid., 256–260.

[20] Karlsch, 32.

[21] Rhodes, 275.

[22] Hargreaves, 11; Shirer, *The Rise and Fall of the Third Reich*, 599.

[23] Langworth, 270.

[24] Karlsch, 34.

[25] "Notes on Captured German Reports on Nuclear Physics," TNA: AB 1/356; Bagge and Diebner, 157; Karlsch, 32.

[26] Bagge and Diebner, 21.

[27] Ibid., 23; Powers, 15.

[28] Letter from Harteck to Reich Ministry of War, April 24, 1939, Papers of Paul Harteck, Rensselaer Institute.

[29] Interview with Heisenberg, DIA: DJ 31.

[30] Bagge and Diebner, 23; Powers, 16.

[31] Powers, 14.

[32] Heisenberg Report, "Die Möglichkeiten der technischen Energiegewinnung aus der Uranspaltung," NB: G-39 (German Reports on Atomic Energy); Cassidy, 422; Interview with Heisenberg, DIA: DJ 31; Per Dahl, *Heavy Water*, 52–54.

[33] Heisenberg Report, NB: G-39.

[34] Ibid.; Cassidy, 422.

[35] Interview with C. F. von Weizsäcker, Oral History, NB; Rosbaud Report, NB: Goudsmit Papers, III, B27, F42.

[36] Schaaf, 108; Letter from Heisenberg to Harteck, January 18, 1939, DIA: DJ 29; Letter to Rjukan Saltpeterfabriker, January 11, 1940, VM: Box 4F-D17-98; Letter from Harteck to Heisenberg, January 15, 1940, DIA: DJ 29; Walker, *German National Socialism*, 18–27.

[37] Olsen, 399–400.

[38] Letter from Jomar Brun to Erik Lunde, October 28, 1968, VM: JBrun, Box 4; Brun, 16–18.

[39] Goldsmith, 87.

[40] Letter from Jomar Brun to Erik Lunde, October 28, 1968, VM: JBrun, Box 4; Per Dahl, *Heavy Water*, 108.

[41] Goldsmith, 86–89; Top Secret Report by J.C.W., March 6, 1946, TNA: CAB 126/145.

2. 教授

[1] Haarr, 290–297; Fen, 34.

[2] Haarr, 294.

[3] Tronstad Family, Author Interview; Njølstad, 15–17. The author is deeply indebted to Olav Njølstad, whose wonderful and informative biography informs much of what we know about Leif Tronstad.

[4] Interview with Haukelid, DIA: DJ 31.

[5] N. A. Sørensen, "Minnetale over Professor Leif Tronstad," LTP; Njølstad, 15–17.

[6] Njølstad, 15.

[7] Haarr, 64.

[8] Tronstad Family, Author Interview.

[9] Petrow, 70–80.

[10] Fen, 50–51.

[11] N. A. Sørensen, "Minnetale over Professor Leif Tronstad," LTP; Njølstad, 18–19.

[12] Njølstad, 18–20.

[13] Tronstad Family, Author Interview.

[14] N. A. Sørensen, "Minnetale over Professor Leif Tronstad," LTP; Jomar Brun, "Leif Tronstad," *Det Kongelige Norske Videnskabers Selskab*, DORA: L-0001.

[15] Letter from Tronstad to Josefine Larsen, November 8, 1924, LTP.

[16] Letter from Tronstad to Bassa, October 27, 1925, LTP.

[17] Letter from Tronstad to Bassa, May 10, 1928, LTP.

[18] Tronstad Family, Author Interview.

[19] July 23, 1943, LTD.

[20] Njølstad, 55.

[21] Tronstad Family, Author Interview.

[22] Ibid.; Håkon Flood, "Falt for Sitt Land," DORA: L-0001; "Professor Leif Tronstad" (*Nature*, 1945), LTP.

[23] Report—"P. M. fra konferanse på Rjukan November 11, 1940 angående kapaciteten av tungtvannsanlegget," November 11, 1940, VM: Box 4F-D17-98; Letter from A. Enger to Aktieselskabet Rjukanfos, November 19, 1940, VM: Box 4F-D17-98.

[24] Letter to Aktieselskabet Rjukanfos, June 11, 1940, VM: Box 4F-D17-99; Brun Report.

[25] Report—"P. M. fra konferanse på Rjukan November 11, 1940 angående kapaciteten av tungtvannsanlegget."

[26] Jan Reimers, "Leif Tronstad slik jeg kjente ham," NHM: Box 10B; Brun, 19–21; Njølstad, 30–32.

[27] Brun Report.

[28] Brun, 21–23; Letter to Aktieselskabet Rjukanfos, February 27, 1941, VM: Box 4F-D17-98.

[29] Brun Report.

[30] Letter from Bjorn Rørholt to Jomar Brun, March 3, 1985, VM: JBrun, Box 17; Jan Reimers, "Leif Tronstad slik jeg kjente ham," NHM: Box 10B.

[31] Brun, 22.

[32] Njølstad, 36–40; Jan Reimers, "Leif Tronstad slik jeg kjente ham," NHM: Box 10B.

[33] Letter from Bjorn Rørholt to Jomar Brun, March 3, 1985, VM: JBrun, Box 17; Interview with Bjorn Rørholt. NHM: Box 16.

[34] Interview with Haakon Sørbye, NHM: Box 16.

[35] "Fortalt av Hans Kone, Edla Tronstad," February 1992, DORA: L-0001; Tronstad Family, Author Interview.

[36] September 22, 1941, LTD.

[37] September 23, 1941, LTD; Njølstad, 41.

[38] Tronstad Family, Author Interview.

[39] September 23–24, 1941, LTD.

[40] Letter from Tronstad to Bassa, September 22, 1941, LTP.

[41] Leif Tronstad Passport, DORA: L-0001.

[42] October 19–21, 1941, LTD.

[43] Letter from Bjorn Rørholt to Jomar Brun, May 3, 1985, VM, JBrun, Box 17.

[44] October 21, 1941, LTD.

[45] October 26, 1941, LTD.

[46] Kramish, 91–96; Powers, 282; Dorril, 134.

[47] Powers, 53, 94.

[48] Handwritten note, TNA: AB 1/355.

[49] October 21–December 1, 1941, LTD.

[50] Unsigned Letter, October 23, 1941, TNA: AB 1/355.

[51] Urey Report, December 1, 1941, NA: Bush-Conant Papers.

[52] Meeting of the Technical Committee, Tube Alloys, December 11, 1941, TNA: CAB 126/46; Rjukan Report, December 20, 1941, TNA: HS 2/184; Memorandum on Operation Clairvoyant, January 1, 1942, TNA: HS 2/218; Letter from Tronstad to Perrin, November 30, 1943, LTP.

[53] November 6, 1941, LTD.

3. 邦佐

[1] TNA: HS 8/435, 14–17, 163–173; Jensen, 37–45; Lunde, 55–57.

[2] Personnel File of Haukelid, TNA: HS 9/676/4.

[3] *Life*, April 18, 1938.

[4] Drummond, 56.

[5] Haukelid Family, Author Interview.

[6] Haukelid, 43.

[7] Jensen, 41.

[8] Bailey, 44.

[9] Jensen, 42.

[10] History of the Training Section of SOE 1940–45, TNA: HS 8/435.

[11] Ibid.

[12] Myklebust, 54.

[13] Personnel File of Haukelid, TNA: HS 9/676/4.

[14] Haukelid Family, Author Interview.

[15] Letter to Dan Kurzman, KA.

[16] Haukelid Family, Author Interview.

[17] Haukelid, 16–20.

[18] Haukelid Family, Author Interview.

[19] Johnson, 47.

[20] Haukelid, 21–25.

[21] Fen, 63; Johnson, 129–134, 285–287; Petrow, 99–124; Ivar Kragland Interview, IWM: 26660.

[22] Nøkleby, *Gestapo*, 49–53, 165–69; Kjelstadli, 118–124.

[23] Nøkleby, *Josef Terboven*, 171–172.

[24] Kjelstadli, 124–126.

[25] Haukelid Family, Author Interview.

[26] Fehmer Report/Interrogation, NHM: FII, Fehmer.

[27] Resume of Interrogation of Tor Gulbrandsen, October 10, 1942, TNA: HS 2/129.

[28] Haukelid Family, Author Interview; Haukelid, 31.

[29] Haukelid, 42.

[30] Ibid., 40–41; Ragnar Ulstein, Author Interview; Myklebust, 46–48; Rostøl and Amdal, 50–53; Lunde, 54–56. In his memoir, Haukelid sparingly details his meeting with Linge, primarily recounting how impressed he was with the Army captain. Memoirs of Kompani Linge recruits have, almost to a man, a similar recollection of the initial meeting with the officer.

[31] Myklebust, 46–48.

[32] History of the Training Section of SOE 1940–1945, TNA: HS 8/435; TNA: HS 2/188; Jensen, 48–71; Haukelid, 43–44; Foot, 80.

[33] Rigden, 362.

[34] Haukelid, 44.

[35] Personnel File of Haugland, TNA: HS 9/676/2. Some of the personnel file of Haukelid was mistakenly inserted into Haugland's file; thus the reference.

[36] Dalton, 368.

[37] Foot, 4–9; Stafford, 11–13.

[38] Personnel File of Haugland, TNA: HS 9/676/2.

[39] Jensen, 47; Myklebust, 66–67.

[40] Norwegian Section History, TNA: HS 7/174, p. 27; John Wilson, "Great Britain and the Norwegian Resistance," NHM: Box 50A; Petrow, 127–129.

[41] Rønneberg Interview, Moland; "Minute to Minister," February 1942, TNA: HS 8/321.

[42] Progress Report of SOE for week ending January 28, 1942, TNA: HS 8/220.

[43] Personnel File of Poulsson, TNA: HS 9/1205/1; Poulsson, 59.

[44] Haukelid, 44–45.

[45] anuary 31–February 3, 1942, LTD; Njølstad, 102–3; Kjelstadli, 176–181.

[46] Sæter, 41; "Special Confidential Report," TNA: HS 9/1605/3.

[47] Wilson, 1–76.

[48] February 1, 1942, LTD; Njølstad, 103.

4. 守坝人的儿子

[1] March 1–17, 1942, ESD; Hauge, 82–83.

[2] ESP.

[3] Sagasfos, 24.

[4] Nøkleby, *Josef Terboven*, 38.

[5] "Norsk Hydro," TNA: DEFE 2/220; Tranøy, 15.

[6] Skinnarland Notes, ESP; Skinnarland Family, Author Interview; Marielle Skinnarland, Author Interview.

[7] Skinnarland, *Hva Som Hendte*, ESP.

[8] *Bergens Tidende*, February 1, 2015.

[9] Skinnarland Notes, ESP. In many histories of the Vemork action, Skinnarland is described as having in hand intelligence on the heavy water activities of the Germans at Vemork at the time he traveled to Britain. This is clearly not the case, as stated by Einar Skinnarland himself. He left for England with the intention of starting a wireless-transmission site to provide intelligence on German activity in the area, no doubt centering on Norsk Hy-

dro.

[10] "Cheese's Report," July 30, 1941, TNA: HS 2/150; John Wilson, "On Resistance in Norway," NHM: Box 50A.

[11] "Preliminary Report on Cheese's Return Journey," March 18, 1942, TNA: HS 2/151; Hauge, 90–93.

[12] Hauge, 94.

[13] Teleprint, March 15, 1942, TNA: HS 2/151.

[14] Skinnarland Notes, ESP; Letter, May 29, 1942, NHM: SOE, Box 25; "Preliminary Report on Cheese's Return Journey," March 18, 1942, TNA: HS 2/151.

[15] Hauge, 108.

[16] H. G. Wells, *The World Set Free* (New York: Dutton, 1914), 222.

[17] January 24, 1942, LTD. Tronstad recorded in his diary that he'd finally received an "assignment of great importance for country and people" from the defense minister.

[18] January 3, 1942; February 13, 1942; February 17, 1942; February 21, 1942; March 7, 1942, LTD.

[19] January 1, 1942, LTD.

[20] January 12, 1942; March 4, 1942, LTD; Tronstad Family, Author Interview.

[21] March 7, 1942, LTD.

[22] Drummond, 19–20.

[23] "Clairvoyant," January 1, 1942, TNA: HS 2/218.

[24] Rjukan, December 20, 1941, TNA: HS 2/184. There was also a draft of a plan for six men to blow up the pipelines and valves above the plant, but this was clearly nixed in favor of the bombing run, as confirmed by the recollections of Poulsson (Poulsson, 75).

[25] Operation Grouse, March 28, 1942, NHM: SOE, Box 22.

[26] Ibid. In the original operational instructions, there was no mention of Skinnarland providing intelligence on heavy water. Nonetheless, from the moment Skinnarland landed, this was part of his activity. This is confirmed by everyone from Colonel Wilson ("Heavy Water Operations in Norway," NHM: Box 50A) to Skinnarland himself (Letter from Einar Skinnarland to Dan Kurzman, ESP).

[27] March 20, 1942, LTD.

[28] "Report on Operation Undertaken by 138 Squadron," March 29, 1942, TNA: HS 9/1370/8; Drummond, 21–26.

[29] Lunde, 77.

[30] "Operation Grouse," March 28, 1942, NHM: SOE, Box 22.

[31] "Sergeant Einar Skinnarland," March 6, 1944, TNA: HS 9/1370/8.

[32] Jensen, 94–95.

[33] Lunde, 73–74.

[34] Jensen, 99.

[35] Personnel File of Skinnarland, TNA: HS 9/1370/8.

[36] Drummond, 21.

[37] "Report on Operation Undertaken by 138 Squadron," March 29, 1942, TNA: HS 9/1370/8.

[38] Interview with Einar Skinnarland, KA.

[39] Marielle Skinnarland, Author Interview.

5. 开阔的道路

[1]"Minutes of 4th Meeting of Technical Committee," April 23, 1942, TNA: CAB 126/46.

[2]Kramish, 59.

[3]Clark, *Tizard*, 210–214.

[4]Ibid., 214–217.

[5]Churchill, *Their Finest Hour*, 338.

[6]Lord Cherwell Minute to the Prime Minister," August 27, 1941, TNA: AB 1/170.

[7]Text of Churchill's Statement, NA: Harrison-Bundy Papers.

[8]Letter from General Ismay to Lord President of the Council, September 4, 1941, TNA: CAB 126/330.

[9]Letter to Dr. Pye, September 11, 1941, TNA: AB 1/651.

[10]Interview with Fritz Reichl, NB: Oral History.

[11]Telex from R. Sutton Pratt, November 10, 1941, TNA: AB 1/651.

[12]Powers, 124. The famous Heisenberg-Bohr meeting is one of enduring attraction for historians and dramatists alike. What was said, who said it, what they meant—these remain open questions. The author will leave it to such fine books as Thomas Powers's *Heisenberg's War* to parse the truth, but as Powers suggests, the British very likely learned of this conversation by spring 1942.

[13]Gowing, 43.

[14]Jablonski, 93–95.

[15]Smyth, 38; Walker, *German National Socialism*, 22–23.

[16]Minutes of 4th Meeting of Technical Committee, April 23, 1942, TNA: CAB 126/46.

[17]Letter from Wilson to Tronstad, May 1, 1942, NHM: Box 10/SIS A; Discussion with Professor Tronstad, May 1, 1942, VM: JBrun, Box 4; May 11–14, 1942, LTD.

[18]Letter from Tronstad to Brun, May 15, 1942, LTP.

[19]Letter from Tronstad to Wergeland, May 15, 1942, LTP.

[20]May 14, 1942, LTD.

[21]Nøkleby, *Josef Terboven*, 202; Reports on Televåg, TNA: HS 2/136; Herrington, 336.

[22]Nøkleby, *Josef Terboven*, 202.

[23]Lillian Gabrielson, Author Interview, ESP.

[24]Einar Skinnarland, Rapport avgitt I Oslo, September 6, 1942, NHM: SOE, Box 23B; Skogen, 45; ESP; *Bergens Tidende*, February 1, 2015.

[25]Letter to Paul Harteck from Erhard Schöpke, October 30, 1951, Papers of Paul Harteck, Rensselaer Institute; Concerning the Journey to Norsk Hydro in Oslo and Rjukan, a Report by Paul Harteck, NB: G-341.

[26]Finn Sørlie, Author Interview.

[27]Letter to Paul Harteck from Erhard Schöpke, October 30, 1951, Papers of Paul Harteck, Rensselaer Institute; Concerning the Journey to Norsk Hydro in Oslo and Rjukan, a Report by Paul Harteck, NB: G-341; Brun Report; Schöpke Report, August 3, 1943, NB: G-341.

[28]Brun Report; Brun, 24–28.

[29]Minutes of a Meeting with Norsk Hydro, May 27, 1942, NB: G-341; Letter to Paul Harteck from Erhard Schöpke, October 30, 1951, Papers of Paul Harteck, Rensselaer Insti-

tute.

[30] Drummond, 25.

[31] Report sent to London, Summer 1942, VM: JBrun, Box 6a; Brun, 28–31.

[32] Speer, 269–271; Bagge and Diebner, 29–31; Cassidy, 455–57; Macrakis, 173–175; Powers, 142–150; Roane, 48–49, 78.

[33] Irving, 72; Walker, *German National Socialism*, 26–27. There has been much written about the erroneous calculations of Walther Bothe on graphite as a moderator, namely that Bothe's findings contributed to the Germans' concentrating solely on heavy water. Making a well-sourced, thorough explanation of why the German program would have pursued heavy water regardless of Bothe's work, Mark Walker writes that Heisenberg figured a reactor using graphite required "much more uranium and much more moderator than a heavy water device" and that Army Ordnance determined that "boron and cadmium-free carbon of sufficient purity could be produced, but only at prohibitive costs."

[34] Werner Heisenberg, "Research in Germany on the Technical Application of Atomic Energy," *Nature* (August 16, 1947), NB: Goudsmit Papers, III, B10, F94; C. F. von Weizsäcker, "A Possibility to Produce Energy from U-238," 1940, NB: Goudsmit Papers, III, B10, F95; Walther Bothe, "Die Diffusionslänge für thermische Neutronen in Kohle," 1940–1941, Deutsches Museum Archiv.

[35] Interview with Werner Heisenberg, DIA: DJ 31.

[36] Bagge and Diebner, 28–29; Nagel, 77.

[37] Bagge and Diebner, 29–32.

[38] Vortragsfolge, February 26, 1942, NB: Goudsmit Papers, III, B25, F13.

[39] Goebbels, 140.

[40] Karlsch, 87–89. For many years this speech by Heisenberg was lost to historians. In 2005 Rainer Karlsch found a copy in a Russian archive, revealing indeed that Heisenberg had promoted a plutonium bomb, but did not see it as imminently achievable.

[41] Walker, *German National Socialism*, 32.

[42] Sandys, 149–151; Meacham, 180–184; Moran, 50–57.

[43] Memorandum Report on Proposed Experiments with Uranium, NA: Bush-Conant Papers.

[44] Smyth, 72–84.

[45] Letter to Vannevar Bush from Leó Szilárd, May 26, 1942, NA: Bush-Conant Papers; Letter to Compton from Leó Szilárd, June 1, 1942, NA: Bush-Conant Papers.

[46] Letter to President Roosevelt from Vannevar Bush, June 17, 1942, NA: Bush-Conant Papers.

[47] Meacham, 183–184.

[48] Churchill, *Hinge of Fate*, 380.

[49] Note on Mr. Norman Brooke, Deputy Secretary of War Cabinet Office, July 3, 1942, TNA: HS 2/184; Akers Discussion with Norman Brooke, June 30, 1942, NHM: Box 16.

6. 突击命令

[1] Poulsson, 76.

[2] SOE Group B Training Syllabus, TNA: HS 7/52–54.

[3]"Opening Address," TNA: HS 7/52–54a.

[4]Poulsson Personnel File, TNA: HS 9/1205/1.

[5]Poulsson Family, Author Interview; Interview with Poulsson, IWM: 27189.

[6]Poulsson, 31; Interview with Poulsson, IWM: 27189.

[7]Poulsson, 49–59. Quotes in this passage are from Poulsson's diary, excerpted in his memoir on the Vemork raid.

[8]Interview with Poulsson, IWM: 27189; Poulsson, 80–85.

[9]Letter from Malcolm Munthe to Poulsson, Haukelid, Helberg, and Kjelstrup, June 13, 1942, TNA: HS 2/172.

[10]Knut Haukelid Personnel File, TNA: HS 9/676/4. It is unclear from the records exactly when this accident occurred—and when Haukelid was removed from the roster. One doctor's report is dated mid-August, another mid-July. Poulsson states that Helberg replaced Haukelid. Another member of the party, Gjestland, was also removed from the list.

[11]Stores Ready to Be Packed for Grouse I, NHM: SOE, Box 22; Gallagher, 19.

[12]Operation Instructions for Grouse, August 31, 1942, NHM: Box 25.

[13]August 31, 1942, LTD.

[14]Letter from Keyes to Prime Minister, October 14, 1941, DEFE 2/698.

[15]Mann, 104, 146, 165–168.

[16]Lurgan Report, September 3, 1942, TNA: HS 2/184.

[17]September 3, 1942, LTD.

[18]October 24, 1942, LTD.

[19]March 27–August 30, 1942, LTD.

[20]Nøkleby, *Josef Terboven*, 197–199; Warbey, 140–144.

[21]August 7, 1942, LTD.

[22]Letters from Poulsson to Haukelid, September 10, 1942, TNA: HS 2/172.

[23]Letter from Munthe to Gjestland, August 8, 1942, TNA: HS 2/172.

[24]Letter from Poulsson/Helberg to Haukelid, September 29, 1942, TNA: HS 2/172.

[25]Freshman Report, November 14, 1942, NHM: FOIV, Box D17.

[26]Falkenhorst Personnel File, PERS 6–24, Barch-MA; Bericht des Genralobersten v. Falkenhorst, ZA1–1749, Barch-MA; Petrow, 31–34.

[27]Freshman Report, November 14, 1942, NHM: Box 10B.

[28]Nøkleby, *Josef Terboven*, 212.

[29]Ibid., 213.

[30]Kjelstadli, 166–68; Nøkleby, *Gestapo*, 175–177.

[31]Kjelstadli, 154–56; Nøkleby, *Josef Terboven*, 215–216.

[32]German Order to Kill Captured Allied Commandos and Parachutists, Report FF-2127, TNA: WO 331/7. Although dated October 18, 1942, this report states "the order was distributed to regimental commanders and staff officers of corresponding rank on October 10." There was also a communiqué to the Wehrmacht on October 7 that basically stated the same.

7. 打一场漂亮仗

[1] Interview with Haugland, IWM: 26624.

[2] Sæter, 45.

[3] Ibid., 56.

[4] Freshman—Appendix A, October 17, 1942, NHM: Box 25.

[5] Sæter, 56–57; Interview with Haugland, IWM, 26624.

[6] Freshman—Appendix A, October 17, 1942, NHM: Box 25.

[7] Nota tang Freshman, June 30/03, NHM: Box 25; Interview with Poulsson, IWM: 27189; Myklebust, 88–89.

[8] Sæter, 57.

[9] Rønneberg Interview, Moland.

[10] Ibid.

[11] Ibid.

[12] Ibid.

[13] Myklebust, 21.

[14] Rønneberg Interview, Moland; Interview with Rønneberg, IWM: 27187.

[15] Myklebust, 12.

[16] Rønneberg Interview, Moland.

[17] Air Transport Operation Report, October 18, 1942, TNA: HS 2/185; Gallagher, 20–21.

[18] Topography of Hardangervidda Report, October 13, 1942, TNA: HS 2/184; Mears, 47–49; Adamson and Klem, 141–142.

[19] Poulsson Report; Gallagher, 22; Berg, 104.

[20] Grouse Equipment, NHM: SOE, Box 22; Myklebust, 86; Lauritzen, 32.

[21] Halvorsen, *Den Norske Turistforening årbok 1947*.

[22] Sæter, 59.

[23] Poulsson, "General Report," VM: JBrun, Box 4; Haugland Report; Interview with Haugland, IWM: 26624; Gallagher, 24–25.

8. 浓厚的兴趣

[1] Report from Skinnarland, November 1, 1942, NHM: SOE, Box 23; Ueland, 60–61; Message from Stockholm, June 15, 1942, TNA: HS 2/172.

[2] Operation Grouse Instruction, NHM: SOE, Box 22.

[3] Recollections of Tomy Brun, LTP; Letter from Brun to Commander Thorsen, September 8, 1984, VM: JBrun, Box 17; Per Dahl, *Heavy Water*, 167–169.

[4] November 3–7, 1942, LTD.

[5] Personal for Captain Tronstad, October 28, 1942, NHM: Box 10/SIS A; Freshman Report, November 14, 1942, NHM: FOIV, Box D17.

[6] Drew, 84–85; Henniker, *Memoirs of a Junior Officer*, 1, 22–188. With respect to Operation Freshman, the book by Drew et al. served as an invaluable resource and should be consulted by anybody looking for more information into this part of the story.

[7] Note written by Mark Henniker, given to Peter Yeates, 1983, KA.

[8] Minutes of Meeting in COHQ, October 26, 1942, TNA: DEFE 2/224; Note written by Mark Henniker, given to Peter Yeates, 1983, KA.

[9] Notes, KA; *Yorkshire Evening Post*, August 15, 1984; Drew, 113–125.

[10] Mark Henniker, Report on Operation Freshman, November 23, 1942, TNA: DEFE

2/224.

[11]Report by Group Captain Tom Cooper, 1942, TNA: AIR 20/11930; Drew, 87–89; Interview Notes, KA.

[12]Drew, 87–89.

[13]Lynch, 8–21.

[14]Ibid., 196–197.

[15]Report by Group Captain Tom Cooper, 1942, TNA: AIR 20/11930; Wilson, 84.

[16]Freshman Plan, October 14, 1942, TNA: DEFE 2/224; Notes on Practicability of Operation, October 30, 1942, TNA: DEFE 2/224; Freshman Outline Plan, October 13, 1942, TNA: DEFE 2/224; Notes on Operation Freshman, October 17, 1942, TNA: DEFE 2/224; Mark Henniker, Report on Operation Freshman, November 23, 1942, TNA: DEFE 2/224. The records of reports and minutes of these meetings reveal the fascinating iterative process the planners of Combined Operations went through in preparing for Operation Freshman. Hindsight vision is perfect, but one cannot fault these men for lack of consideration or preparation.

[17]Minutes of Meeting on Operation Freshman, October 14, 1942, TNA: DEFE 2/224.

[18]Operation Freshman, Outline Plan, October 14, 1943, NHM: Box 10C; Report on 38 Wing Operation Order #5—"Operation Freshman," December 8, 1942, TNA: DEFE 2/219.

[19]Special Report on Escape Routes from Vemork to Swedish Frontier, October 12, 1942, NHM: Box 10/SIS C.

[20]Freshman Report from Barstow, November 3, 1942, TNA: DEFE 2/224; Letter from A.P.1 for C.A.P., October 31, 1942, TNA: DEFE 2/219; Letter from Colonel Gubbins to Major General Haydon, October 30, 1942, TNA: DEFE 2/219.

[21]Letter from Mountbatten to A.O.C.-in-C., October 29, 1942, TNA: DEFE 2/219.

[22]Notes on Operation Freshman, October 17, 1942, TNA: DEFE 2/219.

[23]Freshman Training, October 27, 1942, TNA: DEFE 2/219; Drew, 92.

[24]Plant Installation and Proposed Demolition, November 16, 1942, TNA: DEFE 2/224; Vemork Power Station and Electrolysis Plant Report, October 30, 1942, TNA: DEFE 2/219; Operation Lurgan, Preliminary Technical Report, TNA: HS 2/185.

[25]Poulsson Report; Haugland Report; Interview with Haugland, IWM: 27212; Interview with Poulsson, IWM: 26625; Interview with Haugland, IWM: 26624; Poulsson, 91–99; Gallagher, 24–27; Sæter, 57–62.

[26]Poulsson Report.

[27]Haugland Family, Author Interview; Sæter, 9–40; Interview with Haugland, IWM: 26624.

[28]Sæter, 26.

[29]Personnel File of Haugland, TNA: HS 9/676/2.

[30]Ibid.

[31]Haugland Report; Interview with Haugland, IWM: 27212.

[32]Haukelid, 97–99.

[33]Poulsson Report.

[34]Claus Helberg, "Report About Einar Skinnarland," July 30, 1943, NHM: SOE, Box

23.

[35]Njølstad, 99; Berg, 114.

[36]Report; Sæter, 45, 62; Interview with Haugland, IWM: 27212; Interview with Haugland, IWM: 26624.

[37]Message from Grouse Primus, November 9, 1942, TNA: HS 2/172.

9. 无常的命运

[1]Hurum, 114–116.

[2]Message to Grouse, November 2, 1942, NHM: SOE, Box 22. In the text, the author references Tronstad returning this message. In the archives, there are few references indicating who penciled the responses for Grendon Hall Home Station operators to transmit, but those that exist cite either Tronstad or Wilson.

[3]Private cypher from Stockholm, November 8, 1942, TNA: HS 2/172.

[4]Message from Grouse, November 9, 1942, TNA: DEFE 2/220.

[5]From Colonel Wilson to Grouse, November 9, 1942, TNA: HS 2/184.

[6]Message from Grouse, November 10, 1942, TNA: DEFE 2/220.

[7]Letter from Jomar Brun to Arnold Kramish, August 6, 1986, VM: JBrun, Box 6a; Letter from Jomar Brun to Bjørn Rørholt, May 25, 1985, VM: JBrun, Box 17; November 12, 1942, LTD.

[8]Niederschrift—Besuch von Regierungs-Baurat Dr. Diebner, September 2, 1942, VM: Box 4F/D17/98.

[9]Hans Suess, "Virus House: Comments and Reminiscences," *Bulletin of Atomic Scientists*, June 1968; Brun, 29–30.

[10]Freshman Report, November 17, 1942, TNA: DEFE 2/219.

[11]November 12, 1942, LTD.

[12]Clark, *Tizard*, 215.

[13]Progress Report for SN Section, November 3, 1942, NHM: SOE, Box 3A.

[14]Letter from Bassa to Leif, October 11, 1942, LTP.

[15]Letter from Leif to Bassa, October 4, 1942, LTP.

[16]Minutes of Meeting held at 154 Chiltern Court, November 15, 1942, TNA: DEFE 2/224; November 15, 1942 and November 20, 1942, LTD; Freshman—Translations of Messages, November 15, 1942, TNA: HS 2/184.

[17]November 15, 1942, LTD.

[18]Freshman Report, November 17, 1942, TNA: DEFE 2/219.

[19]Interview with Haugland, IWM: 26624; Myklebust, 100–101.

[20]Poulsson Report; Claus Helberg, "Report about Einar Skinnarland," July 30, 1943, NHM: SOE, Box 23.

[21]Interview with Haugland, IWM: 26624; Sæter, 65–66.

[22]Message from Grouse, November 17, 1942, TNA: DEFE 2/219.

[23]Personnel File of Haukelid, TNA: HS 9/676/4.

[24]Note written by Mark Henniker, given to Peter Yeates, 1983, KA; Henniker, *Image of War*, 95–98.

[25]Henniker, *Image of War*, 95–98.

[26]Note from C.C.O., Operation Freshman,

November 18, 1942, TNA: DEFE 2/224.

[27]Memorandum to Prime Minister, November 17, 1942, TNA: DEFE 2/224.

[28]Petterssen, Forecasting for the Freshman Operation, November 22, 1942, NHM, FOIV, Box D17. It is worth noting that Petterssen was the meteorologist who General Eisenhower called on to set the date of the D-day landing. His call to postpone the invasion by a day because of weather likely saved innumerable lives.

[29]Drew, 93–103; Interview with Michael Douglas, IWM: 31404; Report by Group Captain Tom Cooper, 1942, TNA: AIR 20/11930.

[30]Drew, 97.

[31]Letter from Wallis Jackson, November 18, 1942, KA.

[32]Drew, 118–119.

[33]Report by Group Captain Tom Cooper, 1942, TNA: AIR 20/11930.

[34]Freshman Report—Appendix A—Standard Gear, TNA: DEFE 2/219.

[35]Drew, 103.

[36]Ibid., 105.

[37]Freshman Message List, November 18–20, 1942, TNA, DEFE 2/219; Report on 38 Wing Operation Order No. 5, December 8, 1942, TNA, DEFE 2/219.

[38]Note written by Mark Henniker, given to Peter Yeates, 1983, KA. There is disparity in the archives with respect to the time standards used by the Freshman crews and the Grouse team. To prevent confusion, the author used Norwegian standard time, even when referring to the takeoff of the planes from Skitten.

[39]November 19, 1942, LTD.

[40]Freshman—Appendix A, October 17, 1942, NHM: Box 25; Interview with Haugland, IWM: 27212; Interview with Poulsson, IWM: 27189; Poulsson Report.

10. 迷失

[1]Interview with Knut Haugland, IWM: 26624; Interview with Poulsson, IWM: 26625; TNA: HS 2/190; Sæter, 66–67; Poulsson Report.

[2]Poulsson Report.

[3]Report on 38 Wing Operation Order No. 5, December 8, 1942, TNA: DEFE 2/219; Letter from Colonel Wilson to Colonel Head, January 21, 1943, TNA: DEFE 2/224; Drew, 127–131.

[4]Report on 38 Wing Operation Order No. 5, December 8, 1942, TNA: DEFE 2/219; Eyewitness Report—The Planes that Were Wrecked in the Egersund District, April–June 1943, NHM: SOE, Box 23; Report from Johannes Mukejord, KA; Berglyd, 59–61. Although the exact course of Halifax B is unknown, it is clear the plane reached the site, since Haugland heard the Eureka/Rebecca tone, and Halifax A's was broken. Further, there were reports from Norwegians around Egersund who reported that the plane came around several times before crashing, obviously searching for its lost glider.

[5]Report from Anne Lima, March 13, 1944, NHM: SOE, Box 23; Report to Chief of Police Rogaland from Lensmann in Helland, November 21, 1942, TNA: WO 331/18; Statement of

Lensmann Trond Hovland, 1945, TNA: WO 331/18; Statement by Tellef Tellefsen, June 1945, TNA: WO 331/18; Case No. UK-G/B. 476, United Nations War Crime Commission Against Von Behrens and Probst, TNA: WO 331/387.

[6] Freshman Message List, November 18–20, 1942, TNA: DEFE 2/219; Drew, 169.

[7] November 20, 1942, LTD.

[8] Drummond, 51–52.

[9] John Wilson, "On Resistance in Norway," NHM: Box 50A.

[10] Ibid.

[11] Letter from Gubbins to Haydon, November 20, 1942, TNA: DEFE 2/219.

[12] Letter from Hansteen to Mountbatten, November 21, 1942, TNA: DEFE 2/219.

[13] Message to Grouse, November 20, 1942, NHM: SOE, Box 22.

[14] *"During the night"*: BBC Monitoring Service—Freshman, November 21, 1942, TNA: DEFE 2/224.

[15] November 21, 1942, LTD.

[16] Minute by the Prime Minister, November 22, 1942, TNA: DEFE 2/219.

[17] Statement of Lensmann Trond Hovland, 1945, TNA: WO 331/18.

[18] Letter from Major Rawlings to PS&W Branch, July 2, 1945, TNA: WO 331/18.

[19] Wigner, 447–448.

[20] German Order to Kill Captured Allied Commandos and Parachutists, Report FF-2127, TNA: WO 331/7.

[21] Shooting by the Germans of Allied Personnel Captured in Norway, January 14, 1944, TNA: HS 2/184; Case No. UK-G/B. 476, United Nations War Crime Commission Against Von Behrens and Probst, TNA: WO 331/387; Statement by Werner Siemsen, July 6, 1947, TNA: WO 331/387; Report on the Interrogation of Colonel Oberst, September 12, 1945, TNA: WO 331/387; Statement by Cid Gunner, June 29, 1945, TNA: WO 331/18; Statement by Michael Spahn, June 29, 1945, TNA: WO 331/18; Statement by Rolf Greve, June 14, 1945, TNA: WO 331/18.

[22] Berglyd, 50–52; Statement of Kurt Hagedorn, August 31, 1945, TNA: WO 331/387; Statement by Cid Gunner, June 29, 1945, TNA: WO 331/18; Letter from Major Rawlings to PS&W Branch, July 2, 1945, TNA: WO 331/18; Statement by Tellef Tellefsen, June 1945, TNA: WO 331/18.

[23] Tagesmeldung, November 20, 1942, RW 39/39, Barch-MA; BDS in Olso Berichtet, November 21, 1942, DIA: DJ 31; Irving, 139–142.

[24] Brauteset, 32.

[25] Fehlis Personnel Files, VBS 286/6400009794, Bundesarchiv, Berlin.

[26] Interrogation of Wilhelm Esser, July 10, 1945, TNA: WO 331/386.

[27] Drew, 111–114.

[28] Berglyd, 63–79; Statement of Ravn Tollefsen, date unknown, TNA: WO 331/386; Statement of Martin Fylgjesdal, August 3, 1945, TNA: WO 331/386; Statement of Sigurd Stangeland, July 25, 1945.

[29] Statement of Fritz Seeling, November 6, 1945; Statement of Fritz Feuerlein, September 28, 1945, TNA: WO 331/386; Statement

of Kurt Seulen, date unknown, TNA: WO 331/386; Statement of Erich Hoffmann, December 12, 1945. Four of the participants in these atrocious acts were captured after the war. As one might imagine, their accounts are contradictory, likely owing to an attempt to paint themselves in the best light.

11. 导师

[1] Report from Wilson (SN), November 21, 1942, TNA: HS 2/184.

[2] Poulsson Report; Message from Grouse, November 23, 1942, NHM: SOE, Box 22.

[3] Poulsson Report.

[4] Poulsson, 109–115; Sæter, 74.

[5] Joachim Rønneberg, "Operation Gunnerside" (IFS Info, 1995); Rønneberg Interview, Moland; Interview with Rønneberg, IWM: 27187; Gallagher, 40.

[6] Ragnar Ulstein, Author Interview.

[7] Myklebust, 84–85.

[8] December 1, 1942, LTD; Minutes of Meeting Held at Norgeby House, November 26, 1942, TNA: HS 2/185; Interview with Joachim Rønneberg, KA.

[9] Personnel File of Strømsheim, TNA: HS 9/1424/2; Rønneberg Interview, Moland.

[10] Ibid.

[11] Personnel File of Kayser, TNA: HS 9/824/2; Lunde, 1–68.

[12] Personnel File of Idland, TNA: HS 9/774/4; Rostøl and Amdal, 1–62.

[13] Personnel File of Storhaug, TNA: HS 9/1420/7; Lunde, 88.

[14] Ragnar Ulstein, Author Interview; Rønneberg Interview, Moland; Myklebust, 108–111.

[15] Rostøl and Amdal, 75.

[16] Myklebust, 107–109.

[17] Nøkleby, *Gestapo*, 67–68; Wright, 110.

[18] Interrogation of Wilhelm Esser, July 10, 1945, TNA: WO 331/386; Statement of Erik Dahle, August 15, 1945, TNA: WO 331/383; Statement of Hans Behncke, August 14, 1945, TNA: WO 331/383.

[19] "Bericht über Sabotageunternehmen Lysefjord-Egersund, December 27, 1942," RW 39/40, Barch-MA.

[20] Nagel, 45–47; Abschrift: Uran-Bomben, May 8, 1943, DIA: DJ 29.

[21] "Bericht über einer Würfelversuch mit Uranoxyd und Paraffin," G-125, Deutsches Museum Archiv; Interview with Georg Hartwig, NB: Oral History; Walker, *German National Socialism*, 95–97.

[22] Nagel, 73.

[23] Ibid.

[24] Interview with Erich Bagge, DIA: DJ 29.

[25] Irving, 117–118; Walker, *German National Socialism*, 84.

[26] "Bericht über zwei Unfalle beim Umgang mit Uranmetall," G-135, Deutsches Museum Archiv; Per Dahl, *Heavy Water*, 188–190.

[27] "Bericht über einer Würfelversuch mit Uranoxyd und Paraffin," G-125, Deutsches Museum Archiv; Interview with Georg Hartwig, NB: Oral History; Bagge and Diebner, 25; Karlsch, 73, 98–100; Walker, *German National Socialism*, 97.

[28] Rhodes, 401, 438–440.

[29] Wigner, 447.

12. 笨蛋永远抓不到我们

[1] "Gestapo Lager Razzia og Unntagstilstand i Rjukan," NHM: FOIV, Box D17; Sørlie Memoir.

[2] Sørlie Memoir.

[3] Skinnarland, *Hva Som Hendte*, ESP.

[4] December 8, 1942, LTD.

[5] Njølstad, 173.

[6] Ragnar Ulstein, Author Interview; Myklebust, 108–109.

[7] Haukelid, 74; Interview with Haukelid, DIA: DJ 31.

[8] *Instruks for Bonzo*, December 18, 1942, NHM: FOIV, Box D17; Letter from Malcolm Munthe to Gjestland, August 8, 1942, TNA: HS 2/172.

[9] Haukelid, 75.

[10] Message from Swallow, December 9, 1942, NHM: FOIV, Box D17.

[11] Method of Clearing Traffic, October 30, 1942, TNA: HS 2/172.

[12] Skogen, 12–14; Friend Report—Øystein Jahren, NHM: SOE, Box 23B.

[13] Skinnarland Notes, ESP; Marielle Skinnarland, Author Interview; December 10, 1942, ESD; Report by Gunlsik Skogen, December 1, 1943, TNA: HS 2/174; Ueland, 117–120.

[14] Rønneberg Interview, Moland.

[15] Ibid.

[16] Ibid.; Myklebust, 110–117; Gunnerside—Operating Instructions, December 15, 1942, NHM: FOIV, Box D17; Rønneberg Report.

[17] Rønneberg Interview, Moland.

[18] O'Connor, 47–48.

[19] Ibid., 45.

[20] Orientering vedr. Gunnerside. December 11, 1942, NHM: FOIV, Box D17; Gunnerside—Operating Instructions, December 15, 1942, NHM: FOIV, Box D17; Myklebust, 119–121; Rostøl and Amdal, 74–78; Lunde, 88–90; Rønneberg Interview, Moland.

[21] Rønneberg Interview, Moland; Lunde, 89; Interview with Haukelid, DIA: DJ 31.

[22] Rønneberg Interview, Moland.

[23] Sørlie Memoir; Skogen, 29–31; Sæter, 74.

[24] Poulsson Report; Sæter, 74–75.

[25] Gallagher, 80; Sæter, 75.

[26] Message to Swallow, December 13, 1942, NHM: SOE, Box 22.

[27] Poulsson Report; Sæter, 74–75; Interview with Helberg, IWM: 26623; Mears, 101.

[28] December 10–18, 1942, ESD.

[29] Message to Swallow, December 17, 1942, NHM: SOE, Box 22; History of Grouse/Swallow Eureka, December 1943, NHM: SOE, Box 23.

[30] *"If the conditions"*: Letter from George Rheam, December 18, 1942, TNA: HS 2/185.

[31] Handwritten briefing notes, December 14, 1942, NHM: FOIV, Box D17; Rostøl and Amdal, 76. There are quite a few versions of Tronstad's parting remarks to the Gunnerside team. This quote combines material in his briefing notes and Rostøl and Amdal's account.

[32] Myklebust, 127.

13. 猎人法则

[1] Poulsson, 19–21; Poulsson Report. In

many of the histories, this cabin is referred to as Svensbu, a later name. In cipher messages at the time with Home Station, the cabin is referred to as Fetterhyatta (Cousin's Cabin). Further, there remains some confusion on whether Poulsson traveled to the cabin by himself a few days before the others, or at the same time.

[2] Poulsson, 90.

[3] Interview with Poulsson, IWM: 27189; Svein Vetle Trae, Author Interview.

[4] Gallagher, 50.

[5] Interview with Poulsson, IWM: 27189; Gallagher, 50–51.

[6] Haukelid, 77.

[7] Myklebust, 126–128.

[8] December 18, 1942, NHM: FOIV, Box D17.

[9] Gallagher, 51–52.

[10] "Regler og forskrifter," courtesy of Mia Poulsson.

[11] Interview with Poulsson, IWM: 27189.

[12] Ingstad, 156.

[13] Poulsson, 20–22; Gallagher, 49–65; Svein Vetle Trae, Author Interview. For this narrative of the hunt, the author drew from *Assault in Norway*. Gallagher wrote a masterful account of this first successful kill that saved Grouse, and Poulsson clearly helped inform him on the details.

[14] Sæter, 75; Poulsson, 22–23.

[15] Poulsson, 24.

[16] Letter to Fehlis, December 14, 1942, VM: A-1108/Ak, Box 1. This is one of a series of letters between Norsk Hydro and the Germans to obtain the release of Skinnarland, Jahren, and Skogen. They were all denied.

[17] Nøkleby, *Josef Terboven*, 242.

[18] Memorandum from N. Stephansen, June 1943, NHM: Box 10/SISA.

[19] Schöpke Report, August 6, 1943, NB: G-341.

[20] Bemerkungen zum Schutz der We-Wi-Betriebe, December 20, 1942, RW 39/40, Barch-MA.

[21] Memo of "Arresterte funksjonarer og arbeidere ved våre bedrifter," April 1, 1942, VM: A-1108/AK, Box 1.

[22] Marielle Skinnarland, Author Interview; Skinnarland Notes, ESP; Kjell Nielssen Remembrance, NHM: Box 10B.

[23] December 24, 1942, ESD.

[24] December 27, 1942, ESD; Marielle Skinnarland, Author Interview.

[25] Poulsson, 116.

14. 孤单而黑暗的战争

[1] Hauge, 122; Progress Report for SN Section for Period January 2–9, 1943, NHM: SOE, Box 3A.

[2] January 6, 1943, LTD.

[3] December 23, 1942–January 1, 1943, LTD.

[4] Letter from Bassa to Tronstad, December 20, 1942, LTP.

[5] Letter from Bassa to Tronstad, December 29, 1942, LTP.

[6] Letter from Sidsel to Tronstad, January 3, 1943, LTP.

[7] Letter from Tronstad to Sidsel, LTP. From references in the letter, this note was written

soon after Christmas 1942.

[8]December 16, 1942, LTD.

[9]Skogen, 1–74. All quotes and descriptions of the horrendous conditions faced by Skogen come from his fine memoir. His recollections of torture at the hands of the Gestapo match those of many survivors from Møllergata 19 and Grini.

[10]Nøkleby, *Gestapo*, 59–65. As Nøkleby relates in her study of the Gestapo, this is the term the Germans used.

[11]Statement of Oscar Hans, August 11, 1945, TNA: WO 331/383; Affidavit in Respect of the Case of Able Seaman R. P. Evans, TNA: WO 331/383; Statement of Alfred Zeidler, TNA: WO 331/383; Affidavit of Erik Dahle, TNA: WO 331/18; War Crimes—Operation Freshman (Trandum), November 28, 1945, TNA: WO 331/17; Interrogation of Wilhelm Esser, July 10, 1945, TNA: WO 331/386.

[12]Poulsson, 124–125. This scene of a typical morning was recounted by Poulsson in a diary entry from which this passage was adapted. He did not state the specific date, but it was clearly within the January moon phase in which a drop could occur.

[13]Poulsson, 125.

[14]Poulsson Report.

[15]Interrogation of Lt. Skinnarland, July 27, 1945, TNA: HS 9/1370/8; Helge Dahl, *Rjukan*, 284.

[16]Message to Swallow, January 16, 1943, NHM: FOIV, Box D17.

[17]Report from Claus Helberg, July 10, 1943, NHM: SOE, Box 23; Interview with Poulsson, IWM: 26625; Interview with Haugland, IWM: 26624; Lauritzen, 63; Berg, 120–122.

[18]Lauritzen, 63.

[19]Interview with Helberg, IWM: 26623.

[20]Haukelid, 15–16.

[21]Rønneberg Interview, Moland; Letter from Tronstad to Rønneberg, January 1943, TNA: HS 2/185; Rostøl and Amdal, 78.

[22]Handwritten letter from Rønneberg to Tronstad, January 26, 1943, NHM: FOIV, Box D17; Air Transport Operation Report, January 23, 1943, TNA: HS 2/131; Summary of Meeting Gunnerside Abortive Sortie, January 26, 1943, TNA: HS 2/185; Letter from Flight Lieutenant Ventry to Captain Adamson, January 25, 1943, TNA: HS 2/185; Lunde, 92–93; Haukelid, 38; Rønneberg Interview, Moland.

[23]Myklebust, 130.

[24]Claus Helberg, "Report about Einar Skinnarland," July 30, 1943, NHM: SOE, Box 23; Poulsson Report; Poulsson, 120–122.

[25]Message to Swallow, January 28, 1943, NHM: FOIV, Box D17.

[26]Poulsson Report; Poulsson, 129.

[27]anuary 28–February 13, 1943, ESD.

[28]Interview with Haugland, IWM: 26624.

[29]Poulsson, 127.

15. 风暴

[1]Report on "Crispie," TNA: HS 2/185; Letter from Rønneberg to Tronstad, December 29, 1942, NHM: FOIV, Box D17; Rønneberg Interview, Moland.

[2]Messages from Grouse, February 8–10, 1943, NHM: FOIV, Box D17.

[3] Report from Rjukan, December 1942, TNA: HS 2/186; Poulsson Report.

[4] Njølstad, 251–252; Kramish, 129.

[5] Rosbaud Report, NB: Goudsmit Papers, III, B27, F42; Kramish, 188–89; Per Dahl, *Heavy Water*, 164; Hinsley, 123–127.

[6] "On Memorandum of February 6th, 1943 submitted by N. Stephansen on the production of D20 of Norsk Hydro," NHM: Box 10/SIS/A.

[7] Obituary of Njål Hole, written by Jomar Brun, VM: IA4FB, Box 13; Letter from Njål Hole to Tronstad, January 19, 1943, NHM: Box 10/SIS/A.

[8] Most Secret Report of Operations Undertaken by 138 Squadron on Night February 16–17, 1943, TNA: HS 2/131; Haukelid, 81.

[9] Bailey, 140.

[10] Interview with Haukelid, DIA: DJ 31; Rønneberg Interview, Moland.

[11] Myklebust, 132–133.

[12] Haukelid, 81; Rostøl and Amdal, 45.

[13] Haukelid, 83.

[14] Rønneberg Interview, Moland; Rønneberg Report.

[15] Rønneberg Interview, Moland.

[16] Poulsson Report; Interview with Helberg, IWM: 26623.

[17] Rønneberg Interview, Moland.

[18] Gallagher, 70–71.

[19] Rønneberg Report.

[20] Gallagher, 71–72; Rønneberg Interview, Moland.

[21] Rønneberg Report.

[22] Ibid; Gallagher, 73.

[23] Rønneberg Interview, Moland; Myklebust, 137–39; Haukelid, 84–85; Rostøl and Amdal, 80–81. All quotes from this section were derived from an assembly of these sources. They largely matched one another.

[24] Rønneberg Interview, Moland.

[25] Haukelid, 86–87.

[26] Ibid., 88.

[27] Drummond, 69.

[28] Interview with Poulsson, IWM: 27189.

[29] Haukelid, 88.

[30] Rønneberg Interview, Moland; Rønneberg Report.

16. 最佳作战计划

[1] Orientering vedr. Gunnerside, December 11, 1942, NHM: FOIV, Box D17; Rønneberg Interview, Moland; Sørlie Memoir; Haukelid, 97–104; Poulsson, 135–141; Lunde, 96–98; Berg, 125–126; Halvorsen, *Den Norske Turistforening årbok 1947*; Sæter, 84–86; Interview with Poulsson, IWM: 27189; Interview with Rønneberg, IWM: 27187; Rønneberg Report; Interview with Poulsson, IWM: 26625; Interview with Helberg, IWM: 26623; February 19, 1943, ESD; Letters from/to Poulsson and Rønneberg, NHM: Box 25; Letters from/to Poulsson and Helberg, NHM: Box 25; Notes from Poulsson, NHM: Box 25; Interview with Haukelid, DIA: DJ 31. The many original sources given here reflect an enduring controversy among members of the sabotage operation as to who suggested what in terms of the overall planning. However, one thing is clear: Tronstad suggested the approach across the gorge as offering the team the best chance

of success.

[2]Haukelid, 95–96.

[3]Sørlie Memoir; Finn Sørlie, Author Interview.

[4]Sørlie Memoir.

[5]Rønneberg Report; Interview with Helberg, IWM: 26623.

[6]Gallagher, 85–86; Poulsson Notes on Colonel Wilson's Book, November 2003, NHM: Box 25.

[7]Interview with Haukelid, DIA: DJ 31; Interview with Poulsson, IWM: 27189; Poulsson Notes on *Blood and Water* manuscript, NHM: Box 25; Orientering vedr. Gunnerside, December 11, 1942, NHM: FOIV, Box D17.

[8]Bericht über einen Versuch mit Würfeln aus Uran-Metall und Schwerem Eis, G-212, NB: Goudsmit Papers, III/B25/F16; Per Dahl, *Heavy Water*, 210; Nagel, 81–82.

[9]Ermenc, 109–111; Interview with Professor Paul Harteck, DIA: DJ 29.

[10]Letter from Harteck to Rust, June 26, 1942, Papers of Paul Harteck, Rensselaer Institute.

[11]Sagasfos, 123; Letter from Rjukan Saltpeterfabriker, March 2, 1942, VM: Box 4F/D17/98; Notes on Irving Manuscript Draft, NHM: Box 10B; Harteck Report: "Besichtigung des Elektrolysewerkes Sinigo bei Meran," December 1, 1942, DIA: DJ 29; Walker, *German National Socialism*, 119.

[12]Schöpke Report, August 3, 1943, NB: G-341; Nagel, 80–81.

[13]Karlsch, 45–53, 126; Nagel, 42–44; Irving, 77, 125–126, 153–155; Walker, *German National Socialism*, 88. There has been much written about the June 4, 1942 meeting with Speer sounding the death knell to the Nazi atomic program. If the meeting had gone the other way, it might have prompted an immediate Manhattan Project–like intensity to the program, vastly improving the odds of a German bomb. That said, after June 1942, the project still held a high DE rating (*Dringlichkeitsentwicklung*), the highest priority rating for material/manpower, and there were a plethora of powerful patrons at the ready if progress could be shown.

[14]Halvorsen, *Den Norske Turistforening årbok 1947*; Interview with Helberg, IWM: 26623.

[15]Interview with Helberg, IWM: 26623.

[16]Again, the author refers to the plethora of

[17]contradicting original sources from an earlier endnote (*"After a restless"*; see previous page) to divine who suggested what and supported whom on the Gunnerside operational plan.

[18]Myklebust, 150–151; Rostøl and Amdal, 84–85.

[19]February 27, 1943, LTD.

[20]Message from Swallow, February 25, 1943, NHM: FOIV, Box D17.

[21]Carhampton Report, January 25, 1943, TNA: HS 2/130; Herrington, 157–158; Hauge, 133–158.

[22]February 27, 1943, LTD.

[23]Nøkleby, *Josef Terboven*, 240.

[24]Haukelid, 104–105.

[25]Interview with Lillean Tangstad, KA;

Rostøl and Amdal, 85.

[26] Interview with Lillean Tangstad, KA.

17. 攀登

[1] Rønneberg Report; Rønneberg Interview, Moland; Interview with Poulsson, IWM: 27189; Draft of Rønneberg BBC Speech, TNA: HS 7/181; Interview with Haukelid, DIA: DJ 31; Interview with Helberg, IWM: 26623; Interview with Poulsson, IWM: 26625; Haukelid, 102–108; Poulsson, 143–146; Gallagher, 96–110; Rostøl and Amdal, 86–88; Lunde, 99–102; Berg, 127–130; Myklebust, 150–157. The events of the night of the Gunnerside mission, February 27–28, have been chronicled many times, both in interviews, memoirs, and reports (not to mention books). For this chapter, these are the sources from which the author drew his own account, most of them primary—or drawn from participant recollections. Unless there is a direct quote or distinct piece of information needing sourcing, the author will not note any further specific references in this chapter.

[2] Rønneberg Report.

[3] Rønneberg Report; Rigden, 252–261, 316–322.

[4] Gallagher, 100.

[5] Ibid., 103–105.

[6] February 27, 1943, ESD; Sæter, 86.

[7] Sæter, 44–45.

[8] Marielle Skinnarland, Author Interview.

[9] Haukelid, 108; Interview with Haukelid, DIA: DJ 31.

[10] Rønneberg Interview, Moland.

[11] Draft of Rønneberg BBC Speech, TNA: HS 7/181.

[12] Interview with Haukelid, DIA: DJ 31.

[13] Haukelid, 108.

[14] Gallagher, 109.

[15] Drawing of Gunnerside Approach/Retreat by Jomar Brun, VM: JBrun, Box 6a.

[16] Lunde, 102.

18. 破坏

[1] Rønneberg Report; Rønneberg Interview, Moland; Interview with Poulsson, IWM: 27189; Draft of Rønneberg BBC Speech, TNA: HS 7/181; Interview with Haukelid, DIA: DJ 31; Interview with Helberg, IWM: 26623; Interview with Poulsson, IWM: 26625; Haukelid, 102–108; Poulsson, 143–146; Gallagher, 96–110; Rostøl and Amdal, 86–88; Lunde, 99–102; Berg, 127–130; Myklebust, 150–157. As with the previous chapter, the sourcing for the Gunnerside sabotage was drawn from these references unless specific attribution is necessary.

[2] Brun, 71–72. Jomar Brun provided the information on the cable tunnel. In fact, he once used the tunnel himself to repair a cable.

[3] Rønneberg Interview, Moland; Gallagher, 110.

[4] Directions Report, November 15, 1942, NHM: FOIV, Box D17.: Directions Report, November 15, 1942, NHM: FOIV, Box D17.

[5] Rostøl and Amdal, 102–103; Gallagher, 112.

[6] Rostøl and Amdal, 103.

[7] Myklebust, 157.

[8] Rønneberg Interview, Moland; Rønneberg, "Operation Gunnerside" (IFS Info, 1995).

[9] Extract from Report by Director Bjarne Nilssen, VM: JBrun, Box 6a.

[10] Rønneberg, "Operation Gunnerside" (IFS Info, 1995).

[11] Interview with Poulsson, IWM: 26625.

[12] Poulsson, 147; Interview with Haukelid, DIA: DJ 31.

[13] Haukelid, 113.

[14] Myklebust, 162–163.

[15] Alf Larsen, Rapport over Hendelsen i Høykoncentreringsanlegget på Vemork 28. Febr. 1943, VM: JBrun, Box 17; Bjarne Nilssen, Vedr. Sabotage i tungtvannsanlegget på Vemork, March 1, 1943, NHM: Box 25.

[16] Ibid.

[17] Bjarne Nilssen, P. M. Sabotasje Vemork, VM: JBrun, Box 6a; Rapport vedrørende anlegg for fremstilling av Tungt vann ved Vemork Vannstoff-fabrikk, Rjukan, September 14, 1943, NHM: FOIV, Box D17.

19. 绝佳妙计

[1] Rønneberg Interview, Moland.

[2] Drummond, 87.

[3] Haukelid, 114–115; Rønneberg Interview, Moland; Rønneberg Report; Halvorsen, *Den Norske Turistforening årbok 1970.*

[4] Rønneberg Interview, Moland.

[5] Interview with Helberg, IWM: 26623.

[6] Gallagher, 127.

[7] Poulsson, 149–150.

[8] Interview with Poulsson, IWM: 26625.

[9] Poulsson, 150.

[10] Rapport til her politimesteren I Rjukan, June 23, 1945. Papers of Bjørn Iversen.

[11] Bjarne Nilssen, p.m. Sabotasje Vemork, VM: JBrun, Box 6a; Bericht über Konsul Ing. E. Schöpkes Reise und Besprechungen, March 13, 1943, NB: G-341.

[12] Interview with Larsen, DIA: DJ 31.

[13] Bjarne Nilssen, P.M. Sabotasje Vemork, VM: JBrun, Box 6a; Bjarne Nilssen, Vedr. Sabotage i tungtvannsanlegget på Vemork, March 1, 1943, NHM: Box 25.

[14] *"sharp coercive measures"*: Til Rjukans befolkningt, February 28, 1943, VM: JBrun, Box 6a.

[15] Feindnachtrichtenblatt Nr. 28—21.2. bis 9.3.1943, RW 39/44, Barch-MA; Irving, 166.

[16] Bjarne Nilssen, P.M. Sabotasje Vemork, VM: JBrun, Box 6a; Report, Gunnerside, April 14, 1943, TNA: HS 2/186. It should be noted that in most historical accounts General Rediess and Terboven were stated to have come to Rjukan on February 28, 1943, just hours after the sabotage. The report by Nilssen never states their presence, and his account is exhaustive.

[17] Falkenhorst Note, February 28, 1943, RW 39/43, Barch-MA.

[18] Message from Swallow, March 10, 1943, NHM: FOIV, Box D17.

[19] Interview with Larsen, DIA: DJ 31; Interview with Haukelid, DIA: DJ 31; Haukelid, 125–126; Gallagher, 131–133; Bjarne Nilssen, P.M. Sabotasje Vemork, VM: JBrun, Box 6a. The description of this visit by Falkenhorst was assembled from these sources, each with

their own slightly different version of his conversation/interaction with Glaase, but all with the same thrust.

[20] Heinrich Himmler's Telephone Log, March 1, 1943, RG242, Roll 25, NARA. As referenced in Manuscript Notes, Irving, NHM: Box 10B.

[21] Letter from Eberling to OKHWa Forsch, March 2, 1943, NB: G-341.

[22] Swedish Home Service, March 1, 1943, TNA: HS 2/185.

[23] March 1, 1943, LTD.

[24] Hauge, 156.

[25] Rønneberg Report.

[26] Haukelid, 119.

[27] Gallagher, 137.

[28] Interview with Poulsson, IWM: 27189; Poulsson, 156–157; Gallagher, 138–140. All quotes and descriptions in this scene are from these sources.

[29] March 2–5, 1943, ESD. In his diary, Skinnarland mentions Gunnerside on March 5, but in a cryptic way (that is also likely a typo): "Operasjonen Gunnerside iorden." Potentially, "Operation Gunnerside in order." As his daughter Marielle Skinnarland corresponded with the author, this entry intimates that Skinnarland found out about the sabotage from local farmers in Lie. However, against the clear account from Haukelid in his memoir that the news he shared with Skinnarland about the sabotage came indeed as news, the author followed the Haukelid version.

[30] Haukelid, 120–121.

[31] Ibid., 121.

[32] March 6–11, 1943, ESD; Interview with Haugland, IWM: 26624. It is clear from Skinnarland's diary that he received the news on this date; however, the first message to London was not sent until the tenth. On this date and the next, Skinnarland makes short mention of issues with connection and the radio's oscillator.

[33] Haukelid, 122.

[34] Rønneberg Report.

[35] Rønneberg Interview, Moland; Myklebust, 166–169; Mears, 180–181.

[36] Rønneberg Report.

20. 狩猎

[1] Skogen, 96–105; Report by Gunlsik Skogen, December 1, 1943, TNA: HS 2/174.

[2] Skogen, 107.

[3] Message from Swallow, March 10, 1943, NHM: FOIV, Box D17.

[4] Hurum, 123.

[5] Message to Swallow, March 10, 1943, NHM: FOIV, Box D17.

[6] SOE and Heavy Water, March 1943, TNA: HS 2/185; Minutes of ANCC Meeting, March 12, 1943, TNA: HS 2/138; Myklebust, 201–2; SOE Progress Report, March 15, 1943, TNA: HS 8/223.

[7] Tronstad, Note on Heavy Water, March 18, 1943, LTP.

[8] March 15, 1943, LTD.

[9] Hauge, 157.

[10] March 3–6, 1943, LTD.

[11] SOE Progress Report, March 15, 1943, TNA: HS 8/223; Njølstad, 222–224.

[12] Precis of a Meeting between Professor Goldschmidt, Professor Tronstad, and Lt. Commander Welsh, March 15, 1943, LTP.

[13] Letter from Eric Welsh to Tronstad, January 16, 1943, LTP.

[14] March 18, 1943, LTD.

[15] Rønneberg Report; Rønneberg Interview, Moland; Myklebust, 173–188. The march to Sweden was one of the most remarkable aspects of the Gunnerside operation. Rønneberg recounts it in detail in his report, but a better, longer chronicle comes from Gunnar Myklebust in his biography of the saboteur. These are the three primary sources for the description of this retreat given here.

[16] Rostøl and Amdal, 97–99.

[17] Rønneberg Report; Mears, 182–185. On the survival skills of the saboteurs, Mears offers fine insight.

[18] Rønneberg Interview, Moland.

[19] Myklebust, 182–183.

[20] Interview with Rønneberg, IWM: 27187; Rønneberg Interview, Moland; Rønneberg Report.

[21] Haukelid, 129; Interrogation of Knut Haukelid, July 25, 1945, TNA: HS 9/676/4.

[22] Haukelid, 129–130.

[23] Ibid., 124–131.

[24] Berg, 137.

[25] Report by Arne Kjelstrup, October 30, 1943, NHM: SOE, Box 23.

[26] Report "Angår Aksjonen på Hardangervidda," July 17, 1946, NHM: Box 10B; Report on the Interrogation of Major Ernst Lutter, July 5, 1945, NHM: Box 16; Tätigkeitsbericht AOK/Ic, April 1943, RW 39/44, Barch-MA; Ueland, 191–193; Helge Dahl, *Rjukan*, 291. Figures on those involved in the March–April 1943 razzia range everywhere from two thousand to twelve thousand men. The key confusion likely rests around the fact that there were three actions conducted at roughly the same time, as outlined by Major Lutter, who participated in them. Exact numbers have yet to be uncovered, but Lutter states three thousand men in the Hardangervidda, another with an "even more formidable army" for regions south and west of the Vidda, and the third with two thousand men in northern Norway near Trondheim.

[27] Haugland Report; Lunde, 109.

[28] Report, "Vemork kraftstasjon," March 24, 1943, NHM: FOIV, Box D17.

[29] Report, "Angår aksjønen mot Hardangervidda I tiden 23/3/ til 8/4/43," NHM: Box 10B; Report, "Unternehmen Adler," March 30, 1943, NHM: Box 10B; Technique of the Agent in the European Field, TNA: HS 2/229; Report by Arne Kjelstrup, October 30, 1943, NHM: SOE, Box 23; Ueland, 161–163; Kjelstadli, 264.

[30] Report on the Interrogation of Major Ernst Lutter, July 5, 1945, NHM: Box 16; Report from Swedish Telegraph Agency, March 29, 1943, NHM: FOIV, Box D17; Report from Fenrik Haugland, September 23, 1943, NHM: SOE, Box 23.

21. 高原魅影

[1] Berg, 137–138.

[2] Drummond, 104.

[3]Haukelid, 130–131.

[4]Ibid., 134.

[5]Interview with Helberg, IWM: 26623.

[6]Poulsson Report; Sørlie Memoir; Report, Claus Urbye Helberg, April 19, 1943, TNA: HS 2/186.

[7]Interview with Helberg, IWM: 26623; Report by Claus Helberg, June 28, 1943, NHM: SOE, Box 23; Interrogation of Sergeant Helberg, July 23, 1943, TNA: HS 9/689/6. The narrative of Helberg's dramatic escape between March 25–30 derives primarily from these four sources. The author has also consulted Gallagher, 149–163; Interview with Claus Helberg, KA; Ueland, 194–201, 212–216. Any quotes or other select material will be separated out in the endnotes.

[8]Interview with Helberg, IWM: 26623.

[9]Ibid.

[10]There remains some discrepancy in the sources about what hotel Helberg stayed in during his time in Dalen. Some refer to the Bandak Tourist Hotel, others to the Dalen Hotel. Given the Dalen Hotel was the nicest hotel in the town as well as the fact that the Germans set up headquarters there, the author sided with Dalen.

[11]Letter from Wehrmachtsbefehlshaber in Norwegen, May 15, 1943, RW 4/639, Barch-MA.

[12]Berit Nøkleby, "Uforskammet opptreden mot Terboven," *Aftenposten*, February 25, 1983.

[13]Gallagher, 159.

[14]Berit Nøkleby, "Uforskammet opptreden mot Terboven," *Aftenposten*, February 25, 1983.

[15]Report, "Aksjonen på Hardangervidda," March 23–April 8, 1943, NHM: Box 10B.

[16]Wochenbericht für die Woche vom 29.3–4.4.43, RW 39/45, Barch-MA.

[17]March 20–April 20, 1943, ESD.

[18]Haugland Report.

[19]Skinnarland Notes, ESP; April 1–19, 1943, ESD.

[20]Skinnarland, *Hva Som Hendte*, ESP.

[21]Haukelid, 137–139; April 16–19, ESD; Haugland Report.

[22]Haugland Report; Sæter, 97–98.

22. 全民运动

[1]Bericht über Konsul Ing. E. Schöpkes Reise und Besprechungen, March 13, 1943, NB: G-341; Rapport vedrörende anlegg for fremstilling av Tungt vann vad Vemork Vannstoff-fabrikk, Rjukan, September 14, 1943, NHM: FOIV, Box D17; Per Dahl, *Heavy Water*, 211–212; Bericht von Konsul Schöpke über die Besprechungen am 17. und 18.6.1943, NB: G-341.

[2]Letter from Ebeling to OKH Wa Forsch, March 2, 1943, NB: G-341.

[3]Bjarne Nilssen, P. M. Sabotasje Vemork, VM: JBrun, Box 6a.

[4]Letter from Ebeling to OKH Wa Forsch, March 2, 1943, NB: G-341; Olsen, 417.

[5]Andersen, 400–404; Report, Gunnerside, April 15, 1943, TNA: HS 2/186.

[6]Bericht über Konsul Ing. E. Schöpkes Reise und Besprechungen, March 13, 1943,

NB: G-341; Rapport vedrörende anlegg for fremstilling av Tungt vann vad Vemork Vannstoff-fabrikk, Rjukan, September 14, 1943, NHM: FOIV, Box D17; Per Dahl, *Heavy Water*, 211–212.

[7] Olsen, 417; Bericht Schutz von We-Wi-Betrieben, April 19, 1943, RW 39/45, Barch-MA.

[8] Niederschrift über die Besprechung am 7.5.1943 i.d. PTR, NB: G-341.

[9] Karlsch, 162–163.

[10] Abschrift, Allgemein verständliche Grundlagen zur Kernphysik, May 8, 1943, DIA: DJ 29.

[11] Schriften der Deutschen Akademie DNR Luftfahrtforschung, NB: Goudsmit Papers, III/B27/F29.

[12] Niederschrift über die Besprechung am 7.5.1943 i.d. PTR, NB: G-341.

[13] Bericht über einen Versuch mit Würfeln aus Uran-Metall und Schwerem Eis. G-212, NB: Goudsmit Papers, IV/B25/F16; Irving, 174–175.

[14] Niederschrift über die Besprechung am 7.5.1943 i.d. PTR, NB: G-341.

[15] Interview with Paul Harteck, NB: Oral History; Interview with Georg Hartwig, NB: Oral History.

[16] Ingstad, 159.

[17] Nichols, 108.

[18] Rhodes, 451, 486, 497.

[19] Groves, 186–191.

[20] Private Cipher Message for Field Marshal Dill from C.A.S., April 7, 1943, NHM: FOII, Box 61.

[21] Kurzman, 186.

[22] Preliminary Statement concerning the possibility of the use of radioactive material in warfare, July 1, 1943, TNA: CAB 98/47.

[23] Bush, Memorandum of Conference with the President, June 24, 1943, NA: Bush-Conant Papers; Powers, 210–211.

[24] Letter from James Conant to General Groves, December 9, 1942, NA: Bush-Conant Papers.

[25] Bush, Memorandum of Conference with the President, June 24, 1943, NA: Bush-Conant Papers.

[26] Haukelid, 149; Haukelid Family, Author Interview; Interrogation of Knut Haukelid, July 25, 1945, TNA: HS 9/676/4; Report by Arne Kjelstrup, October 30, 1943, NHM: SOE, Box 23; Report from Bonzo, NHM: SOE, Box 23.

[27] *Haukelid and Kjelstrup:* Haukelid, 152; Berg, 142–143.

[28] Interrogation of Lieutenant Einar Skinnarland, July 27, 1945, TNA: HS 9/1370/8; Skinnarland, *Hva Som Hendte*, ESP.

[29] June 18–20, 1943, ESD.

[30] Letter from Einar Skinnarland to Kirvil Skinnarland, December 1998, ESP.

[31] June 28–July 8, 1943, ESD; Skinnarland Notes, ESP.

[32] Message from Swallow, July 8, 1943, NHM: FOIV, Box D17.

[33] Prime Minister's Personal Minute, April 14, 1943, TNA: HS 2/190.

[34] Report, "Lurgan," July 4, 1943, LTP; Letter from Brun to Thomas Powers, October 11, 1988, VM: JBrun, Box 17.

[35] July 13, 1943, LTD.

[36] Tronstad, "Notat vedr. X," July 19, 1943, NHM: Box 10/SIS B; Brun, 73–77.

[37] Letter to Tronstad from Wilson, July 16, 1943, DORA: Correspondence 1937–1945.

[38] July 21, 1943, LTD; Myklebust, 214–215; Poulsson, 160–163; Rønneberg Interview, Moland.

[39] Kjelstadli, 201–204; Olsen, 410–412; Sagasfos, 105–110.

23. 目标名单

[1] Report, "Meeting Held at Rjukan on the 4th August 1943," NHM: Box 10/SIS B; Olsen, 406, 418; Per Dahl, *Heavy Water*, 212.

[2] Alf Larsen, Vemork production figures, DIA: DJ 31; Letter from Harteck to Diebner, February 16, 1944, NB: G-341.

[3] Report, "Meeting Held at Rjukan on the 4th August 1943," NHM: Box 10/SIS B.

[4] Kjelstadli, 260; Andersen, 422.

[5] Message from Swallow, August 4, 1943, NHM: SOE, Box 22.

[6] Message from Swallow, August 9, 1943, NHM: SOE, Box 22.

[7] Messages from Swallow, August 7–22, 1943, TNA: HS 2/187.

[8] July–September 1943, ESD; Letter from Skinnarland to Dan Kurzman, May 12, 1997, ESP; Marielle Skinnarland, Author Interview.

[9] September 16, 1943, ESD.

[10] *Bergens Tidende*, February 1, 2015.

[11] July 11–17, 1943, ESD; Marielle Skinnarland, Author Interview.

[12] Letter from A. R. Boyle to Wilson, August 9, 1943, TNA: HS 2/187.

[13] Message to Swallow, August 10, 1943, including handwritten comments from Tronstad and Wilson, TNA: HS 2/187.

[14] Tronstad, Report with reference to attacks at Rjukan and Vemork, TNA: HS 8/955/DISR.

[15] Kjelstadli, 200–205.

[16] Tronstad, "Notat vedr. X," July 19, 1943, NHM: Box 10/ SIS B.

[17] Letter from Hole to Tronstad, September 1, 1943, NHM: Box 10/SIS B.

[18] Stephensen Report, October 21, 1943, TNA: HS 2/187.

[19] Letter from Tronstad to Sidsel, August 20, 1943, LTP.

[20] August 20, 1943, LTD.

[21] Perrin Report, "Norway and Production of Heavy Water," August 20, 1943, TNA: AIR 8/1767.

[22] Haukelid, 169; Haukelid Family, Author Interview.

[23] Interrogation of Knut Haukelid, July 25, 1945, TNA: HS 9/676/4; Report by Bonzo, via Arne Kristoffersen (Kjelstrup), October 1943, NHM: SOE, Box 23.

[24] *Once, by a:* Berg, 143–144.

[25] Request for Packing of Stores in Containers, Swallow Two, August 24, 1943, TNA: HS 2/131.

[26] Operational Report, Swallow Two, September 21/22, 1943, TNA: HS 2/131.

[27] Haukelid, 157.

[28] Ibid.; Report, Swallow Two drop, November 18, 1943, TNA: HS 2/131.

[29] Berg, 141, 144–147.

[30] Haukelid, 158; October 13, 1943, ESD.

[31] Skinnarland Note, ESP.

[32] Letter from Lt. Colonel Sporborg to Brigadier Mockler-Ferryman, October 5, 1943, TNA: HS 2/218; Tube Alloys Technical Committee Meeting, September 19, 1943, TNA: CAB 126/46; Letter from L. C. Hollis to CAS (Chief of Air Staff, Sir Charles Portal), October 18, 1943, TNA: AIR 8/1767.

[33] Report, Heavy Water Production at Vemork, October 16, 1943, TNA: HS 2/218.

[34] Letter from L. C. Hollis to Sir Charles Portal, October 18, 1943, TNA: AIR 8/1767; Letter from Sir Charles Portal to L. C. Hollis, October 20, 1943, TNA: AIR 8/1767.

[35] Parton, 155.

[36] Ibid., 130.

[37] Groves, 189.

[38] Kurzman, 188; Letter from Sir Charles Portal to Brigadier Hollis, October 20, 1943, TNA: AIR 8/1767.

[39] Report with Reference to Attacks at Rjukan and Vemork, TNA: HS 8/955/DISR.

[40] Njølstad, 264–265.

[41] Minutes of the 24th ANCC, November 11, 1943, TNA: HS 2/138.

24. 牛仔忙起来

[1] Interview with Owen Roane, KA.

[2] Freeman, 7–15.

[3] Roane, 96.

[4] Interview with Owen Roane, KA.

[5] Bennett, 15.

[6] Interview with Owen Roane, KA; Roane, 1–14.

[7] Harry Crosby, Jan Riddling, and Michael P. Faley, "History of the 100th Bomb Group," United States Air Force Military Heritage Database, http://www.8thairforce.com/legacy_100thbomb.htm.

[8] Roane, 29–80.

[9] Michael Faley, "Owen Roane: The Last Cowboy," *Splasher Six* 29 (Fall 1998).

[10] Freeman, 16–18, 244–245.

[11] Roane, 95–101. In Roane's book, he included transcripts of the reports from Command Pilot Bennett, Lead Pilot Roane, as well as the navigator, bombardier, and the Third Division air commander.

[12] Interview with Owen Roane, KA.

[13] Roane, 95–101.

[14] Bomber Command Narrative of Operations, 131st Operation, November 16, 1943, TNA: AIR 40/481.

[15] Bennett, 16–21.

[16] Ibid., 17.

[17] Kurzman, 197. Of the histories on the Eighth Air Force attack on Vemork, Dan Kurzman succeeded best in interviewing some of the pilots and crews, giving a thorough account of the events of November 16.

[18] Ibid., 19–20.

[19] Bomber Command Narrative of Operations, 131st Operation, November 16, 1943, TNA: AIR 40/481.

[20] Haukelid, 177; November 16, 1943, ESD.

[21] Nielsen, Kjell, "Notat angående omtalen av fergeaksjonen på Rjukan i Februar 1944," NHM: Box 10B.

[22] Rapport fra luftvernlederen ingeniør Fredriksen over flyangrepet på Vemork Kraftstasjon og Vemork Fabrikkompleks, November 16, 1943, VM: A-1108/AK, Box 1.

[23] Report by Unnamed Witness, KA.

[24] Mears, 95–101; Bomber Command Narrative of Operations 131st Operation, November 16, 1943, TNA: AIR 40/481; Quotes on Tuesday's 8th AAF Heavy Bomber Operations, November 16, 1943, TNA: AIR 2/8002.

[25] Bomber Command Narrative of Operations, 131st Operation, November 16, 1943, TNA: AIR 40/481; Report, "Norway: Result of USAAF raid on Rjukan, Vemork," December 28, 1943, TNA: AIR 40/481.

[26] Attack on Fertilizer Works at Rjukan by USAAF, December 9, 1943, TNA: AIR 2/8002; 8th Air Force Command Provisional Report, November 18, 1943, TNA: AIR 40/481.

[27] Kurzman, 202.

[28] Ibid., 202–204; Nielsen, Kjell, "Notat angående omtalen av fergeaksjonen på Rjukan i Februar 1944," NHM: Box 10B.

[29] Ømkomme under bombingen, November 16, 1943, VM: A-1108/AK, Box 1; Olsen, 419.

[30] Letter from Muggenthaler to Befehlshaber der SS und des SD, November 17, 1943, R70/32, Bundesarchiv, Berlin.

[31] Fernschreiben an dan Chef der Sicherheitspolizei und des SD, Kaltenbrunner, November 18, 1943, R70/32, Bundesarchiv, Berlin.

25. 不牺牲，无收获

[1] Njølstad, 274–275.

[2] November 16, 1943, LTD.

[3] Notat vedrörende angrenpene på Rjukan og Vemork, November 16, 1943, NHM: Box 10/SIS B.

[4] Letter from Hagen (Brun) to Perrin, November 1943, VM: JBrun, Box 2.

[5] Aide-Memoire, "The bombing of industrial targets in Norway," TNA: AIR 2/8002; Notat vedrörende angrenpene på Rjukan og Vemork, November 16, 1943, NHM: Box 10/SIS B; Letter from Trygve Lie, January 29, 1943, TNA: AIR 2/8002; Letter from A. W. Street, December 22, 1943, TNA: AIR 2/8002. There are a series of illuminating letters in this folder (Air Attacks on Targets in Norway, TNA: AIR 2/8002), a worthy starting point for anybody interested in the back-and-forth imbroglio betweeen British, American, and Norwegian officials.

[6] Letter from Hole to Tronstad, December 16, 1943, LTP.

[7] November 5, 1943, LTD.

[8] Cable from S. D. Felkin, December 22, 1943, TNA: HS 2/187.

[9] Notat vedrörende angrenpene på Rjukan og Vemork, November 16, 1943, NHM: Box 10/SIS B.

[10] Njølstad, 270–271.

[11] Letter from Tronstad to Bassa, August 23, 1943, LTP.

[12] Letter from Tronstad to Bassa, December 8, 1943, LTP.

[13] April 30, 1943, LTD. This reflection matches perfectly the one expressed by Malcolm Munthe, his British colleague, who on May 3, 1943, sent Tronstad a letter that stated,

"As you perhaps have known—I have for some time past felt—very keenly, when sending out into the field some of my Norwegian friends—the need to once again try to do my bit in the active side of the war myself." Letter from Munthe to Tronstad, May 3, 1943, DORA: Correspondence 1937–1945.

[14] Walker, *German National Socialism*, 100–102.

[15] Bericht über die Neutronenvermehrung einer Anordnung von Uranwürfeln und Schwerem Wasser (GIII), Deutsches Museum Archiv; Nagel, 90–92; Irving, 190–192.

[16] Bericht über die Neutronenvermehrung einer Anordnung von Uranwürfeln und Schwerem Wasser (GIII), Deutsches Museum Archiv.

[17] Bagge and Diebner, 35.

[18] Letter from Göring to Esau, December 2, 1943, NB: Goudsmit Papers, III/B27/F30; Per Dahl, *Heavy Water*, 219.

[19] Irving, 200; Per Dahl, *Heavy Water*, 220–221.

[20] Karlsch, 104–105.

[21] Nagel, 94.

[22] Karlsch, 106; Walker, *German National Socialism*, 130–131.

[23] Protokoll über die in Norsk Hydro Buro, Oslo, December 11, 1943, NB: G-341.

[24] Protokoll über die in Norsk Hydro Buro, Oslo, December 11, 1943, NB: G-341.

[25] Mark Walker and Rainer Karlsch, "New Light on Hitler's Bomb" (*Physics World*, June 1, 2005); Nagel, 92–93; Irving, 213–217. There is little doubt Diebner was working on this effort. The bigger controversy revolves around its success or failure. Irving skirts away from the answer, but Karlsch argues in his book that Diebner and crew successfully tested such weapons. Whether they did—or did not—the author agrees with the Karlsch/Walker article that says: "What is important is the revelation that a small group of scientists working in the last desperate months of the war were *trying* to do this."

[26] Messages from/to Swallow, December 19, 1943–January 1, 1943, NHM: SOE, Box 22.

[27] Haukelid, 171–172; December 25, 1943–January 1, 1944, ESD.

[28] Ording, 255; Haukelid, 159.

[29] Marielle Skinnarland, Author Interview.

[30] Haukelid, 166–167.

[31] Ibid.; Marielle Skinnarland, Author Interview.

[32] Njølstad, 288–289; Message from London, January 29, 1943, TNA: HS 2/188.

[33] Report on Rjukan, January 1, 1944, TNA: HS 2/188.

[34] Translation of Extract from Swedish Newspaper, "Brilliant Coup Against Hitler's Secret Weapon," November 23, 1943, TNA: HS 2/188.

[35] Sørlie Memoir.

[36] Ibid.; January 30, 1943, ESD.

[37] Sørlie Memoir.

26. 5 千克鱼

[1] Rolf Sørlie, Report on Milorg at Rjukan, May 12, 1944, NHM: SOE, Box 23; Sørlie Memoir; Løken, 102; Drummond, 152; Report

by Sheriff Foss, January 1944, NHM: SOE, Box 23.

[2]Interrogation of Gunnar Syverstad, April 5, 1944, TNA: HS 2/188.

[3]Sørlie Memoir.

[4]Message from Swallow, February 2, 1943, NHM: Box 10/SIS B.

[5]Sørlie Memoir.

[6]Message from Swallow, February 3, 1943, TNA: HS 2/174.

[7]Haukelid, 178.

[8]Rolf Sørlie, Report on Milorg at Rjukan, May 12, 1944, NHM: SOE, Box 23; Message from Swallow, February 5, 1944, TNA: HS 2/174.

[9]Message from Swallow, February 6, 1943, NHM: SOE, Box 23.

[10]Haukelid, 181.

[11]February 6, 1944, LTD.

[12]Njølstad, 298–299; Messages to/from Swallow, February 1–7, 1943, NHM: SOE, Box 23.

[13]Letter from Tronstad to Wilson, February 7, 1944, TNA: HS 2/188; February 7, 1942, LTD; Letter from Welsh to Tronstad, February 8, 1944, LTP.

[14]Message to Swallow, February 8, 1944, TNA: HS 2/188.

[15]February 7, 1943, LTD.

[16]Drummond, 156.

[17]Haukelid, 182–183; Account given by Engineer Larsen of the transaction during the attack on Tinnsjø ferry, February 20, 1944, NHM: SOE, Box 23.

[18]Haukelid, Report on the Sinking of the Ferry *Hydro*, February 20, 1944, NHM: SOE, Box 23; Account given by Engineer Larsen of the transaction during the attack on Tinnsjø Ferry, February 20, 1944, NHM: SOE, Box 23. These two accounts are the best distillation of the thinking behind the various options. The same breakdown can be found in a number of other sources, including Haukelid's memoir as well.

[19]Message from Swallow, February 9, 1943, NHM: SOE, Box 23; Marielle Skinnarland, Author Interview; Skinnarland Notes, ESP.

[20]Message to Swallow, February 10, 1943, NHM: SOE, Box 23.

[21]Sørlie Memoir.

[22]Haukelid Family, Author Interview; Haukelid, 182; Sørlie Memoir; Message from Swallow, February 12, 1943, NHM: SOE, Box 23; Letter to SNA, February 17, 1944, NHM: SOE, Box 23B.

[23]February 13, 1944, ESD; Sørlie Memoir.

[24]Haukelid, Report on the Sinking of the Ferry *Hydro*, February 20, 1944, NHM: SOE, Box 23; Sørlie Memoir.

[25]Kjell Nielsen, "Notat angående omtalen av fergeaksjonen på Rjukan i Februar 1944," NHM: Box 10B; Interrogation of Gunnar Syverstad, April 5, 1944, TNA: HS 2/188; Haukelid, Report on the Sinking of the Ferry *Hydro*, February 20, 1944, NHM: SOE, Box 23.

[26]Message from Swallow, February 16, 1944, NHM: SOE, Box 23.

[27]Haukelid, Report on the Sinking of the Ferry *Hydro*, February 20, 1944, NHM: SOE,

Box 23; Sørlie Memoir.

[28] Sørlie Memoir.

[29] February 16, 1943, ESD.

[30] Message to Swallow, February 16, 1943, NHM: SOE, Box 23.

[31] Marielle Skinnarland, Author Interview; Skinnarland Notes, ESP; Haukelid, 185–186.

27. 拉小提琴的男人

[1] Interview with Alf Larsen, DIA: DJ 31; Interview with Knut Haukelid, DIA: DJ 31.

[2] Drummond, 160.

[3] Haukelid, 187.

[4] Haukelid, Report on the Sinking of the Ferry *Hydro*, February 20, 1944, NHM: SOE, Box 23.

[5] Ibid.

[6] Kjell Nielsen, "Notat angående omtalen av fergeaksjonen på Rjukan i Februar 1944," NHM: Box 10B; Interrogation of Gunnar Syverstad, April 5, 1944; Account given by Engineer Larsen of the transaction during the attack on Tinnsjø Ferry, February 20, 1944, NHM: SOE, Box 23; Sørlie Memoir.

[7] Diseth, Friends Report, NHM: SOE, Box 23B; Haukelid, Report on the Sinking of the Ferry *Hydro*, February 20, 1944, NHM: SOE, Box 23; Gallagher, 175–176.

[8] Interview with Haukelid, DIA: DJ 31.

[9] Payton and Lepperød; Interrogation of Gunnar Syverstad, April 5, 1944, TNA: HS 2/188; Irving, 203.

[10] Haukelid, Report on the Sinking of the Ferry *Hydro*, Feb-ruary 20, 1944, NHM: SOE, Box 23; Haukelid, 187–188; Interview with Haukelid, DIA: DJ 31; Interview with Haukelid, IWM: Oral History.

[11] Interview with Knut Lier-Hansen, KA; Report by Gunlsik Skogen, December 1, 1943, TNA: HS 2/174; Knut Lier-Hansen, Friends Report, NHM: SOE, Box 23B.

[12] Haukelid, 189. There is some murkiness in regard to when Lier-Hansen joined the team. In his own interview, Lier-Hansen puts himself fairly center stage as early as February 10, but this runs against most other accounts, which do not have him coming aboard until the final days (and relate the worry of still being a man down). Sørlie and Haukelid both recount this version. Given the assembly of evidence, February 18 looks to be the most likely scenario. Haukelid states explicitly they met this day in his after-action report and Lier-Hansen is not mentioned in any of the meetings that Larsen, Syverstad, or Nielsen participated in prior to that date.

[13] Larsen, 1242–1249.

[14] Ibid., 1249–1250.

[15] Irving, 205–206.

[16] February 18, 1944, LTD.

[17] Letter to Michael Perrin, February 15, 1944, TNA: HS 8/955/DISR.

[18] February 10, 1944, LTD.

[19] Brun, 85–86.

[20] John Wilson, "On Resistance in Norway," NHM: Box 50A; Interview with Michael Perrin, DIA: DJ 31.

[21] February 18, 1944, LTD.

[22] Haukelid, 188.

[23] Drummond, 162.

[24] Haukelid, Report on the Sinking of the Ferry *Hydro*, February 20, 1944, NHM: SOE, Box 23; Gallagher, 176; Interview with Haukelid, DIA: DJ 31.

[25] Letter to Welsh, March 20, 1944, TNA: HS 2/188.

[26] Account given by Engineer Larsen of the transaction during the attack on Tinnsjø Ferry, February 20, 1944, NHM: SOE, Box 23.

28. 10:45 闹钟响起

[1] Haukelid, 191; Message from Swallow, March 30, 1944, NHM: Box 10.

[2] Interview with Haukelid, DIA: DJ 31; Interview with Larsen, DIA: DJ 31.

[3] Drummond, 165.

[4] Kurzman, 224.

[5] Gallagher, 179.

[6] Haukelid, Report on the Sinking of the Ferry Hydro, February 20, 1944, NHM: SOE, Box 23; Interview with Haukelid, DIA: DJ 31; Interview with Knut Lier-Hansen, KA; Haukelid, 191–93; Drummond, 167–170; Gallagher, 179–182; Account given by Engineer Larsen of the transaction during the attack on Tinnsjø Ferry, February 20, 1944, NHM: SOE, Box 23; Sørlie Memoir. Other than specifically noted quotes, the narrative of the placing of the explosives aboard the Hydro is drawn from these sources collectively.

[7] Gallagher, 181; Haukelid, Report on the Sinking of the Ferry Hydro, February 20, 1944, NHM: SOE, Box 23; Sikkerhetspoliti Rapport av John Berg, February 21, 1944, NHM: Box 10B.

[8] Drummond, 171.

[9] Vedr. D/F Hydro forlis February 20, 1944, VM: IA4FB, Box 13; Irving, 209.

[10] Lillian Gabrielson, Author Interview.

[11] Haukelid, 195.

[12] Interview with Lier-Hansen, KA.

[13] Raport Sørensen, February 21, 1944, VM: IA4FB, Box 13; Gallagher, 184.

[14] Raport Sørensen, February 21, 1944, VM: IA4FB, Box 13; Aftenposten, February 23, 1944, TNA: HS 2/188; Fritt Folk, February 23, 1944, TNA: HS 2/188; Rjukan Dagblad, February 22, 1944, TNA: HS 2/188; Interview with Eva Gulbrandsen, KA; Omkomne D/F Hydro, February 20, 1944, VM: IA4FB, Box 13.

[15] Raport Sørensen, February 21, 1944, VM: IA4FB, Box 13.

[16] Interview with Eva Gulbrandsen, KA.

[17] Ibid.

[18] Haukelid, 197; Omkomne D/F Hydro, February 20, 1944, VM: IA4FB, Box 13. The exact numbers on the ferry that day are somewhat obscured by the fact that the ticket clerk—and his records—were lost in the sinking. The final accounting comes from an intelligence report found by Knut Haukelid after the war in the records of the military governor of Norway.

[19] Sørlie Memoir.

[20] February 21, 1944, ESD.

[21] Message from Swallow, February 22, 1944, NHM: Box 10/SIS B.

[22] Interrogation of Gunnar Syverstad, March 25, 1944, NHM: Box 10.

[23]Sikkerhetspoliti Rapport av John Berg, February 21, 1944, NHM: Box 10B; Gudbrandsen, Rapport til Lederen av Statspolitiet, February 23, 1944, NHM: Box 10B.

[24]Haukelid, 195–202; Haukelid Family, Author Interview.

[25]February 26–March 7, 1944, LTD.

[26]April 13, 1944, LTD.

29. 胜利

[1]Irving, 217–219.

[2]Bericht uber die Arbeiten auf Kernphysikalischen Gebiet, NB: Goudsmit, IV/B25/F13.

[3]Karlsch, 166–167.

[4]May 12, 1944, LTD.

[5]Irving, 246–247, 258–260; Alsos Mission Report, DIA: DJ 31.

[6]Goudsmit, 71

[7]Interview with Georg Hartwig, NB: Oral History; Nagel, 129–30; Cassidy, 496.

[8]June 10, 1944, LTD.

[9]Njølstad, 331–335.

[10]Finishing Report, STS 17, DORA: Correspondence 1937–1945.

[11]Report of Operation Sunshine, TNA: HS 2/171.

[12]Appendix A, Sunshine Action Plans, NHM: Box 10C.

[13]Letter from Tronstad to Bassa, August 27, 1944, LTP.

[14]Speech by Gerd Hurum Truls, October 10, 1987, LTP.

[15]August 27, 1944, LTD.

[16]Njølstad, 358.

[17]Report of Operation Sunshine, TNA: HS 2/171.

[18]Skinnarland Report on the Deaths of Major Tronstad and Sergeant Syverstad, March 16, 1945, TNA: HS 2/171; Njølstad, 410–424.

[19]Report of Operation Sunshine, TNA: HS 2/171; Herrington, 283–85; Military Homefront Survey, December 1, 1944, NHM: SOE, Box 4.

[20]Nøkleby, *Josef Terboven*, 291–293.

[21]Klykken, Frits, "Saken Fehlis," Porsgunn Folkebibliotek.

[22]Colonel Wilson, Diary of a Scandinavian Tour, TNA: HS 9/1605/3.

[23]*Chicago Tribune*, June 8, 1945.

[24]Skinnarland, *Hva Som Hendte*, ESP; Freds Og Midtsommerskal, June 23, 1945, ESP.

[25]Colonel Wilson, Diary of a Scandinavian Tour, TNA: HS 9/1605/3.

[26]Njølstad, 426–429.

[27]Letter from Tronstad to Bassa, August 27, 1944, LTP.

[28]Powers, 434–435; Bagge and Diebner, 51–55.

[29]Frank, 70.

[30]Bernstein and Cassidy, Appendix C.

[31]Ibid., 115–118.

尾声

[1]R. V. Jones, "Thicker Than Heavy Water," *Chemistry and Industry*, August 26, 1967.

[2]Bagge and Diebner, 35.

[3]Drew, 205.

[4]Ibid., 222.

[5]This conclusion is drawn by the author from the memoirs, interviews, and diaries of

these individuals. Some, like Poulsson and Rønneberg, state this unequivocally.

[6] Marielle Skinnarland, Author Interview.

[7] Interview with Rønneberg, IWM: 27187.

[8] Haugland Family, Author Interview.

[9] Haukelid Family, Author Interview.

[10] Marielle Skinnarland, Author Interview.

[11] "If Hitler Had the Bomb," transcript from documentary at the Norsk Industriarbeidermuseum, Vemork.

参考文献

档案

United States

Howard Gotlieb Archival Research Center, Boston University (Boston, MA)

National Archives (College Park, MD)

Niels Bohr Library and Archives (College Park, MD)

Rensselaer Polytechnic Institute, Archives and Special Collections (Troy, NY)

Norway

Norges Hjemmefrontmuseum (Oslo)

Norges Teknisk-Naturvitenskapelige Universitet Arkiv (Trondheim)

Norsk Industriarbeidermuseum (Vemork)

Germany

Bundesarchiv (Berlin)

Bundesarchiv (Freiburg)

Deutsches Museum Archiv (Munich)

United Kingdom

British Online Archives (Wakefield)

Imperial War Museum (London)

National Archives (Kew)

France

Archives Nationale (Paris)

个人档案

Leif Tronstad (courtesy of Leif Tronstad Jr.)

Knut Haugland (courtesy of Trond, Torfinn, and Torill Haugland)

Einar Skinnarland (courtesy of Marielle and Kirvil Skinnarland)

Jens-Anton Poulsson (courtesy of Mia and Unni Poulsson)

Knut Haukelid (courtesy of Bjørgulf, Kirvil, and Knut Haukelid)

David Irving (courtesy of British Online Archives)

Rolf Sørlie (courtesy of Finn Sørlie)

Bjørn Iversen

采访

Tronstad Family (Oslo)
Haugland Family (Oslo, Rjukan)
Haukelid Family (Oslo)
Poulsson Family (Oslo)
Skinnarland Family (Oslo, Rjukan, United States)
Finn Sørlie (Oslo)
Ragnar Ulstein (United States)
Svein Vetle Trae (Oslo)
Lillian Gabrielson (Oslo)

挪威语和德语参考文献

Andersen, Ketil. *Hydros historie 1905–1945*. Bind 1, *Flaggskip i fremmed eie: Hydro 1905–1945*. Oslo: Pax Forlag, 2005.

Bagge, Erich, Kurt Diebner, and Kenneth Jay. *Von der Uranspaltung bis Calder Hall*. Hamburg: Rowohlt, 1957.

Berg, John. *Soldaten som ikke ville gi seg: Lingekaren Arne Kjelstrup, 1940–1945*. Oslo: Metope, 1986.

Bergfald, Odd. *Hellmuth Reinhard: Soldat eller morder?* Oslo: Schibsted, 1967.

Bøhn, Per. *IMI: Norsk innsats i kampen om atomkraften*. Trondheim: F. Bruns Bokhandels Forlag, 1946.

Brauteset, Steinar. *Gestapo-offiseren Fehmer: Milorgs farligste fiende*. Oslo: Cappelen, 1986.

Brun, Jomar. *Brennpunkt Vemork, 1940–1945*. Oslo: Universitetsforlaget, 1985.

Dahl, Helge. *Rjukan*. Bind 2, *Fra 1920 til 1980*. Rjukan: Tinn kommune, 1983.

Drew, Ion et al. *Tause helter: Operasjon Freshman og andre falne*. Stavanger, Rogaland, Norway: Hertervig Akademisk, 2011.

Fjeldbu, Sigmund. *Et lite sted på verdenskartet—Rjukan 1940–1950*. Oslo: Tiden, 1980.

Gestapo i Norge: Mennene, midlene og metodene. Oslo: Norsk kunstforlag, 1946.

Halvorsen, Odd. *Den Norske Turistforening årbok 1947*. Oslo: Den Norske Turistforening, 1947.

——. *Den Norske Turistforening årbok 1970*. Oslo: Den Norske Turistforening, 1970.

Hurum, Gerd Vold. *En Kvinne ved navn "Truls": Fra motstandskamp til Kon-Tiki*. Oslo: Wings,

2006.

Jensen, Erling. *Kompani Linge*. Bind 1. Oslo: Gyldendal, 1949.

Karlsch, Rainer. *Hitlers Bombe: Die geheime Geschichte der deutschen Kernwaffenversuche*. Munich: Deutsche Verlags-Anstalt, 2005.

Kjelstadli, Sverre. *Hjemmestyrkene*. Oslo: Bokstav & Bilde, 1959.

Larsen, Stein, Beatrice Sandberg, and Volker Dahm, eds. *Meldungen aus Norwegen, 1940–1945: Die geheimen Lageberichte des Befehishabers der Sicherheitspolizei und des SD in Norwegen*. Munich: R. Oldenbourg Verlag, 2008.

Lauritzen, Per. *Claus Helberg: Veiviser i krig og fred*. Oslo: Den Norske Turistforening, 1999.

Løken, Roar. "Militær motstand i Milorgs D. 16, 1940–1945." PhD diss., Universitet i Oslo, 1976.

Lunde, Kjell Harald. *Sabotøren: Et portrett av mennesket og krigshelten Fredrik Kayser*. Bergen, Norway: Alma Mater, 1997.

Myklebust, Gunnar. *Tungtvannssabotøren: Joachim H. Rønneberg, Linge-kar og fjellmann*. Oslo: Aschehoug, 2011.

Nagel, Günter. *Atomversuche in Deutschland: Geheime Uranarbeiten in Gottow, Oranienburg, und Stadtilm*. Zella-Mehlis, Germany: Heinrich-Jung-Verlagsgesellschaft, 2002.

Njølstad, Olav. *Professor Tronstads krig*. Oslo: Aschehoug, 2012.

Nøkleby, Berit. *Gestapo: Tysk politi i Norge, 1940–1945*. Oslo: Aschehoug, 2003.

——. *Josef Terboven: Hitlers mann i Norge*. Oslo: Gyldendal, 1992.

——. "Uforskammet opptreden mot Terboven." *Aftenposten*, February 25, 1983.

Olsen, Kristofer Anker. *Norsk Hydro gjennom 50 år*. Oslo: Norsk Hydro-Elektrisk Kvælstofaktieselskab, 1955.

Ording, Arne, Johnson Gudrun, and Johan Garder. *Våre falne, 1939–1945, Annen Bok*. Oslo: Grøndahl, 1950.

Payton, Gary, and Trond Lepperød. *Rjukanbanen: På sporet av et industrieventyr*. Rjukan: Maana Forlag, 1995.

Piekalkiewicz, Janusz. *Spione, Agenten, Soldaten: Geheime Kommandos im Zweiten Weltkrieg*. Munich: Schweizer Volks-Buchgemeinde, 1969.

Rostøl, Jack, and Nils Helge Amdal. *Tungtvannssabotør: Kasper Idland, fra krig til kamp*. Sandnes, Rogaland, Norway: Commentum, 2011.

Sæter, Svein. *Operatøren: Knut Haugland's egen beretning, Tungtvann, Gestapo, Kon-Tiki*. Oslo: Cappelen Damm, 2008.

Schaaf, Michael. "Der Physikochemiker Paul Harteck." PhD diss., Historisches Institut der Universität Stuttgart, 1999.

Schramm, Percy. *Hitler als militärischer Führer: Erkenntnisse und Erfahrungen aus dem Kriegstage-*

buch des Oberkommandoes der Wehrmacht. Frankfurt am Main: Athenäum Verlag, 1965.

Skogen, Olav. *Ensom krig mot Gestapo*. Oslo: Aschehoug Pocket, 2009.

Tranøy, Joar. *Oppvekst i samhold og konflikt*. Oslo: Maana Forlag, 2007.

Ueland, Asgeir. *Tungtvannsaksjonen: Historien om den største sabotasjeoperasjonen på norsk jord*. Oslo: Gyldendal, 2013.

Veum, Erik. *Nådeløse nordmenn: Statspolitiet, 1941–1945*. Oslo: Kagge Forlag, 2012.

英文参考文献及笔录

Adamson, Hans Christian, and Per Klem. *Blood on the Midnight Sun*. New York: Norton, 1964.

Baden-Powell, Dorothy. *Operation Jupiter: SOE's Secret War in Norway*. London: Hale, 1982.

Bailey, Roderick. *Forgotten Voices of the Secret War: An Inside History of Special Operations During the Second World War*. London: Ebury, 2008.

Bennett, John. *Letters from England*. San Antonio, TX: Hertzog, 1945.

Berglyd, Jostein. *Operation Freshman: The Hunt for Hitler's Heavy Water*. Stockholm: Leandoer & Ekholm, 2006.

Bernstein, Jeremy, and David Cassidy. *Hitler's Uranium Club: The Secret Recordings at Farm Hall*. New York: Springer Science & Business Media, 2013.

Beyerchen, Alan. *Scientists Under Hitler: Politics and the Physics Community in the Third Reich*. New Haven, CT: Yale University Press, 1977.

Casimir, Hendrik. *Haphazard Reality: Half a Century of Science*. New York: Harper & Row, 1984.

Cassidy, David C. *Uncertainty: The Life and Science of Werner Heisenberg*. New York: W. H. Freeman, 1992.

Churchill, Winston. *The Churchill War Papers: The Ever-Widening War, 1941*. Ed. Martin Gilbert. New York: Norton, 2001.

——. *The Hinge of Fate*. Vol. 4 of *The Second World War*. Boston: Houghton Mifflin, 1950.

——. *Their Finest Hour*. Vol. 2 of *The Second World War*. New York: Mariner Books, 1978.

Clark, Ronald. *The Birth of the Bomb*. London: Phoenix House, 1961.

——. *Tizard*. Cambridge, MA: MIT Press, 1965.

Compton, Arthur Holly. *Atomic Quest: A Personal Narrative*. Oxford, UK: Oxford University Press, 1956.

Cookridge, E. H. *Set Europe Ablaze: The Inside Story of Special Operations Executive*. New York: Thomas Crowell, 1967.

Cooper, D. F. "Operation Freshman." *The Royal Engineers Journal*, March 1946.

Cruickshank, Charles. *SOE in Scandinavia*. Oxford, UK: Oxford University Press, 1986.

Dahl, Per F. *Heavy Water and the Wartime Race for Nuclear Energy*. Bristol, UK: Institute of Physics Publishing, 1999.

Dalton, Hugh. *The Fateful Years: Memoirs 1931–1945*. London: Frederick Muller, 1957.

Dank, Milton. *The Glider Gang: An Eyewitness History of World War II Glider Combat*. Philadelphia: J. B. Lippincott, 1977.

Dipple, John. *Two Against Hitler: Stealing the Nazis' Best-Kept Secrets*. New York: Praeger, 1992.

Dorril, Stephen. *MI6: Inside the Covert World of Her Majesty's Secret Intelligence Service*. New York: Free Press, 2002.

Drummond, John D. *But for These Men*. New York: Award Books, 1962.

Ermenc, Joseph, ed. *Atomic Bomb Scientists: Memoirs, 1939–1945*. Meckler, 1989.

Fen, Åke. *Nazis in Norway*. London: Penguin Books, 1942.

Fine, Lenore, and Jesse A. Remington. *The Corps of Engineers: Construction in the United States*. Washington, DC: Office of the Chief of Military History, 1972.

Foot, M.R.D. *SOE: An Outline History of the Special Operations Executive, 1940–1946*. London: Pimlico, 1999.

Frank, Charles. *Operation Epsilon: The Farm Hall Transcripts*. Oakland: University of California Press, 1993.

Freeman, Roger A. *The Mighty Eighth War Manual*. London: Jane's, 1985.

Gallagher, Thomas. *Assault in Norway: Sabotaging the Nazi Nuclear Program*. Guildford, CT: Lyons Press, 1975.

Gjelsvik, Tore. *Norwegian Resistance, 1940–1945*. Trans. by Thomas Kingston Derry. London: C. Hurst, 1979.

Goebbels, Josef. *The Goebbels Diaries*. London: H. Hamilton, 1948.

Goldsmith, Maurice. *Frédéric Joliot-Curie: A Biography*. London: Lawrence and Wisehart, 1976.

Goudsmit, Samuel A. *Alsos*. Woodbury, NY: AIP Press, 1996.

Gowing, Margaret. *Britain and Atomic Energy, 1939–1945*. London: Macmillan, 1982.

Groves, Leslie. *Now It Can Be Told: The Story of the Manhattan Project*. New York: Da Capo Press, 1983.

Haarr, Geirr H. *The German Invasion of Norway: April 1940*. Annapolis, MD: Naval Institute Press, 2009.

Hargreaves, Richard. *Blitzkrieg Unleashed: The German Invasion of Poland*. Mechanicsburg, PA: Stackpole Books, 2008.

Hauge, E. O. *Salt-Water Thief*. London: Duckworth, 1958.

Haukelid, Knut. *Skis Against the Atom*. Minot, ND: North American Heritage Press, 1989.

Heisenberg, Werner. *Physics and Beyond: Encounters and Conversations*. Translated by Arnold J.

Pomerans. New York: Harper & Row, 1971.

Henniker, Mark. *An Image of War*. London: L. Cooper, 1987.

——. *Memoirs of a Junior Officer*. Edinburgh: Blackwood & Sons, 1951.

Hentschel, Klaus, ed. *Physics and National Socialism: An Anthology of Primary Sources*. Basel: Birkhäuser Verlag, 1996.

Herrington, Ian. "The Special Operations Executive in Norway 1940–45," PhD diss, De Montfort University, 2004.

Hewins, Ralph. *Quisling: Prophet Without Honor*. London: W. H. Allen, 1965.

Hinsley, F. H. *British Intelligence in the Second World War*. Vol. 2. Cambridge, UK: Cambridge University Press, 1981.

Hitler's Sunken Secret. PBS Documentary Transcript. November 8, 2005.

Humble, Richard. *Hitler's Generals*. London: Barker, 1973.

Ingstad, Helge. *The Land of Feast and Famine*. Translated by Eugene Gay-Tifft. Montreal: McGill-Queen's University Press, 1992.

International Military Tribunal. *Trial of Major War Criminals*. Vol. 27. Nuremburg: IMT, 1947.

Irving, David. *The German Atomic Bomb: The History of Nuclear Research in Nazi Germany*. New York: Perseus Books, 1983.

Jablonski, Edward. *Double Strike: The Epic Air Raids on Regensburg-Schweinfurt, August 17, 1943*. Garden City, NY: Doubleday, 1974.

Jeffery, Keith. *The Secret History of MI6*. London: Penguin Press, 2010.

Johnson, Amanda. *Norway: Her Invasion and Occupation*. Decatur, GA: Bowen Press, 1948.

Jones, R. V. "Thicker Than Heavy Water," *Chemistry and Industry*, August 26, 1967.

Jones, Reginald. *The Wizard War: British Scientific Intelligence, 1939–1945*. New York: Coward, McCann & Geoghegan, 1978.

Jungk, Robert. *Brighter Than a Thousand Suns: A Personal History of the Atomic Scientists*. Translated by James Cleugh. New York: Harcourt Brace, 1958.

Knudsen, H. Franklin. *I Was Quisling's Secretary*. London: Britons, 1967.

Kramish, Arnold. *The Griffin*. London: Macmillan, 1986.

Kurzman, Dan. *Blood and Water: Sabotaging Hitler's Bomb*. New York: Henry Holt, 1997.

Langworth, Richard M., ed. *Churchill by Himself: The Definitive Collection of Quotations*. New York: Public Affairs, 2008.

Lee, Sabine, ed. *Sir Rudolf Peierls: Selected Private and Scientific Correspondence*. Vol. 1. Singapore: World Scientific, 2009.

Lynch, Tim. *Silent Skies: Gliders at War 1939–1945*. Barnsley, UK: Pen & Sword, 2008.

Macrakis, Kristie. *Surviving the Swastika: Scientific Research in Nazi Germany*. New York: Oxford

University Press, 1993.

Mann, Matthew. "British Policy and Strategy Towards Norway, 1941–1944." PhD diss., University of London, 1998.

Marks, Leo. *Between Silk and Cyanide: A Codemaker's War*. New York: Free Press, 1998.

Meacham, Jon. *Franklin and Winston: An Intimate Portrait of an Epic Friendship*. New York: Random House, 2004.

Mears, Ray. *The Real Heroes of Telemark: The True Story of the Secret Mission to Stop Hitler's Atomic Bomb*. London: Coronet, 2003.

Moore, Ruth. *Niels Bohr: The Man, His Science, and the World They Changed*. New York: Knopf, 1966.

Moran, Charles McMoran Wilson. *Winston Churchill: The Struggle for Survival, 1940–1965; Taken from the Diaries of Lord Moran*. London: Constable, 1966.

Nichols, K. D. *The Road to Trinity*. New York: William Morrow, 1987.

Njølstad, Olav, et al. *The Race for Norwegian Heavy Water, 1940–1945*. Oslo: Institutt for Forsvarsstudier, 1995.

O'Connor, Bernard. *Churchill's School for Saboteurs: Station 17*. Gloucestershire, UK: Amberley, 2013.

Palmstrøm, Finn, and Rolf Torgersen. *Preliminary Report on Germany's Crimes Against Norway*. Oslo: Grøndal & Son, 1945.

Parton, James. *"Air Force Spoken Here": General Ira Eaker and the Command of the Air*. Bethesda, MD: Adler & Adler, 1986.

Peierls, Rudolf. *Bird of Passage: Recollections of a Physicist*. Princeton, NJ: Princeton University Press, 2014.

Perquin, Jean-Louise. *The Clandestine Radio Operators: SOE, BCRA, OSS*. Paris: Histoire and Collections, 2011.

Persico, Joseph E. *Roosevelt's Secret War: FDR and World War II Espionage*. New York: Random House, 2002.

Petrow, Richard. *The Bitter Years: The Invasion and Occupation of Denmark and Norway, April 1940–May 1945*. New York: William Morrow, 1974.

Poulsson, Jens-Anton. *The Heavy Water Raid: The Race for the Atom Bomb 1942–1944*. Oslo: Orion Forlag AS, 2009.

Powers, Thomas. *Heisenberg's War: The Secret History of the German Bomb*. New York: Da Capo Press, 1993.

Rhodes, Richard. *The Making of the Atomic Bomb*. New York: Simon & Schuster, 1996.

Rigden, Denis. *How to Be a Spy: World War II SOE Training Manual*. Toronto: Dundurn, 2004.

Riste, Olav, and Berit Nøkleby. *Norway 1940–1945: The Resistance Movement*. Oslo: Johan Grundt

Tanum Forlag, 1970.

Roane, Owen. *A Year in the Life of a Cowboy with the Bloody 100th*. The Woodlands, TX: Mackenzie Curtis Publishing, 1995.

Rose, Paul Lawrence. *Heisenberg and the Nazi Atomic Bomb Project, 1939–1945*. Berkeley: University of California Press, 2002.

Sagasfos, Ole Johan. *Progress of a Different Nature*. Oslo: Pax Forlag, 2006.

Sandys, Celia. *Chasing Churchill: Travels with Winston Churchill*. London: HarperCollins, 2004.

Seaman, Mark, ed. *Special Operations Executive: A New Instrument of War*. London: Routledge, 2006.

Shirer, William. *Berlin Diary: The Journal of a Foreign Correspondent, 1934–1941*. Baltimore, MD: Johns Hopkins University Press, 2002.

——. *The Rise and Fall of the Third Reich*. New York: Simon & Schuster, 1990.

Smyth, H. D. *Atomic Energy for Military Purposes*. York, PA: Maple Press, 1945.

Speer, Albert. *Inside the Third Reich*. New York: Macmillan, 1981.

Stafford, David. *Secret Agent: The True Story of the Covert War Against Hitler*. New York: Overlook Press, 2001.

Suess, Hans. "Virus House: Comments and Reminiscences." *Bulletin of Atomic Scientists* 24 (June 1968): 36–39.

Walker, Mark, and Rainer Karlsch. "New Light on Hitler's Bomb." *Physics World* 18 (June 2005): 15–18.

Walker, Mark. *German National Socialism and the Quest for Nuclear Power*. Cambridge, UK: Cambridge University Press, 1989.

——. *Nazi Science: Myth, Truth, and the German Atomic Bomb*. New York: Plenum Press, 1995.

Warbey, William. *Look to Norway*. London: Secker & Warburg, 1945.

Werner-Hagen, Knut. "Mission 'Moonlight'—Norway 1944." Website of the Austrian Armed Forces, http://www.bundesheer.at/truppendienst/ausgaben/artikel.php?id=886, March 2009.

Wiggan, Richard. *Operation Freshman: The Rjukan Heavy Water Raid, 1942*. London: William Kimber, 1986.

Wigner, Eugene Paul. *The Collected Works*. New York: Springer Science and Business Media, 2001.

Williams, Robert Chadwell. *Klaus Fuchs, Atom Spy*. Cambridge, MA: Harvard University Press, 1987.

Wilson, John Skinnar. *Memoirs of a Varied Life*. London: Imperial War Museum, John Skinner Wilson Collection, unpublished.

Worm-Müller, Jacob. *Norway Revolts Against the Nazis*. London: Lindsay Drummond, 1941.

Wright, Myrtle. *Norwegian Diary, 1940–1945*. London: Friends Peace and International Relations Committee, 1974.

索引

A

B

C

D

F

G

H

I

J

K

M

N

T

W

X

Y

Z

地名对照表

阿伯丁 Aberdeen
阿姆斯特丹 Amsterdam
阿维莫尔 Aviemore
埃本－埃美尔要塞 Fort Eben-Emael
埃格尔松 Egersund
奥地利 Austria
奥勒松 Ålesund
奥纳克摩尔 Aonach Mòr
奥普达尔 Oppdal
奥斯陆 Oslo
巴尔福德 Bulford
巴黎荷兰银行 Banque de Paris et des Pays-Bas
卑尔根 Bergen
北安普敦郡 Northamptonshire
北海 North Sea
北极港 Arctic seaport
贝克街 Baker Street
本内维斯山 Ben Nevis
比利时 Belgium
比尤利 Beaulieu
比尤尼斯峡湾 Bjørnesfjord
比约内峡湾 Bjorne Fjord
波兰 Poland
波什格伦 Porsgrunn
波托马克 Potomac
不来梅 Bremen
不列颠哥伦比亚省 British Columbia
布鲁克林 Brooklyn
布利坎顿伯里庄园 Brickendonbury Hall
达拉斯 Dallas
达伦 Dalen
但泽 Danzig
德鲁明托 Drumintoul
迪耶普 Dieppe
东米德兰兹 East Midlands
法恩湾 Loch Fyne
菲尤斯布达伦 Fjøsbudalen
费特 Fetter
弗拉特布什 Flatbush
弗莱克菲尤尔 Flekkefjord
福尼布机场 Fornebu airport
盖恩斯庄园 Gaynes Hall
盖于斯塔峰 Mount Gausta
哥本哈根 Copenhagen
哥伦比亚河 Columbia River
格里尼集中营 Grini concentration camp
格拉斯峡谷 Grass Valley
格伦顿庄园 Grendon Hall
格伦莫尔 Glenmore
格洛马河 Glomma
格洛姆菲尤尔 Glomfjord
国王十字火车站 King' s Cross station
哈当厄高原 Hardangervidda
哈得孙河 Hudson River
哈登贝格大街 Hardenbergstra β e
哈尔斯塔山 Hæstad Mountain
哈雷 Halle
哈灵达尔河 Hallingdal River
哈灵达尔峡谷 Hallingdal Valley
哈姆勒雪山 Hamrefjell mountains
海德公园 Hyde park (London)
海德马克 Hedemark
海德帕克 Hyde park (New York)
海格洛赫 Haigerloch
海勒兰 Helleland
海于克利公路 Haukeli Road
汉堡 Hamburg
汉普斯特德荒野公园 Hampstead Heath
豪克里塞特 Haukeliseter

赫尤亚 Herøya
华盛顿州 Washington State
霍尔默湖 Lake Holme
霍夫登岛 Hovden Island
霍维克 Høvik
剑桥 Cambridge
剑桥郡 Cambridgeshire
教堂大街 Kirkeveien
捷克斯洛伐克 Czechoslovakia
金斯顿宾馆 Kingston House
旧女王大街 Old Queen Street
居德布兰河谷 Gudbrandsdalen
卡尔霍夫 Kalhovd
凯旋门 Arc de Triomphe
康斯沃尔 Kongsvoll
克里斯蒂安桑 Kristiansand
克罗索邦 Krossobanen
克纳本 Knaben
孔斯贝格 Kongsberg
库默斯多夫 Kummersdorf
罗弗敦群岛 Lofoten
莱 Lie
莱比锡 Leipzig
莱斯特广场 Leicester Square
赖纳 Reinar
赖于兰 Rauland
朗厄湖 Lake Langesjå
劳兰德 Rauland
里斯大街 Ryes Road
利勒哈默尔 Lillehammer
利勒斯特伦 Lillestrøm
利兹 Leeds
丽兹酒店 Ritz Hotel
留坎 Rjukan
鲁姆斯达尔峡谷 Romsdal Valley
洛克舍斯湿地 Løkkjes marshes
洛斯阿拉莫斯牧场学校 the Los Alamos Ranch School
洛伊纳实验工厂 the Leuna pilot plant
吕瑟峡湾 Lysefjord
马尔默 Malmö
马杰斯缇克大酒店 Hotel Majestic
马萨诸塞州立大学 Massachusetts State College
玛尤斯图亚咖啡馆 Majorstua Café
曼彻斯特 Manchester
梅布尔 Meoble
梅尔 Mæl
门施塔特 Menstad
莫吕 Måløy
莫纳河 Måna River
默勒伽塔 19 号 MØLLERGATA 19
默斯湖 Lake Møs
默斯万公路 Møsvann Road
纳尔维克 Narvik
南肯辛顿宾馆 South Kensington hotel
瑙姆堡 Naumburg
尼德河 Nidelva River
挪威理工学院 Norwegian Institute of Technology
挪威峡湾 Norwegian fjord
诺托登 Notodden
帕丁顿车站 Paddington station
佩鲁斯大街 rue la Pérouse
佩讷明德 Peenemünde
皮卡迪利大街 Piccadilly
珀斯 Perth
奇尔特恩法院 Chiltern Court
瑞典 Sweden
桑敦根 Sandungen

桑湖 Sand Lake
桑维卡 Sandvika
设得兰群岛 Shetland Islands
圣埃德蒙堂 St.Edmund Hall
圣尔敏酒店 St. Ermin' s Hotel
圣詹姆斯公园 St. James' s Park
施韦因富特 Schweinfurt
史诺多尼亚 Snowdonia
斯德哥尔摩 Stockholm
斯铎汉姆公园 Stodham Park
斯古兰湿地 Skoland Marshes
斯基顿机场 Skitten Airfield
斯凯于姆宫 Skaugum
斯堪的纳维亚 Scandinavia
斯科里肯湖 Lake Skrykken
斯莱特博 Slettebø
斯皮恩布里奇 Spean Bridge
斯塔万格 Stavanger
斯特拉斯堡 Strasbourg
斯图加特 Stuttgart
斯托尔索尔湖 Lake Store Saure
松加湖 Lake Songa
松加峡谷 Songa Valley
苏格兰 Scotland
索尔兹伯里平原 Sailsbury Plain
索利街 Solligata
塔维斯托克新月大街 Tavistock Crescent
泰勒马克 Telemark
特拉法加广场 Trafalgar Square
特拉瓦格 Telavåg
特朗达姆 Trandum
特雷尔 Trail
特隆赫姆 Trondheim
滕普斯福特机场 Tempsford airport
田纳西 Tennessee
廷湖 Lake Tinnsjø
瓦尔 Våer
瓦格斯利 Vågslid
瓦利维尤 Valley View
威尔士 Wales
威科姆阿比 Wycombe Abbey
威克机场 Wick airport
威斯敏斯特 Westminster
韦莫克 Vemork
韦斯特峡谷 Vestfjord Valley
维多利亚露台 Victoria Terrasse
温布尔登 Wimbledon
温莎城堡 Windsor Castle
沃格岛 Vågsøy
伍珀塔尔 Wuppertal
希尔克内斯 Kirkenes
新墨西哥 New Mexico
因斯布鲁克 Innsbruck
尤斯顿 Euston
于夫达尔 Uvdal
芝加哥大学斯塔格操场 the University of Chicago' s Stagg Field

译后记　一个故事，一段历史

这是一个关于二战的故事，故事的发生地和主人公的名字统统名不见经传。于我而言，他们也很陌生，可既然作者花费了大量的时间来写就它，这个故事想必不平凡。拿到这本稿子时，我心里就是这么想的。果然，这是一个鲜为人知的与原子弹有关的故事。1942 年 10 月至 1944 年 2 月，这个发生在挪威哈当厄高原上的故事不仅影响了第二次世界大战的欧洲战局，甚至波及了千里之外的太平洋战场——如果这个故事没有发生，世界上第一个投下原子弹的国家也许就是德国了——可以说，这个故事改写了二战的结果。从这点来说，它也改写了历史。

一个改写了人类历史的故事不是应该家喻户晓吗？为何会鲜为人知？因为故事讲述的是一个绝密的破坏行动，是被罗斯福和丘吉尔钦点且寄予莫大期望，却频频出师不利的一次特殊军事行动。听起来就很刺激，对不对？坦白说，刚接下这本稿子时，我也这么以为，还曾为自己不熟悉战争术语而忐忑，担心译文贻笑大方。然而，直至做完故事的第一部分，我都没看到那种枪林弹雨、血肉横飞的战争场面描写，就连原本最吸睛的情报战和特工训练也因为作者着墨不多，让人找不到肾上腺素飙升的感觉。与之相反的是，作者在介绍重水和原子物理及其研究上倒是花了不少笔墨，这部分读起来略像沉闷的科普。同样获得作者垂青，让其颇费心思的还有故事中形形色色的人物，无论是与行动有关的敌我将士、科学家，还是那些在故事中只露过数面的配角，每个人都有自己的肖像画，画面或细腻、或粗犷，总之，我看过后记住了那些人，哪怕名字拗口，而在整个翻译过程中，牵动我心情的也始终是这些看似再普通不过的人。

第一部分之后的故事节奏并没有明显加快，惊心动魄的战斗描写依旧少而精，唯一不同的是，从第二部分开始，我的心就渐渐跟那几个空降冰雪高原的挪威小伙子拴在了一起，饶有兴趣地看着他们几个大男人挤在那间小木屋里，一边对抗无以匹敌的自然，一边为完成任务殚精竭虑，同时还得想方设法地打发无聊乏味的等待时光。屋外冰雪封山，屋内生活虽苦，但也不是一味地无趣。他们会煞有介事地装饰小屋，过圣诞，庆新年，还会编打油诗调侃同伴；几个大男人在一起待久了，虽然“他们心中的雄心和对挪威的热爱始终未变”，但也会拌嘴、发火、赌气、使小性子。我只希望自己的译文没有辜负作者，能给读者以代入感，使读者像我那样去体会他们那种迫切渴望回国战斗，却因条件不成熟，只能一等再等的焦急心情；去感受他们在茫茫冰雪中日复一日等待战友，却一次又一次失望而归的沮丧；我也希望读者能为缺衣少食的他们不得不以血肉之躯对抗残酷得近乎无情的大自然而心痛；为他们终于徒手爬上百米悬崖，有惊无险地完成任务并全身而退而欢呼。是的，我希望读者能像我一样欣赏他们，喜欢他们。

战争永远都是残酷的，面对庞然大物般的飞机、坦克、大炮，人永远都是渺小的，脆弱如蝼蚁，但另一方面，人也是异常强大的，凭借智慧和意志的力量，人可以击退任何来自外界力量的进攻。关于这一点，松鸡行动队队长波尔松在漫长而苦寒的等待时光里猎驯鹿的片段，以及完成任务后赫尔伯格那倒霉透顶、一波三折的逃亡经历就是最好的证明。在整个故事中，我记忆最深刻的就是这两段文字，翻译时，我都是一气呵成，因为我很紧张，我迫不及待地想知道结果却也害怕会失望。在猎鹿片段中，从发现鹿群到一路追踪，我看得出波尔松绝对算得上顶级猎手，也真切地感受到了他的紧张——风向不利，体力不佳，狩猎工具不给力，驯鹿谨小慎微的天性，加之他迫切需要鹿肉的压力，最终，他的一个小失误吓跑了目标鹿群。疲惫、自责、懊恼和愤怒让这个铁血铮铮的汉子差一点掉了眼泪。看到这里，我的眼眶也湿了。然而，他很快就收拾好心情，将目光投向了远处那个一开始被他放弃了的规模小一些的鹿群。这一次，他更小心了，顶着心绞痛，几乎是趴在雪地上一点一点地挪到鹿群旁边，鹿群刚一进入射程他就果断开枪。这一次虽出现了小波折，但是他成功了！表面来看这不过就是一次再普通不过的成功狩猎，其中还不乏运气的因素，但在我看来它意义重大，它不仅给松鸡行动队带去了生机，也在无形中让他们感受到了渺小的人在面对彪悍的自然时所拥有的无限能力。

和许多战争小说相比，这个故事也许略显平淡。最初，我接下稿子不过是出于好奇，想看看这到底是个怎样的传奇故事，毕竟，战争从来都不是我感兴趣的题材。我从没想过自己竟会如此投入地去读一本讲述战争的书，更没想到我的心情会随着故事里人物的喜怒哀乐而上下起伏。在翻译的八个月里，我不止一次地为那几个小伙子流下眼泪，当然，我这么说并不是希望每个读完这本书的人都会为他们落泪，我只希望你们在看完这个故事后能记住他们的名字：波尔松、豪格兰、赫尔伯格、谢尔斯特鲁普、斯钦纳兰、伦内贝格、豪克里德、斯特隆赫姆、凯泽、伊德兰、斯托豪格和特龙斯塔，以及那段历史。

最后，我想跟大家分享一则翻译中的趣事。查资料时，我在网上看到了一则关于挪威留坎镇——这个故事发生的地方——的新闻，这座小镇因四面环山，每年 9 月下旬到来年 2 月上旬都没有阳光直射。这种情况从小镇建立（1905 年）一直维持了一百多年，直到 2013 年政府投资 500 万挪威克朗在山上安装了反光镜将阳光反射到镇中心广场，小镇才告别了没有阳光的日子。这个设想是1913年由挪威工业家萨姆·艾德提出的，因受技术限制，此前一直未能实现。而现在，这个案例还被编入许多物理习题中。也许，对许多中学生而言，留坎这个名字并不那么陌生。

王甜甜，2020年春

湖 岸
Hu'an *publications*®

出 品 人_唐 奂
产品策划_景 雁
责任编辑_汪思涵
特约编辑_刘 会 张雪银
营销编辑_黄国雨
装帧设计_王柿原
内文制作_常 亭
责任印制_刘玲玲

@huan404
湖岸 Huan
www.huan404.com
联系电话_010-87923806
投稿邮箱_info@huan404.com

感谢您选择一本湖岸的书
欢迎关注"湖岸"微信公众号